LOCUS

LOCUS

mark

這個系列標記的是一些人、一些事件與活動。

Mark 112

從前從前有個紅衛兵

作者：凌　耿

編輯：連翠茉
校對：呂佳真

法律顧問：董安丹律師、顧慕堯律師
出版者：大塊文化出版股份有限公司
地址：台北市10550南京東路四段25號11樓
www.locuspublishing.com
讀者服務專線：0800-006689 TEL：(02) 87123898
FAX：(02) 87123897
郵撥帳號：18955675
戶名：大塊文化出版股份有限公司
e-mail:locus@locuspublishing.com
總經銷：大和書報圖書股份有限公司
地址：新北市五股工業區五工五路2號
TEL：(02)89902588(代表號)　FAX：(02)22901658

初版一刷：2016 年 2 月
初版三刷：2020 年 1 月
ISBN　978-986-213-675-1
定價：新台幣 400 元

Printed in Taiwan

國家圖書館出版品預行編目資料
從前從前有個紅衛兵 / 凌耿著 . -- 初版 .
-- 臺北市 : 大塊文化，2016.02
面；　公分 . --（mark ; 112）
ISBN 978-986-213-675-1（平裝）

1. 凌耿 2. 回憶錄 3. 文化大革命

783.3886　　104026213

THE STORY
of
A RED GUARD

從前從前
有個紅衛兵……

凌耿

推薦序——游過金廈海峽的同學

李嗣涔（國立台灣大學前校長）

我在當台大校長的時候，每年暑假七月，兩岸四地近二十位大學校長會選擇兩岸四地的某一城市召開大學校長會議，交換辦學的心得及聽取代表們報告前一年當地高等教育發展的狀況，會後則到附近學校或風景名勝參觀。由於各大學報告的是該校第一手資料，對了解台大競爭對手的實力非常重要，因此只要能出席我一定參加。有一年在金門開會，大陸高校的校長提到了一九七九年抱著籃球從金門游到廈門的林義夫，當時是世界銀行副總裁。我也不甘示弱，講了我一九七〇到一九七四年讀台大電機系時的同學郭坤仁的故事——一個紅衛兵一九六八年抱著籃球從廈門游往金門，然後進入台大電機系、畢業後到美國唸書創業成功的故事；一個近距離見過毛澤東、蔣介石、蔣經國、鄧小平，這幾個決定中國或台灣命運的領袖，甚至和他們談過話的奇幻人士。

記得在電機系大二時，就聽說系上有一位反共義士，當過紅衛兵，在校成績不錯。當時是戒嚴時期，海峽兩岸隔絕不通，大陸人士像是外星人，到底長得如何？是不是跟我們不一樣，滿臉橫肉像漫畫裡的匪幹一樣，讓大家很好奇，很想看看。後來第一次在校園見到，發現他長得高高瘦瘦、文質彬彬，一點也不像漫畫裡的人物，甚至滿臉青春痘，這點跟我一樣，大概是年輕氣盛內分泌失調吧。不過由於我們屬於不同班級，很少碰面，也沒有太多交往，對他的身世也就完全不知，為什麼離開廈門也毫無所悉。直到大三他寫了一本書《天雔》（本書《從前從前有個紅衛兵》舊版），一時洛陽紙貴、人手一本，一下子變成大紅人，成為我們那個時代的年輕人無人不知、無人不曉的人物。原來他是紅衛兵頭頭，代表過福建省紅衛兵進過北京、在天安門前參與過毛主席的校閱，也經歷過不同造反團體武鬥槍林彈雨的場面，女友因此而陣亡，人生比我們豐富、血腥得多了。對他不禁有些肅然起敬起來。

有一年國慶日慶祝大會，他在總統府陽台上，站在老蔣總統夫婦面前，以反共義士的身分向全國同胞發表演講，可是一板一眼有大將之風，完全沒有怯場，想當然耳是做過紅衛兵頭頭、鬥爭訓練出來的本事。他出書以後，有一天在台大總圖書館讀完書出來，被安全人員帶去見了當時的行政院長蔣經國，閉門談了一段時間，蔣院長要他好好念書。這些匪夷所思的經歷，可不是我們從小乖乖念書的人所能想像的場景。我常想，如果當年我的父母沒有隨政府來到台灣，我的命運可能比他要坎坷多了。

畢業後，大家各奔東西聯繫比較少，但也偶爾聽到他的豐功偉績。一九七八年大陸開放學生到外國留學，第一批六位研究生是送到美國史丹福大學進修，可謂當時的盛事，而我正在史丹福大學念博士；接著一九七九年一月大陸與美國建交，鄧小平訪美，美方招考鄧小平中文隨身翻譯，沒想到我的這位郭同學竟然跑去考試，挑戰四川話的聽力，更想不到的，是竟然讓他考上了，陪伴鄧小平走了一圈美國，想必也讓鄧小平聽了他的故事，同是文革劫後人，一老一少肯定激盪出相憐之感。後來，他完書、就業以後，更發揮泳渡金廈海峽的精神，開始創業並獲得成功，公司被收購變成電子新貴，令人讚嘆不已。他成功以後也不忘本，大量捐款或股票給就讀過的學校，包括台大在內。這次《天雔》以新書名《從前從前有個紅衛兵》出版，替五十年前那個狂飆的時代做一些注解，身為他的同學，回首來時，在那個時代能有他這種冒著生命危險，横跨兩岸奇幻經驗的人士，委實不多見，也成就了我同學的豐富人生體驗，我以他為榮，是以為序。

推薦序——敢問蒼天，少年心志知多少

林俊穎（作家）

我高一的寒假春節，回彰化北斗老家，在母親陪嫁的妝奩、一座作工精細的櫥櫃裡，發現了版型開本異於一般書籍的《天讎》（本書《從前從前有個紅衛兵》舊版），原主我推測是已經離鄉北上多年的三叔或五姑。版權頁載明：「新境傳播公司　九龍佐敦道廟街二二三號四樓香港九龍郵箱 K1207 號　中華民國六十一年八月初版」，更增添幾分神祕氣息。求書若渴的年代與年紀，我自然是據為已有。

不到一年前的春夏一日，我傍晚下課騎腳踏車路過中華路的舊書攤，翻到一本剪報合輯的舊書，是一九六〇年代末一個早慧的國中少女首仙仙的自殺案件，社會為之喧騰，書中並收錄了她的日記。就著天光與雨前的潮濕水氣看完，隆隆下起雷雨，我淋了一身大雨回到家，整晚血脈勃勃，死亡巨靈彷彿雨水野腥還黏在我皮膚上。

四字頭——更普遍的說法是潛藏彼得潘症候群的四年級、我輩求學過程飽受完整的反共教育，小學國語課本的工人〈李明的故事〉，全校分梯次帶隊去電影院看《秋霜寸草心——李潤福的日記》，中學必讀《一個小市民的心聲》、《南海血書》，及至中美斷交，質變為「龍的傳人」之感性軟調訴求，我輩已當是汽水可樂般消費。

因此，我十六歲閱讀《天讎》，以驚悚、顫慄這樣的字眼來形容那一場震撼，完全是政治正確，也是事實。對於那時解讀能力相當有限的我，此書雖有著類似銘刻作用，卻又很難不時時質疑書中凌耿果真也只有十六歲？從一九六六至六八共三年，一個還會寵愛小貓與母親撒嬌的中學生，突然領頭造反，運籌帷幄，破四舊，批鬥師長，闖蕩「秋海棠葉」上的大江南北（這點或才真正是令彼時的我沸騰、無比神往的吧），挨餓受凍，吃過人肉包子，見過毛澤東，目睹鬥爭王光美大會，還當上統領全廈門一百四十七間工廠與八千個駐紮工廠的學生之總指揮，揹著五大罪狀逃亡；爾後紅衛兵演變為派系傾軋，凌耿再次帶頭進行武鬥槍戰，女友梅梅中彈死亡，他突然徹悟，決心走自己的道路，與二哥一起海泳偷渡，投奔自由國度。總總，其壯烈與慘烈足可與推翻滿清的十次革命、「阿拉伯的勞倫斯」並列。

難怪多年後楊照為文直批，這是一本令人難以置信的「自述」，「我們很難真正弄清楚，書中的內容，到底有多少是『小說』，因為實在太『傳奇』，太『戲劇性』了。」稍有經驗的讀者，很容易從「研究計畫主持人與研究員」的序、譯者序，合理懷疑並判斷，凌耿的五十萬字原稿是素材，勢必經過美國某特殊機構的集體提煉、補綴、溶合，意圖成為自由民主陣營詮釋文革的一份集體記憶、資料與供詞。

是的，多年後，我翻找出此書，封面封底已經脫膠破損，出版社另寄來凌耿願意曝光真實身份的自序，一併重讀，只覺好像他與二哥當年游向大膽島時，一回顧家鄉滿天紅霞如同火燒，恐懼兄弟倆是茫茫大海的兩粒小粟。該說是僥倖吧，天行健，持續承載且篩濾一代又一代人的時間巨靈，還未將此書消磨成為齏粉，亡佚大化中。時間的殘酷與寬容並存，「往事並不如煙」（章詒和之書）並非用嘴巴講講，而是必須相信記憶是可以撐起硬頸、活絡血性的一條脊椎。對比在書中出現過的清華大學生蒯大富，與蒯共同列名為北京紅衛兵造反派之五大領袖，凌耿小紅衛兵那三年的作為其實是小巫見大巫。不管數十年後他們如何為自己辯護，是年少無知可欺，因此好傻好天真的被老謀深算的父老輩利用了，但是整個紅衛兵世代是以極狠戾、血腥的暴力寫下一頁極醜陋、非人的歷史。文革廢墟化了一整個民族文化的根基，遺害迄今還是一大本未好好清算的帳，不管主從，誰敢說他自己是無辜、沒有罪？

台灣要等到九〇年代，電視台音樂頻道的廣告才敢嬉戲竄用「革命無罪，造反有理」，此書另一句彼時的名言：「這是一個兒子鬥老子的時代」，數十年後，我還是觳觫要問，弒父果真是群居動物的變異本能？不擇地皆可叛逆躁動、一生起碼發作一次的青春，也果真是一種莫名其妙的災難？一切，自有一代又一代的書寫者與讀者，一次又一次的思考並審驗。

我仍相信此書之真，是當串連結束，他們搭船順長江而下返家，梅梅每天起個絕早，跑到船頭對著滔滔江水握緊拳頭唱著各地民謠，眾人且幫船夫撐篙，幫伙夫切菜，幫不識字的寫家書，那短暫三天，凌耿有時佇立船頭，思潮澎湃，想古今英雄豪傑，想他此身、此生與所從屬的國族與時代，「敢問蒼天，少年心志知多少？」（此刻，我因何想到上古神話的刑天？）此一問足矣，那是射穿古老大陸新中國一次集體盲從反動、非理性毀滅的一道光。

目錄

自序——記《天讎》新版

每個人的一生都會遭遇到一些不平靜的日子。
對我來說，那發生在半個世紀前……

紅衛兵成了反共義士

六十五年前我出生於福建廈門，一個和台灣遙遙相對的海邊小城市。一九六六年，十六歲的我是廈門雙十中學的高一學生。這一年，毛澤東為剷除他的政敵，發動了文化大革命，全中國在他一聲令下，學校停課，學生走向街頭「鬧革命」；自此我便成了「紅衛兵」，在接下來的兩年多裡成為他的鬥爭工具，分派鬥來鬥去。

事隔這麼多年，現在來撲捉當時的心情，一定會有偏差，而現時的感想，則是和大家都一樣。我們都知道走出校園，搞文化大革命，是「中央」要利用我們的年輕朝氣，去打倒那些舊事物，創立新東西，在某些方面，這是和人的本性相契合的。然而我們也知道要利用這機會到處走走（「串連」），增長見識；也懂得在鬥爭中，壯大自己的力量。只是在要走多遠上，因人而異。南方的「紅衛兵」，比較理性，因有家（教）庭的約束，比較不會做出格的事；北方的，就打、砸、搶，無惡不作。但這又很不一定，尤其年輕人，易相互感染，南方使壞的，也有很多很極端。我因母親是虔誠的基督徒，行事上比較溫和。六八年我厭倦了那種生涯，夏天時，和二哥游泳逃到了大膽島（金門）「投奔自由」（台灣），成了「反共義士」。

來台後，在一位美國教授 Evan London 的鼓勵下，利用暑假，把過去兩年多參與的「運動」，草成了五十萬字的初稿，以「天讎」為書名（成書時為十多萬字），在美國出版了英文版。

當時我已自台中一中畢業，於七〇年考入台大電機系。大二、大三之際，因書的出版到各院校演講。我年輕氣盛，口沒遮攔，對國民黨的軟弱恐共多所批評，遂成了「警備總部」的眼中釘，處處被盯梢（蔣經國在接見我時也提醒我要注意言行）。服兵役期間，接觸不到任何稍微機密的文件，連孔令晟（時任陸戰隊司令）要我當他子女的家教，也被擋了下來。退伍後，至國營機構（中鋼、中船等等）徵試，考得再好也進不去。我女友的父親（國民黨的少將）勸我出國，才有出路。但待我費力爭取到了獎學金，卻換來「台端申請赴美留學，礙難核准……」的核示。難道要我困死於台灣?!當時的我，連棲身之地都有困難，所有有房出租的房東都接獲「警總」的「關照」，迫我一次又一次搬家。十多年後，解「嚴」了，在台友人發現新聞局解密後，有關我的檔案比我身高還高，至今還保留了幾份——全是一派胡言，特務治國，其害莫過於此。

我決心衝出這個「牢籠」。國民黨開給我的條件是：一，娶妻生子；二，購房置產。我

作者（前排左）11 歲時與母親、大哥、二哥、二姐、三姐合照。

作者（右）15 歲時與家人合照。

（1968 年）雙十節在總統府前代表反共義士演講。

(1968 年) 參加救總座談會。

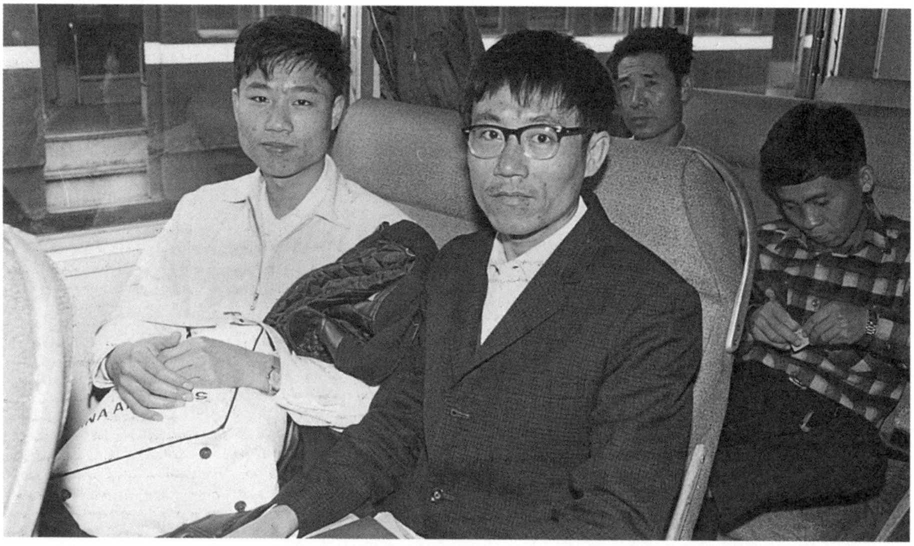

（1970 年）和二哥在台北車站（出遊）。

（1973）住台北萬盛街，騎機車上學。

大哥。在作者與二哥抵台多年後，自殺身亡。

遂行其一，但無銀成全其二。後來國民黨內開明的，認為我妻小在台，出國後當不至於貿然妄動，主張放行，七九年初教育部終於給予留學許可，只是任職的樹林一家電子公司人事主任卻要我緩一緩，說是「上面」的意思云云。我只好趁春節假期，留一信給廠長告辭，憑一紙出國許可來到了美國，開始三十多年的求學（研究所）、就業生涯。

無論在台灣或美國，我非常珍惜得來不易的自由。讀書時，拿過書卷獎，更以全A從研究所畢業；就業後，兢兢業業當起工程師，完全忘記了「造反」的過去。十多年的歷練，也使我造就了十數項電子專利，晉身管理階層。九〇年中，自忖創業機會已成熟，起始了自己的公司，和IBM合作，三年內上了市，個人緣此賺了一桶金。

少小離家，老大回

第一次到（返）中國是一九八四年，其時我只有綠卡，三藩市中國領事館表示沒有問題。後來才知道當時中國的電腦系統尚未連線——進廣東，廈門根本不知道。

一九八八年第一次回廈門，而我已是美國公民，美國國務院要我告知北京大使館就可以。廈門這時還沒有高速公路，從機場到飯店一路暗暗的，姐夫安排了鷺江賓館的車來接我。到了賓館，司機們久久不願離去，原來在等著一項貴重的東西，還好我有備而來——一人一盒三五牌香菸，那可是天大的禮物，小孩則一人一包箭牌口香糖。煙和糖佔去了我行李的一半重！

鷺江賓館曾是文化大革命我方造反派的總部，我特地在當年的七樓辦公室住下，相隔二十年有餘，別有一番風味。另一派紅衛兵的總部，距離兩公里外的文化宮，已經拆掉了。

九〇年之後，我一年至少到台灣、廈門兩、三趟。我視這三地皆是故鄉——廈門十八年，生長的地方；台灣十一年，求學、成長的樂園；美國三十六年，更是飽學、教授、就業、創業的土地。

二〇〇〇年到二〇〇三年，我把美國的公司賣掉，返台擔任一家美商的GM，率領百位年輕人開發台灣市場。年過半百，和小我一半歲數的年輕人共享浪跡高山密林的樂趣。曾經有位到過全台三百一十八個鄉鎮的省長，我則不啻是走了兩百多鄉鎮的美籍華商——一個曾經把華航、長榮飛機當做空中客廳的半百老青年。在台灣度過了年輕成長的十一年，多年後，又得以再續年輕人的緣，整整三年，沉浸在和下一代共同奮鬥的喜悅中。所以我瞭解台灣、更熱愛台灣，我願意把這一本描寫個人年少經歷的書，獻給台灣的青年們。

對岸一百多哩的廈門，那裡有我的老家（屋還在）和一班一起經歷文化大革命的高中同學，也就是本書裡的人物，至今大都還健在。他們大部分人在「文革」後期上山下鄉，經歷了一番苦日子，運動結束後回到廈門，沒再念書，有些人經商，隨著經濟發展發了財，也有些人進入了政府機關，最高當上副市長一級（因學歷的限制）。

有了「小三通」後，我來往金廈之間不下五十次。目睹對岸日新月異的變化，頗有感觸。一九八八年，首次在「假日酒店」宴請近百位同學時，大家都非常享受那席美金二十元一客的刀叉宴，很多是他們人生的第一次。兩年前，再次請客，席開十桌預祝我們的退休生活，最後多位同學搶著替我買單，翌日更爭相用他們的車子載我到附近城市遊玩。

（1974 年）作者自台灣大學電機系畢業。

（1972 年）作者為台大排球隊一員。

（1970~1974 年）以國軍上校身份經常在軍中演講。

（1979 年）鄧小平訪問美國期間，作者（中）擔任卡特與鄧小平的翻譯。

（1988 年）首次返回中國，作者與母親到父親墳前祭拜。

我們無暇琢磨他們致富的由來，但必須承認這些變化，就如同我一樣，也可以一笑泯恩仇，和當年我離開後，抄我家、鬥我家人的對手們暢談往事。一位幹到副區長、當年逼我母親站在桌上挨鬥的小同班，特來為此向我道歉，但就免了吧，當年的事，誰是誰非，誰能定奪？

年輕人，未來是你們的

我的母親八八年來美，和我們生活了二十二年，二〇一〇年以近百（九十八歲）高齡辭世。當時我六十歲，但只有在母親走了之後，我才真正長大。我們懷念她老人家，一位虔誠的基督徒，一位親手帶過所有孫輩的能幹、慈祥老人，我的女兒和兒子都非常敬重她，如今他們一個成了哈佛醫生、爬岩高手，一個繼承了我的衣缽，專長機械工程，也一樣喜好旅遊，工作不是在台灣，就在日本。

六十歲退休，五年裡走遍了大半個地球，旅遊成了我主要的愛好。旅途上碰到不少來自大陸和台灣的年輕人，早年工作中，也聘請過許多來自兩地的優秀青年，他們的素質令我印象深刻。英雄不怕出身低，人人都可成英雄。我一生見過許多「大人物」——一九六六年冬在北京西苑機場見了毛澤東，一九六八年雙十節在台北總統府見了蔣介石，一九七三年大三時蔣經國召見了我，八〇年代鄧小平訪美，我當了他的翻譯……而今斯人何在？糞土當年萬戶候而已。

如今的台灣，每年幾十萬、上百萬大陸百姓來觀光、探訪，也是台灣百姓大展身手的機會。

台灣給大陸人的印象是街道很乾淨，人們很有禮貌，物產很豐富，但文化特質還沒有顯示、發揮出來。我想這是年輕人的責任。我相信台灣青年有能耐創作出比林懷民的「雲門舞集」更有水準的藝術表演，以及種種歷史、藝文傑作，讓那些空手而來的大陸民眾，雙手帶滿台灣土產，腦袋裡也裝滿台灣文化碩果，回去散播給他們的朋友親人。

有一位就讀於師大三民主義研究所的年輕人，以我的書討論大陸青年的思想演化作為博士論文，在和我交流時，也提及台灣青年面臨的彷徨……

今日青年所面臨的物質環境，比我們那個時候好太多了，在如此優越的條件下，立志要早，起步才不會落後於人。千萬不要妄自菲薄、自我沉淪，不要僅持島國心態。不妨拿起背包，到外面走一遭，讓外界的事物給你靈感，給你啟發。

未來是你們的，切切把握住它。

這本書能再次面世，首先要感謝大塊文化的慧眼——相信二十一世紀的今天，仍然有相當數量的讀者，尤其是年輕人，希望能瞭解上個世紀發生的事情。

是的，半個世紀前在中國大陸發生了「文化大革命」的大事，能有這樣一本書如實地記載，而且作者如今仍然健在，還能頭腦清楚地道出它的來龍去脈，難得可貴。

幾十年前出版的書，在書攤上幾近絕跡。我手中唯一的一本中文版，還是在台北光華商場舊書店找到的。大塊文化出版公司透過台大校友會找到我，來了電郵，詢問我的意願，恰巧我正處在人生的「關鍵點」。一向身體硬朗的我出了大毛病，眼睛、心臟、大腸（癌）都不對勁，一年內動了五次大手術，走訪醫院一百多次，再加上化療後手腳發麻。醫生說，挺得過去至少還可以再多活二十年，否則……（就是見上帝）。所以我年內就做好了一切準備，不料，我竟然挺過來了！（我的哥哥、姐姐可就沒這麼幸運了——姐姐三年前走了，哥哥則還在掙扎！）

那種死裡逃生的感覺，除了感恩，我還想做一些有意義的事，那就是協助這本書的再出版，對歷史有個交代！

較之舊版的書，我在新序裡，多寫了幾句，望給些事有畫龍點睛之效。

郭坤仁

十・二十九・二〇一五

於美國加州矽谷家中

牛鬼蛇神

一九六六年六月一日清晨五點鐘，房東新近在院子裡裝設的擴音器吵醒了我。當時，我是迷迷糊糊的，想要聽它說些什麼，可是聽不清楚。好像是有人在演講；然後，又好像有人在歡呼鼓掌。我的睡意全消後，才記起了今天（六月一日）是兒童節。

只不過幾年以前，兒童節對我還意味著是個又有糖果、又有餅乾的假日。每到這一天，哥哥、姐姐們會搶著帶我出去，為我買氣球、買木製的小手槍和鞭炮。記得有一年的兒童節，我看了一部名叫《風箏》的電影，片子裡有一群中國孩子在放風箏。後來，風箏的線斷了，孩子們就隨著風箏一路到了法國。我好羨慕他們，我也要隨著風箏飄到外國去。

曙光照亮了天邊，屋外的公雞啼了，賣蒸豆仁的老頭兒也開始叫賣了。這時，我聽到了我的小貓的叫聲。我每天早上一醒來，牠就會喵喵地叫著過來。我翻身伏臥在床沿，伸手扭住牠的右爪，用俄語向牠道早安。我在廈門第八中學的俄語成績未達九十五分，在班上才排了第四名。考在我前面的三個女生只有俄文成績比我好，我下定決心，一定要趕過她們。

小貓起身，伏在我的木屐上，像是在請我起床。

母親已經在院子裡開始洗衣服，雙手沾滿了肥皂沫。

「孩子，這麼早就起來了！」她看我站在門口，就微笑著說：「怎麼不多睡一會兒？」

我正要向母親撒嬌，背後傳來了一聲「不要擋亮」。我轉身看見二哥一面看書，一面默默地在寫著什麼。我立刻跳進院子裡。

這時，擴音器又在廣播了。這次是從學校傳來的。我爬上洗衣盆旁邊的石凳，用手圍住耳朵仔細地聽。母親特意停止洗衣，讓我聽得清楚些。我所聽到的只是「嘩啦！嘩啦！嘩啦！」而已，而且我差一點就跌進洗衣盆裡。

我刷牙洗臉後，就幫母親做了些提水、掃地、擦灰等家事。母親結婚都快三十年了，她的陪嫁家具都還完整無損。她的檀木梳妝台尤其完好如新，永遠是纖塵不染。梳妝台上方的牆壁掛著一張泛黃了的相片，是她穿著學校制服時拍的，顯得非常嫻靜美麗。

我拿起放在梳妝台上的父母親的結婚相片，輕輕地擦拭著。我剛滿一歲那年，父親就去世了，我只有靠這張相片才能回想起父親的樣子。

母親把她的六個兒女的相片都放在梳妝台的玻璃板下。三個大孩子早就讀完了大學，現在在遙遠的北方工作著。三姐是我們之中唯一不用功讀書的一個，卻喜歡歌唱和舞蹈，母親十分擔心她今年中學畢業後進不了大學。我那時十六歲，是最小的一個。有一張相片是我繫著紅領巾，站在中國共產黨青年團的旗幟下拍的。在那塊玻璃板下還排列著我從小學一年級到目前為止所得的十七張獎狀。許多老師都對我說：「要用功讀書。書讀得好，你才能有美好的前途。」

在燒著木柴的爐子上，鍋子開始滾了。母親擦乾了手，拿出雞蛋和糖，在一只碗裡熟練地打了開來，然後加進熱稀飯。我吃了一碗稀飯。我的面前放著一本俄文書，翻開在最後一章。小貓已經在爐邊打盹兒了。

我的心裡一直記掛著那奇怪的清晨廣播，急急忙忙地趕到了學校。夏天，學校七點半就開始上課了。

校門的正對面就是操場，集會通常在這兒舉行。我看到三五成群的同學，有的站著、有的坐在台階上和樹下，紛紛議論著。我十分詫異，按照規定我們是應該直接到教室或閱覽室自修的。我在魚池邊還遇見了三個同學：一個是我堂哥，一個是綽號叫「老板」的矮胖子，另一個是因脾氣急躁而被叫作「搥胸」的小瘦子。我問他們究竟是怎麼一回事？

堂哥說他很清楚地聽到了廣播。

「你還不知道啊？」他說：「今天早上不上課，九點鐘要開會，很可能是為了那個新運動。」

我們都預感有一個新的運動即將來臨。五月間，報紙上曾猛烈批評那些被稱為「毒草」的文學作品、戲劇和電影。外界的混亂傳到了教室，老師們都失去了慣有的氣度，一個個顯得惴惴不安。老師中有許多是毒草的崇拜者。最近，他們變得十分小心，不再跟我們講那些人的小故事了。

我們這一代的大陸青年是生活在一個無法預測動向而又變化多端的社會裡，早已培養出一種對政治事件的感應力。我們看到老師們如此，就猜他們一定是回想起九年前殘酷的「反右派」可怕教訓了。

我們卻從來沒有經歷過一次運動。兩年前（一九六四年）當工作隊到我們學校來主持社會主義教育運動時，他們對我們呼喊的口號就是「放下煩惱重擔，開動思想機器」！意思是說，我們不必擔心運動是針對學生或是一般老師而發的。它的對象只是校方領導級的幹部，我們只要絞盡腦汁把所知道的關於校長、三位副校長和各主任老師的事都說出來就行了。

工作隊隊長丘貉是福建省體育協會主任，階級比校長還高。他帶來了三十名隊員，每個人的政治立場都很「清白」。這批人很快就在學校中抓到了權力。每天放學後，工作隊和老師們就聚集在閱覽室裡開會。我們覺得非常好奇，尤其是他們總愛在開會時用黑窗簾遮住閱覽室的窗戶。我們中有些人就爬上窗戶，避開窗簾向裡邊偷看。我們常常會被發現，曾有一個工作隊隊員甚至威脅要記我們的名字。

我們看到學校裡的領導幹部一個接一個地認了罪，做自我檢討，都覺得十分新奇。他們管這個叫「自動下樓」。如果自我檢討不能令人滿意，老師們會被叫起來揭發他們——也就是所謂的「幫助下樓」。只不過約莫一個月以前，三位副校長中有一位在開會後被公安局逮捕了。那次會議我們都看到了。那個副校長被捕的事曾使我們十分震驚。我們眼看著他被當眾指責為壞分子、戴上了手銬。那次會議後，校長總是垂頭而坐。那批人並沒有對校長採取什麼行動，他們只不過是在殺雞儆猴而已。

後來我們從老師們的子女口中漸漸知道，那位副校長在性方面有缺陷。他又像男人，又像女人，跟男的和女的都亂搞過。也有人說從來沒有看過他上廁所。廈門謠言滿天飛，都說八中出了個陰陽人。有人只要碰到佩著我們校徽的學生，就會追問這件事。

我很難過。我們都愛自己的學校，而且很引以自豪。它是全福建省三所重要的中學之一。全省的大學生中有百分之八十是從這三所學校出來的。

我在聽到校長的「腐化」生活被揭發後，更覺得難過了。據說，他曾和校內的十多位女老師有過關係。我一直很敬佩這位校長。他孜孜不倦地為學校工作了十年，我認為他個人的腐化只是偶然的；況且，我就不相信有一廂情願的通姦。可是消息傳開後，學生們常會在教室中竊竊私議。如果某位女老師很漂亮，他們就懷疑校長一定勾引過她。

九點鐘，大家在操場集合了。我們都注意到老師們並沒有像往常一樣，在隊伍中走動著維持秩序。他們站在另一邊自成一列，校長也站在當中，垂著頭，似乎既不敢看講台，也不敢看學生。

工作隊隊員不停地叫著、喊著，吹著哨子要大家安靜下來。然後，要我們再次收聽擴音器播出來的不久前中共中央[1]向全國發表的正式廣播，其中包括了幾位領袖在討論會上的演講錄音，有總理周恩來和毛澤東的太太江青所說的話，還有毛澤東的私人秘書陳伯達，在一次接見清華大學附屬中學的所謂紅衛兵戰鬥小組，和其他學校學生的會議上所發表的談話。

毛澤東的太太申述了文化大革命的宗旨：徹底剷除修正主義。她說，許多人一直是打著紅旗反紅旗。她形容文化大革命是史無前例的創舉。周恩來做結論說，所有的大、中學和專科學校統統要停課。他並沒有把小學列入，只說初中一、二年級學生早上上課，下午就得參加新運動。這個長達一小時的播音結束後，工作隊隊員告訴我們：學校就要關閉了，好讓學生們參加「社會主義文化大革命」。十一點鐘，我們回家；下午兩點再到學校做個別班級討論，寫志願書和挑戰書交給學校支黨部和工作隊。五點鐘，我們又在操場集合，每一班派一個代表出來讀宣言。這次集會到七點才結

1文化革命期間所謂「中央」（或「黨中央」），大致是指四大機構：A以毛澤東為首的中國共產黨中央委員會。B當時以林彪為實際負責人的中國共產黨中央軍事委員會。C以周恩來為首的國務院。D以陳伯達為首的中國共產黨中央文化革命領導小組。狹義而言，「中央」僅指A。

束。在整個會議中，我們再次注意到老師們沒有參加行列。

那天晚上，我和幾位同學在一個朋友家見面。我們坐在天台上，一面聊天，一面吃水果，一直搞到半夜以後。我們談功課，也談那即將來臨的新運動。大致說來，我們很輕鬆，也很開心，因為從此不用上學了。我們想：學校大約只會停課幾星期而已。我們又很擔心，因為我們當中有幾個人很快就要考大學了。

隨後幾天，校內的工作使我十分困擾。工作隊規定每個學生都要寫十張大字報，陳述五十條罪狀來揭發校長和老師。工作隊為了便於聯絡和推行大字報運動，更指定每個年級都要有一個文革領導小組，每個班級還得非正式地選出班級的文革領導小組。這兩種小組我都有份。蒐集材料和寫大字報的實際工作，則由一班或一班以上的同學中選出來的戰鬥小組組員來擔任。

指控老師的罪狀內容不拘，小至上課遲到、懲罰學生，大至抱怨或攻擊共產黨，都可以包括在內。反正揭發得越多越好，形式也不拘，用漫畫、標語或宣傳攻擊的重型武器——大字報等等來揭發都可以，目的無非是無中生有而已。如果某位老師曾經埋怨過生活困難或食物貧乏，這就可以被引伸為「反共產黨」或「仇視無產階級專政」。

我曾到我一向非常尊敬的國文老師陳固德的家裡去，向他請教意見。他回憶起一九五七年初的那段不平凡的春天。那時，許多智識分子都吐露了心聲，天真地以為他們的批評是會被接受的。最後，他對我說：「少說話，你就至少保住了一半的安全。」

然而，我們在寫大字報時，時常會有工作隊隊員到教室來鼓勵我們多說話，多攻擊學校裡的領導階級。有一次，有一個同學問道：「我們可以寫有關校長的材料嗎？」

工作隊隊員的答覆是：「當然可以，這還應該特別強調呢！」

有一個高三五班的男生首先向校長發難。他畫了一幅漫畫，題名為「百醜圖」，畫的是學校裡所有的壞分子，並把他們按階級和職位的高低，排列在校長穿的一條裙子下。那個男生還把校長請了來看這幅畫，還詢問校長的意見。校長回答說：「你的技巧是好的；不過，我希望你能在內容方面求實在。」

老師們也被請了去讀大字報，這些大字報是將他們一個個地揭發了。最後，學生們還問他們感覺如何，多數的老師說：「我同意這一點。我歡迎這種批判。」可是仍有少數幾位老師只瞥了一眼就掉頭而去，結果是惹出了更多的大字報來攻擊他們。

起初，學生們寫的都是些小事，而且在大字報上集體簽名。大家都怕工作隊，擔心上大學的機會是操在他們的手裡；但另一方面，大家也怕被老師們誤會而引起報復，所以有許多學生私下寫信給老師，說是受了逼迫才做出這些事情的。只有少數的好事之徒和壞學生才利用這樣的機會來報復老師，公然向過去不太注意他們的老師發難。

我曾經有好多次都想向大家指出：我們的老師多半都是很好、很前進的！我們不應該對他們這樣壞。可是，每一次我都記起了陳老師的話而保持緘默。於是，隨著大勢所趨，只要是同學們寫完了一張大字報，我就在最後草草地簽上自己的名字，潦草得幾乎難以辨認。

我痛苦地在心底深處掙扎著。校長兼黨書記周白音和老師們對我一直都很好。我在學校很快樂，還常常受到寵愛。我的哥哥姐姐在這所學校中曾經得到過許多榮譽，老師們都知道我。我們家和學校的關係也一直十分密切，背叛校長和老師，會是我們家所不容許的一種負義行為，我也等於是在做著昧良心的事。況且，我在學校一向是紅人，如果我在工作隊也變成了紅人，同學們自然而然地會討厭我，我會變成一條代代紅的變色龍。我一向討厭這種人，而現在我卻赫然發現自己正處在這樣的地位上。但是，話又得說回來，我如果還想讀大學，就需要政治資本，而這政治資本正是唯有不顧良心才能得到的。

我有一度想裝病，甚至希望我們家裡會突然發生什麼事，像是有人死了等等，這樣，我就可以有藉口退出這一切。我真希望日子快一點過去。

第八天晚上，工作隊把我召了去，隊長丘貉要和我談話。

「這是個群眾運動，」他說：「就像驚濤駭浪一樣；可是，你又一直在做些什麼呢？」

我早就已練好了一套答辭，我說：「我一直在考慮應該如何好好地跟隨這次運動的潮流，以求對黨有所貢獻。」

「可是，」隊長說：「根據報告，你的態度相當含糊。譬如說，每個人都應該寫大字報，你什麼都還沒有寫過。」

「我是和同學們一起寫的。」

「不，你故意潦草簽名來表示你的沉默反抗。你是別有用心。你對周白音和這裡的舊黨部知道得很多，他們用修正主義的方法來教育你，把你變成了專而不紅的典範。你一直想逃避這一切。」

他指的是我在學校中的地位。四年來，我一直是優良學生；可是，因為我的中產階級背景，我直到最近才被准許加入共產黨青年團。

我說：「我覺得應該一分為二，也就是辯證法所說的，事情要分兩而看。」

「哼，這正是你應該拋棄的保守思想。」隊長說：「許多周白音的舊親信都已經出來揭發周氏黑店[2]的罪行了。」

「我會正確地把握自己的。」

「你是不是有什麼顧忌？」

「沒有。」我撒謊。

「好吧，那麼你就回去仔細地想想。再見！」他在我的椅子上拍了兩下，我覺得我的頭像是被鐵鎚敲了兩下一樣。

六月十二日早上，工作隊奉了省當局的命令正式撤離學校。他們在搬走之前，先在校內成立了一個由十二個人組成的「革命籌備委員會（以下簡稱革籌會）」，來承擔學校中的領導權，取代了以前虛有其名的三、四十個學生會幹部。有一個工作隊隊員留下來，成為新委員會的一分子，大家叫他「阿方」，因為他什麼都是方方的，連臉型都是方的。青年團的書記是一位老師，他也成了這個委員會的一員。

革籌會的主席是個綽號叫「大塊頭」的女生。她個子很高，長得又粗又笨，對黨倒是一片忠心，而且很肯負責。她已經二十歲了，卻還沒有畢業。她和新委員會的副主席（一個又矮又胖，叫作「阿豬」的女生）都是大嗓門。尤其是阿豬，她可以不用擴音器，直接向好幾百人演講。

2是指一部分反毛分子。「黑店」一詞出自《水滸傳》。

不出所料，我雖然曾被選為班級領導及學生會副主席，這次卻是榜上無名。我對工作隊深深地感到不滿。

工作隊走了，他們要讓學生們獨立鬧革命。

六月十二日上午九點間，工作隊交了一張黑名單給革籌會，並且將老師們的資料一一公開。有一位老師被指控曾當過國民黨黨員；另一位則被指控在第二次世界大戰期間與國民黨三民主義青年團有過關係。

「現在，事實擺在眼前了，」工作隊說：「讓大家看看你們究竟採取什麼立場。」這時，學生已經準備用武力向老師和階級敵人展開一次「你死我活的階級鬥爭」了。

我沒有想到這一切會發展得這麼快。當天正午十二點，我們幾個剛從海邊游泳回來，快接近校門時，我聽到了尖叫和呼喊。有幾個同學向我們奔來，一邊跑一邊叫道：「鬥爭開始了！鬥爭開始了！」

我跑進校門，看到操場上和一棟四層樓的新教室大樓前面站著好幾排老師，一共有四、五十人左右。他們的頭上和臉上都被澆了墨汁，變成了貨真價實的黑幫。他們的頸間掛著一塊狗牌；上面寫著：「反動派學術權威某某某」、「階級敵人某某某」、「走資本主義路線某某某」和「流氓腐化大王某某某」等從報紙上抄來的名堂。每塊牌子上都有紅叉叉，使他們看來像是一群定了罪、等待被處決的囚犯。

他們都戴著高紙帽，紙帽上面也寫著類似的稱呼。他們背上背著掃帚、鞋子和撣子等，頸間還掛著裝滿石塊的桶子。我看到了校長，他頸間的桶子重得使鐵線深深陷入他的皮膚裡。他的身體搖晃不定。他們一個個都赤著腳，一面繞著操場走，一面敲著破鑼或鍋子，口裡叫著：「我是黑幫分子某某某」。最後，他們一起跪了下去，燒香求毛澤東恕罪。

我看到這幅景象，嚇得目瞪口呆，臉色發青。我發現有幾個女生差一點昏倒了。緊接著的是毆打和苦刑。我從來沒有見過這些苦刑：吃糞便、吃蟲子、受電擊、被迫跪在碎玻璃上和綁住手腳吊起來「坐飛機」等等。

許多學生還是有點怕老師，有些學生則可能一輩子都沒打過人。所以，大家有好一陣子都手足無措。這時，阿方起來煽動大家。他和喉嚨已經叫啞了的大塊頭一同站在一道鋸齒狀的矮牆上，手裡抓著書本，不斷地用《毛語錄》裡的句子激勵大家。他還特別引用了毛澤東所寫的湖南農民運動報告[3]，這份報告中說不反對使用暴力和恐怖手段。他高喊道：「我們難道做得過分嗎？不過分！沒有什麼叫作過分！這是一個好運動！」

這時，有一群學生立刻抓起木棍動手打人。他們是學校裡的流氓，是黨幹部和軍官的子女，向來屬於紅五類。紅五類同時還包括工人子女、窮人子女、中下級農民子女和革命烈士子女——多半是北方人。他們既粗野又殘暴，慣於仗著父母的權勢欺侮別的同學。他們在學業方面卻往往爛得幾乎被退學，也正因為這個緣故，他們對老師們恨得入骨。

其餘的學生受了煽動，也變得大膽起來，跟著喊叫：「打！打！」並且真的跳到老師們的身上拳打腳踢起來。漸漸的，本來在四處觀望、躊躇不前的學生，不知不覺地也高聲叫嚷起來，揮出拳

3 該報告完成於一九三七年三月。毛澤東在該文中，頌揚農民反對「土豪惡霸」的暴力行為是「空前奇蹟」。

頭來幫忙。

這並沒有什麼奇怪的。年輕的學生們雖然平常都很平靜，行為也端正；可是，一旦有人帶頭採取了行動，他們也會起而效尤。

校長被打得最慘。校園中有一個陡直的斜坡，他就被迫跪在斜坡的邊緣上。他只要稍稍向前傾斜一點，頸間沉重的桶子就可以使他翻倒下去。他連續跪了十五分鐘，大家都看得出他馬上就要支持不住了；這時，他才被拉了起來，有人在他的腹部猛搥了幾拳，打擊的聲音像是籃球撞上牆壁一樣，他痛苦得叫出聲來：「救救我！」有一個學生把一罐墨汁潑進他的嘴裡，呵呵大笑著：「看誰來救你！」然後連續不斷地打他耳光。他跌倒在地，重重地喘著氣，眼睛緊閉著，滿口是墨汁和血。

那一天對我打擊最大的，是他們殺害了我平素最敬愛的陳固德老師。他被認為是問題最嚴重的幾位老師之一。他早在六月十二日以前就被關在樓梯下面的一間屋子裡，被高一一班的流氓動了苦刑。我沒辦法阻止他們。僅僅想袒護某人就已經會被看成是反動派了。儘管如此，我還是設法救他。但於事無補，我甚至還寫信給拷打他的人，警告他們要給我留點面子，否則我會以牙還牙，但這一切都於事無補。陳老師好像已經預見了一切，他在從獄裡寫出來的一封信上說：「我是一個正直的中國人，我要在正直中死去。」

十一點半，年過六十又身患高血壓症的陳老師被他們揪了出來。他在烈日下站了兩小時以上，身上掛著名牌，和其他人一起敲鑼遊行；然後又被拖上一棟教室大樓的二樓，再被拉下來，一路上又是拳打，又是用掃帚柄猛搥。在二樓時，有人跑到教室裡拿了一根竹扁擔繼續打他，我阻止他們，哀求他們：「你們何必這樣呢？這太過分了。」

他曾經昏厥了好多次，被他們用冷水潑到臉上後又恢復了知覺。他全身無法動彈，雙腳被玻璃和荊棘刺破了好幾處，可是他的神智仍然清楚。他叫道：「你們為什麼不殺我？殺吧！」這種情況僵持了六小時之久，最後他失去了控制排泄的能力，他們還想用一根棒子插進他的肛門。這一次，他終於不支倒地了。他們又澆了冷水，可是已經太晚了。

這時，兇手們都愣住了。也許這還是他們第一次把人活活地打死。我們大部分人也還是第一次親眼看到這種景象。有人開始跑開，一個接一個。兇手們似乎被嚇住了。他們把他拖離操場，放在一間以前老師們打乒乓球的木頭房子裡，丟在一個髒兮兮的運動墊上，然後才去叫醫生。

「仔細檢查清楚，他是不是得高血壓死的？不准你袒護他！」

醫生檢查後，宣布他死於苦刑。那批人中有一些人立刻抓起醫生，開始打起來。「你為什麼跟他一鼻孔出氣？你想跟他一樣嗎？」

最後，醫生在死亡證明書上寫了「因高血壓突發而死」。曾經動手毆打陳老師的大塊頭和在一旁監視的阿方也以證人身分簽了名。陳師母趕到學校來，她被迫承認這個死因之後，才獲准把屍體領回去。

晚上，我回到家，母親和二哥問了我許多問題。他們雖然聽說老師們被鬥爭——在我們的社會裡，鬥爭已經不是新鮮事了——可是，對實際情形依舊茫然無知。我什麼也沒有告訴他們，如果說出來，母親會被嚇壞的。

我走開去，深深地陷入沉思中，難道人是以這種方法對待別人的嗎？殺死一隻雞也只是一刀而已，這些受折磨的人卻連好死都得不到。

我想到過去有多少人死於戰爭、死於饑荒、死於疾病，各種死亡之間究竟又有什麼區別呢？如果有人要我死，只要是好死，我就死。因為一個人不管他的事業有多成功，最後反正是難免一死，又何必非要留在世上目睹這些不幸呢？我常想人人平等的共產社會不是很好嗎？但那並不是說，我們必須用殺人的手段來達成不殺人的目的呀！

我一直都不敢把這些想法告訴別人。經過一夜的恐怖夢魘的折磨後，我竟又鼓起了勇氣，敢在第二天再到學校去目睹更多的苦刑。我漸漸地對這一切麻木了。我有時為了求鎮定，甚至還設法對自己說：「這算不了什麼，世上比這更殘忍的事還有哩！」過了十天左右，我已經完全習慣了。一具具血肉模糊的屍體，一聲聲慘厲的尖嚎，都已經不再能使我感到難受了。

我在工作隊正式撤出的幾天後就打起了反工作隊的旗幟。我這樣做，完全是出於對工作隊的憤恨。學生會和共青團中有百分之七十的成員都支持我，他們都是些無法博得工作隊的寵信而情緒低落的人。

我們不消幾天工夫就在各班級之間抓到了權。我們首先是借用舊有的學生會特權來爭取同學。就人數而言，我們是佔了上風。因為工作隊狂妄自大，對同學們又是羞辱有加，學校中到處瀰漫著反工作隊的情緒。

就憑著自己往日與同學間的交情爭取到了他們的支持。我擔任學生會副主席時，從來不曾仗勢凌人，而且時時都在拉交情，靠著以前建立的關係，我很成功地在自己班上（高一五班）成立了反工作隊的組織。我們盡量籠絡那些父母曾做過學校行政人員的學生，並叫出「保護父母，趕走工作隊！」的口號，贏得了更多的信徒。

我為了要鞏固控制權，首先建議終止學生會的一切活動，使學生會幹部可以回到自己的班上參加活動，學生會不再是個獨立的權威機構。我的理由是：「文化大革命是要群眾自我解放，我們絕不容許別人透過關係來解放我們！」

這套方法說服了許多學生，誰又肯讓從前和他地位相當的人騎在自己頭上？另一方面，革籌會又一成不變地採取不妥協而傲慢的態度，喪失了大部分的同學。這些學生不是不按時奉行革籌會的命令，就是大膽地反抗他們。革籌會是越來越不受歡迎，權勢也因而萎縮了；而我卻同時很成功地掩飾了建立自我權力中心的企圖。

某些不斷偷偷回到學校來指示工作方針的工作隊員，尤其像隊長丘貉一輩的人，對這新的發展很不自在。有一個人罵我們是陰謀家，可是我們已經不再怕他們。我們很清楚文化大革命已經變成學生運動了。

在新的局面下，我認為我也必須提幾個當權派的反革命的學術權威和牛鬼蛇神來適應潮流。於是，我拿出一百七十八個教職員的名單來決定。校長一向對我很好，何況他已經被鬥倒，再列上他的名字已經沒什麼用了。另兩位副校長中，有一個是老幹部，而且參加過長征，他的生活卻很腐敗。我一向憎恨腐敗的人，這種人在共黨社會中普遍地受到輕視。我列出的名單中大部分是這種人。此外，我還特別列了有工農背景，但已經蛻化變質的人——他們是紅五類，卻濫用他們的新權勢來為非作歹。我這樣做是為了替家人——祖父、父親和叔伯等報仇，他們就是因為這批流氓而喪失了可觀的財產、職業和土地的。

我經過挑選後，列出了一張二十多人的名單。我盡量不列出我所尊敬的老師和黑五類分子——

也就是出身於地主、富農、反革命分子、壞分子和右派分子的人（後來，這五類分子被增加為七類：加上了財主和資本家）。我同情他們，是因為我和他們的命運相似，同病相憐。我們家雖然只被說為中產階級——我的父親曾做過銀行經理，我在班上還是被紅五類嚴厲攻擊，他們並指明這是蓄意的階級復仇。不過，這些同學被我們駁倒了。我們指責他們出賣自己人，把他們從班上一腳踢走。他們後來加入了高一一班，該班有一半的人是紅五類。我們學校中的絕大部分學生是黑五類，這是我們學校的特色之一。

我們這兩班很快就變成了高中學生的兩個中心。在競爭最高潮時，我們這邊的人數超過三百人，他們那邊也有接近兩百人。起初，雙方的敵意十分濃烈，兩邊的領導人物也常常用辯證法來互相攻擊，偶爾還有格鬥事件，大家爭著主辦集會和宣傳工作。我們這邊甚至有自己的報紙，以壁報形式出版，叫作《今日評論》，後來又改名為《鷺江評論》[4]。七月中旬，學校中組成了第一批紅衛兵。文化大革命的指標由學校轉向社會後，這種敵對的情勢才稍見緩和。

這時，各班級的權力仍然集中在兩個集團的首領手中。我們共同設立了「牛鬼蛇神的黑窩」，在一棟兩層樓的大樓裡闢了兩三間教室作為監牢。被囚在黑窩裡的教員大約有六十人，每間黑窩關二、三十人。

我們摹仿正規制度，設置了輪班看守的守衛或監察小組（多半由初中生擔任）和審問制度，還規定了家屬的探監時間。各班文革領導小組的學生都有權提出黑窩中的牛鬼蛇神來審問。不久，我們又擬定了統一管制法，成立一個名叫領導中心的組織，大塊頭和我被選為負責人。凡是這個小組中的人都有權提出囚犯來審問。如果某一班想審問某個教員，必須經過我們的批准。

審訊教員時，有時用暴力，有時不用。我是不用暴力的。我在長達兩個月的鬥爭中極少打人，我要讓大家知道：我是個有教養的青年，不是老粗。我善於以文字的攻擊來代替人身攻擊。不過，我當然也會偶爾叫叫：「打他們！打！」

在黑窩裡，教員們的命運堪稱慘絕人寰！

我們的物理老師以曾經是「大地主」和「老反動派」的罪名被丟進了黑窩。他被判日夜做苦工。他的聽覺不大好，助聽器被弄壞以後，折磨他的人就罵他「狡猾」或「裝聾」，殘忍地虐待他。有一天早上，他們叫他到一幢大樓去掃二樓的地，他趁機從一個窗戶跳下去自殺了。

我還很清楚地記得那天早上的事。我那時就睡在那幢大樓裡（我和其他幾人已開始在學校過夜了），剛醒來就聽到一個響聲，像是有東西被扔出了窗外。過了一會兒，有人來告訴我們：華老師自殺了。我們跑出去，看見他躺在地上。他還能說話卻不敢說真話，只說是不小心跌下來的。他流了很多血，但是大家只是站著看他，任他躺在地上虛弱地呻吟著。最後，還是另兩名黑幫分子把他送到了醫院，並且通知他的家人。

學生們指責他的家人教唆他假裝自殺，並且逼迫他的一個家屬承認：「他這樣做是錯的，我們必須在他和我們之間劃清界限，必須為了他這種大膽行為鬥爭他。」

五天後，他死了。他的家屬到這時才敢向大家說真話：「我們幾天前所說的話是被逼著說的，你們可千萬不能誤會我們。」

4 鷺江是九龍江出海流往廈門與鼓浪嶼之間的海峽時的一段河水。據說廈門附近的小島上曾經有許多鷺鷥，因此得名。

物理老師留下了一張字條給他的學生：「我不怪你們；可是我絕沒有想到我的教學生涯竟會換得這樣的下場。你們總有一天會明白我的意思。」

物理老師死後兩天（六月二十九日），他的家被抄了。去抄家的多半是軍人子女，他們把他的收音機、書籍和存款簿都拿走了。有人還在地下挖了一個三尺深的洞，把牆也敲開了，說是要搜查藏起來的鴉片。其實，他們是想挖金子。革命以後，許多人家都把珠寶和金條藏在牆壁或院子裡。

我也是抄家者之一，卻不屑去做這些事。我覺得他們是在緣木求魚，我在抄家時只拿起一本百科全書來看。到了中午，我們強迫師母替我們煮豬肉粥，還派了一個人去監視她，防她在粥裡下毒。到了下午，有幾個男生硬說肚子痛。我們為了報復，為了表現革命精神，硬把人家的浴缸當馬桶用了。

我為了尋找更進一步的鬥爭材料，便去翻看物理老師的私人文件。我偶然翻到了一本記事簿，發現他竟是一個富有同情心而又有遠見的人，絲毫沒有地主的醜惡面目，也不是每一根毛細血管裡都充滿了人民的血和汗的那種人。我又發現他曾經特別留意過我的言行，他這樣寫道：「這孩子值得培植，能教導這樣的學生是件令人快慰的事。過去十幾年來，教育界越來越黑暗，我曾經數度考慮辭職；然而為了這樣傑出的學生，我實在無法放棄。」

我的眼裡噙著淚水，知道已經失去了一位真正關心我的好老師。

我們離開前曾經滿屋子翻箱倒籠，並且用紙條把所有的門戶都封起來，只留下出入的大門。我們把紙條交叉貼住，表示不准他們出入各個房間。他們一家老少跪在地上拉扯我們的衣服，苦苦哀求我們不要封房子。我漸漸地開始動搖了，特別是當我看到他那和我同年齡的兒子時。我不由得想到這個男孩為了父親的遭遇在學校裡到處抬不起頭來。最後，我准許他們打開一間臥室來用。

我趁抄家時搶了那兒子的一副望遠鏡。我向來崇拜電影中的指揮官，他們在頸間掛了一副望遠鏡，顯得又英勇又神氣（後來我到了北平，就是用這副望遠鏡看到毛澤東的）。

我們的立體幾何老師被指控為「國民黨的忠實走狗」。我一直認為他是個老學究，不大關心教書以外的事，是一位專心而公平的老師。後來我才發現，將這些罪名加在他身上的是幾個考不及格的學生。他在受過一頓狠毒的拳打腳踢後，被丟進了黑窩。他是個不屈不撓的人，為了不再目睹世間的一切，曾企圖上吊，因為結沒有打好，十分鐘後就被別人救了下來。他的神色鎮定，除了說「沒有什麼，不要麻煩」之外，什麼也沒說。後來，他受的罪更加厲害了，而且被加上了「吊死鬼」的綽號。

我們的化學老師曾經在課堂上幽默地比喻過，「陰性和陽性電子之間的吸力，就像男女結合一樣」。所以，他被命令脫下褲子和他的妻子做示範表演，周圍的人猥褻地叫嚷著（但是後來並沒有示範表演）。他經常強調多送學生上大學的重要，於是，他被批判為「小資產階級教育家」，應該被洗腦。他被迫承認幾年來一共毒害了多少學生，然後又被迫吞蟲子、扮小丑和畫一幅醜相來自我嘲笑。我們的運動器材管理員早在一九五七年就被指責為「老右派」，現在，這筆舊帳又要新算了。他是個駝子，大家把他的背帶除掉，把他綁在鐵柵上，來醫治駝背。他還被逼著頭先腳後，從四樓爬下來。後來，他又承受了「騎烏龜」之類的凌辱。

我們的級任老師是我們班老師中唯一逃過羞辱的人，這多半是我努力的結果。他曾經寫過一封感人的長信給我：「我眼看著最近數日來的鬥爭，仍難信以為真。種種景象都像夢魘一般，使我們日間緊張，夜間恐懼。許多老師所受的折磨已經超出了人類所能忍受的範圍。人的尊嚴盡失，精神失常。若非為了家庭，我必然早已自了殘生了——。」我回信時請他寫一份「自我檢討」。那份檢討書由我修改了四次後才交給「檢討會」。我在會議中指出他是一直熱心參加這次運動，又說他的「自我檢討」寫得十分誠懇等等，總算大家沒有異議，他才幸免受罪。

罪孽深重的，不一定是那些動手用刑的或是四肢發達、頭腦簡單的流氓學生，而是那些在夜晚溜進學校指使親信在幕後煽火的工作隊——像阿方之類。阿方曾說：「打死人事小，領導革命、剷除修正主義和保衛紅色才是要緊的！這批牛鬼蛇神全是反黨、反社會主義和反毛澤東思想的，他們死得越多，留下的危險就越少。」

用刑的人被教唆說：「國家要我揍你，毛主席要我揍你，你一旦得到了正確的觀念就不覺得痛苦了。」有些黑幫分子自願要求挨揍，這表示他們已有了自動自發的精神，果然少挨了不少揍。

日常生活中的每件事物都可以啟發那些用刑人的靈感，就連吃飯時手中握著的筷子，也能使人想到如何把它當作刑具。有些學生成天所想的就只是如何折磨犯人；同學之間流行開小組會議來交換經驗，討論如何揍人取樂。我覺得這些學生太過分了。更嚴重的是許多女生都變得殘暴而野蠻。她們既暴躁又無情，時常拍著桌子或瞪圓了眼睛，對人怒目而視。我有一次無意間聽到了她們在審問黑幫時的措辭：「狗娘養的」、「你這臭婊子」和許多更猥褻不堪的話。她們又學會了掐人和打人耳光，有些女生甚至和男生比賽，美其名為「男女平等」和「解放女性」。

我們幾個在上面的人不必自己動手打人，卻的確時常命令手下的人去做，但我們同時又得提防他們做過頭，因為最後的責任仍然會落在領導人頭上，「多行不義必自斃」。開會時，我往往這樣打動手下的人：「同志們，你們不要以為我是在替黑幫分子翻案或是在同情他們（其實，我的確有點同情他們）。今天的問題不是打人，而是我們的方法是否有效。即使把人打死了，也不見得能得到我們所需要的材料。我們應該想想如何有效地蒐集證據，才能把福建省教育廳所有的黑線分子一網打盡。」

到了仲夏，我已經盤算好如何將攻擊箭頭指向教育廳廳長王于耕，也唯有這樣，我們才能成為造反分子的先鋒。工作隊隊長丘貉一開始就曾經暗示：在校長之上還有一個人在跟我們搗蛋，專替廈八中的革命找麻煩。我們都知道他所指的就是王于耕，校長是她的親信之一，她因為校長把八中搞成一所最佳中學，所以很器重他。

我自己和王于耕也有一點小私怨。她有一次來我們學校視察，和我以及其他幾人一同午餐。我嚥不下那粗糙的硬飯，把它擱置一邊，她斥責我說：「浪費是這裡的一個嚴重問題，連學生會副主席都有浪費的陋習！」我認為她不給我留面子，對她沒有好感。現在，我把這件事也列入了攻擊她的證據之一：「虐待學生」。

我漸漸的只專心蒐集攻擊王于耕的資料。我每一次巡視黑窩，都不忘去看看那被殘害的校長。每當夜闌人靜時，他會在黑窩裡哭泣呻吟，哭得使人脊背發涼。他的膝蓋因跪在碎玻璃上而腫脹潰爛，使他站不起來，只能拖著身子在地上活動。他在睡墊前的地上大小便，還想把穢物包在草席裡，臭氣瀰漫全室。

我仍然尊敬他，實在不忍看他這副樣子。我也曾替他辯護，但是沒有用。我每次看他時都請校醫替他療傷，並且吩咐守衛注意衛生。

有一天，我彎下腰對他說：「你要好好保重身體，才可以早點復元，為我們寫一點王于耕的好資料。」這本是一句校長和我的同志都挑不出毛病的話，但我竟會難以啟齒，好像是我對他施了一點小惠，就立刻指望他報答似的。校長是王于耕的得力助手之一，他是一個重要的資料來源。可是他們兩人的關係比他和我之間的關係深多了，所以，他沒有答應我。他只說：「讓我考慮考慮，我一直覺得她是個好人。」他說這話時並沒有生氣。

最後，他被迫寫了一點關於王于耕的資料。這些資料都很淺顯，但比其他老師提出的要有價值多了。

我一直相信鬥爭是以鬥智為主，而且我也信不過別人，總是自己審問黑幫分子。我明白單靠肉體折磨是沒有用的，他們可能會暫時屈服，苦刑一旦終止，他們又會拒絕說實話了。所以，我開始改採懷柔政策。我先挑了幾名模範，准許他們回家，還制定了一套優待辦法：坦白得越多，做的苦工越小，休息的時間越長，食物和睡的地方也比較好。這套方法竟使得他們互相競爭起來。

更重要的是我使用了說服法。我時常和他們私下談天，說得很誠懇。我向他們解釋說王于耕註定要倒了，誰也救不了她，我也不怕她報復（事實上，我們鬥爭王于耕完全是個設計周詳的冒險，後來全憑運氣取勝。如果目標找錯了——萬一王于耕是毛派，我們就會被打成反革命分子。我們當了紅衛兵後，有許多次還是有這種顧慮。我們在一連串對當地黨幹部或軍區司令員的鬥爭中，就像和毛澤東打賭一樣——非贏即輸）。

我並沒有欺騙他們。許多黑幫分子一旦寫了資料都獲准回家；有些人還獲准回家寫資料，然後在一定的限期內交回來。我還收到了許多表示感激的信，稱讚我：「善於體諒別人，肯為他人著想」，把我推崇為傑出青年。這些過獎之辭往往使我很不自在。

我開始盡力發展自己應付各種情況的能力，嚴格地訓練自己，並且訂出了自己的座右銘：自信、自決、自誠。我竭力擺脫孩子氣，野心勃勃地樹立了目標，每晚都像個道道地地的首長一樣，穿著一件外套，端坐在辦公室中博覽群書，增進知識。我有幾箱在七月間抄圖書館時得來的書，其中有許多已經被共產黨禁掉，說是反動派。我對於希特勒、毛澤東、史大林、孫逸仙和蔣介石等享譽世界的領袖傳記特別感興趣。許多同學都為那些他們從未看過的黃色小說而欣喜若狂，走火入魔。一到晚上，他們就津津有味地高談闊論著，有些人甚至還想實習所讀到的東西。

我面對這一切，更覺得自律是重要的。在這種無法無天的環境下，要誤入歧途是輕而易舉的。大部分的學生都覺得青春難再，應該善加運用，更應該把握造反期間的方便而盡量利用自由。可是，真正有野心的人卻是另有打算。

我不否認那時的我還不夠穩健，四周圍滿了和我們同住的漂亮學生「秘書」和「護士」，和她們來往是在所難免的。可是輕俏又愛格格發笑的女生有時很使我擔憂，我發現很不容易叫她們執行我的命令。我認為這些女生很低級，僅是草芥而已。我認為在辦公室裡調情是不負責任的行為。

六月中旬，我們七個人——五個男生和兩個女生，開始非正式地組織了一個「心理研究小組」，交換一天的心得。我們在開會時都避免提到用苦刑的事，卻一致地認為用苦刑是一種藝術（就像納粹將刺了玫瑰紋身的法國俘虜剝皮後用來做燈罩一樣）。我們談得那麼輕鬆隨便，無數黑幫分子都是已經註定了要受皮肉之苦。譬如說：我們談到了恐懼。人為什麼會恐懼？恐懼是有用的嗎？我們漸漸地發現某些囚犯的個別反應，為我們提供了對付其他囚犯的手段。我們會告訴某一名同志說：「用某某方法」。這正是毛澤東所謂的「對症下藥」。

這種心理研究小組不能公開存在，因為它算是一種罪行——它沒有經過正式的委任。不過，學生和工作隊都知道它，我們也沒有停止聚會，偶爾，參加聚會的人也會多到三十人。我們有時也會覺得研究工作做得不夠徹底。有許多方法我們都還不能試驗，如用藥物控制犯人的神經系統等。我們在研究和試驗的過程中很少在意那些直接的指責，這些指責多半是用不具名的書信方式轉給我們的，信中稱我們是「鬥爭成人的小鬼」或「紅色恐怖的黑暗動物」等等。我們早已忘了折磨的對象正是自己的師長。

我們每人各有主張，有些人贊成肉體折磨，有些人主張精神虐待、威脅和敲詐等等，更有些人喜歡在威脅、恐嚇的文字外面裹上一層糖衣。我總是盡量不去抄襲別人的路子，設法別出心裁。我時常會問些出其不意的問題，使被審問的人不能用公式化的答案來搪塞我。毛澤東的一句名言：「不打無準備的仗」不能適用於我，我就是喜歡不受拘束而又具有彈性。

我很自負，又喜歡賣弄鋒芒，總是想使犯人屈服在我的狂傲之下。我如果發現犯人竟比我強，往往會勃然大怒。有一次，我做得有點離譜，我命令守衛都走開後，關上門和一名犯人說「知心話」。誰知道他的脾氣火爆，受迫之後竟然爆發起來。他說了一聲：「我先宰了你！」就抓起一把椅子向我衝來。我為了躲他，只好在屋裡繞圈子逃避；這時，我才想到自己竟這樣粗心大意，連一件武器都沒帶。最後還是守衛聽到了聲音趕進來制服了他。我僥倖沒有受傷，可是辦公室已經是滿目瘡痍，零亂不堪了。我所喜歡的一個小花瓶也被砸得粉碎，我不由得怒火中燒，高喊：「揍他！揍他！」

等到恢復冷靜後，我聽到那傢伙在呻吟。但我還是不滿足，便叫人把他拖出去，再盤問一次，一直搞到我完全滿意為止。

一小時後，我完全平靜下來了。這時，我才後悔自己竟是這樣缺乏耐心，這樣沉不住氣。我看到他被打得那麼慘，既想向他道歉，又怕失去聲望，最後就這麼算了。

像這樣的心戰大約維持了兩個月，我對自己在這短期內的轉變覺得十分驚訝。無憂無慮的學生生活和少年時代已經結束了，我只有十六歲，卻覺得自己已經是個大人了，肩負了成人的責任。

第一批紅衛兵

七月上旬，我五度領導同學去抄老師們的家，蒐集資料。

許多老師住在廈門海岸外的名勝小島鼓浪嶼上。鼓浪嶼曾是外國租界地，住在那裡的人家環境比較富裕。我選擇這裡作為抄家的目標，是有兩個理由：躲開廈門的熟人，我才可以抄搜自如；同時，我還可以到海邊去游泳。

我們抄的人家中，有一家是我的初中老師，是我很熟悉的地方。夏天，我時常到那兒游泳，總在他們家換衣服；游完後在廚房裡煮咖啡喝，就像在自己家一樣。連老師家的貓也是我的老相識。幾個月以前，我還曾替牠買了幾分錢的小魚乾。

這個家裡的每樣東西——鋼琴、圍棋、葡萄棚下的藤椅和在風中索索作響的梧桐樹等，對我而言都是那麼親切。然而，現在不同了。

現在，這是一個敵人的家。從前，我若不小心打碎一個花瓶都會難受半天；現在，就連砸爛一架鋼琴都不會令我有絲毫動容。我對老師本人並沒有懷什麼冤仇。現在，我是以另一種身分來到此地，必須按身分行事。這家人對待我的態度當然不同往常，而我也不再為他的小女兒帶糖果了。

我處在這種情況下，還是盡了最大的力量來報答他過去的仁慈。我發出嚴格的命令，把抄家的重點放在老師的日記、會議記錄、來往的信件和其他文件上，值錢的東西一律不准碰。我在抄家運動初期會一絲不苟地執行這條戒律。可是，我很快發現我領導的同伴們都不太熱中於和我同行。我這才明白如果不准他們填飽私囊，他們一定覺得索然無味。

我們在抄家後，如果覺得熱氣騰騰、汗水淋漓，就到小島上的一個著名海濱去游一會兒泳。我們把抄來的資料袋埋在沙裡，免得被人偷走。我們一下了水，立刻把那些家屬痛哭流涕的哀求模樣忘得一乾二淨，一直泡到天黑才上來。有時，我會把抄來的資料裝在玻璃袋裡，用一手舉著，游過那長達五百公尺的海峽，和乘輪渡的同伴們打賭，看誰先到達對岸。這條海峽是我小小的自由天地，我可以一口氣不停地游十幾個來回。

我們在晚上回到學校後，總要先把蒐集來的資料分門別類地整理清楚，然後找時間在住的地方玩「四十分」撲克牌遊戲。我們住的地方是在黑窩的樓上，這幢大樓也等於是校園圍牆的一部分。早上，賣食品的小販都會到牆下來賣點心給我們。我們把錢放在竹籃裡，繫上繩子，從窗口吊下去，接點心上來。如果我們想和小販們找找樂子，就叫他們把燒餅或麵包扔上來讓我們接，扔不準的就不給錢。小販們似乎很樂於做這種輕而易舉的買賣，漸漸的，有人天不亮就來了，發出各種聲音來吵醒我們。要是惹火了我們，我們就把夜壺向窗外倒下，把他們轟走。

我們都懶得在夜間上廁所，夜壺總是裝得滿滿的。我們有時摸不到它，就乾脆從窗口小便出去。有一次，我自己這麼做時，看著下面廈門市的夜景，突然，一陣孤獨而寂寞、想要征服世界卻又無能為力的感覺湧上心頭。我回到床上後竟然不能成眠，被一股空虛感壓得透不過氣來。

奉了市委會文化大革命領導小組的命令，所有的黃色和反動派書刊必須屯積在一個特定的地點封鎖起來。於是，我開始集中注意力來抄搜各大圖書館。我們有幾個人貼了布告，宣布要接收學校的圖書館。我自己曾數度進入藏書室，但大部分學生則根本沒有進去過。我們第一天在藏書室做整理工作時，一個個都沉迷在書堆裡，連午飯都沒時間吃。我們關緊門窗，放下百葉窗，繼續不斷地在燈光下挑到下午。

要在一天內把所有的書都看完，當然是不可能的；可是有些書實在太精采了，我簡直不忍放手。有道是「雅賊非賊也」，第二天，我帶了一個背包來裝書。

另外一群學生開始在布告板上貼條子，指責我們的神秘關門主義，說我們不幫其他同學看書，並且罵我們「暗地裡做見不得人的勾當」。我回敬了一張布告：「如果你們也想做挑害的工作，可以到其他地方去——市立圖書館、青年文化宮和工人文化宮等。」但是這些人卻發現廈四中的學生搶先了一步：半數的書都不見了。

兩三天後，我們要求市委會撥兩輛卡車到我們學校來，好讓我們也能參加針對全市各圖書館而發的掃蕩禁書、黃書運動。各學校之間也醞釀著競賽，每裝滿一卡車的書運走時，負責的學生就會喊出校名和書本的總數。許多閒人也混進了我們的隊伍來幫忙。

這些禁書、黃書和反動書很難到手，市民們幾乎為之瘋狂。另外有些人想要偷出去賣，假如一個普通工人搶到了十斤書，他可以用每斤一角六分人民幣[1]的價格賣給舊貨鋪，所賺的錢比他一天的工資三元人民幣還多。

我雖然自己偷書，卻不准普通市民搶書，因為怕被批評為寬容搶奪。我每次總是坐在司機旁邊，命令他加足油門，衝過人家放在路中央來阻擋我們的腳踏車和沙包等東西。

又過了幾天，在廈門九所中學的合作下，成千上萬的書都被搬出了市內各圖書館（其中有五分之一被偷走），大部分的書被屯積在市圖書館的幾間空屋子裡，封上了門。另外一些則被運到了工人文化宮。這些書後來都被燒為灰燼。

儘管這抄家和抄圖書館的活動已經和從前每天刻板無味的鬥爭老師有所不同，我們依舊不覺得這是真正的進入社會。這些活動根本是缺乏組織，雜亂無章。我們有時還不得不到渡輪碼頭去拉同學，叫他們立刻在溼答答的游泳褲外套上長褲，赤著上身，跟我們一同去抄家和抄圖書館。

七月二日，大家讀到《人民日報》上的一篇中央社論，鼓勵我們重讀一遍毛澤東的〈在延安文藝座談會上的講話〉。這篇社論號召大家打入社會和破除四舊：舊思想、舊文化、舊風俗和舊習慣，這令我們振奮不已。我們發現早報上也登出了這篇社論後，立刻買了兩千份報紙分發給學校的每一個人，並組織集會來討論這次號召的意義。

為了打入社會後能引起老百姓的敬畏，我們必須組織紅衛兵——也就是文化大革命的先鋒才行。

廈門市內已經可以看到幾名由北京來的紅衛兵，他們是剛從北京大學、清華大學、北京醫學院和北京航空學院等校到廈門來，「搧起革命之風、燃起革命之火的。」他們來訪的目標主要是廈門大學，可是其中有七個人（多數是廈八中的校友）來到了我們的學校。他們剛來時，趾高氣揚得令人很難忍受，還吹牛說是從毛主席身邊來的，知道得比誰都多，是國內第一號造反分子。現在，我們必須向他們看齊了。市委會組織紅衛兵的號令一響，這些北京來的紅衛兵立刻幫助我們成立了組

1 一九七一年，每二元二角五分人民幣折合美金一元，本書中所提的幣制都指人民幣。

織。

廈八中紅衛兵的選舉在各班級舉行了。候選人的名單由各班級送到革籌會後，被他們刷掉了一半，入選者的名單再被送到市委會做最後的決定。

我們班裡有四個人入選，我是其中之一。

七月十六日早晨八點，我們學校的兩千名革命師生幾乎全都集合在操場上，人群中最驕傲的，要數我們這五十六個學校無產階級文化大革命的領導人物和骨幹分子了。這一天，我們正式當上了紅衛兵，「廈八中紅衛兵革命委員會」也正式成立了。我們加入了全市第一批紅衛兵，只有廈門大學的紅衛兵成立得比我們早。

我們都穿著整齊的綠軍服，戴著五角軍帽，腳踏膠鞋。有些人的裝備是學校特別訂製的，有些人則穿父親兄長的舊制服。帽子的式樣是模仿毛澤東在第二次世界大戰前設計的中國紅軍軍帽。只有第一批紅衛兵才有這種帽子戴，後來的都戴人民解放軍軍帽。此外，我們為了表示自己是領導幹部，都在肩上掛一個綠帆布做的斜挎包，用來裝《毛澤東選集》和《毛澤東語錄》（不久以後，我們就把每樣東西都裝了進去——衛生紙、毛巾、肥皂、牙刷、軍糧餅乾、急救用品、文件、地圖和記事本等）。平常戴眼鏡的人也把眼鏡摘下，顯得英武一點，不再那麼書卷氣了。我們一切準備就緒，就只差一個紅袖章了。

會議於八點三十分開始。我們步向講台時，大夥兒都羨慕地注視著我們。儘管我向來就不是個喜歡裝模作樣要派頭的人，可是我覺得在那一天即使多表示一點傲氣，人家也不會討厭我的。我特別留心自己的步伐——我平常走路有點顛顛仆仆地，而且略向前僂，這是我必須糾正的一點。誰也不知道我為了這一天還特地到裁縫店去假裝試穿新衣，其實是躲到試衣室的帘子裡對著長鏡練習步伐。我不停地練，不斷地練，直到人家請我回家為止。

那一天，我雖只有幾步路好走，但我明白一個人的外表會嚴重影響到別人對他的印象。我知道我的天賦不錯，個子高，五官端正，雖然太瘦了一點，但是合身的制服把我的身材襯托得筆挺。上天賜給我一副能言善道的口舌，我在校內外曾向群眾演講過許多次，現在已經是個經驗豐富的學生演說家了。另外，我在對付牛鬼蛇神的鬥爭中，已經樹立了優秀的積極表現和記錄，這一切的一切都使我自信能在紅衛兵的領袖群中獲得一席地位。

我開始走向講台時，幾乎是機械地擺動著雙手。我不斷地提醒自己：「手不可高過上衣的第三個鈕扣，步子不要太大。」當我們經過那些運氣較差的同學面前時，他們都坐在地上，拉扯我們的褲腿，要向我們握手道賀。我故意放慢腳步。有好多我已經記不得姓名的人也不斷恭喜我：「我們向你學習！向你致敬！」老朋友也歡叫：「別忘了我們啊！」最親密的朋友對我說：「真高興看到你領先了一步！」

走到自己班（高一五班）前面時，同學們爆出一陣歡呼，他們站起身來，幾乎把我們高一五班的四個人舉上了肩膀。我熱烈地擁抱他們，他們是我的本錢，若不是他們，我是當不了第一批紅衛兵的。

「我絕不會忘記你們，」我說：「我們還有好長一段路要並肩前進！」

我們這五十六個人終於走上了講台，其中有十二個人（包括我在內）都曾是文革的班級領導人，其餘的人都是學生會、少年先鋒隊和共青團的幹部。

會議由中國共產黨廈門市委員會（下稱市委會）第一書記袁改主持。他讚揚我們是文革的先鋒，希望我們帶頭掀起廈門市文化大革命的高潮。然後，他又和廈門軍分區司令員田軍一起替我們分別佩上了袖章，並將一面繡著「廈門第八中學紅衛兵」字樣的旗幟頒授給我們。

袁改比我矮半個頭，他顯然缺乏經驗，笨手笨腳地弄了半天，才把袖章別在我的衣袖上。誰又想得到，僅僅一個月後，這個人，這個現在站在我的鼻子前的人，就會被我們以「反黨、反社會主義和反毛澤東思想的走資本主義路線當權派」的罪名揪出來，鬥得死去活來？他，正是那授權給我們替他自己挖墳的人！

緊接著的是新紅衛兵代表，一個國語很標準的女生致詞。她宣讀了我們的目標和任務，其中包括五敢和四不怕：敢想、敢說、敢幹、敢革命、敢造反；天不怕、地不怕、神不怕、鬼不怕。她演說的主要內容都是從《人民日報》和《紅旗》這些官方報章雜誌抄來的。

會議進行了三個小時，坐在烈日下的革命師生一定個個巴不得早點散會。主席團則決定全廈門市的市民都應該慶祝這個重要的日子，新紅衛兵們一致同意。於是，我們扛著剛頒下的旗幟，敲著全校所有的鼓，領著一長列隊伍浩浩蕩蕩地往市委會書記住宅去報喜。

第一書記袁改早就自會議中溜回他的辦公室兼住宅去了，我們帶著喜報要求他出來接見，可是他的部屬對我們說：「袁書記在吃午飯，沒空接見你們。」這句話成了我們與他決裂的開端。

這一記突然的打擊使我們大為惱火。我們兩千個人，包括紅衛兵和革命師生，站在驕陽下，又渴又熱，他竟然連出來見一面都不肯。我們開始把鼓打得喧天價響，又唱起《毛語錄》歌曲，斥責袁改不支持革命。

秩序很快地亂了起來。院子裡容不下兩千人，於是有人爬到牆頭，有人坐在樹蔭裡，有人躺在台階上，有人坐在公家轎車的引擎蓋上，更有人乾脆涉到魚池裡去涼快涼快。

這還是群眾第一次敢在市委會門前公然放肆。這固然因為我們經歷過一個月以來不斷用武力鬥爭老師、抄家和抄圖書館等等的事件後，膽子越來越大；一半也是和我們同來的北京紅衛兵挑撥起來的。我們遲疑不決，不知是否要衝進禁地時，他們引誘我們，說我們膽小，像小腳女人一樣。

「在北平，我們敢對中央領袖造反。」他們說：「你們在這兒還怕什麼呢？」在烈日之下，感到最難受的是我們這群新紅衛兵。我們身上穿著厚厚的制服，腰間紮著皮帶，鈕扣一路扣到頸間。我們又覺得不宜解開衣扣或席地而坐，又要來回奔跑，忙著維持秩序，向市委會人員辦交涉。可是，他們根本不把我們放在眼裡，連一滴開水都不給我們喝。

我氣極了，再也顧不得他們是哪一部門的頭目了。我指著其中一人的鼻子大罵：「你這混帳王八蛋！這麼熱的天，為什麼連冰棒都不替我們買一點！」

他不慌不忙地回答我：「革命小將應該不怕艱難。你們怎麼連一點熱都受不了，盡想吃冰棒呢？」

他的態度是冷靜而漠不關心，而我們則在太陽下熱得滿身大汗。我恨不得馬上揍他一頓。於是，我一把抓住他的頭髮把他拖到外面來。

愉快的場合很快的演變成衝突，有幾名女生熱得昏倒了。我們加油加醋，在送進去的報告上誇大了昏倒的人數。

袁改終於鑽出大樓來，口裡還銜著牙籤。這一點，我們一直沒忘記。後來，只要他被鬥，我們就在他的牙縫裡插滿了牙籤。

他顯然不太重視我們，當天早上參加會議也只是敷衍行事。我們將寫著「喜報」的文件交給他，也懶得先朗誦一遍了。

「走吧！我們到街上去！」有人叫道。袁改正巴不得我們趕快走。我們走後，地上留下了成千的冰棒棍，汽車上留下了無數的腳印，池裡大半的魚都不見了，龍眼樹上的果實也報銷了大部分。賣冰棒的小販想把地上的小棍子撿回去再用，可是士兵們趕緊把他們轟走，鎖上了大門。然而，緊鎖的大門擋不住我們唱的《毛語錄》歌曲：「什麼人民站在什麼立場」的震耳欲聾的歌聲。

我們在市內街道上遊行到下午兩點，回到學校時，隊伍已經少了一大半。比起早上，我們的熱忱大減，制服已經溼透了，發出陣陣餿臭味。

回到學校後，已經錯過了學校替我們特備的午餐，飯菜都被鎖在廚房裡。我們不管三七二十一，衝了進去，爭先恐後地搶著吃，出了一口悶氣。

後來，我假裝不舒服，早早趕回家去。一進門，連小貓都不認識我了，牠從縫衣機上跳下，跑開了，也許以為我是個陌生的軍人。母親和二哥都在外工作：母親在一家工廠做事，二哥是工程技術員。

我洗了一個澡後覺得精神抖擻，心想自己一定還是這附近的第一個紅衛兵，應該趁早運用一下這個新特權。那天晚上，我剛好要到學校去開會，於是提早出了門，故意在大街上繞道而行，果然吸引了很多人的注意。

在紅衛兵委員會這個新組織的第一次全體大會上，我們選舉了一個八人小組。這一個小組是由一名主席、一名副主席和宣傳、聯絡、財務、組織、校務、校際活動等各部門的首領組成。其餘的紅衛兵則被分成四個小隊，每隊十二人。全校師生同樣地被分成了幾個團體來配合工作。

主席和副主席的頭銜自然而然地落在大塊頭和阿豬身上，她們在革籌會也擔任同樣的職務。阿豬的成分很好，她是出身泥水匠的家庭，經常吹牛說他們家的祖孫三代都沒有住過自己的房屋。主管校務的新委員是一個女生，她善於投機取巧，專會見機行事，因而得到了「牆頭草」的諢號。這三個女生都以狠毒而名噪一時：「八中有三寶，大塊頭、阿豬、牆頭草！」

我被選出來負責校際活動。這是很重要的一個職位，因為這意味著我將指揮全校參加破四舊的新運動，有兩小隊紅衛兵和四百名革命師生被撥在我的麾下歸我指揮。

會議中還頒發了紅衛兵證書，決定了吸收新成員的辦法。我們的紅衛兵組織編號是由〇五〇〇一到〇五〇五六號。訂定五位數的目的是預備將來全廈門的紅衛兵人數多達數萬人時使用的。後來，當我們和其他紅衛兵比資歷時，數目少的編號就吃香了。

絕大部分的學生已經申請加入紅衛兵，會議決定每一個申請人都必須先經過他的直屬工作團體中的紅衛兵頭頭挑選，再經過紅衛兵委員會審定通過，最後將名單上報市委會備案，同時訂製新袖章。

我們這第一批紅衛兵有遴選申請人的權利，我們竟變成了那些躍躍欲試的同學們奉承和賄賂的對象。許多同學自動將小刀和太陽眼鏡之類的東西送給我，也有人請我們吃館子，因為吃人家的嘴軟，拿人家的手短，選拔也就不大公平了。我自己並沒有接受賄賂，但卻很樂於賣弄權勢。同學們當然都很關心自己的申請是否會成功，所以，只要我走向紅衛兵總部，一路上就會被人問個不停。

有時，我故意逗他們說：「急躁鬼吞不下燙豆腐，你們何不回家去，先把買袖章的三毛錢預備好？」「看，早預備好了！」有人會塞一張一元鈔票給我，好像那多餘的七毛錢是送給我的。

另一些缺乏耐性的同學會向我借袖章，我通常都肯借，但條件是兩小時內一定要還，並且不准戴著它們去做不正當的事。後來，我才知道他們只是借去到街上出出鋒頭。

起初，我們都有著極高的榮譽感，只要是穿上了制服，絕不肯在路邊小攤子上吃東西。有一次，一個同學借了我的袖章，戴著它在攤子上吃螺螄，我發現後，揍得他鼻青眼腫。若是母親叫我到小店買醬油之類的東西，我一定先脫下制服和袖章後才肯去。

一開始，許多做父母的人也很為他們的紅衛兵子女感到驕傲，而且認為孩子的傲慢態度十分有趣。他們還沒有領教紅衛兵會做出什麼事來哩——「打、砸、搶、抄、抓」！

過沒多久，老百姓就開始用憎恨的眼光來看紅衛兵，袖章也不再是珍貴的好東西了，我們中有好多人都一聲不響地把袖章擱置一旁。後來的幾個月中，我收集了一大堆各式各樣的袖章，它們已經一無用處，但我還是收藏著，儘管布料短缺，我也沒能狠下心來學別人的榜樣——把袖章七拼八湊起來做成內褲穿。眼前，這些事都還沒有發生。我只是憑著自己的職權和小老虎精神從學校走向社會，把舊世界砸個粉碎！

破四舊

我早在文革以前就憎恨迷信，並認為兩千年來傳統的封建思想是中國積弱的主要原因。我認為迷神信鬼都是古代帝王加在百姓身上的桎梏，隨著歷史演進，科學文明越來越重要，這種桎梏自然會被掙脫的。

我在念初中時就常告訴同學說，我一旦有了權力，一定要把那些泥塑木雕的偶像打個稀爛。可是，大多數同學不顧年輕一輩的老師時常責備他們食古不化的愚昧，仍然有迷信的傾向，很本不同意我的話。他們生長在傳統的舊家庭，從舊小說、傳聞和長輩口中，知道了有神有鬼，更從那些在茶館中以說書為業的老鄰居口中，聽到了許多恐怖的鬼故事。

我家一直信奉基督。母親雖然十分虔誠，家中的基督教氣氛並不濃烈。母親一直不准我聽或看那些鬼故事。

我對迷信採取的大膽敵對立場，是我被分派負責廈八中破四舊大隊的主要原因之一。整個大隊分成二十三個小隊，每一個小隊都由紅衛兵領導。這些小隊各有隊名，都是從《毛語錄》或詩選中得來的靈感，例如梅花隊、屠虎隊、無產階級隊和凍死蒼蠅隊等等。我指揮大隊，還自己率領一個十七人的小隊，隊名「鬼見愁」是我蓄意決定的。

「要讓神鬼一見到我們就發愁，可不是我們見了神鬼發愁！」我這樣告訴手下的人。

在吸收新紅衛兵參加運動時，我遴選的主要標準之一就是不怕死和不怕鬼。我把申請的人帶到太平間去，叫他們揭開死屍的面蓋；或帶他們到棺材店去玩「四十分」（輸的人就要躺在棺材裡）。夜間，我常帶領幾個比較膽小的同學到學校後面的墳山去，然後自己躲起來，把他們單獨留下。他們嚇得直哭，有的人尿溼了褲子。凡是晚上不敢單獨走黑巷或是不敢單獨睡覺的人，都要這樣磨練幾次，直到習慣了為止。

將全隊的迷信徹底撲滅了還不夠，我們做頭頭的人必須實行自清。有一個紅衛兵頭頭在頸間掛著一個護身符，那是一條上面吊著象牙獸頭的銀鍊。我對他說：「你如果連在造反的時候都要神來庇護，還不如趕快滾回娘胎去！」我說著就把他的護身符扯了下來。

我的階級未必比其他頭頭們高，只是大家聽說我常在夜間拜訪太平間，個個對我敬畏三分。大家又都怕我的撒手鐧：我從生物實驗室裡弄來一副骨骸，誰都怕在晚上發現它赫然躺在自己的床上。

儘管如此，我仍然發現有些隊員要出發上街時竟向諸神禱告，祈求此行一帆風順，我真是氣得要命。

我們在破四舊運動中確實展開了一次更廣泛、更艱難的工作。開始時，我們更改街道、商店和電影院的名稱，並且砸碎舊招牌和廣告牌，然後發展到搗毀廟宇、抄搜黑五類的家庭，和抓出反對這次運動的壞分子來遊街等等。遊手好閒的阿飛和賭棍都受到了懲罰，蓄長髮的僑生被剃了頭，尖頭皮鞋一律充公，褲管太窄裝不下兩個酒瓶的人，統統當街擋道，當眾剪破褲管。我們並宣布全部廢除結婚喜宴、拜年和用土葬代替官方認可的火葬儀式等舊風俗，而改用一套新方式。我所做的多半是破壞性的工作，對建立新方式並沒有出過大力。

每一小隊都有自己的隊旗，前面有一個隊員領導著列隊而行。領導的隊員手舉一塊牌子開路，上面寫著《毛語錄》：「馬克斯主義的道理千頭萬緒，歸根結蒂就是一句話：造反有理！根據這個道理，於是就反抗、就鬥爭、就幹社會主義。」「造反有理」是我們的最高原則，也是我們用來對付責難者及反對者的有力武器。遇到有人批評我們做得太過分時，我們就把《毛語錄》的牌子舉到他的眼前說：「張大眼睛，仔細看清楚毛主席教我們做什麼！」砸鋼琴、用拳頭打玻璃、向房門上扔刀子和破壞學校中的一切設備等等，全是憑著「造反有理」這一句話做的。我一直希望能親身經歷天下所有的事，能體驗鉅富和赤貧，能凌駕萬人之上，也能嘗試世上最大的危險。

如今，機會來了。我現在就要搗毀一切，將來便可以揚言：「這一切我都做過！」但是，我這樣做也是為了滿足內心深處的一些欲望，一些參加文革的青年共有的欲望：我們認為這是盡情享受的大好時機，別人有過的和沒有的我們都要享受到。我們如果享受不到，就把它毀掉，使得別人也無法享受，大家都一樣。

有一次，我很想用自己的雙手把市委會的一輛汽車上昂貴的擋風玻璃砸個粉碎，於是我舉起一根木頭，用盡全力照著擋風玻璃砸個正著。哐的一聲，好幾百元的人民幣付之一擊，汽車司機為之心碎。他批評我不講理，不知保護人民的財產。我則一面拍拍胸前衣袋的《毛語錄》，一面反駁說：「毛主席教我造反有理。你要是願意，跟毛主席講理去！」

儘管如此，我們在活動的最初期多少還算是謹慎的。

七月十八日，我首次率領我的那個小隊到兩條大街和幾個小巷沿路展開破四舊的工作。我們破壞的四舊包括私宅的銅製門環、舊商店的招牌、匾額、廟宇和有錢人家舊式房屋上雕龍屋脊等。我們和同天出發的二十二個小隊一樣，每人都有一份地圖，將分配到的地區中的各目標和各路線標得清清楚楚。這些地圖是偵察隊在前一天畫好的，大家都被分配到離家較遠的地區去，不至於闖到熟人家裡，行動受到牽制。我們不像其他小隊那樣敲鑼打鼓以壯聲勢，我不喜歡這些噪音。我們到了第一家，這家的大門上有個鑄成龍頭狀的門環。起初，大家躊躇不前，互相推讓著叫別人去敲門，附近的小孩圍在四周看熱鬧。我們終於鼓足了勇氣去叩門，叫房主在中午以前將銅門環卸下來；否則，我們自己動手卸。我們在其他住宅前也做了同樣的要求。房主們都摸不清是怎麼一回事，有些人以為我們像八年前一樣，又要收集廢銅爛鐵，在自家的後院裡煉鋼；也有些人以為這是敲詐，或以為我們發神經——這些鑄了幾十年，甚至一世紀以上的門環怎可能輕易取下？我們身邊圍了好幾百人，在附近紙箱廠做工的婦女都趕回家去，看看自己家有沒有出事。

我們很平靜地繼續工作，老百姓心裡也許怨恨，但都不敢公開反抗或侮辱我們。

午飯以後，我們不再這樣彬彬有禮了。我們靠著一把從當地人家借來的梯子爬到房頂上，並用借來的大剪刀扯下招牌，搗個稀爛。街上的小孩都搶著把木塊拾起，拿回家去做燃料。

最難辦的是拆除老房子上的雕龍屋脊。我們必須爬上屋頂，揮動一把十幾斤重的大錘子，才能把屋脊敲下來。這件工作十分危險，一不小心就會滑下屋頂，跌到街心，不是受重傷，就是活活摔死。有些看熱鬧的人很佩服我們的勇氣。後來我們改變了方法，不再爬屋頂，而是用繩索將龍頭套住後，叫旁邊的小孩幫我們一同把它拉下來。有時，圍觀的大人也會上前來助一臂之力；不過，大部分的人都是把自己的孩子叫回家去。

從這一天起，我就很少待在家裡。

我每次回家前，都先到學校洗個澡，換上便服才回去，假裝沒有發生什麼不尋常的事。我知道自己的所作所為都與過去家中的教導相矛盾，我只告訴母親和二哥說，我一直在忙著整理資料。我不回家睡覺，這使母親十分擔心。她萬萬沒想到，她那慣壞了的小兒子，一個直到最近還顯得脆弱而依賴她的孩子，現在竟是個天不怕、地不怕的紅衛兵了。

我第一次戴著紅衛兵的袖章回到家裡時，母親見了又高興又不安——高興的是：家裡有了一個紅衛兵兒子，會安全些；不安的是：她怕我會做壞事、得罪人和學壞。我則像個扮演雙重角色的演員，在外，我是個惡名昭彰的紅衛兵；在家，我是個孝順的好兒子。母親若要我做家事，我絕不會因為自己是個紅衛兵就不屑去做。可是，母親叫我在蒐集老師的資料時不要做得太過火，我卻不再聽從她了。我從小就一直處在母親的強烈影響下。她帶我上教堂。我領了洗，每星期天還要上主日學。她時常對我說，天堂裡有個上帝，你看不見也聽不到祂；但祂對全人類卻有著無限的愛。她每逢星期天都要吃一塊浸了酒的麵包，說那是耶穌基督的血和肉。她又常叫我祈禱。我不喜歡做這些事，我覺得整個星期天上午都耗在無謂的祭禮上真是划不來。

母親每回閉上眼睛祈禱時，我就開始在長板凳上走來走去，翻弄別人的聖經，有時把媽媽的那份耶穌之肉一口吞下。她睜開眼睛後，總要把我拉過去，親吻我，叫我不要再跑來跑去。

最可惜的是：每次那老傳教士走過來收集奉獻時，母親老是塞一大把鈔票進去。

「這簡直像把鈔票丟進茅廁坑！」我有一次說。

母親罵我說：「罪過呀！看上帝怎麼處罰你！」

她全心全意信奉上帝，連子女能接受大學教育都是上帝的恩典。

唯一令我覺得有趣的是每次上主日學拿的那些彩色圖片。我和其他孩子一樣，也喜歡在聖誕節時收到糖果、餅乾和橘子。我覺得教堂的清靜、和諧和美妙的鋼琴音樂，比起佛教的廟宇和那些青面獠牙的佛像、煙霧濛濛的香火、棺材和骨灰盒等，要雅致而優美多了。

破四舊的小隊到鼓浪嶼那個小島去搗毀基督徒的公墓時，我裝病沒去參加。事後，我去看了一下。在埋葬外國人的墳場裡，墳墓上的十字架都被剷除了，碑文不是被水泥糊住，就是被油漆蓋掉，附近的小花園也面目全非。

我知道母親聽了這事一定會悲傷不已。我們家在共產黨佔據大陸以前，曾在鼓浪嶼住過。長眠在這裡的人中，有許多是母親認識的。父親也安葬在這個小島上，幸虧他的墳墓不在這被褻瀆的公墓中。

母親向來很少用嚴厲的字眼。這一回，她實在是忍不住了。她罵這些叛徒全「喪盡了天良」，說他們在襁褓之中沒有被綁過手腳[1]，因此既沒有教養，又沒有分寸，她還說他們「沒事找事做，拿死人出氣」。

然後，她轉向我說：「你要是也去做這種事，就不再是我的好兒子。」

我連忙向她保證絕對不做這種事。她保存著好幾本聖經，我從來也沒有把這些聖經或從主日學拿回來的教義問答看作四舊的一部分。對母親而言，聖經是她唯一的精神寄託，她每天晚上都要大聲地朗誦幾段詩文。我雖然從來不信上帝，卻也不曾為這個和她爭論過。

我看她悲傷得難以忍受，便柔聲地對她說：「我們明天一起去看外國人的墳場，說不定損壞的情形並不這麼嚴重。」我不敢告訴她我在下午已經去過了。第二天，我將忙碌的日程擱在一邊，陪著母親到了鼓浪嶼。我們先到父親的墳上整理一下墳頭，將墳前的小祭台也掃了一下。誰會想到這個孝順的兒子會是個大逆不道的紅衛兵？

然後，我們去看那被褻瀆過的外國人公墓。這對我來說是個很大的冒險，因為我很可能被同學撞見。

母親回憶起了往事。我們家由於商業上的來往，曾和某些外國人交往密切；她憶起了往日的友誼和歡樂。

「你只知道外國人都是高鼻子，」她說：「大肚子，還抽雪茄。」

共產黨佔據大陸後，外國人全被趕走，只留下這些墳場。逝者的故友會定期來掃墓，把碑文打掃乾淨。

每年春天的清明節，母親都帶來兩束鮮花，一束給父親，一束給墳場中的外國友人。

「現在全過去了，連跟外國人通通信都不可以。我的英文全忘光了。」

我沒有欺騙母親，我確實沒有侮辱過任何一座墳墓，不論是基督徒的也好，佛教徒的也好，而且我總是避免搶劫基督教教堂或驅趕牧師和傳教士。我一聽說母親常去的那座教堂被霸佔了，牧師一家七口被趕出了他們的三層樓住宅而住進一座茅草房裡時，我就告訴了母親。她立刻收拾了許多瓶瓶罐罐的食品，要我陪著去探望他們。我不敢走進茅屋去，怕牧師認出我。我經過這件事以後，

1是遵照古老的習俗，嬰孩在落地三天內，手腳要象徵性地綁一次，使他日後行為端正。

更下定決心再也不插手做這一類的事了。我準備集中全力破壞廟宇中的偶像。

我們的組織一再反對任何分子有宗教偏見；可是，實際上偏見是不容易消除的。佛教家庭出來的學生不敢碰佛像，基督教家庭出來的學生也不敢進入教堂破四舊。

在這期間，許多親戚朋友帶著禮物到我家來。其實，他們根本不用擔心，我因家族關係和彼此的交情總會袒護他們。革命向來是為了對付別人的家庭。我們對廟宇和偶像的攻擊都是有組織和有周詳計劃的行動。我們首先到居民委員會和公安局去索取戶口資料，每一地區擔任委員的負責人通常都是熟知當地一切且上了年紀的人。誰家有佛像，誰家有牌位，誰靠巫術法術維生，他們都一清二楚。公安局中存了全體居民的戶口簿，我們專門翻看記載宗教信仰以及是否保有佛像的那些表格。

我們通常在破曉時分展開突擊檢查，偶爾可以人贓俱獲，捉到正想把迷信的證據掩藏起來的人。我們的身手靈敏，可以輕而易舉地爬牆、上房頂。

我自願選擇了最困難的工作，率領我的那一隊去搗毀幾名巫婆的家。巫婆向來都是最迷信、最頑固的信徒。

巫婆中有一個叫作阿好的，很受附近人的信賴和尊敬，大家有事——像嫁娶啦、生孩子啦和孩子不能上大學啦等等，都會去請教她。她每月的收入至少有三百元，比普通工人多十倍。我下定決心要當眾好好地整她一頓。

我們衝進她那燈光昏暗的房間時，她正坐在一張氈子上，嘴巴念念有詞。她滿臉皺紋，又髒又臭，兩眼細小如鼠眼。我一進去，就發現她迅速地看我一眼，我趕緊閉上眼，不露懼色。我把她那擺滿了吃飯傢伙的小桌一腳踢翻，於是，她算命用的扇子、小鈴鐺、八卦圖和其他小玩意兒散了一地。其他人看見了立刻趕過來，把她放在供桌上的偶像都一一搗毀了。然後，我們把供桌推出前門，我站上去發表演說，一面又令手下的人拚命敲面盆，吸引看熱鬧的人。

我倒要看一看這種人怕不怕受苦刑。為了防止她挨一拳就昏倒，我禁止別人對她揮拳。我一把揪住她的頭髮，把她拖上供桌，將她的手指用力往後扳，用了「十指連心」的苦刑。她跪了下去，痛得「哎喲、哎喲！」地叫著。於是，我們的鬥爭大會，又叫作「教育大會」，就在供桌邊圍觀者的眼前正式地展開了。

我逼她承認那些算命卜卦的事全是毫無根據的大謊言，而且從來沒有什麼妖魔鬼怪去拜訪過她。我把一只喇叭塞到她的嘴前，命令她重複說一遍。她不肯。於是，我們有人動手拉她的頭髮，拉得她的頭皮出血，髮根鬆動為止。另有一個人用一根圓棍壓在她跪著的小腿上，來回滾動著。這一切都在烈日下進行，我們又渴又餓，把暴躁的脾氣全都發洩在她的身上。

不久，她不支了。我轉向看熱鬧的人說，這老頑固阿好的遭遇就是和她一類的人的好榜樣。我們要用武力來解決問題，是因為封建思想在老百姓心底裡太根深柢固了，用別的方法都無法將這種劣根性去除。我們的手段就和扳直一根彎曲的鋼條一樣，必須朝另一個方向用力扳才行，我們所希望的只是要人民能覺悟，不再迷信而已。

我們對佛像的最大一次攻擊，是在廈門最大的廟宇「城隍廟」舉行的。廈門城裡迷信的人們都相信，一個德行高尚的人死了以後，會被玉皇大帝封為城隍老爺，暗中保佑城中的居民。他的像和他的部下的像都陳列在廟裡，供成千上萬的善男信女每天來膜拜。善男信女把辛苦賺來的錢都花在香火和錫箔上。他們把錫箔摺好，燒成灰燼，好讓地獄中的鬼魂有錢花用（我小時候，信佛教的祖母每逢中元節，就帶我到她死去的親人墳前，幫著她排冥幣——這是中間剪了一道縫，摹仿真錢的錫箔。我的任務是去撿雞蛋大的石塊來壓住冥幣，以免它們被風吹走）。

為了向這個迷信活動的大本營下手，廈門大學、華僑中學、廈一中、四中、五中和八中的破四舊大隊決定聯合行動。我們為了表示鄭重，只准紅衛兵參加，普通的學生是不准插手的。

七月底的某個早晨，我們四十多人全都戴著袖章，自稱是打虎隊的隊員，列隊來到城隍廟，將它團團圍住。

廟裡除了兩個身穿袈裟的老尼外，大家都逃走了。這兩個老尼也許是老得走不動了，盤腿坐在蒲團上。她們手掐佛珠，嘴裡無聲地蠕動著，根本搞不清外面正鬧著轟轟烈烈的破四舊運動。我們搶過佛珠，把她們連人帶座端過一邊，她們一聲也不吭，大概是啞巴。

我們發現供在供桌上給城隍老爺享用的水果都還很新鮮，這分明表示有人故意藐視這次運動。幾個四中的學生一把抓起水果就吃了起來，其中一人遞給我一只梨子，看起來香甜又多汁，我幾乎一口咬了下去。但我吞了一口口水，拒絕了。我是來破壞城隍廟的，不是來吃這廟裡的東西。何況我常把供桌上的食物、骯髒的廟宇和令人噁心的香火氣聯想在一起了。有時，我們那位信佛教的房東太太會將供桌上的素菜端一碗過來給我們。那碗菜上早已沾滿了香灰，我碰都不敢碰。

我們在工作時合作良好，效率也特別高。我們派了十幾個手持鐵棍的人負責把守，準備和可能衝上來不惜一戰的信徒對抗。其餘的人則手忙腳亂地拉神像、踢香爐、貼標語和搗毀壁飾。我們搗毀壁飾的方法是：有時用鐵鍬、榔頭把它們挖下來，有時用水泥把它們糊起來。城隍廟中身披戰袍、頭戴金盔、滿臉黑光和面目猙獰的神將也被拖倒了，摔個粉碎，泥塑之軀暴露無遺。四中和五中的紅衛兵負責搗毀屋頂上的雕龍屋簷和大門口的雕柱；我們學校和一中的紅衛兵負責搗毀大殿，廈大的紅衛兵則負責搗毀後殿。三小時內就大功告成了。我們一個個渾身是汗、滿身是土，有些人的眼鏡上都黏了蜘蛛網，大家都賣勁極了。

我環顧四周，覺得戰果很令人滿意。現在我們只需再等兩小時，等水泥乾固就行了。有些居民提著桶子來裝用剩了的水泥。我問他們要水泥做什麼？他們求我准他們拿一點回家去修補破爛的牆壁，這使我記起了我家大門口台階上那段缺了口的水溝。我們曾為了這條破溝費盡了千方百計也買不到水泥。這會兒，我幾乎經不起誘惑，想叫他們也送一點到我家去。

我看著散布滿地的香火棒，不禁回想起小時候每逢過春節時，袋子裡塞滿了爆竹，就缺一根長長的、燒得慢慢的香來點燃那無窮的歡樂的情形。那時，我得向信佛的祖母求個半天，才能得到一根香。她還會警告我說，沒有經過大人允許，絕不可以拿香玩；否則她會請我吃新春的第一頓巴掌。按習慣，過春節時，我們小孩子都可免受責打之苦。現在，地上散了成千上萬的香，夠我用一輩子了。在我們行動的過程中，大約有一百名信徒跑來要求我們理智些，有的人還企圖阻止我們。守衛的抓了幾個特別頑固的，把他們俘虜在外面。

廈大的紅衛兵想要表示他們是老大哥，慷慨地請我們吃饅頭當午餐。我們全寫了像「徹底砸爛舊世界！」之類的標語，然後簽上校名，並比賽哪一校寫得多。很快的，我們乾脆把標語直接寫在牆上，既經得起風吹雨打，又省漿糊。我最喜歡寫的標語是：「怕鬼，不是人！」

我們派了十名守衛看住俘虜後，決定到附近市立圖書館故館長的家裡發動一次突擊掃蕩。這位館長擁有大批私人藝術收藏品，其中包括許多古董。現在他的大宅第裡只住著他的遺孀、一個兒子和一個傭人。我們在儲藏室中發現了許多古董和字畫立軸，又在院中的棗樹下挖出了一尊新近才埋下去的神像。這些東西全被我們席捲而回。

下午，我們帶著戰利品，拴著俘虜，和其他各校的人一同去遊行，一路浩浩蕩蕩來到了工人文化宮前的大廣場。俘虜們身上掛滿了揭露他們推行迷信、反對文化大革命罪行的標語，我們並指控他們是「壞分子」，是「吸血鬼」。

鋪著花崗岩的寬闊廣場上矗立著三大堆物品，還是半個月來廈門學生在紅衛兵的指揮下，抄家、抄圖書館和抄廟宇得來的一部分戰利品，物品內容包羅萬象，有祖宗牌位、國民黨發行的舊鈔票、色澤豔麗的男女服裝、舊招牌、印著戲院舊名（現已改了新名）的電影票、竹背麻將牌、紙牌、洋煙、珍奇古玩、字畫立軸、京戲的弦樂器和西洋的小提琴等等，其中數量最多的要算神像和書籍了。我們在七月上旬從市內各圖書館抄來後一直屯積在工人文化宮的書籍都在這兒，包括黃色書、黑色書和毒書等。其中大部分是線裝書，像《金瓶梅》、《紅樓夢》、《水滸傳》、《三國演義》和《聊齋誌異》等，全在等待火焚。

剛過六點，我們把五十公斤的汽油澆在那三大堆東西上頭，立刻引火燃燒，火舌躍過了三層樓高。廣場是在一個小坡上，廈門全市都能看見烈火沖天，許多市民帶著椅子來觀看奇景，附近的屋頂上更是布滿了圍觀的人。

在火光照耀下，約有四五十人被鬥爭，其中包括我們帶來的俘虜。這些人挨拳頭、吃耳光，並被迫跪在地上承認我們的所作所為是對他們有益的革命行動。

我們問道：「燒這些東西會使你不高興嗎？你今後還會不會對人民懷著敵對的思想？」

我的雙眼被強烈的煙火燻得直流淚，但我決心要盡力而為。我站上一把椅子，透過喇叭向圍在我們四周的聽眾喊道：「現在，迷信被掃除了，偶像被摧毀了。你們的心目中不應該再有偶像！你們的心應該像一張白紙！從現在起，你們應該有自信心，不再依靠別人！未來全靠我們自己。過去幾百年來，中國一直被外國帝國主義者侵略。外國人來是為了挖金子，他們情願把牛奶倒進大海，也不給中國人喝！每個人都應該自立！今天，我們已經掃除了社會的寄生蟲，掃除了土匪、流氓、妓女、賭鬼和巫婆，這是因為他們不依靠雙手和勞力來生活，有人甚至靠賣屁股吃飯，這難道是中國人民的精神嗎？」

大火燒了三天三夜。幾天後，在八月上旬，「廈門紅衛兵破四舊運動展覽會」在市委會贊助下揭幕了。許多還沒有被燒的東西都被陳列出來給老百姓看，其中包括美金、英鎊、港幣、金條、銀器等，上面都一一標明清楚了。另外還有武器，包括彈藥、上百的槍砲、手榴彈、爆破工具和軍刀等，全是中國共產黨奪取大陸以前的東西；還有國民黨的舊文件，包括發給各軍官的委任狀、蔣介石畫像、變天帳——也就是共黨得勢以前的產權地契帳、舊書、神像、香爐、廟宇中的掛燈和聖經等；更有資本主義階級的奢侈品，如綢緞、西服、尖頭皮鞋、高級香水、漂亮的奶罩、三角褲、洋煙、外國牙膏和奶粉等。

展覽會只禁止十二歲以下的兒童入場，其餘的人一律招待參觀。每一位觀眾在離場前，都被請了去在來賓簿上寫下意見，有人寫道「怵目驚心」、「可怕」、「階級鬥爭的火焰永不熄滅」和「廈門市內仍有不少有錢人，我希望紅衛兵小將能再接再厲，為祖國挖掘更多的財富」等語，就是沒有一個人在簿子上稱讚「紅衛兵小將真偉大」。我覺得非常惱火，難道我們辛苦了半個月，竟連一句讚辭都得不到嗎？

不過，中國共產黨福建省委員會（以下稱省委會）總算聽說了我們學校的傑出成就，請我寫一篇文章〈談談我們的經驗〉，登在省級的《破四舊簡訊》中。

工人文化宮前面的三蓬烈火熄滅後，我的行動也漸漸緩慢下來了。在這段時間中，有幾件事情給了我特別的啟示。

八月初，我聽說廈門紙幣工廠仍在印刷冥幣後，便帶了三十多名同學到工廠去，把廠長和書記叫出來當面興師問罪一番：你們的眼睛都被狗屎糊住，看不清新的形勢啦？廠長回答說，這是國營工廠，沒有上級的指示，他不能停工。

我沒有多說一句話，馬上領著我的人到工廠門市部去，準備放一把火將冥幣燒個精光。可是，剛踏進一間廠房後，我簡直驚呆了。在地獄似的昏暗燈光下，無數排的女工靜靜地、急急地埋著頭把錫箔黏在紙上，整間屋子寂靜得可怕，沒有人說話，也沒有人注意到我們來了。女工們緊張的神情和蒼白的臉色深深打動了我的心，令我同情。有些女工的背上還背著孩子。母親的雙手一擺動，孩子的頭也跟著前後搖晃。每天八小時，一天接著一天，孩子怎能發育出一個聰明的頭腦？我也許就是在那時才明白，為什麼工人家庭的孩子都比較遲鈍。我自己則是一向活潑好動，討厭單調的工作。

我強作鎮定地向她們說：「工人同志們，我們是來破四舊的紅衛兵。我希望你們立刻停止工作，不要再為封建迷信賣命！」

我的話還沒說完，一個年輕女工就尖聲反駁道：「我們要是停了工，全廠八百個工人吃什麼？其他靠我們吃飯的成千的人又吃什麼？你們是要我們喝西北風啊？你們這些人只知道造死人的反，就不知道為活人著想！」

其中的一句話使我深深感到不安：「你們這些人只知道造死人的反，就不知道為活人著想！」這是真的嗎？我一生只認識我的家庭和學校，又怎麼能瞭解這萬花筒般的社會呢？

我問她們每月薪津多少？她們說臨時工拿二十四元人民幣，長工二十八元人民幣，拿回家做的工則是論件計酬。她們賺的錢比我一個月的花費還要少。我的母親上班，四個哥哥和姐姐也賺錢貼補家用，我們家算是很富裕的了。冥幣的市價一直是那麼貴，那麼，是誰在剝削她們，賺取高利呢？

廠長警告我們不可干涉生產，因為這些產品不是在國內販賣的，而是外銷到海外市場去，特別是需要大量冥幣、棺材、墓碑和藝術品的東南亞。他說負責出口這些貨品的是對外貿易局。

我雖標榜不管黨的政策或國家利益，要以終止迷信為第一，卻又十分同情那些女工；況且，我總不能把自己變成八百個女工的公敵。所以，我決定還是追根究柢，到對外貿易局去交涉。

我事先打電話到局裡去，要求副局長在十五分鐘後到大門口迎接我們。他完全不把我們放在眼裡，等我們到了局裡，他還關著門，剛吃過午飯，正在漱口。我一腳把門踢開，七、八個人一湧而進，大模大樣地在他的沙發上一坐，立刻命令他乖乖站好，聽我們問話。

他態度從容地說，對外貿易局決心履行政府的命令，提高國家的收益。我反駁說，廈八中紅衛兵決心徹底地破四舊。為了表示不是唬人，我把他拖到樓下的倉庫去，打開幾箱冥幣，當場撕成碎片。

第二天，我召集了一百多個學生，到碼頭倉庫去徹底掃蕩一番。我們正要動手，一輛海軍卡車開到碼頭上，用擴音器發布了福州軍區司令部的緊急命令，要我們立刻停止行動。我們十分氣憤。我們怎麼可以一面在國內破四舊，一面又在別的國家鼓勵迷信？而且，我又被緊急命令間接地批評了一頓，更是嚥不下這口氣。於是，我回到學校後，立刻寫了一篇名為〈誰是罪魁〉的文章，貼在破四舊大隊的布告欄上，呼籲大夥兒絕不能讓一張冥幣或一尊神像離開廈門港口。

八月上旬，另一件風波發生了。

廈大和我們學校的紅衛兵早就計劃要聯合行動，摧毀一座全國聞名的廟宇——南普陀寺，也就是南海觀音寺。某天早上，約十六名廈大的紅衛兵逕自先去了。他們用繩子拉住保護廟門的四大金剛，拉倒了一尊，另一尊也倒了一半；還將金剛身上的金粉刮下了好幾公斤。廟裡的和尚聽見聲音後衝進了現場，廈大紅衛兵的人手太少，一看不是對手，只得一哄而散。

這件事震驚了整個廈門市。南普陀寺是文化古蹟，國務院曾下令特別保護。它和城隍廟不大一樣，是一座美麗而肅穆的廟宇，是許多人都引以為榮的。

廈門市民要求嚴格處罰這批罪犯。幾家工廠的工人放下了工作，跑到廈大的學生宿舍來。他們揮著木棍，威脅要打死這些紅衛兵。他們抄遍宿舍，要找出這幾個學生。十六個闖禍的紅衛兵嚇壞了，馬上改名換姓，逃之夭夭。

我被嚇出一身冷汗來。這件事如果晚一天發生，我就可能參加他們。那樣，我的命運該會如何？

八月初的這兩件事使我看清楚了，我們並不能真正無拘無束、隨心所欲地破除四舊而無所忌諱。向上，我們可能被扣上與中央作對的罪名；向下，又可能觸犯眾怒。

野火燒不盡，
春風吹又生。

破四舊的七月風潮過後不到一個月，老百姓又恢復了迷信。舊的神像被毀了，現在，幾家人家會共用一尊較小的神像；冥幣被禁了，人民卻把草紙裁出縫縫，當作冥幣來燒；香火和蠟燭被充公了，但多得是願意出貴十倍的價錢到黑市去買的人，買不起黑市貨的，就燒蚊香或點洋蠟。

這些頑固的人使我大為光火，但也深深地感動了我。單是在廣場上燒東西的那一晚，就有七次年長市民衝進火中搶救神像的事件發生，有一位老太太甚至要和神像一同被燒死。我們把她從火中拉出來的時候，她的頭髮、眉毛和衣服都已燒著了。我想她是活不了了。

我還記得許多人瞪著火焰看時的面部表情。那表情好像是說：可惜這些東西統統都被糟蹋了！

在粉碎舊世界的過程中，我不斷地考慮怎樣向人民介紹一個理智而進步的新觀念，我知道時機已經到來，而且不會久留。但我實在太忙了，有遠見的同志又僅寥寥數人而已。當我問他們摧毀舊世界後，應該採取什麼新步驟時，他們不是空洞地回一句「創立新世界」，就是啞口無言。

到了八月，思想的真空狀態終於被絕對權威的毛澤東思想填補了，而破四舊小隊也變成了立四新小隊。我們敲鑼打鼓到大街小巷去宣傳毛澤東思想，唱毛澤東歌曲，表演毛澤東舞蹈，分發《毛語錄》、毛澤東著作和毛澤東像。毛澤東的石膏像代替了供桌上的神像，街道、店鋪和車輛一律要展列《毛語錄》。

趨炎附勢的傢伙忙著到各家各戶檢查是否掛了毛的肖像？是否備了《毛語錄》？他們並在路邊

設立檢查站，攔下腳踏車，檢查車前有沒有釘上《毛語錄》的牌子；有的人還攔住行人，命令他們背一段《毛語錄》。大家都背誦最容易的句子，例如「為人民服務」、「下定決心，不怕犧牲，排除萬難，去爭取勝利」，甚至「白求恩同志是加拿大共黨黨員」。能背出幾段的，就賞他們一碗開水喝；一句也背不出的，就記下他們的姓名和服務機關的名稱。

在這期間，我覺得最不中聽的就是那句：「破四舊運動是毛澤東思想的偉大勝利」。我多次跳上供桌，並不是憑著毛澤東思想的革命動力，我憑藉的是自己的勇氣和意志。現在，竟把一切都歸功於他老人家！

我留在學校隨便照顧一些內部工作，別人則忙著在外面推行「語錄化」。他們一早就出去，把各地所有的電線杆和柱子等清除乾淨，先刷上一層白粉，然後是一層紅漆，最後才漆上黃色的《毛語錄》。他們每天晚上回來時，一個個渾身是油漆，我譏笑他們是「毛澤東時代最偉大的油漆匠」。

他們叫我一同出去做宣傳工作，我都用種種理由拒絕了。

「你的口才那麼好，」他們說：「不去多可惜！」

「有什麼可惜？」我粗魯地回答：「老子累了！」

我實在是疲倦了。我覺得自己做每一件事都那麼盡力，結果卻是連一點報酬都得不到。我很懊惱沒有能說服人民去自己創造前程，也很懊惱自己沒有能力改善他們的生活。可是，我當時只有十六歲，又怎能使人家信服呢？

四舊和四新運動的範圍越來越廣。漸漸的，事實開始與我的想像背道而馳。有些人趁此良機，將什麼東西都納入私囊——錢、手錶、收音機、電器用具或腳踏車。學校宿舍變得府庫充足，許多學生都在享受自己的戰利品，個個沾沾自喜；也有些學生利用這個機會互相抄家，互報私怨。

八月間，冒牌的紅衛兵開始出現了。流氓們在晚上搖身一變成了紅衛兵，他們在公園或暗巷中勒索情侶，有些人甚至公然搶劫，更有些人在光天化日之下成群結隊地抄搶較富有的人家。這些日子，到處是一片混亂，小偷與妓女狼狽為奸，商店在天黑後就鎖上店門。老百姓在街上走時，不敢戴項鍊或手錶，也不敢騎腳踏車。當時很流行這樣一句話：「人是越醜越好，家是越窮越好，成分是越紅越好。」

我一直有強烈的正統感，看到冒牌的紅衛兵逐漸興起，我更不想被扣上「貪造反之污」的罪名。有一天我回到學校後，決心洗手不幹了。我在收拾自己的東西時，發現除了多出幾本書外，依然身無長物。這些日子來，制服上也許沾了些從廟宇中帶回的灰土，膠鞋底也磨平了，眼睛因疲倦而出現了紅絲，口袋裡只剩下幾分錢。該是回家的時候了。

於是，我換上便服，頓覺一身輕快。回到家後，母親緊緊地擁住我，「這麼久沒有回來。」她說。

「我很好，媽，我再也不走了。」

當晚，我坐著逐頁翻看日記本，重新回憶著幾星期來的種種事物。我看到幾張自己站在供桌上、手舉神像正待要砸的相片，顯得又神氣又偉大！

那個八月的夜晚，我應該在日記裡寫些什麼呢？

「我們確確實實地當了毛澤東的老黃牛，我們深深地犁了田，翻起了肥沃的土壤，好讓毛澤東思想的種子能深深種入人民的心田——。」

「該睡覺了。」母親從裡間叫我，我知道她是要等我關燈才肯睡的。

我闔上日記，撕了相片，關上了燈。淚水模糊了我的視線。

我仰望天際，星星出來了。從遙遠的街邊隱隱傳來鑼鼓聲，又是一支賣力工作的宣傳隊！我默默祈禱上蒼賜下一場傾盆大雨！

往福州之路

我並不是唯一懶得與立四新大隊同行的人。現在，領導立四新大隊的是一個軍人的紅衛兵女兒。我幾個最要好的朋友也留在學校中打乒乓球、玩四十分、捉彩色甲蟲和鬥蟋蟀。他們命令留在黑窩中的十幾個老師（其餘的都在學生一心破四舊時被放回去了）到學校後山上替他們捉蟋蟀。捉到最大的，就多賞幾分鐘上廁所的時間；空手而回的，就要挨揍；那些分不清蟋蟀性別的老師則被罰跪數小時。

八月間的某個早晨，我覺得身心爽快，於是決定到學校去看看。大部分成分不太好而不准參加破四舊或立四新運動的同學，按規定應該每天在紅衛兵的監督下參加學校裡的政治研習會，而現在，他們卻把《毛澤東選集》、《毛語錄》和《人民日報》的社論丟在一邊，或玩四十分，或七嘴八舌地吹牛：像某某人跳井自殺啦或某某街上又出了武裝搶劫啦等等；另一批人則在講鬼故事。僅僅在半個月前，我還會一把揪起那些講故事的人，把他們拖到太平間去摸死人；現在我也懶得管了。他們的確比我更會吸引聽眾。

在紅衛兵的隊部，我遇見了其他七位負責的頭目——這在目前是很難得的一件事，四個人在打撲克，三個人在旁觀戰。

「嗨！老凌，正在等你呢，打四十分三缺一啦。」身為財務委員的「老板」叫道：「咱們好好的來幾盤，我要翻本咧！」

按照我們的規矩，輸的人臉上要像京戲中的花臉一樣被畫上槓子，輸一次，畫一道；臉上畫滿了，就畫在背上和大腿上。

老板對我咬耳朵：「我跟你一家，咱們來打大塊頭和阿豬，這回非要畫到她們的大腿不可！」打四十分，我是老手；可是，現在我沒有這個心情。當我建議舉行一次會議討論數日來的心得時，竟得不到反應，大家都全神貫注在撲克牌上。

不到幾天，冷淡的情緒就被驅散了。八月八日，中國共產黨八屆十一中全會宣布了一道公報，聲明文化大革命直接受毛澤東領導，並公布了著名的「關於無產階級文化大革命的決定」（簡稱「十六條」）。市委隨即指示廈門市所有的學校都必須花一星期的時間來研讀那道公報。我們研究又研究，最後，那幾份報紙幾乎被鉛筆記號畫穿了。公報中有幾條特別意味深長的暗示，牽涉到中央幾位違背毛主席指示，利用工作隊鎮壓群眾運動的領袖。這會是哪些人呢？我們萬萬想不到竟會是第二號人物劉少奇，大家都以為是北京市長彭真[1]，因為他有好一段時間在招待外賓的場合中都缺席。

我們漸漸明白，文革其實是針對「黨內走資本主義路線的當權派」而發的。我們經過長期的討論，終於得到了結論：我們可以在文革期間考驗考驗市長、市委會書記、省長和省委會書記等當權派，然後再斷定他們究竟是不是毛派。

公報替紅衛兵定下了新的任務。我們現在才明白，以前對老師們的鬥爭和在社會上的破四舊運動全是釣餌，為的是考驗紅衛兵的膽量。現在，文化大革命才是真正開鑼！

這道公報使我們學校的紅衛兵振奮起來，決定向教育廳廳長王于耕採取行動。我們早已蒐集了大批有關王于耕的材料送給了市委會，可是一直沒有下文。我們每次打電話到市委會去，對方都說文件都已經送到省委會去了，但書記一直很忙，沒有工夫管這件事。現在，我們從公報上得到了靈感，我們認為省委會書記葉飛未必可靠，他也許是太忙，但他一定也想替王于耕——也就是他的老婆遮蓋遮蓋。工作隊認為倒王的時機已經成熟了，隊長丘駱和其他人開始常到學校來走動，就是為了這件事而想拉攏高一一班和高一五班的學生。

丘駱找到我，因為他知道我是高一五班的頭子，對撮合這兩派必定能起些作用；至於對大塊頭和阿豬，他已經有了很大的影響力。

丘駱為了打倒王于耕，急於要得到多方的支持，這並不只是因為他和王于耕的私怨。據說，幾年前他在王于耕手下的一個單位任主管時，王于耕沒有將他按理升為副廳長，反而將他一腳踢開，這就是兩人積怨的原由。目前，他在各方面受到的壓力十分可怕，從黑窩裡放出來的教員正在蒐集不利於工作隊的材料，準備交給王于耕。工作隊隊員每天都會收到恐嚇信，有些是匿名信，有些則署名「廈八中革命教師」；而且據報導，王于耕也已蒐集了足夠的證據準備來鬥倒丘駱。此外，丘駱又怕回到他那省體育協會會長的職位去。七月初，中央已經命令所有的工作隊隊員（最初是劉少奇發起組織的）回到原來的崗位，等待面臨可能的鬥爭。

1 彭真被免除北京市市委會第一書記職位的消息，是一九六六年六月四日《人民日報》所披露的。據一般猜測，他也在同時被罷黜了北京市長之職，雖然沒有明確的聲明證實此事。

丘貉和我在校園見面，我們一起坐在草坪上。兩個月前，他還會趾高氣揚地指責我疏於揭發反動派的校長，說我不配當青年團團員，也不配擔任學生會副主席；我也曾在他的寵臣牆頭草面前嚴厲地批評過他（牆頭草曾經提供他不少有關校長的資料）。

我說：「一個人也許可以顯赫一時，但他必須為自己留下退路，否則會死無葬身之地。」

丘貉的身材瘦小，衣衫不整，現在顯得比以前更激動。他很熱心地對我說：「為了革命的利益——為了你我共同的利益，我們應該解除過去的誤會。」

「咱們是井水不犯河水。」我粗聲粗氣地回答。

「可是，我們在革命的時候不能分道揚鑣。我搞了幾十年的革命，參加過反胡風和反右派的運動，還參加過三面紅旗和社會主義教育運動[2]。現在，王于耕竟然不斷想利用她丈夫的權勢來解決我，我還從來沒有這麼慘過——。」

說著說著，他突然哭了起來。看大男人掉眼淚真要命，我趕緊轉開臉去。他知道要我一下子軟化鐵面孔，沒那麼容易。於是，他一連說了許多保證，說他願意自我檢討，並且向我公開道歉。

「現在，我們是造反的同伴了，」他說：「我雖然年紀一大把，你們革命小將卻都比我們幹得好。」

這簡直是窮拍馬屁。

此後，丘貉便不時地來拜訪我，一次比一次更焦急。他把每一件事都告訴了我。有一晚，他還拿日記給我看。在最後的幾頁日記中，他的恐懼表露無遺。他描寫那些無眠的夜，不敢逼視那雙沾滿教員血腥的手，又描寫自己曾在房裡聽到令人悚然的哭聲。現在，他害怕受到和教員們同樣的命運。

他好像準備後事似的，還在日記中列出儲蓄的金額，表示自己出任多年公職以來，一直是個清官，他對於沒有能為家人留下足夠的錢，覺得非常遺憾。

他為了表示決心與王于耕周旋到底，還抄錄了兩行描寫荊軻刺秦王壯志未酬的古詩：

「風蕭蕭兮易水寒，

壯士一去兮不復還。」

丘貉贏了。我認為在鬥爭王于耕時，聯合陣線是十分重要的。於是，我召集了高一五班的開學，向他們解釋我的意向，多數同學都贊成兩班合作。

八月中旬，廈八中促進革命友誼大會在操場盛大舉行。兩班正式和好了，大家都很激動。身為高一一班班長的大塊頭緊緊地握住我的肩頭說：「現在我可以叫你弟弟了。」她幾乎和我一樣高。阿豬也跑過來說：「我要叫你小凌了。」我只好笑笑——她比我矮了一截，我連和她站在一起拍照都不敢。

工作隊又不斷地到紅衛兵的隊部來走動，並提供我們最機密的資料。另一方面，工作隊在大會後不久宣布決定要「上京告狀」——上北京去向周恩來總理告王于耕。

「上京告狀」這句話是出自一齣京戲，那齣戲的主人翁到京城告狀，叫僕人抬著棺材跟了去，

2 作家胡風於一九五五年被攻擊為小資產階級思想的代言人，一九五七年間，反右派運動開始攻擊曾經批評政府與黨的知識分子。三面紅旗代表在一九五八年建立的社會主義建設總路線、大躍進和人民公社。社會主義教育運動，則開始於一九六四年。

表示不惜死拚的決心。事實上，被選出來的三位代表的表現也正像赴刑場一樣，他們燒毀了信件，提出存款為妻子父母做了安排。我們到火車站去替他們送行，他們一個個哭著上路，發誓若得不到國務院的反應絕不離開北京；萬一官司輸了，他們說永遠回不來了。

幾天後，他們打了一個電報給丘貉，要點是我們必須趕快派人到省會福州去，把王于耕揪出來鬥爭，製造事件來引起中央的注意。

他們當然沒有見到周恩來，但是據說見到了周恩來的一個姓周的部屬。我們猜想中央雖不會為一所學校的小事而有所行動，但是如果出了大事，情勢就有可能不同了，於是，我們著手擬定上福州的計劃。為了壯大聲勢，我們必須聯合其他學校參加行動。

這件工作可不簡單。八月中旬，市委會奉中央命令組織了當地紅衛兵的統一機構，成立了「廈門紅衛兵總司令部」，並且派人騎腳踏車到各校訪問，說服各紅衛兵頭頭加入紅總司。大部分頭頭看到有機會在更有權力的組織中擔任更重要的領導工作，對「腳踏車騎士」的建議都有良好的反應。然而，除了一個小小的集團[3]以外，廈八中的紅衛兵拒絕加入，這主要是因為雙方成分不同的緣故——我們學校的許多紅衛兵因為不屬於紅五類，沒有資格加入；而屬於紅五類的人又多半只是工人的子女。事情很清楚地顯示出，紅總司是被軍人的子女和幹部的子女把持著，所以，像阿豬這樣一個普通勞工的女兒很可能被排擠掉。紅總司的第一號紅衛兵頭頭是市委會書記袁改的女兒。

市委會當然不難將紅總司改變成一個御用機構。

因此，我們必須在意氣相投的人當中去找同盟；凡是意見相合的都可以，不管他的動機是什麼。廈大有一部分學生贊成向老師們採取激烈的手段，他們在七月間從主要的紅衛兵單位中分裂出來，單獨成立了「紅衛兵獨立團」。該團的頭頭之中有一個叫何為明的，是個三十八歲的軍人，他現在回校繼續學業，和大塊頭的男友是朋友。這個獨立團只有數百名成員，也正需要同志，就這樣變成了第一批支持我們的盟友。同時，我們在廈門市航海學校和同安縣第一中學也拉到了同盟。

我們忙著向這些學校展開聯絡工作。有一晚，大夥兒到離廈門三十公里外的同安縣去，我騎的腳踏車出了車禍，跌傷了胸部，痛得難以呼吸，幾乎說不出話來，只好就近到一家醫院去求治。大夫用一個竹筒裝了燃燒著的酒精，扣在我的胸前，竹筒到處跳動，大概是把各處的淤血收集在一起。然後，護士在這塊地方用刀割了一道縫，放出好多黑血來。

隨後幾天，我的胸部痛得很厲害。可是，我一想到光明的未來，便強迫自己繼續工作。

我們學校選出到福州去的代表共有三百零四人。我們故意選出這個人數，因為它恰好等於從廈門到福州的公里數。為了避免人家批評我們是出來造反的「黑七類狗崽子」，選舉時的重要標準是成分一定要好。人人認為這不僅是上福州，而且是上天堂，所以競爭相當激烈。我為了這件事大為光火，胸部痛得更厲害，大家都把這次的行程看成到福州旅行的大好機會、對後果根本不聞不問。

八月二十三日，我們正式成立了「廈八中赴榕戰鬥兵團」，召開了誓死效忠的群眾大會，並且在會中發動了紅衛兵的一個附屬組織，命名為「紅旗兵」。到福州去的三百零四個人中，只有五十個人左右是紅衛兵，其餘都是紅旗兵。交通工具是嚴重問題。市委會當局不派車輛，我們立刻擬定了一紙「廈八中革命師生致市委會照會」，揚言如果沒有車輛，我們就要徒步走到福州去，任何嚴

3 該集團的分子是軍人子女和幹部子女，是和「紅總司」的許多頭頭們一起在為軍人及幹部特設的眷村裡長大的。

重的後果都由市委會負責。那十三名還留在廈門的工作隊隊員，除了一人以外，都決定個別乘公共汽車到福州，以免暴露出他們在這次運動中的身分。

天色已漸轉黑，參加這次集會的每個人都興高采烈，大家反覆地喊著口號：「有福同享，有難同當！」「生為豪傑，死為鬼雄！」

遠征的領導人也被提名選舉出來了。我在負傷期間還堅守著工作崗位，所以備受推崇。我被提名時，除了十幾人外，全場一致舉手贊成。這次一共選出了十三名頭頭，由阿豬統領大權。

第二天一早就要出發，因此代表們都留校過夜。學生中也有人學那三個「上京告狀」的工作隊代表的先例，忙著把青年團的團費繳清或替弟弟妹妹買些糖。當天晚上，有許多焦急的家長跑到學校來，打聽究竟出了什麼事。

我一直忙個不停，八點鐘才回到家裡，母親替我把晚飯熱在爐子上。我必須告訴她：我又要走了。我目不轉睛地看著她。最近，她蒼老了很多，我真不願剝奪她那看到我常常在家的小小樂趣。她不肯讓我去，哭了起來。這時，二哥出面調停，他一直為了母親太寵我這個最心愛的孩子和她爭辯，而且，他認為我能從經驗中去學習是很重要的。他在破四舊運動中，曾有一兩次在街上撞見我身穿紅衛兵制服，可是他從來沒有告訴過母親。

「你可以去，」他說：「如果媽不讓你單獨去，我陪你去；如果你沒有錢，我給你。」

母親只好讓步了。她的眼淚沒能使我哭，也沒能使我軟化，令她很失望。這些日子來，我早已鍛練得有淚不輕彈了。

大約十點鐘，我懷著悶痛的胸口回到了學校，疲倦得想抽根菸來提提神。母親剛叫我不要學壞，現在，我已背叛了她。

校園中，每幢大樓都是燈火通明，大家都睡不著覺。我們十三個頭頭在紅總司召開第一次會議，然後，我巡視了各教室，關上燈，請大家早早睡覺。

校園的一切都靜了下來，只有蝸牛還醒著。

八月二十四日清晨三時，我們聽到的不是雞啼，而是阿豬的吼聲。

十分鐘內，十三個頭頭一切就緒。我們十三個人只有一點和別人不同：我們每人肩頭掛一個斜挎包，裡面裝著揭發王于耕的材料。不到半小時，大家集合起來聽阿豬的精神訓話。

她的第一句話是問：「我們當中有沒有怕死的膽小鬼？」

「沒有！」大家異口同聲地回答。

「有沒有不服從命令的？」

「沒有！」

「好。那麼，以下就是組織的命令：在路上不許吃東西，不許喝水。凡是帶著熱水或食品的，統統丟掉！」

台下有一陣小小的騷動，不過很快就平靜了。我的肚子很餓，有一點頭暈目眩，可是我仍然故意留下了一包二哥替我準備的補給品。

我們在點名時發現少了一個人。為了湊足三百零四個人，我們延遲了一小時出發，等候那個一直未露面的人。

五點正，大隊開動了。隊前飄揚著一面大旗，我們靜靜地離開了甦醒中的廈門市。

我和其他三名頭頭殿後。我的堂哥雖是身體不好，仍然被選為頭頭。我很替他擔心，可是，他吹起哨子來卻比誰都響亮。他是我最親密的七個同志之一，我們原先都是梅花戰鬥隊的隊員。這個小組織是六月初鬥爭牛鬼蛇神時成立的，後來，我們八個人開始自稱為「八—八戰鬥隊」，以紀念中國共產黨中央委員會在八月八日所做的各項決定。在這次遠征中，八個人中有四人——我的堂哥、胡胸、老板和我——當了頭頭。

我們用高速趕完了前十六公里，然後，在一個小鎮歇腳。許多學生開始覺得走得太辛苦了，可是我拒絕了他們要吃東西、喝水的請求。有幾個人假裝要小便，溜到路邊小攤子上去買吃的喝的，我抓到一個饞蟲，一把撕下了他的袖章。「你讓我們的組織丟光了臉！」我說：「真想把那些東西從你的肚皮裡挖出來！」我們再上路時，天色已經大白。我們這時才發現受到了密切的監視，在大隊後面跟了一大群賣涼糕和豆漿的小販，有些男人則騎著車子來賣甘蔗和水果。所有的小販都有著纖細的手指和白皙的頸項，最不像樣的是他們都穿著膠鞋，有些人甚至還戴著眼鏡。有哪個辛辛苦苦的中國農民是這副打扮的？市委會派了這批飯桶來，真是大錯特錯。

每隔幾分鐘就閃過一輛軍用卡車——有些車上滿載士兵，大聲地鳴著喇叭。車上的那些武務員使我們脊背發涼。難道說，我們竟會被看成叛徒？我們為了怕拖在後面的人要倒楣，不自覺地便加快了腳步。我吹起哨子來調節步伐，可是，我們的腳步和哨音都越來越快，最後簡直是跑步了，許多女生流著淚在後面趕著。阿豬驀地大喊一聲：「停！」隨即領導大夥兒高唱進行曲。這樣繼續了好一陣子，非常有效，壯大的歌聲提振了我們的勇氣。

我忽然想起了堂哥，連忙趕到前面去看他，只見他的臉色灰白，雙手冰涼，精神倒很堅定。我明知他需要喝點水、吃點東西，但是我總不能偏心，尤其在剛剛處罰了別人之後。我只好硬起心腸，殘酷地說：「要昏倒就昏倒，我什麼也不能給你！」阿豬吵著要給他特別待遇，因為他有一枝生花妙筆，我們丟不起他。堂哥拒絕了她的恩典，只說：「不要壞了紀律。」

正在這時，那第三百零四名代表騎著腳踏車趕來了。他跳下車，我摟住他說：「我知道你會趕上來的！」

他的褲子上沾滿了早上瀉肚子時的髒東西。

我們這支孤單的隊伍在路上走著時，農民們以為我們是一年一度下鄉幫助農忙的學生，都逗我們說：「喂，那邊的俏查某，妳是從哪個學校來呔？」——「來我們這邊，我們有水有吃的！」

小孩子拖著鼻涕，穿著短褲頭，在隊伍後面跟著。有些膽大的人還伸手拉女學生的辮子，有些人則牽過水牛來嚇唬我們。

我們努力保持鎮定，因為已沒有力氣生閒氣了。大家不發一語，四人一排地把女生挾護在隊伍當中，繼續前進。

我的堂哥第一個昏倒了，那時大約才走了二十七公里。接著，其他的人（多半是女生）也接二連三地倒了下去，我們輪流把他們背在背上，好像真要一口氣走完三百零四公里，絕不休息似的。太陽越來越大，我們的衣服已經全部溼透了。走到第三十一公里時，我們勝利了。省市當局顯然怕會發生難以擔當的棘手問題，派出了五輛卡車來運載我們。在頭頭會議中策劃好的不吃不喝之計果然生效了。這時，昏倒的已經有十多個人，我們的目的就是要惡化情勢，除了當場鬧出人命以外，再也沒有更有用的手段了。

我們到了天馬國營農場後，享用了一頓豐盛的早餐：稀飯、油條、鹹蛋和肉鬆。堂哥的神智恢復後，聽說勒索成功了，索然地說：「沒有我，恐怕不會成功吧。」

九點半鐘，我們再上車，女生和身體較差的同學佔坐了有篷的兩輛。我們每六十人乘一輛，擠得肉餅一般，動彈不得。

我的階級高，本可以坐在司機旁邊的位子上，但是我將這個位子讓給兩個女生坐，自己站在門邊的踏板上。靠門邊的那個女生是個很漂亮的紅衛兵，肩頭上垂著兩條辮子，大家都叫她梅梅，她曾經給過我一朵小紅花。為了怕我從踏板上跌下去，在長達六小時的旅程中，她一直緊緊地抓住我的手。

我們到了泉州市，經過三所學校時，歡迎我們的是那兒的紅衛兵丟出來的或用彈弓打出來的水果、梅核等，還有一片叫罵聲。

「廈八中是反革命大本營！」他們叫道：「誓死保衛以葉飛為首的福建省委會！」

午餐後，我們又上路了。這時，我被烈日曬得昏頭脹腦的，真想坐下來，甚至打一會兒盹。梅梅好幾次要我坐進車裡去，大家擠一擠，但我逗她說：「那你就要坐在我的大腿上嘍！」這句話令她非常生氣，她向來不滿男女之間的不平等。可是，我和別的男生一樣，就是忍不住要在女生面前顯一顯男人的威風。我們經過了好幾個小鎮，漸漸地發現一切並不如想像中的美妙，路的兩旁不過是些稻田、農夫、水牛、鐵犁和電線杆而已。我們渡過了閩江，在標著「三〇三．五公里」的路牌前，五輛卡車因交通管制都停下了。卡車旁就是一塊牌子，上面寫著「福州市」！我們爆出了一陣歡呼，時間是十六點三十七分。

卡車再度開動後，大家都往邊上擠。我們沿著全市最長的「八一七路」開到了總車站。到了那兒，早有一輛吉普車等著引導我們到住宿的地方去。行人好奇地看看我們這一車車曬得通紅的學生。這時，我們開始喊口號：「決心批判福建省的資本主義教育路線！」「廈八中革命造反派到了！」街上擠滿了行人，我開始覺得站在踏板上很不好意思，於是擠進了車廂。梅梅已經不再生我的氣了。

七十萬人口的福州市比廈門大三倍，市容卻遠不及我的故鄉繁榮。我從來就不喜歡福州人，現在在街上看到他們，覺得更不喜歡。他們穿鬆鬆大大的褲子，襯衫不扣好，還拖了一大截在外面，骯髒的腳上拖著木屐或塑膠拖鞋，當街比手畫腳或揚著扇子慢條斯理地走著。有些人則坐在小吃攤上，聒噪著難聽的福州話或用雨傘尖指東指西的。這裡的婦女不像我們家鄉的女人那樣穿著鮮豔的衣裙，而是完全沒有式樣的長褲。我對於所見所聞連一樣也不喜歡，覺得只有我們才是來自文明都市的人。

我們經過福一中和三中時，又受到了一次侮辱——顯然是省委會有計劃的攻勢的一部分。最後，卡車駛進了交際處的大門，進入一座井然有序的院子。這裡名為「交際處」，其實是那些來福州參加會議的幹部們的招待所。交際處長出來迎接我們，並說了這樣一句話：「不要離開這裡，你們會迷路的。」

我們住在一座高大的樓房裡，每四人住一間，女生住樓上。學生們一見到軟綿綿的彈簧床上鋪著雪白的床單，大家都倒在床上，像是再也不要起來似的。大部分同學從來沒有睡過彈簧床。接著，從廈門帶來的撲克牌、象棋、口琴、笛子和小提琴全部出籠了，不消一會兒工夫，整棟大樓都充滿了歌聲、樂聲和牌聲。從文革的初期起，中央就不斷鼓勵大家「帶著《毛語錄》，隨時隨地研究」；我們則是帶著撲克牌，隨時隨地玩耍。

我的身上除了攻擊王于耕的材料、《毛語錄》、幾本別的書和足夠的金錢外，什麼也沒帶；做頭頭必須和一般人不同，而且要顯出一副要務纏身、沒時間做其他瑣事的樣子。首先，我想洗個澡。解下了軍服腰帶後，我走出大樓去找浴室。這時，一個身穿不合身的服務員制服的胖子趕過來，操著北方口音說：「同志，要上哪兒去？」

「洗澡。」

「我帶你去。」

他緊緊地釘住我，一路上東張西望，帶著我走了大約十棟大樓後，不得不停下來請教另一位服務員浴室在哪裡？原來浴室就在我們住的那棟樓房隔壁。「今天大概是你第一天上班吧？」我諷刺地問。這時，我看到五六名服務員帶著肥皂和浴巾默默地跟在我的後面。

浴室非常狹長，隔成好幾個小間。我鎖上門，開始心不在焉地沖著澡。我該怎麼辦？他們知不知道我是個頭頭？

過了幾分鐘，我從門縫中看出去，只見那胖子服務員一個人站在外面。突然，我記起一部間諜影片中的一段，於是我趕緊穿上衣服，任水龍頭開著，一面小心翼翼地滑開插鎖，然後，用盡全力把門一推，正好撞在胖子的鼻梁上，把他打昏了。我立刻把他拖進浴室，脫下他的制服，用毛巾塞住他的嘴巴，再用皮帶和另一條毛巾綁住他的手腳。他的鼻孔流血，我用草紙塞住他的一個鼻孔，留下另一個鼻孔讓他呼吸，然後把他拖進浴缸裡。我把他的白上衣穿在我的外套上，再套上他那條又短又大的長褲後，向大門走去。

我的第一個念頭是打長途電話。可是，我立刻記起自己把錢全留在挎包裡了，服務員的衣袋裡一個錢也沒有。我在福州什麼人都不認識，這時，已經有好幾個行人在盯住我這個一直問路、方向不清的服務員看。我猜想浴缸裡的那個傢伙現在大概已經被發現了，也許省委已通知所有的警察和軍隊來抓我，我開始緊張起來。

我突然記起了衣袋中有一個祖父留下的掛頸錢（註：習俗上，長輩給小輩的祝福），只要能找到一個做黑市買賣的就行了。我的運氣不錯，很快就找到了一個人，他用十五元把掛頸錢買去了。我立刻打電話到廈八中去，但三個電話都故障，那邊顯然也出了事。

我心裡盤算著：萬不得已時，是否要回廈門去報告我們的困境？還是繼續留在福州？這時，我又想何不打電話給我們的戰友「廈大紅衛兵獨立團」？於是，我打了，而且成功地聯絡到了他們，心中總算是落下了一塊石頭。

我現在放心了，即使警車追著我也不用擔心。於是，我去喝了一碗綠豆湯，又買了兩片炸芋頭邊走邊吃，服務員畢竟是用不著維持什麼尊嚴的。

我回到交際處時，不敢走大門進去。最後，我發現一處牆角下有一個垃圾出口，就從那兒滑了進去。牆頭上拉著的鐵絲網原是用來防小偷的，現在卻軟禁了我們。我透過一扇窗戶往裡望，看見同學們坐在餐廳裡，每十二個人一桌，被六十個左右的服務員監視著，這六十個傢伙的飯碗都還是滿滿的。整個餐廳除了筷子、湯匙、飯碗相敲擊的聲音外，全室鴉雀無聲。阿豬和其他頭頭緊抱著裝有王于耕材料的挎包，東西是一口也沒吃。他們那一桌有個位子是空的——那顯然是我的位子。

我脫掉外衣，把穿在那服務員的長褲上面的軍服拉正，大踏步地走進了餐廳。

「同志們，我們被軟禁了！」我踏上一張桌子大聲說著：「但廈門那邊已經得知了我們的情況。」

一陣歡呼。

「就是他，就是他！」胖子叫道，他的鼻孔中仍然塞著草紙。所有的服務員朝我一擁而上，但我那三百零三位同學立刻擋住了他們的去路。

我大聲命令：「我們打出去！殺回大樓去！」剎那間，杯碗盤碟滿天亂飛，女生們用口咬、用頭撞；男生們用拳頭揍。我們衝出餐廳，跑回了住處，發現有幾個服務員在檢查我們的私人用品。他們還來不及逃，就被我們揍了一頓老拳。我們鎖上房門，召集了一次緊急會議。我報告了下午的經過，阿豬補充說，我們對外的通訊實際已經斷絕了，因為接線生根本不肯接外線。比我們早一天坐公共汽車到福州來的工作隊隊員也在場，他們安慰我們：「不要擔心，省委總不能把你們三百零四個人一口吞下。」可是，他們卻又建議每個人不要洩漏我的姓名，以免省委控訴我。

當晚，三百零四名代表齊集在樓梯口、樓梯上和走廊中，一致通過了一件致省委會的照會，要求將王于耕交給我們批判，並抗議省委對我們採取秘密警察的惡劣手段。我們又用自己帶來的油印機印出了一千五百份傳單，請工作隊隊員去分發。奇怪的是：儘管每個工作隊隊員都說一直有人釘梢，他們卻依然可以來去自如。後來的五天中，我們為了忘記恐懼，忘記思鄉病，便盡量不停地忙著，並使那些冒充服務員的倒楣的中下級幹部忙得團團轉。省委命令他們一定要常掛笑容，而且我們只要對他們的服務有所不滿，便隨時可以向省委抗議。

每天早上，我們彼此用室內電話將對方叫醒，然後大家同時打電話叫服務員來整理房間，而且在整理房間之前，先叫他們去倒夜壺。大家都喜歡站在門口看那十幾個服務員手捧夜壺，如履薄冰地走下樓去將穢物倒進糞坑裡；有時，我還吹一吹哨子來調整他們的步伐。

不久，我們跟他們當中的幾個人混熟了後，大家就聊聊他們的家庭或日常的瑣事，其中有一個姓向的是個大色狼。他一看到女生就會轉過頭去目不轉睛地看，我們給他取了個外號叫「向日葵」。他常向我吹噓他的過去，說他在剛加入革命時還是個英俊小生，如何南下到上海工作，又如何跟資本家的女兒們搞得很開心，可是，不久他就被一個黃臉婆拴住了。他說廈八中的女生真漂亮，令他忍不住想打打歪主意。我警告他，說要告訴他老婆，他根本不在乎，因為她遠在鄉下，何況他對那鄉下婆娘也實在沒有什麼胃口。

有一次，我們這樣談了一陣子後，我請求他代我寄幾封信。他馬上變了臉：「你以為用幾個妞兒就能買通革命幹部啦？」

八月二十六日，廈大獨立團的一百多名團員到了福州，帶來消息說：我們同學們的家長都被迫寫信給子女，催促他們回家。這消息使我們十分不安。

第二天下午，廈門市航海學校的毛澤東思想紅衛兵也趕來福州助陣。就在當天，省委發出一項通知，說八月二十九日將舉行「批判福州教育界走資產階級教育路線群眾大會」，一共分發了一萬多張傳單。最令我們光火的是：我們的死對頭兼批判目標王于耕居然還是大會主席；而且，我們學校只被列在一大串參加單位的最後面。

我們那三架手推式油印機當然不是省委會印刷所的對手，但我們還是趕出了三千份〈致福州人民的一封公開信〉，呼籲大家支持我們的革命行動——也就是：我們要主持大會。

我們從工作隊帶回來的消息中得知，另外幾所學校中也有人支持我們，這些學校都以種種不同的原因來反對王于耕。例如，第二師範的學生控訴省教育廳排擠他們，使他們的許多畢業生找不到工作（其實，二師的學生都很差勁）；華僑大學的學生多數是被印尼政府趕回來的，他們的不滿是因為教育廳補助的津貼太少（我們本地生根本沒有津貼），而且不能隨便穿那些在國外時穿慣了的花衣服和窄管褲（我們私下覺得他們的不滿真是無聊可笑）。這些學校的學生開始在福州集合，準備參加八月二十九日的群眾大會。

八月二十八日下午，我們學校的全體代表在院中的大禮堂鄭重聚會，一致通過參加八月二十九日的大會，並且要抓到控制權。最後，我們舉行了一次具有歷史意義的投票：「憑著手裡的證據，凡是願意打倒王于耕的請舉手！」

在投票前，阿豬一再強調這次任務很艱難，誰都不可以勉強自己。因為，如果倒王失敗，我們就會被視為反革命分子，丟進監牢。

我、我的堂哥、老板和搥胸（八—八戰鬥隊的半數隊員）一個接一個舉起了手，阿豬、梅梅和其他幾個人也跟著舉起了手，三百零四人中舉手的共有十七人。「十七」真是個黃金般的數字！我們十七個人終於成了英雄，在這重要的關鍵上，我們選擇了最艱難的路——往死裡求生，因此我們在後來組成的八—二九組織中，個個都擔當了重要職務。

八一二九事件

沒有一個八一二九戰士忘得了八月二十九日！

清晨六點，交際處的人們就已經在忙著參加大會。每個人都飽餐了一頓早飯，我狼吞虎嚥地塞下四個饅頭，希望精力能格外充沛。

據我們看，當時的情況十分嚴重，一場混戰是難免的。為了防患未然，凡是有寬皮帶可以保護腹部的人都把皮帶綁上了，並且將尖硬的東西如手錶、眼鏡等都從衣袋裡取了出來，凡是有皮鞋的都穿上了，梳辮子的女生也都把頭髮盤了上去。幾天前，我們還訓練女生如何擺脫抓住辮子的敵人。

在出發前，我們做頭頭的人警告大家不准帶刀子，也不准帶彈弓。我們的目的是要以智取勝，萬一我們被發現帶了刀子，敵人一定會製造謠言，惹事生非。不過，這幾天來，大家都私底下故意把指甲留得長長的。

根據通知，群眾大會定於上午九點半召開。我們提前一小時出發。會場設在一座體育館裡，距交際處有三公里。裡面的籃球架已經被拆走了，地板上畫的線也擦掉了。從文革開始以來，這裡經常被當作聚會場所，現在已經變成了「人民廳」。我們精神勃勃地在大街上走著，隊伍的前端飄揚著夏八中遠征軍的紅旗。我們在路上喊口號反對王于耕和省委會，還唱著「革命無罪、造反有理」歌。

市民們很害怕，對我們懷著敵意。我們後來知道有些人甚至打電話給福州軍區司令部，說有一群「非武裝的叛軍」要攻打省委會。這些可憐百姓的奴性很深，認為我們竟敢攻擊偉大的黨當局，真是吃了老虎膽；要不，就是發了神經病。在我們那極端官僚的社會裡流行著一句話，叫作「官高三等見不到」，尋常百姓連與省委會幹部握手的機會都沒有，有的連見都見不到，豈敢想像造他們的反？中國人民失去自信和尊嚴實在為時過久了，我有心變成英雄，使人民明白官要靠民，不是民要靠官。

八月二十九日那天，我們在福州市的街道上前進的時候，我以身為一個學生而驕傲，慶幸能將自己的知識化為武器來摧毀過去的桎梏。毛澤東曾經鼓勵青年，讚揚我們是「早上八、九點的太陽」，對我們抱著一切希望。

我們是第一個到達會場的單位，被分派坐在前面的一個角落裡。緊接著廈大、華大、森林學院、二師和廈門航海學校的同志也在我們的掌聲中陸續進場了。然後，是從福州各中學、福州大學和師範來的敵人進場，一面喊著口號：「誓死保衛以葉飛同志為首的福建省委會！」他們列隊走過來時，我們又吹口哨、又跺腳、又做鬼臉，並且罵他們是「保皇狗」。他們的人數越來越多，像工人、農民、機關幹部和外縣市學生等等的觀察員也陸續進場了，全是些省委會的狗腿子。這時只能容納七千人的體育館已經擠進來一萬多人，其中約有九千人都是戴著紅衛兵袖章的福州學生。控制著福州市二十五所中學的省委會顯然已經放寬了徵召的限制，以增加紅衛兵的人數。他們決心利用紅衛兵來鎮壓紅衛兵。

兩邊很快地開始唱起歌來互相侮辱。兩邊的人數是十與一之比，我們的歌聲很快地就被淹沒了。

阿豬不停地跳著蹦著，想使我們這邊唱得大聲一點。我制止了她，叫她注意保護嗓子好演講。

這場對罵又對唱的戰事使得大會拖到十一點才閉幕。主席團人數多到三十餘人，其中有十一個人是我們這邊的。我步上講台時，輕蔑地看著我的對手。我們早就開始造反了，他們的行為竟還像小娃娃一般。福一中的一個紅衛兵跟在我的後面踏上了講台的階梯，一面伸手推我。我用鞋底親上了他的鼻尖，說：「散會後，等著瞧吧，保皇狗！」

大會主席王于耕首先致謝。她身穿藍上衣、黑長褲，身材矮短，體型圓胖，長著一副雙下巴，臉上呈現著不健康的紫色；她有高血壓病。我對她是瞭若指掌，幾乎連她的頭上有幾根頭髮都一清二楚。她今年四十九歲，是山西人，十八、九歲時就在延安加入了革命。她只是高中畢業，卻時常愛說延安是她的「大學」。王于耕用尖細的嗓音說，看到今天紅衛兵小將們高昂的戰鬥精神，她深信大會將是一次「偉大的成就」。

第二個致詞的是她丈夫，省委會第一書記——全省頭號人物葉飛。我曾在三、四年前拍製的記錄片上看過他。他已是年逾半百，但在影片中還是顯得相當年輕。現在看到他真人竟是這麼蒼老，我倒吃了一驚。他穿著四個口袋的中山裝，高高瘦瘦的，戴著眼鏡，毫無土匪相。

葉飛保證不會偏袒他的愛人（大陸都這樣稱呼自己的妻子），並且說，今天他們兩人都是來學習的。阿豬是第一個致詞的學生代表，她那三百零三個來自八中的同志們個個集中全力注視著她。忽然，她把預備好的演講稿往我的大腿上一摔，說道：「用不著這個！」這把我嚇了一跳。這篇文章裡有我們最有力的揭發材料。

她步向議桌時，台下響起了一片噓聲。「你們噓什麼！」她透過麥克風大喝一聲。我認為她的嗓門是全省最大的。當她省掉了那些慣常的開場白，開始大聲嘶喊，一面用力搥講桌時，整座大樓似乎都在震撼不已。

她的大嗓門一定震驚了千萬人心，我幸災樂禍地想：王于耕是個有心臟病的人，我可以看到她坐在丈夫的身旁，臉色越來越白。

「保皇狗！」阿豬叫道：「我倒要看看你們能叫多久！我生來就是代表，生來就是紅五類，你們能把我怎麼樣！」

「妳的成分是什麼？」群眾中有人問道。

「泥水匠。我們祖宗三代都沒有住過房子，怎麼樣？我是個貨真價實的無產階級後代，比誰都紅！」

「乖乖做個無產階級的後代，回家去為人民服務，多造幾棟房子吧！」

「我們一得到勝利，我就回家去。不為無產階級服務的是福建省的教育界——王于耕是罪人，聽見沒有？」

她的攻勢一句比一句有力：「今天的大會是陰謀大會，是掩護，是賄賂，是完全控制在省委會手裡！我們廈八中的學生要求接收大會，趕走保皇狗！」十五分鐘的時限到了，主席王于耕衝到前面去打斷致辭，阿豬仍然死命地抓住麥克風大叫道：「我們要主持大會，我就是主席！」她們兩個人開始爭奪麥克風，兩個人都是矮胖而兇悍的潑婦；可是王于耕的年紀大得多，也衰弱得多。

台上亂作一團，主席團中的兩派人士也加入了麥克風爭奪戰，爭奪發言權。華大和二師的代表各抓到了一支麥克風，立刻開始演說，說的全是些雞毛蒜皮的小事，譬如餐廳的伙食太貴啦，省教育廳不夠照顧學生啦，畢業生被分配的工作不理想啦——盡是些與大會氣氛不合的事。這時，台下也是亂成一片，沒有幾個人在聽他們囉唆，有些學生早已上台來幫自己的代表搶麥克風了。廈大的一個學生看到我們這邊漸居下風，立刻把電線拉斷，那啞掉的麥克風就立刻被人當成武器甩來甩去了。

我用話筒喊：「打倒奴隸主義！打倒奴隸主義！」意思是指福州的學生百分之百是葉飛的奴才。「你這是什麼意思？想造反啊？」有幾個福州紅衛兵圍住我，用拳頭對準我的腹部，其中一個說：「幹你娘！你們永遠別想出頭！我爸爸是大人物。我要教你在我的褲襠子下過活！」

「只有不實行奴隸主義的人才懂得我的意思，」我鎮定地回答。有人一定懂得了我的暗示，因為他們瞠目結舌了一陣，可見我並非唯一不喜歡世襲權力制度的人（我認為：凡是有能力的人都應該有機會在政治舞台上扮演重要角色，不僅是那些有權有勢的人的子女），可是也有人立刻揍我，搶去了我手中的喊話筒，用它對準我的耳朵叫罵著髒話。

王于耕逃進丈夫的懷裡。葉飛面對一個剛修好的麥克風說：「今天的會議很成功，唯一的問題是少數幾位紅衛兵小將用心雖可以諒解，情緒是太激動了一點。」他把這場混戰輕描淡寫地稱為情緒激動，使得阿豬大為惱火。她一躍而起，撲向葉飛，對著他死命尖叫，像是要把他一口吞下去似的。安全守衛立刻衝了上來，把葉飛從後門保駕出去了。

留在他身後的是一場一千人鬥一萬人的大戰。在省委會的指示下，福州紅衛兵採取了「孤立攻擊」的戰術，五、六個人圍住我們中的一個人，揍個半死。他們還利用女生攻擊男生，男生攻擊女生的卑鄙手段，使得我們動彈不得。

華大的一個叫作李憶霞的漂亮女紅衛兵在回答對手兇惡的盤問時說溜了口。他們問她是要向誰發動革命？她情急之下竟把「資產階級」說成了「無產階級」，於是十幾個男紅衛兵把她按在講台的階梯上，又毆打、又侮辱；然後又動手去剝她的衣服，抓她的乳部和私處，有人還想親她的嘴。她襯衫完全被拉開了，胸罩被撕掉了。我們救下她時，她已經受驚過度，神智不清了。她的乳部很可能是被金屬的校徽劃破的，流血不止，乳頭呈紫色，令人不忍卒睹。

我是被六、七個福州母豬包圍著，又掐又揪，抓遍了我的手臂、大腿和全身。有人還想咬我，抓我的臉，幸好我比她們高一個頭，身上又穿著厚厚的制服，而且她們並不很壯，拳頭都是軟趴趴的，使我可以保護臉部和下部。我咬牙忍受她們的殘害，發揮了最大的自制力，一面還和她們說理：「我們又有什麼仇恨嘛？」

阿豬英勇地戰鬥著。她被十幾個男生團團圍住，卻沒有一個人能制服她，也許她那不太吸引人的外表使她能夠到處自由跑動。她憑著雙手、雙腳和一口利齒還救出了不少同志。

突然間，我看到梅梅縮在一角，用手摀住面孔，幾個福州紅衛兵拉她的辮子，想要欺侮她。她是個嬌弱的少女，人家攻擊她，她連叫罵和回手都不會。我抓住幾個折磨我的福州母豬的小辮子，把她們一起揪到梅梅的那一邊。我在突破重圍，用身體擋住梅梅後，大吼一聲：「住手！誰敢動！」

我那並不怎麼樣的體型沒有嚇倒任何人。有人掐住我的脖子，幾乎把我勒死；結實的拳頭接二連三地落在我的腹部，我的視線模糊了，只有梅梅還支持著我。旁邊有人聒聒地笑著：「好一對狗娘養的！」這句話令我十分惱怒。我似乎看到梅梅含著眼淚，然而，即使我想對她說話，也說不出什麼了。

我們還算幸運。一個粗壯的華大紅衛兵衝了過來，括了叫得最大聲的一個傢伙一頓耳光，殺出了一個緊急出口，把我們帶了出來。

對手們顯然得到了命令，都避免造成致命的傷害，只把我們從門口向外扔，或是踐踏我們。他們居然還叫自己的女生脫下衣服，賴我們施暴，硬說是我們惹出了這場打鬥。

直到我們渾身沾滿了吐沫，身上被掐得發青，省委會才派人到場制止混戰。在場的幹部輕描淡寫地說這是「一時衝動」，「不值得大驚小怪」，「沒關係，因為沒有死人。」

儘管如此，還是有三十多人被送進了醫院，包括我那孱弱的堂哥和受傷最重的李憶霞。當她被送上救護車時，一名省委會幹部還說：「這是必然的事，她實在太漂亮了。」

我假裝覺得很好，不肯上救護車。梅梅捲起我的衣袖，看到我的手臂上布滿了一道道的青痕。她感激地說：「謝謝你救了我。」

我恨透了福州的紅衛兵，尤其是那些女生。後來，當我們的組織在福州佔上風時，我總會問那些來申請加入組織的學生有沒有參加過八月二十九日的大會，而且絕對不許福州的女生在我的紅總司工作。我永遠忘不了她們的那些髒話和下流的動作。

我同時也忘不了王于耕在看到大廳中發生什麼事故後，抓住麥克風時的那副可憎的面目和聲音：「紅衛兵小將們，你們永遠也打不倒我——我們的大會圓滿成功！」

我們在體育館外面的街道上點名時，發現除了進醫院的人以外，大家都到齊了。阿豬受傷最輕，只是在被丟出來時受了一些皮肉之傷而已。我猜強悍的女人總是佔上風的罷。

公共汽車拒絕載運我們，大家只好互相攙扶著走完那三公里長的路，完全是一副敗兵殘將的模樣。街上的人嘲笑我們，向我們吐口水（可是，不久情勢轉變，證明我們對時，他們又見風轉舵了。他們這種投機取巧的心理，使我們失去了能開導他們的把握和信心）。

我渾身疼痛不已，但仍然盡力挺直身體，維持自己的尊嚴，一面用盡全力吹哨子調節步伐，一面帶頭唱起「打起背包走天下——」的歌來。

同到了交際處，無私的團體精神馬上瓦解了。先到的人立刻像脫韁之馬，把紅藥水和消毒繃帶等一掃而空。我回到房裡，脫下衣服數一數傷痕，共有三十七處，痛得連碰都碰不得。我盡量假裝這沒什麼，當它是「蚊子咬的」；同時，我不由得咬牙切齒地嘀咕著：「總有一天我要剝那批母豬的皮！」

有些人預感敵人會再來攻擊我們，於是大家騰清了一樓，積極備戰。這時，已經有七校的紅衛兵同住在交際處（我們同安縣第一中學的同志今天剛到）。果然，我們還沒來得及休息，一大群福州學生和工人赤衛隊已經到院中來示威了。他們朝我們的窗戶丟果核、石塊和瓶子，一面叫罵著髒話，威脅要把我們的腦袋當西瓜來切、要剝我們的皮、飲我們的血、吃我們的肉，還要拿我們的骨頭當肥料。

接連三天三夜，我們一直被圍困著，難得有片刻的安寧，對方有一萬人，每四小時輪一班，川流不息地包圍我們。省委會幹部指揮他們的行動，並替他們準備食物和開水。我們後來才知道凡是參加了示威的人都收到了一份額外的津貼，得到了一頂免費的斗笠，幾家工廠還曾停工一天，讓工人們來參加示威。我們同志的一些福州親戚居然也被帶到現場來大叫：「福州屬於福州人！」「福州人不要忘記祖先，我們與廈門人誓不兩立！」

看到這樣的強敵，許多同學嚇得直叫媽。他們忘記了出發前的誓言，開始責怪頭頭們做得太過分，連累了大家。只要外面一有叫喊，他們就驚慌不已，堅信敵人立刻就要湧進來了（如果真進來，相信他們一定會立刻投降）。

我一看到這些毫無膽量的男生就氣得想揍他們。阿豬和我以及八一八戰鬥隊的其他六名隊員，實際上等於是防衛部隊的憲兵，那些沒有參加八一二九大會的工作隊隊員則處處安慰同學，保證「這一切都是暫時的」。

女生們反而表現了不尋常的鎮定和勇氣，這可能要歸功於我們嚴格的選拔標準。女生擔任了四分之三的工作——必要的雜事、救護和宣傳工作，人數卻只是全體的三分之一。從此以後，我們稱她們為「苦幹奴隸」。她們對於權力沒有強烈的欲望，只知做完分內的工作。

九月一日早上，包圍解除了。我們下樓去查看，只見到處都貼滿了標語，全都亂七八糟，井裡被下了殺鼠劑，抽水馬桶被打破，廚房裡有好多爐灶也被毀了。他們就是要弄得我們不能在這裡繼續待下去。

示威者離去後，兩個省委會幹部立刻出面告訴我們，既然八一二九大會已經結束了，我們應該回家了，省委會不能繼續負擔我們的膳宿。在那三天受困期間中，「服務員」送給我們吃的東西，只是白飯和鹹魚而已，上面還沾著敵人撒的泥土和髒東西。我們正要找人出氣，於是立刻把這兩個傢伙抓來揍個半死，然後叫他們回去告訴葉飛，如果省委會負擔不起，我們自己付帳；同時，我們堅決要繼續住下去。

我們在受困的三天中，曾幾次打電話給葉飛，他總在忙著；最後，電話線乾脆被剪斷了。從那時起，許多同學才開始認清事實：這樣官僚的人怎麼能成為替人民服務的幹部？

九月一日中午，大家都在午睡，我和幾個同志一同修理大樓的前門。這時，工作隊隊員陸續走下了樓梯，每人手裡提了一只旅行袋。他們要棄我們而去了！隊長丘貉擠出一副笑臉說：「在北京的三位同志不斷地打電報來叫我們上京去助陣，我們討論後，決定多幾個人在那兒辦交涉比較好，何況包圍已經解除了。」

我說：「當然當然，去吧。」

丘貉繼續說：「我們在省內很難公開行動，只好從外省前線來支持你們了。我們會繼續在不同的崗位上為同一個目標而戰！」

「怎麼還不走呢？走呀！有時間再回來。」我失望極了，頭也不抬地向他們揮揮手。

當天下午，省委會發下一紙通知給交際處的負責人說，廈八中和所有外地來的學生一律得自行負擔伙食費。我們回了一封只有一句話的信說：「放心，廈八中的學生是餓不死的。」

為了延長居留，我們重新計劃一切。所有的服務員都走了，只剩下幾名廚師。我們自己動手打掃臥室和附近的環境，包括蓮花池和花園，同時又僱人建造新的爐灶。

晚飯時，我們發現現在每天的伙食費大約是三角錢，吃的東西卻不及往常的一半好。這以前，我們是每十二人一桌，吃的是十道大菜，現在是一人捧一個小盤子排隊領菜，每個人都巴望廚子能多給一點。每樣菜的價格不一，誰付得起，誰就吃好的。我擔心這種情形若繼續下去，必然會傷害到大家的團結。

我和其他六校的頭頭會商怎樣維持秩序，增進友誼。最後決定：大家必須過得節儉而有規律，不准談戀愛、不准踏花圃、不准隨地吐痰。最後的一項規定是針對其他各校中有這種惡習的福州人而發的。

晚餐時，我們向大家公布了上述決定。正在這時，我們收到了幾籃龍眼和一封信，是下午棄我們而去的工作隊託人送回來的。我們共有一千三百人，把龍眼平均分配，每人最多分得兩顆龍眼權充飯後的甜點。儘管如此，我還是很高興工作隊沒有把我們忘得一乾二淨。

有些愛唱歌、跳舞的男僑生建議開個晚會，說著就用筷子敲起髒碟子、髒飯碗當作音樂。我知道他們打的是什麼主意——他們是想和八中的女生交朋友，而華大女生也正想認識認識別的男生換換胃口。大家一致拍手贊成，並且稱之為「慶祝解圍聯歡會」。接著，每個人都找到了舞伴，開始手拉著手跳舞歡唱。女僑生們似乎都很激動，個個欣喜若狂，但她們比起廈八中的女生來是遜色太多了。李憶霞剛從醫院回來，默默地坐在一旁替我們彈吉他，臉上垂著淚水。她的丰姿雖曾引起危險的欲望，但她畢竟是個端莊的淑女，而且是個處女。梅梅近來和她很接近，要向她學吉他。她們兩人的臉龐相貼，緊靠在一起時，像極了一雙下凡的仙子。

結果，晚會的氣氛變得非常羅曼蒂克，男生和女生倚坐在蓮花塘邊的月色裡，互相逗笑著。剛剛才訂下的自律規則早被拋到九霄雲外去了。

敢把皇帝拉下馬

惡人先告狀。在省委會的挑撥下，一些著名的模範工人和醉心毛澤東著作的學生聯名發了一封電報，給北京的中國共產黨中央委員會，報告福州市發生了一次匈牙利式的反革命事件。這些人大事渲染，聲稱廈八中的一群暴民曾經企圖襲擊黨的組織，替國民黨的反攻鋪路（當時正好有一個來自台灣，表示支持我們行動的廣播）。一夜之間，他們把這紙急電印出了幾十萬份。

這種宣傳攻勢阻礙了我們吸收新會員的工作，也妨礙了我們擴張組織的工作。我們無論到哪裡，都像過街老鼠一樣備受羞辱。如果我們別著校徽出去買東西，人家會拒絕賣給我們，連三歲小孩都會罵我們是反革命分子。有一次，我們一群人到福州市的名勝——鼓山去遊玩，我們不道地的福州話在回程中露出了馬腳，車掌要求乘客把我們扔出車外，司機也拿著螺旋鉗來威脅我們。福州人的地域觀念一向深厚，這一點正好被省委會利用來對付我們。他們會說：看，這幫造反的傢伙都是外地人，他們表面上是來「批判省委會」，實際上是要來霸佔福州市，做你們的頭子。

雖然如此，我們吸收新會員的工作仍然繼續著。我在半個月內勉強跑過了福州市所有的中學。省委會倒沒有派人釘梢，也許是猜想經濟上的壓力會很快地把我們逼走吧。

果然不錯，好多同學都因為負擔不起而待不下去了。九月中旬，駐在福州市內的五百名廈八中學生（包括隨後趕到的兩百人），有三百多人被迫回廈門去了。在這段艱苦的日子裡，我們做頭頭的人必須樹立好的榜樣，吃的都是粗茶淡飯。晚餐時，我總愛和梅梅分享一盤菜，兩人都不停地把魚或肉往對方的碗裡塞，一面還戲言「這真像一九一七年的蘇聯」。我如果到得遲了，她一定坐著等我，宛若一座完美的雕像。她從不替我拉椅子，我也不替她拉，我們是男女平等的同志。如果我先到，我是不會等太久的，總是自顧地吃起來，只替她多留一點。

女人生來就細心。如果我在飯前忘了洗手，梅梅一定提醒我，這一切都使我覺得如果她能做我的妻子就好了。她在藝術上的才華（她會彈鋼琴、拉小提琴、繪畫、歌唱和舞蹈）正好可以彌補我在這方面的笨拙和不足（破四舊運動很快就過去了，總算沒有和她對西洋古典音樂的喜愛衝突太久。這對她而言，真是幸運。她就是這樣自相矛盾——身為紅衛兵，而最心愛的作曲家竟是蕭邦）。

在半個多月之間，我們七校很成功地從當地學校中吸收到了一萬名學生，這些學校包括福州的二十五所中學、福大、福師院以及福建農學院。我們既然已經吸收到這麼多新的組織，便亟須建立一個統一的指揮部。於是，我們在九月中旬成立了「八—二九行動指揮部」，由一名總指揮和三十多個副總指揮統領職權；這時，我們學校的紅衛兵也開始自稱為「廈八中八—二九紅衛兵」了。

總指揮是一個廈大獨立團的頭頭，二十三歲，名叫唐雲禮，是經濟系的學生（獨立團的頭號人物何為明已經回廈門去擴張組織了）。阿豬本來很想當總指揮，但因責任太重，又有點膽怯了。我們都不願意負最高的責任，像阿豬和我這些學校中的舊頭頭，現在能夠當當副總指揮已經十分滿意了。

唐雲禮才多智雋，自信心又強，而且十分熟悉革命理論，深信學生造反需要工、農和幹部的幫助。這套理論後來證明果然十分正確，同時，他還能和軍隊保持良好的關係來保護我們的組織。他為人懇切，也很實際，只喜歡和頂尖兒的領導人物打交道，不怎麼理會一般人。他喜歡緊盯住你的臉，一面扶扶鼻梁上的眼鏡，一面用長官對下屬的口吻問：「懂了沒有？」

在袖章上加一支閃電叉是唐雲禮的主意。他說從現在起，我們的行動要和希特勒的閃電攻擊一樣迅速。

所謂「行動」，就是在隨後幾週內抓葉飛的親信手下——處長、廳長和工廠廠長等來盤問，強佔福州市的房屋來安頓我們的幹部和建立宣傳播音站。這一切的行動都要做得乾淨利落。

事實證明我們需要機動車輛。八一二九行動指揮部屬下的各學校共有六輛車，交際處有兩輛俄製的吉耳卡車，兩輛武器運輸車和兩輛華沙牌的轎車。

大陸上汽車不多，汽油又短缺，所以百分之九十的學生都不會開車。交際處的汽油很少，我們要求省委會多供應一點汽油，否則，我們就要戳破卡車和公共汽車的油箱。

省委會別無他法，只好照辦。廈大的一個學生教我駕駛大小各型車輛。我利用交際處的院子就地練習，唯一的車禍是衝進了蓮花池。阿豬學開卡車，不屑學開轎車，她說轎車不是屬於工人階級的。我們常可以看到她脖子上圍一條毛巾，跳上卡車，把同學們趕得四下亂竄，然後笨拙地把著方向盤，揚長而去。

梅梅只敢開轎車。我教了她兩小時，她不停地往樹上撞，弄得兩人頭昏眼花。我教的其餘幾個同學連方向都分不清，叫他們踩煞車，他們會踩油門，有一個人還衝進了室外的餐廳，把桌椅撞得稀爛。我說：「這是叫你開車，不是叫你造反！」話雖如此，我們在街上開車的作風確像造反一般，速度總是開到最大，對交通燈視而不見，對警笛聲充耳不聞，常常衝上人行道，來個轉彎或掉頭，出的車禍不計其數。

我們的「閃電攻勢」是這樣的：兩個戰士站在風馳電掣的汽車踏板上，其中一人搖著警報器，車還沒停穩，兩人一躍而下，衝進了房屋，把人抓出來，帶回隊部應訊。一聽到我們的警報器，凡是車輛都讓路不迭，貨車、公車和高級幹部的座車一概不能免俗，我們則常大言不慚地說：「我們不怕死，來撞吧！」

九月二十日左右，福州市下了一場傾盆大雨，低窪的合江地區淹了水。八一二九行動指揮部立刻展開救災活動，救出了幾十個被困的災民，其中有好多人家的木屋都支離破碎了。

華大的一個學生在救災時滅了頂。我們在這個學生的公開追悼會上發起了募捐，收到了一萬多元的捐款，在支付了喪葬費用後，還大大地彌補了我們的組織中十分短缺的經費。我們乘出殯的機會來了一次示威。我們這一次喊口號時，沒有人再向我們表示敵意了。

這以前，我們每天都收到幾百封恐嚇信，有的簽了名，有的沒有簽名，寫著髒話，還畫著棺材、骷髏和絞架之類的東西。有人寄了一把小刀來，附上一張字條說：「明年是你們的週祭。」寄給女生的信常常是有猥褻的圖畫，我們做頭頭的人往往截下這些信，留著晚上自己欣賞。阿豬也收到了不少信，沒有一封能把她嚇倒。倘若看到一段侮辱她的打油詩，她會背卜來，還朗誦給別人聽；有好幾封信都稱她為「豬玀」，信封上還畫了個豬頭。

在救災事件後，恐嚇信的數量大幅減少了。最令人振奮的，是收到了署名「一名福州工人」或「福州一市民」的來信，讚揚我們的英勇行為，揭露市委會如何組織人民來反對我們，如何停止生產，好讓工人參加對八—二九組織的攻擊。我們將這些信件印出來，貼在街頭的大字報上，呼籲革命群眾繼續提供振奮人心的揭發信件。我們還在全市設了意見箱，可是在幾天內就全部失蹤了。大字報上也塗滿了「造謠」之類的字，或畫著一個箭頭指向陰溝，表示我們的大字報應該下陰溝。

但是，這時文革已經徹底轉變成「推翻所有走資產階級路線的當權派」運動了。中央不斷在《人民日報》和《解放軍報》發表社論，一再鼓勵我們要「捨得一身寡（剮），敢把皇帝拉下馬」。同時，工作隊由北京來信說，他們去過國務院的文化革命接待組，他們問到葉飛是否應該接受批判時，得到了堅定的答覆：每一個領導幹部都必須接受群眾的批判，凡過不了關的，就要被打倒。

南來參加第一批「串連」[1]的北京清華大學、北京大學、航空學院和其他各校的紅衛兵則叫囂說，福建省的運動比其他各省落後了一大截。在我們交際處設立了聯絡站的北京紅衛兵中有一人說：「我們已經把礦業部長鬥垮了，上海市委會的幾個書記也已經被鬥了好幾天，你們怎麼還不敢碰葉飛？」

我們的膽子壯了，開始在街頭上貼大字報：「葉飛必須低頭認罪！」這時當地居民看了，也已經不像以前那麼吃驚了。

在二次對農業廳的突擊行動中，我們抓到了副廳長，他是葉飛的一個親信。我們扳住他的手指，逼他供出許多關於葉飛的資料。我們發現農業廳的辦公室十分寬敞舒適，地點又近市區。幾天後，我們派人到農業廳宣布八—二九行動指揮部佔據一號大樓，並且命令所有的員工在六小時內遷入二號大樓。到了下午四點，大樓已經完全空出來。

我們從交際處搬去幾張木床，我們的第一號據點就此誕生了。

從此以後，我們只要看到地點適中、面積寬敞、有利展開宣傳工作的辦公大樓、店鋪、學校或工廠，我們就立刻佔下來。有些單位不肯聽命，過時不走，我們就助上一臂之力，把裝滿公文的櫥櫃從窗口推出去，把幾個不肯走的人從窗口倒吊著，威脅要丟他們下去。這幾招一直是屢試不爽。

我們的設備是一天比一天精良，截取的各型車輛多達三十餘部（交際處的車輛這時已經被我們撞得差不多了）。我們如果在佔據房屋時遇到頑強的抵抗，只要一個電話打回隊部，一支隨時備戰的五百至一千人的機動部隊馬上會坐卡車飛馳而來。

我們的對手——福州市的紅衛兵雖有數十萬之眾，勇氣卻不夠大，組織也不夠統一。他們只有在省、市委會的吩咐下才會採取行動。我們接二連三地佔下了許多單位，他們越來越怕，漸漸的棄攻為守了。

九月底，我們這「八一二九行動指揮部」的三十多個頭頭決定採取另一個大規模的行動。我們在卡車上裝備了木板和竹竿，買了數百張草席做成貼大字報的布告欄，用盡了最後一滴經費，買來昂貴的擴音設備和電線。然後在一個黃昏，我們召集了「八一二九行動指揮部」的所有戰士，留下幾人看守隊部，其餘的八千人左右都徒步或坐卡車到了市中心。只有我們這些負責指揮的人才知道任務是什麼，別人只是滿心狐疑。梅梅不斷地問我是怎麼一回事？我只回答說，有「行動」。

我在第一輛卡車上負責搖警報器。到了市中心後，我命令十幾輛卡車停在離一個主要十字路口五百公尺的四條大路上，擋住來往的交通，宣布戒嚴。在十字路口的一角是福一中。我們曾在上個

1 文革期間，所謂「串連」是指周遊各地，交換革命經驗，從中學習。

月的大會中被打得落花流水，這個學校的女紅衛兵是最最潑辣的。我領著一廠先驅戰士，奔向這學校的一幢主要大樓，阿豬在後面跟著跑，想要趕上我。學校的禮堂中正在召開學生會議，我從旁邊的一扇窗子一躍而進，跳上舞台，其他人也跟著一湧而進。這比在破四舊時跳上供桌還要過癮。

「你們這群保皇狗的末日到了！」我吼道：「我們八一二九戰士要來報一箭之仇，也讓你們嘗嘗造反的味道！」

我抓住麥克風繼續說：「你們認識我嗎？老子住在交際處一號大樓二〇五室，有種的就來會會我！這回，你們誰也逃不了！」

我特地留意沒有把麥克風砸爛，可是看到講桌沒什麼用處，就把它一腳踢翻。

「揍他們！」我叫道：「打！誰也不要放過！」這時，大約有兩千五百名鬥士一湧而入，我們重演了八一二九之戰，但這回，雙方是對調了角色。

我對他們拳打腳踢。我只知道眼前是一大堆肉，耳邊盡是尖叫之聲。我越揍越開心，憋了一個月的悶氣終於發得一乾二淨。

他們被攆出了學校。他們一出校門，又被我們留守在外的同志們揍得更慘，只得四散逃命，奔入小巷。幾個跑不快的人都被俘虜了。我們逼他們下跪，向我們磕頭求饒，但我們並不立刻釋放他們。我們打電話回隊部，說是抓到了「免費工人」幫我們豎立布告欄。

我們繼續拆毀了敵方的幾個布告欄；比較牢固而不容易拆的，我們就倒開著卡車將它撞個稀爛。不到三小時，我們就已經在十字路口的四角豎滿了大字報欄，前後綿延約一公里長。我們沿著人行道的樹木把竹竿和木樁插進泥土裡，在竿與竿之間掛上草席，兩面都可以貼大字報，每根竿子都標明「八一二九行動指揮部專用」的字樣，然後貼上了預先準備好的標語，「告全市人民書」和所有揭發王于耕的材料。

別的同志在學校大樓的屋頂上架起了十個二十五瓦的擴音器，對準十字路口。忽然間，在一陣歡呼後，從擴音器裡傳來了梅梅的清脆嗓音：「這裡是八一二九行動指揮部福州一中播音站，現在開始戰鬥！」她接著宣布解除戒嚴，讀了告全市人民書，並且讚揚：「今天的革命行動好得很！」時候已經不早了，大部分戰士都在準備通宵戒備，預防敵人來反攻。我從一扇窗口看出去，只見宣傳戰場上的燈火輝煌（電是從附近電線上接來的）。今晚，葉飛一定很難安眠，許多省委會幹部一定都急得像熱鍋上的螞蟻一般。

第二天，福州市的紅衛兵舉行了一次示威遊行，不過他們沒有敢動那些大字報棚，只搗毀了廈大同志們駐守的輕工業廳大樓接待站，這個接待站後來遷到了福一中繼續服務。

我們的播音宣傳站的實力強大無比。沒有多久，我們又補充了從別的學校搶來的和從廈門運來的設備，後來又在十字路口的郵電大樓和百貨大樓上裝了擴音器，在我們行動達到最高潮的時候，擴音器共有五十架之多。下面的街道上擠滿了看大字報的市民，任何有疑問的人都可以到學校中的接待站來詢問，並且得到免費資料。

每到下午五點半，工人和幹部都下班了，在十字路口和百貨大樓裡購物的市民熙熙攘攘地混成一片，使這兒變成了全市最熱鬧的地方，小孩子常常會走失。於是，我們在固定的廣播節目外又增加了一種服務——尋找遺失的小孩。梅梅喜歡在播音宣傳站工作，我則喜歡率領人馬去抓葉飛的親信部下來問話；晚上再把問話的結果從播音站播送出去。我們很以那燈火通明的大字報欄為榮，時常鼓勵賣冰棒和零食的小販到十字路口去叫賣。這裡變成了八一二九的小小天地。有一些居民，特別是上夜班的人埋怨擴音器太吵，我們總是勸他們要多為需要收聽廣播的多數人著想。許多工廠的工人和職員幹部都提早收工來讀我們的大字報，「學習革命經驗」。領導幹部當然不敢阻止任何人來學習革命經驗，於是，十字路口的人潮格外擁擠，我們只好強迫市衛生局多派灑水車來保持場地清涼。不久，高級幹部都不敢再坐車經過十字路口了，因為我們一定會攔下車子，把他們拉下來讀大字報，然後強迫他們站在桌上發表感想。在炙人的烈日下，這幾乎和公開鬥爭大會沒有什麼兩樣。

然而，好景不長。我們總不能一直守在大字報旁。於是，福州市的紅衛兵開始在夜間出來，把我們的大字報撕毀、塗毀，或者更常見的，是把他們自己的大字報蓋上去。我們不甘示弱，再用我們的蓋上去；但不出兩小時，他們又會把我們的再蓋住，結果是厚厚的一層大字報。撿破爛的小孩可開心了，他們把破紙撿去，一斤可以賣三分錢。

有一天，我們正在為大字報常被撕毀而發愁，隊部收到一份報告說，在百貨公司的肥皂牙膏部門工作的「勞動模範」楊秀玉，在上班時總要沿路撕毀我們的好幾張大字報。我氣得跳起來，這保皇狗居然敢在我們的鼻子下撒野。八一二九事件後，她是打電報向中央誣告我們的人之一。

我立刻打電話給廣播站，指示他們用廣播呼籲大家不要再買那家百貨公司出售的「保皇牌牙膏」；然後，我們三十多人帶著照相機，一同到了百貨公司。我要好好地教訓楊秀玉一頓。

牙膏肥皂都在百貨公司的一樓。我們衝進去時，楊秀玉正在清點貨品。她看到了我們，拔腿想逃，我們繞著櫃台追上了她。

我抓住她的頭髮，使她好好地看我一眼：「老子是八一二九的頭頭。今天，我倒要看看妳究竟有多反動！」我說著就命令手下把牙膏和粉之類的東西從櫃台中拖出來，又塗又撒，搞得她一身一臉。然後，我們押著她在百貨公司和十字路口遊街，強迫她一路叫道：「我是保皇狗，汪汪！」我們並且給她拍照片。最後，我們把她拖回店裡，勒令立刻停止營業。我們召集了所有的職員聽演講，要他們立刻組織反楊秀玉運動，並且揭發她是葉飛用來鎮壓八一二九的一個工具。我們同時廢除了由省委會頒給她的「勞動模範」之類的榮譽。我們把她的獎狀從牆上摘下來，在地上踩爛。

楊秀玉受盡了羞辱。我們從此再也沒有見到她出現在櫃台後面了。

我在福州市一無親，二無友，連點頭之交都沒有，我可以肆無忌憚，無拘無束，面子問題是根本不存在的。這一切都和在廈門時不同。我在廈門的顧忌真是千頭萬緒數不盡。我所受的家教和我的狂妄意念不斷在心中衝突，一面又要不斷地磨練自己。

在福州的這段日子，我忘記了家庭，忘記了親戚朋友，忘記了家教和學業，忘記了國家利益，更忘記了大地的主宰是誰。這時，如果有人問我：「你的生命中除了造反和破壞以外是一無所有，你還認為自己是個人嗎？」我非但不會覺得驚奇，反而認為這問題問得太蠢；也許，只有從母親口中說出這些話才會使我稍加反省，但是母親一直不知道我已經變成了這樣一個人，當然也一直沒有對我說過這種話。

十月將近，王于耕像是秋風中的落葉，葉飛的力量已經不能保護她了。

既然中央明白表示「每個人都必須接受群眾的批判」，只要堅守「提事實，講道理」的原則而不動武，我們就不會違反文化革命十六條守則的精神。我們有的是揭發王于耕的證據，其中最基本的四個罪狀是：一、她反對研習毛澤東著作；二、她企圖包庇校長之類的人；三、她過於重視提高學生入大學的升學率；四、她的生活腐化（最後一點是她嗜食龍蝦、蕃薯和各色的水果；如有必要，她會派幹部乘汽車老遠地為她弄來這些食物）。

我們要葉飛把他的老婆交出來，他回說不知道她在哪裡。事實上，我們後來從省委會的密報中知道，葉飛已經打電話請福州市軍區司令員韓先楚庇護他的老婆，因為他知道紅衛兵不敢攻進軍區司令部。但是韓先楚一口拒絕了，他說，奉了中央的命令，軍隊不得干涉當地的文革行動。

不錯，在文革初期，軍隊似乎是冷靜而和平。許多由文職轉調軍職的當地幹部都很慶幸自己的好運，因為文職身分已經非常不可靠，許多領導級的幹部在一天接著一天的批判或疲勞轟炸之下，早已喪失了所有的特權和聲望了；另一方面，新近由軍職調任文職的人，如工廠廠長或書記之類的人，馬上發現自己變成了手下工人鬥爭的目標。凡是回頭向老同僚求助的人全被韓先楚的命令拒絕了。韓先楚則以「立場堅定，不庇護壞人」，得到國防部長林彪的讚揚[2]。我們問葉飛是否因為我們要逮捕他的老婆而擔心？他回答說，我們的批判是對的；我們如能找到他老伴的下落，等於幫了他一個大忙。當然，這些話全是違心之論。

我們貼出了大字報，說：「王于耕永遠逃不掉！」我們知道她不會躲在親友家，也不可能逃入深山，因為她不是個肯吃苦的人。她唯一可躲的地方是福州市或廈門市的大旅館或大醫院，於是我們派出人馬到各地的旅館和醫院把守門戶。廈門的同志首先報捷。十月初的某一天，他們接到市立醫院一名女工友的電話，說有一個與王于耕相像的女病人剛剛住入最好的一間病房，並且有四五個鬼鬼祟祟的人陪著她（王于耕一向有人陪伴，一面保護她，一面隨時注意四周的情況變化）。這個工友是八中的一個同志的母親，她曾答應幫助我們。

於是，一百多名八中的同志在大塊頭的率領下，包圍了病房區，輕而易舉地捉住了王于耕。女工友得到了五十元的獎金，王于耕的跟班則被痛揍了一頓，以彌補那些在各醫院和各旅館守夜的同志們吃的苦。

第二天，省委會聽說王于耕落網後，立刻命令各鄉鎮及市區的黨委會攔截運載她的車輛；可是我們早在頭一天夜裡就已經把她押到了福州市，鎖在交際處大樓二樓的一間房裡。這個房間有鐵窗。我們怕她自殺，把她的腰帶之類的東西充了公，並且把床也拆走了，使她不能站上床去拉天花板上的吊燈來觸電自盡；我們甚至把燈泡上方的電線也往上繫緊，把電燈開關改接到門外去。我們所給她的只是一張破草席和一條毯子而已。教育廳紅極一時的風雲人物如今也落得如此下場！

葉飛立刻差人來探望她。我們告訴來人說她一切都好，不用麻煩了。其賞，她已經開始自動絕食了。

她不肯吃東西，我們將鬥爭她的日子提前到十月六日[3]，選定福州人民露天體育場為大會會場。阿豬終於如願以償了。她在兩萬人的群眾大會上當了主席。這次，她可以從容地發表那篇在一個多月前被打斷的演說了。

王于耕被四個廈八中的紅衛兵押上堂來，雙手被反扣在背後。每逢她被迫認罪時，那四個紅衛兵就按下她的腦袋；當她垂首聆聽批判時，他們又常常猛拉她的頭髮，使她抬起頭來。

---

2 這是當時省委會書記處某幹部傳出來的消息，此人是反葉飛的；稍後，韓先楚也自己證實了這個消息。

3 這只是個大概的日期。

演講完畢後，阿豬用手指猛戳王于耕的太陽穴，命令她承認那些罪狀。其他控訴人——八一二九行動指揮部中各校的代表也學阿豬的樣，問她：「這是妳幹的，是不是？」一面戳她的太陽穴，一面猛搗她的腦袋。

雖然如此，王于耕在起初還是硬不肯相信自己已經倒了。她依舊扮起一副兇面孔，以為她的丈夫和福州市的紅衛兵會來拯救她。但是，體育場裡擠滿了八一二九戰士、看熱鬧的人和福州市的民眾，保皇狗不可能救到她。阿豬每次命令王于耕認罪時，群眾立刻大聲響應：「打倒王于耕！王于耕，不投降就要妳死！」然後，她假裝昏倒，並且還裝出一副受了冤枉的模樣，說大會所說的話都不確實，她完全弄不清是怎麼一回事。最後，她終於痛哭流涕起來：「我受不了啦！我受不了啦！你們不能這樣鬥我呀！我是有病的人呀！」

「王于耕大哭！」她屈服後不到十分鐘，這些字樣就出現在大字報上，張貼在郵電大樓的外牆。會還沒開完，她就昏厥不醒了。我們弄不清她是真昏還是假昏，但會議是結束了，原訂要她遊街的節目也臨時取消了。

這第一次的鬥爭大會沒能使王于耕公開認罪，對市民們卻有很大的教育作用。這次大會證明了她是可以打倒的，而葉飛也已自身難保。這時，我們已經不再稱葉飛為「同志」了；而且，我們即使在街上叫囂他的老婆是反革命，也不再有人來反對我們了。

當天晚上，王于耕要求見我，她似乎感覺到她的生死大權是操在我的手裡。她懇求我不要按照原計劃把她送到廈八中去再鬥一場。她並且拿出了許多醫生證明給我看，證明她是體弱多病，必須住院。我只回她一個「漁夫與蛇」的故事。這個故事中的蛇被漁夫救起後，立刻反咬恩人一口，要了漁夫的命。

王于耕靜靜地聽完這個故事，也許她還記得這是小學三年級書本上的一課。她向我保證絕不會反咬我，並會終生感激八一二九。她說得聲淚俱下，幾乎跪倒在我的眼前。突然，我想起了八一二九群眾大會的記錄，立刻拿來給她看，還提醒她自己說過的狂言：「你們永遠打不倒我——。」我看到了這些記錄，不由得怒火中燒；我又想起了她那天的獰笑、福州紅衛兵的叫囂和我自己遍體的傷痕。我失去了理智，朝著她的胸口，一把將她推倒：「妳現在倒了沒有？」

她又是涕泗縱橫，知道已經沒了指望，大哭大叫著：「我要自殺！我要自殺！」

「儘管自殺吧！」我說：「可是妳要明白，自殺是反人民的一種罪行！」

我命人把她拖走，一輛吉普車正在外面等著。明天早晨，在廈八中的操場上，她將在成千上萬怒吼的人民面前瑟縮發抖。

準備串連

十月第一個星期的某一天，那是在第一次王于耕鬥爭大會以前，梅梅的父母到福州來參加醫學會議。她的父親是西醫，母親是護理長。他們在交際處問明了梅梅的去向後，便乘車到了廣播宣傳站，把她連哭帶鬧地架了出去；然後，由她的母親把她帶回廈門去了。

我們聽說這件事後都很難過。我的母親在最近的一封信中也表示，對我離家一個月感到十分不放心，威脅說要當著同學的面把我抓回去。我不得不央求她千萬別到福州來，只告訴她我在遊覽名勝，一面又寄了風景明信片和土產給她。我對自己究竟在做些什麼則是隻字未提。

我在給二哥的信中倒是明說了我正在當頭頭，而且所負的責任與年齡不成比例。他倒並不覺得十六歲還很小。他來信說：「美國有一個天才早在十四歲以前就讀完了大學。」他鼓勵我繼續參加新運動，自己發掘社會的真相，並且考驗從書本上得來的知識；但他提醒我要自律，不要打罵任何人，不要變成流氓，也不要變成官僚。

我有一次在給二哥的信裡提到有些同學一面造反，一面談戀愛，使我看不下去。我晚上在西湖畔散步時，經常可以遇到談情說愛的男女，我總是把他們數落一頓。這回，二哥說我還小，不懂得男女間的事，並且責備我太極端了。

堂哥打來的一封電報（八—二九事件後，堂哥先回廈門去了）使得我決心離開福州。十月九日，他打電報給我說，廈八中紅衛兵將在翌晨選出十名幹部參加串連，其中四人要在福州的同學中選出來。他勸我不要錯過這個機會。

我早在七月底就聽說串連已組成了，那時的串連還只是北京紅衛兵的特權。現在，全國各地的紅衛兵都有機會免費旅行，可和別地的紅衛兵交換革命經驗，還可以到北京去見毛主席。

我們在福州市的組織正在不斷擴大，而參加串連到處旅行又是千載難逢的機會；我真是兩面為難，十分痛苦。增加見聞和知識的欲望終於戰勝了權力的欲望，我決定走人。

我拿電報給八中的頭頭們看，兩百多個同學立刻在院子裡開了一次大會，大家的情緒都很熱烈，竟為誰應該去、誰不應該去而吵了起來。最後，阿豬決定在十二名留在福州的頭頭中選拔代表，因為串連的意義並不只是遨遊天下，而是負有重大責任，凡是去的人都必須吸取革命經驗、抄大字報還要帶回寶貴的資料。

舉手選拔的結果，我得到了最高票；第二名是阿豬（但她馬上自動宣布退出。她知道福州的廈八中組織如果少了她，一定會瓦解）。另一個得次多票數的是原來在高一一班，名叫周吉美的女生。其餘得到票的五人是不分勝負，只好再選一次。他們先是蒙上眼睛，被人推轉了好幾圈，然後看誰能分辨出面對的方向，「挺胸」旗開得勝，當選為第三個代表；剩下的四個人則被轉得昏頭脹腦而不得結果。我們只好換個方法：從一疊撲克牌中抽一張出來比大，三盤兩勝後，「老板」成了串連的第四個代表。

在阿豬看來，失去了三個最得力的男頭頭，像從她身上剮掉了一塊肉。她堅持要我留下來。阿豬和我並肩作戰了一個多月以來，已經建立了堅固的友誼。別人也許覺得她又醜又討厭，我卻相當瞭解她。她的愛恨分明——對同志是無限的愛，對敵人是無限的恨。她樹立了絕對的權威，使同學們個個甘願臣服。

我和她爭論了好久，終於說服她：我一定要學習新的革命經驗；我並且答應她，每到一城一市，就打一封電報回來。她只要是有事，打電報召喚我們，我一定立刻趕回隊部。

那天晚上，大家為我們四個人舉行了歡送會。同學們為了這個晚會花了半天的時間到西湖去捉魚。

我們臨走前，阿豬塞了兩百元人民幣在我手裡，說這是組織的經費。我不肯接受，但她說如果不收下，我們會忘了組織，也不會有足夠的錢打電報。

我們終於坐上了一輛吉普車回廈門市，車上堆滿了同學們託帶給父母的信件和包裹。沒有多久，我的三個同志都已進了夢鄉，我這個司機雖是睏倦，卻仍意志堅強地以每小時八十公里的速度前進。近來，只要我覺得太累或是遇到了困難，就會想：十六歲正是人生的黃金時代，無論肉體上要付出多少代價，我都要拿出超人的意志和能力來達到目的，用無比的熱情去發掘新的經驗。

到了廈門後，我非常興奮地減慢了速度，沿途看著標語。

這些標語多數是用「打倒」、「燒」、「轟」、「吊」或「油炸」等字開頭，最後是廈門市委會高級幹部的姓名。廈門市已經採取了「打倒一切」的新精神，這在一個月以前還是遙遠的理想。紅衛兵的影響力是多麼強大！我真是以身為紅衛兵的頭頭而驕傲。

我進城時看到已經有學生在貼大字報了。那時還只是清晨五點多而已。多麼任勞任怨的紅衛兵！我連按三下喇叭向他們致敬。

大街上喧囂漸起，市民們已經在早點鋪的外面大排長龍等候買油條了；商店正忙著開門；挑垃圾和挑水肥的人們在四處通知各戶人家；農夫們趕著牛車，把水肥運往城外。街上幾乎是一輛汽車也沒有，只有幾個人在打羽毛球。

我叫醒了三位同伴，堅請他們到我家去吃早點。

「我的媽媽最愛我，」我開玩笑似地說：「你們的家都不能跟我家比——我家最舒服、最好客。」我在附近的一個小吃攤上買了我最喜歡的一味早點小菜蒸豆仁。小時候，我每天都要到這兒來買它個半斤。這也許是我那時候幫母親做的唯一一件家事吧。

我們在小攤附近停下來，跳出吉普車。排隊的人們看到紅衛兵得勢得連車子都有了，個個都目瞪口呆。小攤老板必恭必敬地先招呼了我們。我們在油條攤上也受到了同樣的優遇。手裡捧著這些食物實在和我們的身分不相配，於是我脫下髒兮兮的制服，用它把吃的東西包起來後，匆匆趕回家去。

母親來開門。

「媽，我們剛從福州回來！」

這是我離家最久的一次。母親在恢復鎮定後埋怨我說：「耿兒，你真不應該這樣。媽擔心死了。」

我立刻又變成一個被寵壞的孩子。即使在伙伴們面前，我也裝不出一副紅衛兵頭頭的模樣來了。我踢掉鞋子，親熱而撒嬌地轉向母親：「媽，我好餓！」我知道她就是喜歡這樣，我才不管伙伴們張口結舌地瞪著看哩。

「你們不要客氣，自己去倒熱水，拿紅糖，還有毛巾和拖鞋。」我告訴伙伴們：「我去幫媽弄早點。」他們看到我這麼高興，好像都很後悔沒有先回自己家。我洗臉時，小貓像以前一樣跳上花盆瞪著我看，一切似乎都沒有改變。

吃過早點後，我告訴母親說，我必須到學校去。然後，我們四個人在市區瘋狂地大兜其風。我放下車篷使大家都能看到我們，還像宣傳電影裡的美國大兵一樣，四仰八叉地攤在車上。一路上，我們很少看到別的汽車，廈門市總共只有三百輛左右的汽車。

伙伴們堅持要我開著車到他們家去轉轉，一路上，我們多載了不少乘客。沒有多久，擠在吉普車上的小弟弟和小妹妹已經有八、九個之多了，有些還坐上了我們的肩膀。過路的行人嚇得愣住了，附近的居民紛紛從窗口伸出頭來看個究竟，我還故意在一個警察站前呼嘯而過。廈門市的警察新近學會了一條交通規則：紅衛兵是沒有什麼交通規則的。

我們到了梅梅家，我按按喇叭，另一個同伴吹了一聲口哨。突然間，我窘迫地發現這完全是電影中的調情鏡頭。梅梅身穿睡衣，睡眼惺忪地從窗口看出來，顯得更是迷人。我失魂落魄，鼓足勇氣向她做了個大膽的手勢，她卻用手指刮刮面頰（「羞羞羞」），退了進去。我弄不清那天怎麼會那麼開心。這以前，我從來沒有輕浮過。

到學校時，選舉大會已經進行了好一會兒。我們的吉普車一開進大門，操場上立刻揚起了一陣歡迎聲和掌聲。我們是八一二九的英雄，我們的成就有誰能懂！在福州市的一個月似乎在我們身上鍍了一層金，使我們比任何人都了不起。為了表示讚揚我們的遠征、我們的成功鬥爭和我們的吉普車，廈門的同志們把我們抬上了肩頭，這是我們歷盡千辛萬苦後所得到的最大報酬。

與其說這次集會是選舉會，不如說它是歡送會。代表們早已選了，其中有兩位是女生——梅梅和牆頭草。串連代表的身分證明和其他證件都已準備妥當，還有不准轉讓的火車票和串連經費三百元。我們的住宿問題雖由沿途的接待站照顧，在到達北京以前，伙食卻要自己負責。我是串連小隊的領隊，全隊共有三個女生和六個男生（只有我們九人獲准免費旅行）。

歡送會中，大家請我報告廈八中戰士在福州的成就。我講到我們那一再重複的鬥爭、失敗和勝利的種種悲哀、樂趣和血淚，聽眾們個個全神貫注，聽得入迷。我一連講了一小時、兩小時——，只要提到八—二九，同學們就激動得熱血沸騰。同時，我也暗示他們：比起在福州的同志，他們已經落後了。

「看到那輛吉普車嗎？那是我們的戰利品！同志們，大家要勇往直前，抓住每一樣東西。我們，只有我們才是天下的主宰！」

大塊頭為我的杯子添水四次，她向我耳語道：「注意時間。」

我做結論時，強調絕不要害怕幹得過火。在福州，我們已經證明了敢造反，敢在葉飛頭上撒尿了。

「天是紅衛兵的天，地是紅衛兵的地！」

散會以後，我們四個人巡視了所有教室，好像來訪的大人物似的。我們把手背在身後，煞有介事地擺出一副大人物的派頭。現在，大塊頭和其他留在學校裡的人似乎都比我們矮了一截。他們一個個都是憂心忡忡，不知自己的成就能不能博得我們的點頭讚許。

我問道：「王于耕還關在學校裡嗎？」我沒有忘記她，還想逗逗她。

她被鎖在一間斗室中，只有一張草席、一條毯子和一本《毛語錄》跟她作伴。她一看到我，似乎想說些什麼，但又馬上改變主意。我繞著她踱方步，逗她說：「我明天要到北京去了，看到了毛澤東和中央其他的領袖們，我一定要告訴他們：葉飛和王于耕有多壞！」即使在一個可憐巴巴的仇敵面前，我也不忘自誇要到北京去。

回到操場後，我看到同學們讚嘆地圍著吉普車。我把鑰匙交給大塊頭：「現在，妳可以用這輛車了。」她得意極了，要我教她開車。我匆匆地教了她十五分鐘，就趕回家去了，決定下午任憑發生天大的事，也要留在家中。

這天剛好是母親休假的日子，午飯比平時由三姐做的要好吃得多。我在福州已經吃夠了交際處的爛伙食，現在，面對著這許多鮮香可口的菜餚，我幾乎忍不住要用手抓來塞進嘴裡，忘記了雙手是骯髒的。

「孩子，先去洗洗手。」在福州時，是梅梅提醒我洗手，只是，她總稱呼我「嗨」。

「先喝點湯開開胃——慢慢地喝。」我既然已經回到家裡，就必須遵守這些規矩。

「這是補腦的，這個對眼睛好，還是你最喜歡吃的——。」母親不斷地把菜夾進我的碗裡，然後又從一個小鍋裡取出一隻雞腿說：「早上，我特別買了一隻雞慶祝你回家。」

突然間，我覺得自己最受寵愛；如果換成三姐，母親一定不會這樣。我故意偷看二哥一眼，看他會不會因母親寵我而不高興。他慢慢地吃著，我看了他的表情，知道他有話要對我說。我在福州時寫給他的信裡是無話不說，甚至寫了許多不敢當面對他說的話。現在，我們兩人重逢了，反而覺得彆扭起來。

我想到晚上又要離家而去，陣陣愁雲湧上了心頭。我該怎麼向母親開口？可是，我馬上又想：這畢竟不是上刑場，我已經去過一次福州，何況，在去北京的途中，我還可以看看大哥、大姐和二姐。

「媽，」我說：「我要再出門一次，去看大哥、大姐和二姐。」

「什麼？你哪裡來的這些念頭？」母親已經意識到不對勁了，她早就聽說過紅衛兵串連的事。

「我今天晚上就走。我們可以免費乘車，又有特別的吃住招待，機會太好了。」

「你是說要去串連？絕對不行！你連自己的衣服都不會洗！你不應該這樣到處跑，串連時常發生意外，我聽說還有人送命呢！你從來不替媽想想，上次到福州，究竟還在同一省裡；這次要到北方去，你連冬衣都沒有一件！」

「媽，我的車票都有了，晚上六點半就走。我真的想去，不會出事的。」

「你最近老是違背我的意思，事情連商量的餘地都沒有！我總有一天會失去你，我看得出來。」

幸好二哥說話了：「到全國各地走走是最難得的訓練。我本來就想寫信到福州，告訴你不要沉迷於權力鬥爭。現在你回來得正好，我認為你應該去。」

母親的愛和二哥的愛再度發生衝突。三姐也沉不住氣——她也想到北京去。

我向母親強調我可以去看看北方的哥哥和姐姐，看看他們過得怎麼樣，回來後，向她報告一切；況且我還可以替他們帶些有用的東西去。母親曾希望有一天能去看看他們；如今，她的計劃被文革徹底粉碎了——紅衛兵串連以後，鐵路交通達到了空前的混亂狀態。

母親看我堅決要去，而且此行的好處的確很多。她有點動搖了，但又懷疑她的老么是否能替全家負起這個四處造訪的任務。

二哥似乎一面在勸她，一面在指示我：我應該多帶一點錢，衣服則是越簡單越好，只要兩件罩在棉襖的外面、可以換洗的單布衫和兩條長褲就夠了。三天後，到了安徽見到大姐，可以把罩衫洗好。

二哥早已想好了一套說服母親的最有效方法。整潔是我家最注重的一點，但我從小時候起，就一直有一件事讓母親不開心：我穿衣服總是很隨便，並且不喜歡穿新衣服。

二哥還向母親保證我不會出事。畢竟我不是個笨拙的鄉下孩子，我不會輕易地受人利用；廈門十分開通，況且我們的才智又絕不輸給北方人。

全家大小開始替我準備一切，三姐留在家中寫信通知大哥、大姐和二姐，並準備晚飯；二哥也請了半天假，和母親一同陪我去買棉製的衣物、一頂有耳蓋的暖帽、手套和其他瑣物。

「這是給大哥的孩子的，這是大姐冬天要用的面霜，這是二姐愛吃的點心——。」二哥在布店中就地開出一張清單，遠方的哥哥、姐姐都喜歡廈門的精美產品。

有一樣東西似乎忘了買：蜜餞。於是，我們到了蜜餞鋪，在那兒碰見梅梅和她的父母與妹妹。她的父母一定也是和我的二哥一樣，放下了半天的工作，替女兒的遠行準備一切。她妹妹的懷裡早已塞滿了大包、小包的東西，多得幾乎捧不住了。

梅梅的雙眼泛紅，想必是和父母大吵了一場。我對她耳語道：「我們像極了搶購物資的黑市商人。」

我們回到家後，立刻整理行裝。我收拾出三大包東西，一包背在背上，兩肩各有一包，另有紅衛兵的帆布挎包——裡面裝著毛巾、牙刷、五百元公款、各種身分證件、用來與別的機關交換的紅衛兵袖章、公文、筆記簿和《毛語錄》等物，手裡還提著一籃水果。

我的配備共重二十多公斤，擠公共汽車太不方便，廈門市又沒有計程汽車，除了僱一輛三輪車外，別無他法。文革以來，三輪車已被紅衛兵貶為資產階級的奢侈品，我是身穿制服、臂佩袖章的紅衛兵，怎能坐它呢？可是我別無他法，只好脫下制服，叫了一輛三輪車來，讓母親帶著行李坐上去，我和二哥跟在後面幫車夫推車子。文革帶來了一個新風俗，叫作三輪車夫的「翻身和解放」，坐三輪的年輕人遇到上坡時，必須下車來幫忙推車。

我們到了車站時，裡面已經擠滿了三百多個參加串連的代表，他們的父母也在那兒。這些代表大都來自廈門市和閩南各縣市的大學、中學和專科學校。當時傳出了一則謠言說，我們全體必須擠在兩節車廂裡。

我在擁擠的候車室中到處尋找同伴。滿室是喧囂的人聲，地上到處是果皮。大家都顯得很闊氣，因為大家都在不停地吃這吃那——蛋、水果和蛋糕等。孩子們則在人群中捉迷藏。佔到座位的人，都在腿上攤開《毛語錄》，嘴裡卻是心不在焉地嚼著水果。他們是在奉行「上火車前要讀《毛語錄》」的指示。這幅景象真使我作嘔，二哥嘲諷地說：「在這個社會裡，靠背《毛語錄》就能混飯吃！」

梅梅在我還沒來時，以代理領隊的身分把我們那一隊人從人群中帶開，來到樹蔭下的一處清靜所在。全隊九人中，只有梅梅的父母和我的母親來送我們。梅梅認得我的母親，她拉著父母的手，一一介紹給我的母親。梅梅的母親欠身說：「我早就聽說您的孩子很聰明、很能幹，這都是因為他有這麼一位好母親。」

「啊呀，不敢當。這孩子越來越不聽話了。他以前從不離開母親一步，現在居然要參加串連了！」

「我們的女兒還不是一樣，攔也攔不住。希望在以後的這段日子，您的兒子能多多照應她。」

「恐怕我的兒子連自己都照應不來哩。」

就這樣，她們打開了話匣子，每一句裡都夾著「我們做母親的」之類的字眼，四周的同學都在笑她們。三姐對我扮了個鬼臉。我猜她一定覺得我是假正經，表面裝得循規蹈矩，一顆心卻早已飛到未來的好時光去了。

我們終於上了火車。果然只有兩節掛在貨車後面的車廂來裝載我們三百多人，載重量已經超過了三分之一。母親不由得緊張起來。她站在車站下，雙手捧住我的臉，一遍又一遍地囑咐我：「好好保重身體，注意清潔衛生，不要吃不乾淨的東西，走路要小心，留心來往的車子，不要做壞事，不跟別人打架或罵髒話，不要喝酒，不要抽菸，不要賭博，盡可能早點回來。」

「我會一直記著您的話，不會做壞事的。媽，我已經長大了！」

母親苦笑道：「你還早得很呢！」

我盡量安慰她，對她說要給她帶上海的皮鞋、一把綢傘、枕頭套、梳子和她喜歡的別的東西回來。我知道她把上海貨列為第一等，北京貨和廣州貨次之，別地方的東西是一點也看不上眼的。

二哥緊捏住我的手，重複著同樣的幾句話：你必須嚴格地鍛練自己，增加見識，不浪費時間，隨時警覺；無論到了哪裡，每晚都要將所見所聞一一記入日記和筆記裡。他希望我回來時，會成為一個更成熟的人。我尤其記得他的這句話：「從你的來信裡，我可以分辨出你有沒有進步。」

鈴聲第二次響起，母親已經是老淚縱橫了。也許，她是在想像自己最心愛的么兒被埋在冰天雪地裡，或迷失在萬里長城外的漫天黃沙中吧。我盡力忍住鼻中的酸楚。從文革以來，我一直努力培養自己的意志力，大丈夫有淚不輕彈！

梅梅和她的母親抱頭嗚咽著，驪歌揚起了憂鬱的旋律。列車緩緩地挪動了。我凝視著月台，心中湧起了千頭萬緒的思潮。從前，我曾經在這兒送過哥哥、姐姐，現在輪到我自己離開了。古往今來究竟有多少人經歷了多少次的離別？隆隆的車聲灌進了我的耳朵，我向家人揮手道別。母親站在最前面，後面是二哥和三姐，再後面是梅梅的父母親和妹妹。他們的身影越來越模糊了，越來越遙遠了，終於變成了一條直線。

在火車上

上了火車後，許多乘客立刻精神抖擻起來——唱歌的、吹口琴的、講神奇鬼怪故事的，或彼此丟果皮蛋殼的，弄得車廂裡像是雜耍會似的洋洋大觀。我看看同來的八位同志，除了三個女生外，就數我的身體最單薄。別的男生都是英雄好漢、飛刀揮拳的能手，有些甚至可以從三層樓上跳下來而面不改色（我的最高記錄只不過從二樓跳下來）。我的長處是能言善道；寫起文章來就不如梅梅了。我們幾個似乎還頗能彼此截長補短的；所以，就整個團體而論，我們是充滿信心的。車廂中是又熱又擠，臭氣沖天。昏暗的燈光使我朦朧地睡著了。

我被一陣煞車聲驚醒。有人大叫：「上海到了！」引得全車人大笑。其實，這只不過是在閩西山區一連串停車中的一次而已。據說國民黨的特務和工作人員在這一帶很活躍，隨時造成火車出軌和使人喪命的危險。火車一停，大家都跳下車去，拔起軌道邊田裡的甘蔗，一把把地帶回車廂來。

這次停車倒不是有人破壞的結果，只是火車司機也想去拔點甘蔗帶回來，但被幾個農夫捉到了，引起了一場口角，最後給了他們幾袋煤，才了結這場爭端。火車一點也不守時，走與不走全看司機高興。

一夜一天後，我們在南平附近的萊州交軌處換車，轉上閩滬快車線。這快車上的乘客有串連的紅衛兵，也有一般旅客。上車一看，我們大吃一驚。這列車所載的乘客比正常載客量至少多出一倍。

本來三個人坐的位子都擠了四個人，到處是人滿為患。座位之間的走道上，面對面座位間的茶几上、行李架上、座位上和座位下都擠得水泄不通。行李已經沒處放，許多人只好把它頂在頭上，或放在腿上，更有人把行李掛在窗外。

我們到哪裡去找個立錐之地呢？最後，我們九個人費了好大的事，才在走道上找到一席之地，放下了行李當作床鋪。

我連續兩個晚上都沒睡好。現在，廁所裡傳出一陣陣臭氣，更令我想吐。每逢我想睡一會兒，就會有人拍拍我的肩膀說：「對不起，借個道上廁所。」我只好百般無奈地站起來，一面嘀咕著：「懶人屎多。」

一個接一個，不斷地有人走來走去。我們九個人中沒有一人得到過片刻的安寧。最後，搥胸終於發了火：「你們這些雜種分明是故意搗蛋！你剛剛上過，現在又來了！」

「怎麼樣？連撒尿都沒有自由啦？」一個八一二九的死敵——福州紅衛兵回答說。他正想召來幾個同伴，我已經冷不防抬起膝蓋朝他的小腹猛撞上去。「這一下可以幫你尿出來，省得上廁所了！」

他痛得連叫都叫不出。他的伙伴過來了，一面捲著衣袖，一面罵著粗話。我立刻想到這是我們在旅途中的第一仗，一定要贏得乾脆漂亮，樹立聲望才行。「咱們一個對一個怎麼樣？」我用國語問。這是團體格鬥的第一步。

他們交頭接耳了一陣，卻沒有一個人敢挺身而出。這更增加了我們的信心，也許他們已經知道廈門市來的代表都是打架的好手。

「打架嘍！打架嘍！」這個消息立刻傳遍了全車：「快去看福州人跟廈門人打架啊！」我們全體（連女生在內）立刻拔出匕首，逼他們向後退。我們只是想嚇嚇他們，但是他們後面的人又把他們往前推。「戳他們幾個洞！我們支持你們！我們閩南人應該聯合起來把福州猴子打死！」從口音可以聽出，這是廈門附近的紅衛兵在叫，他們是想乘風推倒牆。

我們把叫得最大聲的福州紅衛兵痛揍一頓，他的同伴們沒有一個敢上來搭救，只是眼睜睜地看著我們割下了他的一綹頭髮來警惕圍觀的人。

其他車廂中的乘客也來看熱鬧。突然間，啪的一聲，行李架被十幾個人壓垮了。大小不一的衣箱和包裝滾滾而下，把下面的人打得一個個滿天星斗，有兩姐妹被落下的一疊馬口鐵打中了頭部，失去了知覺，流血不止。

到了下一站，我們把受傷的姐妹從車窗中傳給月台上的安全部隊，原來幫她們止血的梅梅和另外兩個女同志則忙著把她倆的行李收拾好，送下去。

「何必呢？」有人問道：「把它瓜分掉算了！」

我們的女同學被搶座位的人一把推開。那些人根本不在乎座位上的血跡，用一張紙揩了一下，就舒舒服服地坐了上去。

打架後，我的身心兩方面都覺得十分痛快。但是，我回到老地方一看，卻發現地板上淹滿了大小便，我們的行李全部沾髒了。我打開廁所的門，發現連那小小的斗室中也擠了七、八個人，令人窒息的臭氣逼得他們限定時間輪流把鼻子湊往窗口，貪婪地呼吸外面的新鮮空氣，誰也顧不了腳下踏的是爛污灘。這幅景象我是永遠忘不了的。

三個女生一直站著、擠著，呼吸著臭味；因為缺乏氧氣，她們幾乎立刻就要昏倒了。我們只好哀求別人讓個位子給她們，但這可不好辦；在這種時候，誰也不肯表現共產主義的精神，兩名空軍竟無恥地伸手拉扯她們說：「哪，坐在我們腿上好了。」

我怒不可抑，拔出刀子喝道：「起來！」

「好啦，好啦，全讓給你們總可以了吧。你們大家都舒服舒服。」

過了一陣子，其中一個人說：「你們真應該學學人民解放軍──學學我們的禮貌和禮讓的精神。要不是這幾個妞兒長得不壞，別人誰還肯讓位子給她們？你們帶這種女生出門可真是聰明，俗語說，『媚眼一動百事開』。林副主席還教導我們說，只要有一顆忠於毛主席的紅心，就是其他地方隨便一點也不要緊。」

我們六個男生也開始吃不消了。我靈機一動，想到也許可以利用「遇到困難，學《毛語錄》」的方法來解決問題。於是我打開了《毛語錄》，走到一群上海紅衛兵面前說：「同志們，讓我們一起來學習《毛語錄》。」這種建議是誰也不能反對的。我接著念道：「我們偉大的導師、偉大的領袖、偉大的統帥、偉大的舵手毛主席教導我們說：『我們都是來自五湖四海，為了一個共同的革命目標走到一起來了。我們的幹部要關心每一個戰士，一切革命隊伍的人都要互相關心，互相愛護，互相幫助』。」

然後，我提高嗓門繼續說：「我們已經站了一天一夜沒有休息了。」那批上海紅衛兵十分精明，他們立刻讓出位子，然後打開自己的《毛語錄》，大聲讀了另一段：「把困難留給自己，把方便送給別人。」接著加上一句：「你們是好同志，應該聽從毛主席，面對困難。」說完，就一屁股坐在我們的大腿上。

我們在鬥智上輸給上海紅衛兵後，開始明白同一省的人團結起來對付另一省的人是多麼重要。所以，我們漸漸放鬆了福州紅衛兵，不再那麼擔心被捅刀子了。漸漸的，我們竟打起盹來了。

火車笛聲長鳴，我們離開了福建省界，駛入江西省。火車繼續沿著各小站停靠，擠上車的人越來越多，普通乘客和自費旅行的紅衛兵都有。在江西省境內，武裝士兵代替了一般隨車管理員，每到一站，這些士兵就跳下火車，注意著上車的旅客，說是為了防範壞分子和走私品。任何好奇的小孩伸手摸摸他們的自動步槍，就會吃上一掌：「想偷槍啊？」

這些士兵對沿車兜售食品的少年也是十分蠻橫。離開福建省後，第一件使我吃驚的事，就是每到一站，竟有那麼多小孩來兜售甘蔗、煮蕃薯、包子，甚或一角錢一杯的生水。火車上是嚴重缺水。大家怕再也上不了車，都不敢下車去找水喝；所以，我們只好去付那貴得離譜的水錢，別無他法。有一次，我向一個男孩買水，給了他一張兩元的紙幣後，他不肯找錢，竟向後退著逗我說：「你敢下車來？你敢下車來？」

越往北走，稀奇古怪的事越多。我們漸漸明白每節車廂有兩名士兵的好處。每到一處，許多當地的年輕人會跑到車窗下面，假裝要交換紀念品；然後，車一開動，他們就伸手剝我們腕上的手錶、衣袋裡的錢或掛在窗外的行李，甚至我們鼻梁上的眼鏡。我們如伸手抓住他們，他們就會掏出刀子來。士兵們很有一套趕散這種流氓的本事，他們唯一的遺憾是奉命不准開槍。

這次旅行，我對沿途的景致根本就無心觀賞，一路上一直忙著數自己有幾件行李，忙著查看行李還在不在。火車駛離福建省不久，有些乘客就開始講述安徽省的乞丐搶火車的駭人新聞，並且警告我們：一看到乞丐來了，就要把所有車窗關緊。在浙江省的一個小站上，我們領教了一個考驗。幾百個乞丐臥在軌道上，強迫火車停下來。他們用鐵條撬開門窗、用木棍打碎玻璃，用盡一切方法想擠進車來；有些人吊在車廂外，車一開動，他們就攀住窗戶，甚至想拉住車中的乘客，一面嚷道：「要死咱們一起死！」

我們想要用硬的東西敲他們的手，逼他們鬆開；可是火車正在加速行進，這時候如果跌下去，非死不可。我們正在遲疑之間，他們已經一個接一個爬了進來，口中喃喃地念道：「總算上來了，總算上來了，這輩子再也不下去嘍。」擠進我們車廂的叫化子共有二十多個，一個個衣不蔽體，腳上穿著破草鞋或破得不成樣子的布鞋。有的人還背著一小捆行李，身上的氣味臭得令人作嘔。有三、四個人擠進了我們坐的面對面的座位中間，過了一陣子，居然要我們讓位；說著就緊緊地靠過來，把手搭在座位的靠背上，肚子壓上我們的臉。同座的三個女生拚命地往後縮，把臉藏在外套裡。一個乞丐摸摸我的制服說：「哈哈！好料子！有錢人！真有錢！」

我回答說：「這種衣料並不很好，跟普通軍人穿的一樣，只不過是新做的罷了，是軍區司令送給我們的禮物。」

「別以為我們是叫化子，我們也是紅衛兵咧！」

「那你們為什麼不穿制服？穿得整潔一點也好呀，又為什麼不戴袖章呢？」

「連肚皮都吃不飽，啥地方來錢買衣服？要不要借幾個錢給我花花？」他從衣袋裡掏出袖章，在我的眼前晃一晃，表示他是個紅衛兵兼叫化子。

後來，我們越往北走，遇見了更多像他這樣的人，到處混白食。直到那時，我才敢相信，他們之中有些的確是中學裡的紅衛兵。

安徽省的土地貧瘠，每年都鬧水災旱災。長久以來，安徽省的農民落草為寇的事層出不窮，外省人一見到衣衫襤褸、帶著破行李伸手向人討錢的人，都自然而然地認為他們是「安徽叫化子」。在許多人的心目中，「安徽」就好像是「乞丐」的意思。平時，他們的衣衫就已經很破舊了；現在，漫無目的到處流浪的苦日子使他們顯得更骯髒、更破爛了。

這些乞丐最令我們頭痛的是他們的無恥。他們一看到我們在吃饅頭、餅乾或蛋，便交頭接耳一陣，然後，分別走到幾個乘客面前，朗朗地讀起《毛語錄》來，不斷地說人應該如何互相關心、互愛、互助，要求分享我們的食物。

有一次，梅梅正在吃蛋，才吃了一半，就被一個乞丐劈手奪了去：「妳應該培養共產黨精神！你們都是溫室裡的花朵，吃蛋還把蛋殼扔掉，難道不知道蛋殼最營養嗎？」說著就連殼帶蛋一口吞下去了。

我們默默地坐著，寧可挨餓，也不願與這批乞丐分享食物。他們一個個年輕力壯，絲毫不值得憐憫，幾個人大搖大擺地來回走著，彼此打著招呼，擺出一副大人物的架子，見到乘客不理他們，就認為乘客是膽怯了，行動也就越發狂妄起來。他們似乎認為在這個社會中做乞丐是一種榮譽，人是越窮越好，並且還指桑罵槐地批評車上的「資產階級」，揚言要「採取革命行動」，要「以武力搶食物」。最後，其中一個說：「我就不相信你們統統沒有帶吃的。大家應該有福同享，難道還要我們親自動手幫你們拿出來啊？」他們立刻七手八腳地搜起我們的挎包來，並且還趴下去看看座位下面有沒有藏水果，甚至命令幾個人站起身來，讓他們查個明白。好幾次，我幾乎要揍他們，但還是忍了下來。

一個上海市的紅衛兵先發制人，吼了起來：「大家團結起來，把這批流氓扔下火車去！」

我十分懊惱自己的懦弱、猶豫不決，擔心我們九個人對付不了二十多個乞丐，竟沒有想到全車的人可以聯合行動，一齊叫：「揍他們！揍他們！」

乞丐立刻改變了態度，跪地哀哀求饒。我們則完全不把他們當人，審問時一個不如意，馬上輕蔑地又踢又踹。但我們可以看出：他們即使在苦苦告饒時，眼中仍充滿了憤恨的兇光。

到了下一站，我們把這二十多個人一一扔下了車。

「不要推得太快嘛！」他們叫道：「讓我們自己下去嘛！這樣要跌死人了。」可是一下了車，他們立刻變臉，一面謾罵我們是雜種，一面往車裡丟東西。上海市的紅衛兵建議大家組織起來，不准任何新乘客上車，大家一致贊同。於是，我們緊閉兩頭的車門，並用行李將車門堵了起來。別的車廂也立刻響應，於是車廂與車廂之間就不能通行了。每次火車一停，我們趕緊拉下車窗，緊緊地鎖上，每扇窗都有幾個人共同把守。

月台上的人蜂擁而上，叫著嚷著捶打車窗。許多人似乎已經等了很久，也許前面的幾列車也用同樣的方式拒絕了他們。忽然，當下面有人正要用木棰砸碎玻璃時，我的一位戰友大叫道：「開窗，開窗，我有辦法對付他們。」

我們滿心狐疑地開了窗。

「喏！」他給了我們每人一個小包：「撒出去！撒出去！」他說著便把一個小包撕開撒出去，裡面裝的是胡椒粉和五香粉！攻擊者被嗆得半死，眼睛都睜不開了。

我們又贏了一仗，並且學到了新經驗。現在，人人都甘願傾其所有的拿出炒麵粉、奶粉和紅糖來，只為求生一戰；同時，我們還拆下了行李架，拿木條當武器。

廁所裡塞滿了人，許多人都嚷著要下車去方便，另一些人均不允許他們「為了一己之私而傷害團體」。男生還好辦，只要趁火車疾駛時，拉下褲子，從窗口解決就是了。女生可不能這樣，看來真是可憐。車中到處溢滿了惡臭，混雜著汗臭和嘔吐物，簡直是一座活動的監獄。唉！說起來簡直比監獄還糟，這裡雖然沒有人看守，卻也是無路可逃，一下車，你就再也回不來了。

我們的伙伴中昏倒了一個人。他甦醒後要喝水，我傾出水壺中最後的幾滴水，滴進他乾裂的嘴唇中。這時，已經有人在舔自己身上的汗水了。如果我的同伴死了，我拿什麼臉去見組織和他的父母？

在一個站上長停的時候，因為地上淹滿了尿，我們只好用刀在地板上戳出一個洞，這一個洞就變成女生的臨時廁所了。

火車通過浙江省時，我們餓得實在難熬，以致失去了自制力。到了一個站頭，小販們圍攏到窗口來賣東西——火腿（全國聞名的）、炸雞、梨子、牛肉乾和肉包子等等。這時，我們已無暇顧及會失去座位了，大家爭先恐後地爬出車窗，能抓到什麼就抓什麼。小販們也許從來沒有見過這種場面，一個個嚇得直叫：「先付錢！先付錢！」可是有些囊空如洗的傢伙撈到了吃的，掉頭就跑。一旦有人開戒白吃，立刻有幾個人起而效尤，於是人人都趁火打劫，小販們被推倒在地，小食攤也被打翻得一塌糊塗。

我們這隊的五名壯丁是滿載而歸，回到車邊。我雖然只是撿撿掉在地上的東西，但這也算是我有生以來第一次參加搶劫了。我費了九牛二虎之力才爬到車裡來，把戰果交給女生們去分配。我的心裡一直記掛著那個生了病的同志，特意拾來幾只梨子，準備擠水給他解渴。

火車正要開動，才發覺我們丟了一個人。我看到他還在月台上彎著腰撿東西，趕緊向他又揮手，又大叫，但是為時已晚。最後，只見他背對著我們，被幾名小販團團圍住了。

難道這是上天有意懲罰我們生平第一次的搶劫嗎？早知道會失去一個同志，就是有千倍多的好東西吃也引誘不了我。

梅梅終於開了口。過去一天一夜以來，她默默地忍受著痛苦。現在，她開口責備我，指責我不該像土匪一樣去搶東西，不但污辱了紅衛兵袖章，還失去了一個同志。

老板說：「妳們女生就是這樣不夠狠。現在到處的紅衛兵已經是搶劫成風了，更何況我們現在是在外地，用不著處處那樣拘束。」

無論如何，三位女同學硬是不肯吃那些不義之食。在我們旁邊的福州佬全是貪吃鬼，完全弄不懂我們是在吵些什麼。

「你們如果不吃，給我們好了，」其中有一個人說：「造反的目的就是搶吃的。看看這些梨！比我們家鄉的大多了。」

我把戰利品給他們：「喏，拿去吃吧！這算是還了昨天給你們挨的那頓拳頭的帳，可是小心別撐破肚皮！」

「多謝多謝啦！毛主席萬歲！」他們簡直得意忘形了。然後，我答應梅梅一定要找回掉隊的那名同伴，她總算是點頭同意了。

這件事發生後不久，十月十二日下午三時，火車緩緩地駛進了另一個車站，我們到了杭州市。

冒險家的樂園

「杭州到嘍！到西湖去玩啊！」

大家原來是沮喪而失望，現在一下子都恢復了生氣，幾乎沒有一個人願意這樣繼續受罪到上海去。大家都已久聞杭州西湖的美景。

我們扶著半昏迷的伙伴下了火車。一踏到地上，就像從海上歸來的水手似的興奮。女生們因為坐得太久，腿部都麻木而腫脹了。

梅梅哭了起來：「我再也不要到北京去了！我要回家找媽媽！」

我們在車站的售票處把串連的火車票拿出來，繳驗蓋章，正在不知如何處理那個生了病的同伴時，那兩個空軍對我們伸出了援手。在漫長的火車旅程上，我們雙方變成了熟人。他們中有一個是飛行副中隊長，另一個是機械師，兩人也都連續站了一天多，卻仍然是精神抖擻，有說有笑。

他們攔下了一輛空軍卡車，命令司機把我們和生病的同伴送往軍醫院。我請老板和搥胸與我同行，叫梅梅和其他四人在杭州市遊覽風景，到接待站過夜，然後約好於次日中午在長途公共汽車站集合。

醫院裡的大夫診斷同伴的病是腦膜炎，說他的病情嚴重，至少需要住院一週，費用則在一百元人民幣以上。這麼貴的價錢把我嚇了一跳。後來想想，同伴的生命畢竟重要得多。

醫院很小，坐落在西湖邊，住院的多半是軍官。這些飛行官很熱情，護士們一個比一個漂亮，來病房中打針換藥時，常會被這裡捏一把、那裡親一下。住院的人中沒有一個像身患重症或受了重傷的病人，整座醫院頗有色情場所的情調，使我覺得很不自在。副中隊長看出了我的反應後，大笑著說：「我帶你們到西湖去見識見識。不過你們要先去洗個澡，換件乾淨便服，賣豆漿的姑娘看了才高興。」

我們四人——副中隊長、老板、搥胸和我到了西湖，租了一條小船，在暮色中緩緩地划著。許多身穿粉紅衫、腰繫綠圍裙的姑娘搖著自備的小船，在湖上兜售豆漿。她們一面搖著，一面唱著悅耳的漁歌，副中隊長也跟著哼了起來。他對湖裡的少女幾乎沒有不認識的。他還嘆氣道：「我半年沒來了。我們整天搞『備戰』和飛行訓練，連個討老婆的時間都沒有。今天晚上可以玩玩，我真是不想回去了。」

他又解釋道：「只要有錢，就可以租一條船，包一夜，在船上或湖裡的小島上都可以找樂子。現在，先讓你們見識一招新花樣。」

他說著就熟練地把起舵，叫我們盡快地往前划。他故意把船撞上了女子的船。他說撞船是一種邀請，如果被撞的女子不埋怨，就表示她肯跟你走；有些大膽的女子還會故意跌下水，等你去救她。當然在那種情形下，你必須賠那桶打翻了的豆漿的錢。我問他如果硬不賠，會怎麼樣？他答道，即使玩女人也要有玩女人的道德；再說，這些女人都是有後台的。

月光下，湖上處處傳來了撩人的嬌笑。在一些僅能容一人的小舟上，遊客睡著了，手腳垂進水裡，船兒漫無目的地在湖上飄蕩著。

在文革期間，這真是令人意想不到的人間仙境。副中隊長告訴我們說，西湖的風景宜人，這附近有許多療養院、軍醫院和高級幹部的招待所，毛澤東和林彪都曾經在這兒住過。現在，紅衛兵把招待所和療養院裡的高級幹部抓出來鬥爭，然後自己搬進去住，算是革命行動的一部分。

非但如此，他們還把西湖附近的警察全部趕走了，沒有警察的監視和勒索，賣豆漿的女子個個生意興隆，西湖也就成了紅衛兵和軍人的天下。

那晚，我們從這位識途老馬的口中學到了不少東西，但租船、買豆漿和買土產卻花了我十二元，副中隊長又向我「借」了五元，我們又吃了晚餐，一共花掉了二十多元。這樣的揮霍使我非常後悔。老板建議把它報在醫療費項下，我拒絕了；沒有人叫我們在串連時去逛花街柳巷！

回到醫院後，副中隊長又把老板和搥胸帶出去花那五塊錢，我則留在醫院照料生病的同伴。這時，他已經恢復了知覺。他對我說，他再也不想往北走了。我給了他一百五十元，並且囑咐他嚴防那副中隊長的計謀。

我坐在他的床邊寫東西，徹夜未眠。我擬了一份致「八一二九行動指揮部」的電報稿，還寫了一封信給母親；卻把那在火車上的兩天苦難只吐露在日記中。清早，護士又來了。我希望同伴能多得到一點照顧，就塞了三塊錢在她手裡。她誤會了我的意思，竟給了我一個吻。

「妳可以當我的姐姐呢！」我幽默地說道。

然後，我去上廁所，剛剛四平八穩地蹲下來，一個女人突然衝了進來，拉下褲子，往我的身邊一蹲，半邊屁股緊靠過來。我嚇壞了，拔腿就跑，連草紙都忘了用。這真是個娼妓之城，杭州忍受得了這種事的紅衛兵一定都是大飯桶！

老板和揹胸夜遊歸來後，我們三個就離開了醫院。整個上午都在杭州市走馬看花。我們發現這裡的人行為舉止都比家鄉的人放肆得多。這兒的女人都是花枝招展，穿著短短的裙，胸部挺得高高的，一對對的男女也敢手挽著手，或勾肩搭背，招搖過市。我靦腆得不敢抬頭，老板譏笑我，說我的思想太封建。

中午，我們和其他伙伴會合後，他們大講所見所聞，幾乎像是在法庭告狀，說浙江的男女習慣共用一間廁所，又說主婦即使在客人面前當眾坐馬桶，也不會被視為失禮。

接著，我們討論怎樣繼續上路前往上海，沒有一個人願意再乘那可怕的火車。這段路長達兩百公里，我們決定自己掏腰包，坐長途汽車去，況且我們還聽說滬杭公路沿途的景致十分優美。

在公共汽車上，老板不停地吹噓他和揹胸的一夜之遊如何如何。他說，他們「一共玩了三十六個妞兒，個個別具風情」（也許他們實際上只玩了三、四個而已）。他的聲音比引擎聲還大，說得梅梅和另外兩個女生不得不塞住耳朵。

黃昏時分，我們到了「冒險家的樂園」——中國最大的都市上海。任何東西，只要是上海貨，就是第一流的。每次大姐和二姐從北方回來，行經上海，一定會替母親買上海的皮鞋、牙膏、香皂和化妝品，連我的腳上穿的膠鞋都是上海貨。我們決心徒步走遍上海市。所到之處都十分髒亂，所觸之物也全是黏答答的。我們循著路標找到了附近的一個串連接待站，我們從招牌上的殘餘字跡看出，這棟大樓原是《大公報》的舊址。該報最近登載了反毛文章，被指為「反黨、反社會主義、反毛澤東思想的急先鋒」，已被勒令關閉，幾個編輯全被逮捕下獄，工人們則在臨走前把印刷機的重要零件拆下來，賣個精光。

我們四個男生被安頓在原來的印刷間裡。我們把罩在機器上的帆布取下來，鋪在切紙台上，做成了臨時的安身之處。女生們比較幸運，她們被安頓在附近原是資本家住宅的一座洋房裡。

串連站中的接待員多半是老太太，是居住委員會組織起來的義務工作者。她們發給我們每人一張地圖，叫我們不要把時間全花在遊覽和玩樂上，要記得到各學校去學習革命經驗；她們還警告說，我們如在上海搶購物資就會被警察抓走。第二天，我們換了便服，手拉著手在上海最繁華的南京路逛街。二哥曾對我講過上海的歷史，我對這個很容易使人變色墮落的大染缸覺得十分熟悉。我帶領眾人來到了第一百貨公司，這是一座有十二層樓的大廈，其中七層開放給大眾，是全國最大的百貨公司。

這時正好是上午九點，公司剛開市不久，市民們從八扇大門蜂擁而入，兩座自動階梯和四座電梯早已擠滿了人，其中多數是從外地來的串連紅衛兵，看著著實惹人討厭。警察連帽子都被擠歪了，伸手維持著秩序，卻仍然於事無補。櫃台後方的女店員露出滿臉不高興的神情，坐在那裡看小說，顯然慣於在上午享受幾小時清閒的時光。

擴音器響了起來：「親愛的紅衛兵小將，歡迎到上海第一百貨公司來。在這裡，你們可以看到建設偉大祖國的一日千里的成果。為了保證全市的供求平衡，我們希望外地來的串連紅衛兵不要搶購物資。我們設立了專為你們服務的櫃台，在那裡，你們可以買到上海製的很實用的電晶體收音機，每架只售十元；還有用乾電池的玩具，每個售價三角三分錢——」

華北一帶來的紅衛兵常常遭人白眼。他們只背著僅有的衣物出來串連，從他們那既破舊又髒得發亮的制服上，一眼就可看出他們是北方人。女店員不是不肯賣東西給他們，就是嚴格地限制他們的購買量。於是，他們就攻擊女店員只肯賣東西給資產階級，威脅要造第一百貨公司的反。他們有幾個人手拉著手，繞著櫃台大唱《毛語錄》歌曲，大叫：「站在櫃台後面的全是婊子！」

這家商店顯然常有缺貨問題。從文革以來，許多工廠停止了生產去搞運動，使得上海的各商店只能靠舊有的存貨來維持。成衣部顯得冷冷清清的。三家最大的紡織廠因文革而關閉了，今年夏天每人八尺棉布的布票本來應該在六月兌現的，現在已經過期，布還沒有換到。我們在一排排的布疋間留連忘返。摸這摸那的，問店員幾時會有不用布票的布出售？女店員冷冷地回道：「你們不要做夢了。這些布早就被訂下了。」文革以來，走後門的黑市交易已是屢見不鮮。

上海是長期處在嚴格的配給制度下，規定了貨品的配給量，每人每月按工資的百分之十發給一種工業券，憑券購買日用品。沒有工業券的外地人只有向黑市商人買這種配給券，每張一元額的往往要多付兩角錢才能買到。黑市黃牛在商店前徘徊不散，說是收買工業券，其實是在買票，因為出賣工業券足以使人鋃鐺入獄。

我們還發現了另一種奇怪的行業。幹這一行的多半是十六、七歲的少年，他們在商店外面等著替富有的華僑遊客到店中去買東西。因為許多東西都是按額配售的，華僑買東西時，還有警察在櫃台旁邊監視，想瞞過警察多買一點，遊客們就僱用這些少年去替他們跑腿，每一次給兩角到三角錢的報酬。

這家百貨公司另一個乏人問津的部門是新華書店代辦處。文革以來，書架上的書籍全部換成了《毛澤東選集》及《毛語錄》，原來出售劉少奇等首領肖像的櫃台上，現在只剩下了毛澤東像，這引起了我的好奇心。我問女店員是怎麼回事？她回答說，別的肖像，特別是劉少奇的，已經全部「賣完」了。我覺得很奇怪，難道劉少奇犯了錯嗎？難道他已經不是領袖了嗎？不，絕不可能，他畢竟是國家元首兼毛澤東的繼承人呀。

食品部的配給限制比其他部門鬆一點，價錢卻很貴。

「同志，這臘肉多少錢一斤呀？」顧客明明知道價錢，仍然要問一問，似乎希望價錢會跌一點。

「自己看標價！」

我再也受不了這批女服務員的態度：「妳們這是什麼態度！每個月的薪水連十斤臘肉都買不到，憑什麼看不起工人？妳們自己的行為完全不像工人階級！」

她們辯駁說，做買賣乾脆利落，最能符合在社會主義下替人民服務的標準。直到我揚言要抄下她們的號碼到櫃台邊的意見簿上登記告發後，她們才軟化下來。我們四個人走出了百貨公司時，正值晌午。兩位同伴在人群中走散了，原籍上海的周吉美早已去看親戚了。梅梅抱著一個新買的布娃娃，剛走到大門口，就被一個拖著鼻涕，滿臉污黑的小孩搶跑了。

我們決定到國際飯店去吃一餐，即使要買衣服，也得開這個葷。國際飯店高達二十四層樓，是全國最大的旅館、最高的建築物。

在八樓的餐廳中，我們發現，除了我們四個外，只有身穿白制服的服務員佇立一旁。他們的服務方式和傳統的不同。現在，客人要自己拿餐具，點好的菜也要自己去端；吃完後，還要自己走到櫃台前去付帳（在某些飯館，吃完後，客人還必須自己洗碗筷）。這一切都是為了防止客人太過奢侈享受，並且防範客人歧視服務人員。我們的女服務員是端坐一旁，手揑著《毛語錄》在話家常——工作時，研習《毛語錄》是誰也反對不了的。

我們狼吞虎嚥了一番後，走過去付帳。只見櫃台後面的牆上亮出一盞紅燈，燈旁閃出了二十三元八角的總數。我們這一頓幾乎吃掉了一個工人一個月的薪水，好在這一次可以把這筆錢報在帳上。我們只要在公事日誌上記下：「十月某日串連訪問國際飯店，花費總額二十三元八角」就可以了。

不過，我們被敲了這記竹槓以後真覺得心有未甘。於是，我們趁著無人注意，把各色佐料瓶中的東西倒出來，排成「太貴了」三個大字，用菜單蓋上後，才靜悄悄地溜之大吉。

我們沿著南京路走到底，來到了著名的外灘。我從前在電影裡看過外灘，我對這美麗的碼頭一直感到無限的神往。現在親眼看到後，才深深覺得即使是垃圾堆也能在圖畫中改頭換面。

泊在江中的船多半是四千到五千噸的海輪，油漆匠在幾艘船上塗掉舊名，改上具有政治意味的新船名，如「東方紅」、「紅旗」和「紅星」等。北方來的紅衛兵顯然是一輩子沒有看見過這麼大的輪船，一個個都急著要花七分錢坐輪渡去逛逛。

最有趣的是外國船上的洋水手。我這還是第一次見到黃髮碧眼、又粗又壯的外國人。我們擠在人群中一起看他們，向他們揮手、吹口哨，還結結巴巴地用英文向他們喊了幾句片語。水手們向我們做手勢，表示希望我們將胸前的徽章和紅衛兵袖章送給他們，但警察不准我們和洋人打交道，跑來趕我們說：「外國人有什麼稀奇！有什麼看頭！」

碼頭區顯得很蕭條，自從紅衛兵造反造到此地以後，碼頭工人就沒有來上過工了，實際上江上有許多船已經是擱淺了。

我還看到了成排的高樓大廈——海關、市政府、自來水公司、對外貿易局和銀行，全都是多年以前建造的。海關大樓上的巨鐘每隔十五分鐘就奏一次音樂，方圓十里內都可以聽得很清楚。我聽說因為它是外國人建造的，曾在破四舊運動中被列為拆毀的對象之一，卻一直沒人敢碰它，可見上海的市民們太重視它的功用了。

黃浦灘上有許多小吃攤和水果攤。人群中的買賣十分熱烈，有幾個北方來的紅衛兵拿著藥材、獸皮等向南方人兜售或兌換食物。

北方來的人多半只有少數幾件隨身物品，身上帶著父母給的幾個錢就出來串連了，多半要靠搶劫、欺詐和行竊來維持生活。他們有時拿下了袖章，沿途乞討。漸漸的，我明白了南、北紅衛兵之間的一個重要區別：南方人是為了權力和地位而造反，北方人是為了肚皮。

巨鐘敲了五下，工作日結束了。突然間，我們看到了一次奇景：成千的女工騎著腳踏車從工廠裡一湧而出，飛馳過外灘的馬路，完全不管交通規則。行人都停下來看這些穿著花衣的典型上海女子，像鳥一般吱吱喳喳地飛馳而過，有些旁觀的人在拍她們的照片，有些人在數有多少女子時翻了車。

一個路過的上海人輕蔑地說：「上海的女子長得也許漂亮，可惜都是尖嘴長舌、不知羞恥的勢利鬼。她們一個個都想找有錢有勢的軍官或工廠幹部做丈夫，只在乎他的肩章上有幾顆星[1]，不管他的臉上有幾粒痲皮。」

1 這純粹是一種比喻的說法，人民解放軍早已不佩戴階級標誌了（一九六五年五月，第三屆人大第九次會議中，通過取消軍銜制度的決定。在取消軍銜的數十個年頭中，共軍將領與士兵除了一律佩帶紅領章外，從表面上是無法分辨其官階之高低，因此導致後來懲越戰爭中「等級不明，指揮不靈」之窘狀，後於一九八八年十一月恢復實施軍銜制）。

天黑了，我們決定繼續逛下去。秋天的上海已是冷風蕭瑟，我們緊緊地靠在一起，倚在欄杆上沉思地看著黃浦江的夜景。

「想家嗎？」我問梅梅。

「不想。上海太好玩了，使我覺得自己是個大家庭裡極小的一分子。」

我想把我的外套安上她的肩頭，但她堅說不冷。

「妳的爸爸媽媽要我照顧妳。」我逗她說。

「你比我也大不了多少。」

天越來越冷，我們擠進一群在一棟黝黑古老的大樓前看大字報的人們中取暖。上海醫學院的學生剛貼上一張新的大字報，標題是「北京大學紅衛兵公開攻擊中央首長鄧小平」，下面是轉載了一篇北京來的文章，題目是「鄧小平應該低頭認罪」。文中指責他破壞了文化革命，並且在過去十年中反毛，文章中說他有後台。這真是驚人的大新聞，鄧小平是頂尖兒的人物，是中國共產黨的總書記。人群中立刻有人動手把文章抄了下來。

我們四個人立刻趕到郵電局去發一封電報回福州，工作人員看到我們的電文，嚇了一跳，拒絕拍發，並且指責我們散布謠言，侮辱中央首長，要叫公安人員來抓我們。

我們逃到另一個郵電局，打了一個長途電話到福州。這個消息肯定會使他們的信心大為增強，如果鄧小平都可以被公開攻擊，葉飛為什麼不能被鬥垮？

聽電話的是阿豬，不知是長途電話使她變了聲音，還是她在哭泣，使我覺得很奇怪。她要求我們快回福州去，說那邊極需要我們。但是我提醒她，要不是我們今晚在上海，誰會轉達今晚這個大消息呢？

這個晚上，我寫了一封非常激動的信給二哥。我在這封信和日記裡都記下了鄧小平的這件新聞。我整夜都在想這件事究竟可能不可能？這個世界這樣混亂，我們必須盡快趕到北京去，親自看看究竟發生了什麼事。

第二天，周吉美請我們到她的嬸嬸家去玩。她的嬸嬸家是在一座著名的工人新村裡；到了那兒，我們可以有機會看看上海的工人生活究竟如何。

全村有好幾排四層樓的房屋。房子雖新，保養欠佳。我們在其中一棟的某一樓上，居然看見了有人在劈柴火（電影中的情形要好得多）。

我們走進房間，只覺天花板很低。周吉美的嬸嬸告訴我們：這些房間是按人口分配的。他們不論年齡每四個人一間；廚房公用，沒有洗澡的設備；多數人家只有一個櫃子、一張飯桌和幾張床，談不上什麼設備。

樓房中不時傳來小孩子的哭聲和無數的雜音。父母們多半都上工去了，許多學齡兒童必須留在家中照顧更小的弟弟、妹妹，才六歲的小孩就要學燒飯和別的家務事，村中就時常鬧火災和別的意外。家裡缺乏溫暖，沒有消遣，只有打罵和哭鬧，難怪許多年輕的工人在下工後都不願回家，不如到第一百貨公司去逛逛櫥窗，或到小酒館去喝個一兩杯，要好得多了。

至少要有五年工齡的人才夠資格配到工人新村的房子。多數工人仍然住在一下雨就漏水的破木屋裡；每逢下雨，就只好用面盆、鍋子之類的東西去接天花板漏下的雨水，一面把床鋪搬來搬去，免得淋溼。上海甚至流行著這樣一個笑話：下雨天不要上女朋友的家，免得丟她家人的臉。

上海的房荒是全國最嚴重的。政府想解決這個問題，曾經把大批的都市青年遣送到遙遠的邊疆地區去「安家落戶」。每年都有成千上萬的上海青年被迫穿上制服，加入「解放軍新疆生產建設兵團」到新疆去做農兵。文革開始後，這些青年把握良機，回到上海來了，組成一支名叫「上海知識青年上山下鄉返滬革命造反總司令部」的大軍（後來，我們從北京回來時路過上海，看到他們在市政府前紮營露宿，要求准許永留上海，並要市政府保障他們的戶籍和工作）。這一天，我最大的收穫要算在工人新村時，梅梅一直緊緊地握住我的手。她說：「這裡，我是一天也待不下去了，還是廈門好得多。」

然而我們仍然在上海逗留了五天。到了第五天，我們收到一封由福州戰友打來的電報，通知我們說「八一二九革命造反總司令部」即將於十月二十三日成立，叫梅梅、搥胸和我趕快回去參加籌備組織的工作。

十月二十日，我們三人坐火車回廈門。一路上乘客不多，大部分旅客還在往北走，邁向北京。

葉飛、王于耕倒台記

我們離開福州不過十天而已。這十天中，福州的變化是驚人的。現在，火車站貼滿了八—二九的標語，有些寫的是「幹出新成績，迎接十．二三」。

交際處中是熙熙攘攘，生氣蓬勃的，汽車、腳踏車穿梭不停地進進出出，大門口還新派了四個衛兵，全是廈八中的學生。我一走近，他們就向我敬禮，然後立刻去打電話向阿豬通報。我們站在院中等她，四下環顧著，現在這兒的一切都是我們的了。整座庭院都張燈結綵，掛著鮮豔的旗幟。大家忙著做標語板、畫大幅圖畫、修汽車和裝設擴音器。大門口高高地掛著一塊橫匾，上面寫著「慶祝八—二九革命造反總司令部隆重成立」幾個大字，其實，離正式成立還有三天呢。

阿豬朝我們飛奔而來，雙手沾滿著鮮血。她剛剛正在廚房裡幫著殺雞鴨、宰豬羊，顧不得滿手的鮮血，一把握住我的手，第一句話就是：「我現在宣布你們是八—二九總部成立籌備小組的成員。你們想管什麼？宣傳？聯絡？組織？環境衛生？財務？安全防衛？會議籌備？還是跟我一樣，當個伙夫兵，整天有雞鴨魚肉吃？」她又轉向梅梅，故意把血抹上她的臉說：「在上海玩得開心吧？」

梅梅把一件在上海一家免用布票的百貨店買到的淺黃色連衣裙送給阿豬，阿豬面露不悅之色，老實不客氣地說：「你們資產階級就是會享受生活，我們無產階級從來不穿這種花花綠綠的衣服！」

阿豬是一個純樸的工人女兒，和我們的人生觀的確不大一樣；但我們都是反對葉飛和王于耕的。資產階級出身的同學只要與她的見解相同，她就會毫無保留地熱愛他們；反之，哪怕是自己的同胞手足如和她的觀點不一，她也會嫉之如仇。

不久之後，黨幹部子女、黨敵人子女、共青團、好學生、壞學生和不折不扣的流氓惡棍統統被八一二九收入麾下，這時是派性高於一切，所以，也就沒有什麼階級成分的差別了。

我對阿豬說：「我想我還是找個比較輕鬆的差事吧。我跟妳一起去當伙夫好了；不過，我可是光吃不做事的。」

梅梅表示反對（她仍在擦拭臉上的血跡），於是我說：「好吧，那麼，我就跟人打交道，阿豬殺豬，我們『殺』人吧。」

「我同意。」阿豬正色地說著，立刻派我負責新組織的登記工作，好把那些從前反八一二九反得最兇的、而現在卻想偷偷混進這個組織來的傢伙一一「宰掉」。她說，有些別的頭頭只顧拚命吸收新會員，其他一概不究。

我和梅梅立刻走向籌備小組。在登記處桌前，本地和外地各組織的代表和個別申請人已經長長地排了一隊。我故意負責挑選福州當地的申請人，想要給投機分子一個教訓。

結果，我們吸收的總人數不到兩萬人，申請人中被我刷掉的有三分之二。十月二十二日晚上，「八一二九行動指揮部」的領導小組開了最後一次會議。明天早晨，我們就要變成新成立的八一二九革命造反總司令部的領導人，舊的袖章也將換成只有「八一二九總部勤務組」（領導小組的謙稱）的新袖章了。會議主席唐雲禮指出，北京早就有了紅衛兵革命造反總司令部，所以，成立「八一二九總部」完全是遵照中央的願望和順應整個國內運動趨勢的行動。

我是第二個發言，報告了滬、杭一帶的串連旅程，並要求在總部成立後，准許我們三個人以八一二九總部代表的名義繼續北上串連。

會議結束時，唐雲禮宣布，在即將成為新組織的領導人的八一二九行動指揮部舊頭頭名單中，加上原未上榜的梅梅和其他四個新手的姓名。

十月二十三日早晨，在福州市人民體育場召開成立大會，參加者多達四萬人。來賓席中，有從北京南下串連的紅衛兵、福建聯絡站的代表，及江西和廣東的紅衛兵組織代表。支持八一二九的工人、農民和機關幹部都成群結隊地趕來道賀，許多機關和工廠宣布休假一天，以便慶祝總部成立。

上午八時，大會在樂聲和爆竹聲中揭幕。我點燃了掛在竹竿上、有十幾公尺長的鞭炮。主席團的成員個個被嗆得咳嗽不已，我則得意非凡，我已經親手報銷了價值數百元的爆竹了！

四萬人立刻全體肅立。我在講台上看到這種氣象，覺得一股無法形容的喜悅簡直要沖昏了我的頭。但是，看到大家立正唱〈東方紅〉向毛澤東肖像鞠躬時，我突然有了一個奇怪的想法：我們——每一個紅衛兵都是毛澤東的忠實工具嗎？不是！我們只對自己的組織效忠，我們想擴張組織，才不得不留心局勢，察看中央的臉色行事。我們對於化中共中央政策為個人的工具已經是耳熟能詳，十分在行了。在中央與我們之間，互相利用已經變成了雙方關係的真正基礎。在喊「毛主席萬歲」時，我們也不再感覺到這句口號的含義，為什麼我們不可以喊「紅衛兵萬歲」？我們的基本前提一向是「我們是國家未來的主人翁」呀！直到毛澤東把這個基本前提粉碎後，我們才明白，他利用我們的地方比我們利用他的要多得多了。

在後來的兩年中，我從來沒有聽過同志們討論如何捍衛毛澤東思想，如何捍衛無產階級的領導權；我所聽到的全是如何壯大自己，如何削弱敵對勢力等等。有時，同學們會叫我：「老凌，趕快翻翻《毛語錄》，找點可以壓倒對方的條條，今天宣傳的時候要用它個百次千次。我們知道你的《毛語錄》背得最多，也最懂得如何靈活運用。」

今天，講台下的群眾在喊：「毛主席萬歲！」「八—二九總司令部的成立是毛澤東思想的又一偉大勝利！」時，我只舉起手沒有開口。

從三百零四個人發展到三萬多名成員，這是我們兩個多月來不斷奮鬥的成果！在大會中，我們知道了七大發起單位[1]將直屬總部指揮；接著，又把一百四十二個參加學校的校名一一宣讀出來，費時將近兩小時。隨後，大會又大致說明了組織的結構：總部下分五個地區司令部，其中包括了廈門和福州[2]。下一個項目是宣讀領導機構——勤務組的名單，共有三十七人，由廈大的唐雲禮為總負責人，其他七大學校各選一名副長[3]，阿豬代表我們學校。

群眾大會的最後一項行動，是一致決議「徹底揪出福建省走資本主義道路的當權派」，每名戰士還要向組織宣誓，表示絕對熱愛、忠誠、服從和維護組織的榮譽，並且要像愛護自己的眼睛一樣地愛護那新領到的袖章。

這一天，福建省第一支由學生發起、由學生組成的龐大隊伍成立了。成員中最小的一員是廈八中的一名學生，只有十四歲，最大的是一名二師院的學生，已屆四十二歲。我們馬上強迫省委會的文革領導小組，每月撥款一萬八千元人民幣作為活動經費，然而我們只領了十月和十一月兩個月的路費；到了十二月，省委會已經是名存實亡了。一九六七年一月，我們更進一步打垮了省委會，奪到了大權。十月二十三日，交際處的燈火輝煌，幾千名八—二九戰士飲宴慶祝，一夜之間就花掉了半個月的經費。

為了表示興致盎然，我特別破例邀請了一位女生——梅梅——共舞。我是又瘦又高，每舞必惹人哄笑，而梅梅的舞又跳得那麼好。她一個接一個地轉圈，每次轉向我就向我一笑。我終於甩掉她的雙手，發誓這輩子再也不跳舞了。梅梅以為我生氣了。我告訴她，我只是心情突然轉壞了，很想家。我們慢慢地一同步向外面的草坪。

最後，她柔柔地向我說：「我會教你跳舞的。」

「不要，」我堅決地說：「我不要學跳舞，跳舞太輕浮了。」

「什麼？你說什麼？難怪大家都叫你『和尚』，如果再這樣下去，你一輩子都結不了婚。」

「我要永遠當紅衛兵，要一輩子聽媽媽的話，不學壞事。」我們都才十六歲，她居然想到了結婚！

十一點鐘，晚會結束了。我們三十七個負責人開了一次會，希望能立刻發揮總部的力量。我們要做的第一件大事就是鬥倒葉飛。這件工作完成後，八一二九才能掌握福建省的大權。我們決定次

---

1 廈八中、廈門大學、華僑大學、廈門航海學校、森林學院、二師院和同安縣第一中學等七校。

2 福州區有成員一萬七千人，其他各區成員的總數還不到兩萬人。此後不久，另外增加了三區，使八一二九的組織遍及全省。一九六七年的顛峰狀態時，總部共有四十萬人員——全都是學生，如果加上當時支持八一二九的工、農和幹部人數，這個組織的總人數就接近了百萬大關。不過，在召開這次大會時，支持八一二九的非學生分子總數尚不足兩萬人。

3 七名副總指揮分別負責下列七項職務：組織、宣傳、聯絡、材料和財務、秘書處和一支負責保衛工作的特務團（凌耿選擇在組織組工作，梅梅則被派往秘書處）。以上各組後來又擴大成為各「部」，聯絡組擴張為外事部，財務組擴張為後勤部，特務團也併入一個新的作戰部而作為其核心。各部門的擴張和改組全是因應日後的派系戰爭而產生的。

晨去抄他的家。

這是關鍵的一舉，我們三十五個頭頭決定自己出馬，只留兩個人看守總部，照料一切。只有頭頭才准進入葉飛的住宅，別的小兵小將們不夠可靠，很可能渾水摸魚，飽灌私囊。

十月二十四日上午九點正，一千多個戰士隨著哨音在院中集合，立刻分乘三十輛卡車，浩浩蕩蕩地出發了。不到十分鐘，我們就到了葉飛家。廈八中的分子把守前門，其他各校的人被派在附近監視保護葉飛的警衛。

我們都知道福建省的第一號人物全家只有五個人，兩個女兒遠在北方讀大學；目前，只有一個義子（是一個革命烈士的遺孤）和葉飛、王于耕同住。這幢宅第佔地廣大，院中有魚池、小橋、花園和竹林，圍牆頂端還有鐵絲網圍住。

我們直接衝進葉飛的住處。那是一棟坐落在花園中央的兩層樓洋房，外觀和廈門市華僑新村的房子很相似。我們一踏進去，立刻發現兩者簡直不能相提並論。

葉飛、他的老婆王于耕、他的義子，和一個不知名的小女孩都坐在餐桌邊，旁邊有兩個女傭侍立著。他們一定是聽到了我們的腳步聲後，停止了用餐，一動也不動地坐著。我們一踏進餐廳，葉飛的臉色立刻變白，似乎馬上明白了一切。但是，他還是強作鎮靜，取下眼鏡來，一言不發地擦著。

「葉飛、王于耕，站起來！你們被捕了！我們是『八一二九革命造反總司令部』的突擊隊！」阿豬叫道。

我們完全沒料到這件事竟得來全不費工夫。當初省委會幹部告訴我們說，早上十點以前葉飛絕不會在辦公室露面時，我們還半信半疑。至於王于耕，在上次被鬥爭後已經獲准回家了。

我們把葉、王二人撇在一邊，動手搜查起來；既沒有用手銬，也沒有動手打他們。我們只要奪他們的權，不要奪他們的命。我們在搜查時，盡量讓一切保持原狀，還拍了許多照片做證據。

一個同志看到餐桌上放著一罐開了蓋的牛肉汁，譏評道：「你們真會享受！」他說著就要拿起來喝。

阿豬立刻搶著說：「別動！今天我們的行動不一樣。我們要把這張桌子拍下來，這是葉飛生活腐化的有力證據！鄉下的農民連拖車的牲口都不夠，葉飛竟然有錢買牛肉汁！」

這幢房子共有八個房間，樓上的四間是葉和王附了浴室的臥房、葉的書房、王的書房和義子的臥房；樓下是客廳、飯廳、健身房和兩個女傭的住處，另外還添建了廚房浴室和三間儲藏室。車房中有兩輛黑色的大轎車，花園中有果樹和一座羽毛球場。

我們把這幢住宅分成十區——八個房間，加上儲藏室和院子，也將全體人員分成十個小組來徹底搜查。查到的每樣東西都被拍了照、登記和估價，我們甚至記了電表上的度數。最小的地方往往是最容易暴露真相而舉足輕重的。過去幾個月來，我們已經蒐集了許多對付葉和王的文件和檔案，也審問過葉飛的親信，但一切都不能比我們現在所做的更具體了。

負責外面的同志丈量了整個庭院的面積和牆的高度，量了魚池的大小，記錄了池中的魚數和可能的來源，並記下了花園中各色鮮花的名稱。他們猜測葉飛和王于耕是利用權勢，才弄到這些奇花異卉和稀有魚類。同志們還注意到了葉宅所佔的面積，它比一個普通工人的住屋大二十倍。

負責搜查女傭住處的人不斷地尋找證據，想證明葉飛虐待傭人。他們希望女傭的房間是四壁蕭條，事實上，這個房間也僅是陳設簡單而已。在應訊時，女傭很不合作，不肯說明每天工作幾小時，也不肯說出每月領多少錢。

葉飛的乾兒子剛剛高中畢業。負責搜查他的房間的小組問他：葉飛多久叫他讀一次《毛語錄》？葉和王是否要他一心爭取上大學，不要下鄉勞動？王于耕身為教育廳長，會口口聲聲高喊實踐黨的政策，號召學生下鄉勞動；而我們所得到的結論是，她偏袒兒子，絕不會讓他去做苦工。

搜查健身房的人發掘出了外國製的運動器材，這又表示了葉飛是個百分之百的洋奴。他的記錄上又多了一條罪名了。

檢查飯廳和廚房的小組問管家每天的菜錢多少，和一些購買奢侈食品和衣服的情形。管家顯然知道我們不會打人，他對每個問題都是一問三不知。於是大家警告他，抄家後，要帶他到交際處受刑。

梅梅、阿豬、挹胸和我搜查客廳。我提醒挹胸和其他人不要把我們自己的人拍進相片裡，萬一日後自己倒楣了，那麼以前參加抄過即使是壞人的家的人，也會被打成陰謀破壞分子了。

客廳中，第一件引我們注目的東西，是地板上鋪滿了各種高貴木料拼成的精心設計的圖案，一定是費了不少人工才鋪好的。於是，我們對梅梅說：「虐待人民，浪費國家財富！記下來！」

我們還發現了一百多瓶名貴的洋酒、香菸和茶葉等，幾乎全是舶來品。王于耕有高血壓不能喝酒，那麼這些洋酒究竟是哪裡來的呢？我們問她，她說是禮物。挹胸問道：「憑什麼人家送給妳，不送給我？」王于耕不肯回答這個問題。

我們要一一記下菸酒、茶葉的品名，卻又都看不懂英文。我們叫葉飛來辨別紙標上的出產國，他笑著答應了。哪一瓶出產何地？他全都一清二楚。我瞪他一眼，對他說：「笑什麼！我們一心搞革命，哪有時間讀英文？」

「我也不懂英文，只不過熟悉這些牌子而已。」

「你們這批吸人民血汗的吸血鬼！你知道這瓶酒抵得上勞動人民多少天的工錢嗎？」阿豬憤怒地對他叫。

「這是人家送給我的。我看到勞動大眾工作這麼辛苦，連一口也喝不下去，但扔掉了又太糟蹋，所以就一直留著。」

我們不理他的解釋，命令他捧著一大批洋菸、洋酒拍下一張照片。我們準備把這張照片題名為「人民的吸血鬼葉飛」。

突然間，樓上有人叫道：「快上來看葉飛和王于耕有多腐敗啊！」

我們全體衝上了葉、王的臥室。一進去就發現滿室飄香，衣櫃中全是昂貴的衣服、高跟鞋和一大堆法國香水。誰想得到這個年近半百的老太婆還這麼風騷？真正令我們咋舌的是浴室中的大浴缸。它比我們所見的任何浴缸都大，有人說：「這一定是葉飛和王于耕一起洗澡的地方。」

這時，王于耕被叫進來訊問是否如此。她否認說：「我們是兩年前才搬進來住的。我已經是四十多歲的人了，還會有這個興致嗎？」

「恐怕是葉飛帶女秘書回來享用的吧！」

「噢，不會不會。他的生活很嚴肅，我信任他。」

「狗屁！」

有人建議叫葉飛和王于耕同洗澡，試試浴缸的大小。後來我們只量了一量，看它究竟比一般浴缸大多少。我們雖然沒有確實的證據證明葉、王二人曾共浴過，但我們仍拍了浴缸，作為他們生活腐化的另一個實證。這些資料當天就被登上了大字報，後來，在公開展覽這座住宅時，浴缸則變成了一個引人注目的主要目標。

既然已經上了樓，我們就順便看了看葉、王兩人的書房。我對葉飛的日記最感興趣。我非常想看看福建頭號人物的心事，尤其是他在文革以後的想法。正要翻開葉飛的日記時，我自語道：「媽，現在您的兒子是真正不肖，他要違反您的告誡偷看別人的日記了；可是今天的情形的確很特殊。」

我專心看了一陣以後，發現這個表面和善的黨魁原來是個自私自利、玩弄政治的能手。他的日記上幾乎每一頁都充滿了權力鬥爭和個人的利害關係，我叫人抄下了幾段特別有價值的文字。在一九六三年間寫的一段記事中，他責怪陳伯達（他多年的政敵）使他在一次工作會議上受到了毛澤東的斥責。他在日記中寫道：自從陳伯達做了毛澤東的秘書後，就不斷利用機會說他的壞話。

我們立刻把這番話報告給福州軍區司令部轉告陳伯達。陳伯達現在是文革的領導人物，也是毛澤東的心腹之一。

在另一段記事中，葉飛顯然在嘔氣，罵周恩來：「他算老幾！」

這段日記當然也呈報給中央了。毫無疑問地，葉飛斥罵這些眼前得勢人物的話會使他自取滅亡！

（稍後，八—二九總司在北京的聯絡人看到了一篇中央會議的記錄，周恩來在記錄中罵葉飛是「朽木不可雕」）。

在福州當地，葉飛和福州軍區司令員韓先楚一直不和。所以，我們把葉飛所寫的東西收齊後，送到了韓先楚那裡。韓先楚大喜過望，對八一二九的鬥士們感激不盡地說：「我一定會成全你們鬥倒葉飛！」

從最後的幾段日記裡，可以看出這個有二十多年革命經驗的共黨老幹部對於文革是恐懼與不滿的。他寫道：為了一個人的絕對權威，竟犧牲了無數的黨幹部；黨經過千辛萬苦才打下的江山，現在被搞得面目全非；有幾十年革命經驗的老幹部竟不如造反才三個月的小紅衛兵。

葉飛的書房一角有一套《毛澤東選集》，上面積著厚厚的一層灰，可見一定很久沒有人碰過了。單憑這一點，我們就可以把他從現在的位子上整掉；何況攤在他的書桌上的竟是一本中國古典小說呢！

「葉飛不讀毛著作，只看封建小說，罪該萬死！」不久，這句話也出現在大字報上了。

最後，我們全體去參觀儲藏室。那幾間儲藏室幾乎和藝術館一般，葉、王兩人從全國各地搜羅而來的許多藝術品和字畫立軸是應有盡有，擺設得很藝術化。我們事先詢問離開省委會的幹部時，就知道葉飛喜歡帶客人到這裡來參觀他的收藏，他的部下看過他的收藏品之後，當然會投其所好，獻上適當的禮物，博取他的歡心。我們幫助負責這幾間房間的小組人員做記錄，並且估價所有的物品。我們雖是外行，但都還懂得藝術品的價值是不能以它的重量來估計的。我們來不及請專家來鑑定，只好憑猜測寫下價格——三百、五百不等，每樣東西都比我們所認為的真正價值貴一點。

完工時，已經過了中午，葉飛和王于耕也已經站立了三個多小時。結束前，我們估計了葉家的財產總額，並且拿它和他過去十年來的薪俸總額（比工人多十倍）做比較。十幾年前，葉飛剛由軍隊調任省級職務時，赤手空拳來到福建。現在，他的身家已經值數十萬人民幣，十分之九的財產是來自貪污和剝削。我們還在房子裡忙著的時候，福州的紅衛兵列隊來到大門口示威、叫囂。他們說：葉飛是好同志，我們不應該抄他的家。他們已經不敢再叫「誓死保衛葉飛同志」了，也不敢堅持他是清白的了。我們那幾個早已等得不耐煩的哨兵正好抓起了木棍，把他們趕得一哄而散。

事後，所有的負責人在葉家的客廳裡交換心得，大家一致的感覺是：「不見不知道，一見就嚇倒。」我們從來不曉得看來清正廉明、口口聲聲大公無私為人民服務的共產黨幹部，竟會是這樣的腐敗而罪孽深重。我更是不懂人民怎麼肯跟隨由這樣的官員領導的政府。廣大的人民是被蒙在鼓裡，我們必須讓每個人都知道：目前的官員中沒有一個是好人。

就在客廳中，我們決定了兩天後要開放葉飛的住宅給所有群眾參觀，使福州市民能見識見識這個「一針不入，滴水難容」的地方。

（各方來的壓力太大，葉宅只開放了三天。許多人只是由於好奇心而來，因為他們很少有機會見到高級的舶來品；福州的紅衛兵又每天派人來阻擾我們工作，甚至結夥行竊，敗壞我們組織的名譽；福州軍區司令部也譴責我們，說我們是讓人民看到了不該看的東西，這會使我們的宣傳收到反效果。）

大約在下午一點，我們把葉、王兩人帶回了總部。當晚，我們就貼出了「關於抄葉、王家的調查報告」，這份報告是梅梅和其他幾人放棄了下午的休息時間特別趕出來的。

我們在整理證據後，歸納出葉飛的罪狀共有下列幾項：一、反對毛澤東思想。證據是毛著作上的積灰、日記中的反毛思想和其他言行。二、是貪官污吏。證據是他的財產總值的估價。葉、王兩人收藏的大批藝術品更顯示出他們不斷地接受賄賂。三、私生活腐化。能容兩個人的大浴缸就是個證明，另一個證據是王于耕有一次想吃蕃薯，竟派人駕車從六十公里外替她專程送來（這一點表明了她的任性）。四、是百分之百的洋奴，他們的家具多半是洋貨，有人懷疑他們與外國人有勾結。五、瘋狂鎮壓八一二九。證據多半來自省委會幹部的供詞，和見機投靠到八一二九來的前福州市紅衛兵。

梅梅在委員會議上宣讀調查報告後，大家決定在次日召開群眾大會，鬥爭葉飛和王于耕。我們立刻透過擴音器、大字報和傳單發布了這項消息。

市民們一直不敢相信葉飛會倒台。十年來，他一直是福州的土皇帝，多少與他不和的省委會幹部都已經鋃鐺入獄或以反革命的罪名被槍斃了。我們這群平均年齡不到二十歲的毛頭小子怎能推翻他？

儘管如此，在我們看來，如今要鬥爭他是輕而易舉的。我們已經把他從家裡揪了出來，即使要他吃屎，他也只好照吃。現在，他還有什麼權力？他的手下，不論大小，早已嚇得魂不附體，自顧不暇了。葉飛就像一爿斑剝欲倒的牆壁，我們卻是萬眾一心、組織良好的大軍。中央沒有公開讚揚我們的行動，他們的緘默不也就是贊成嗎？我們已經學會了幹一陣子，適時停下來觀察中央的反應，只要沒有反對的跡象，就再繼續幹下去。

十月二十五日，福州人民體育場又是人山人海。這次，大家是為了一次史無前例的鬥爭大會而來的。天還沒亮，許多人就來佔位子了。人人都想一睹鬥爭大會以後的遊行，百分之八十的工廠、商店和機關都休假一天，公共汽車停開，許多車輛都被八一二九借來在遊行時使用，連火車站的售票員也放下工作。有些旅客想目睹這天的奇觀，特地延遲了行期，軍隊士兵也要求外出，前來參觀。

我聽說蛋白拌冰糖可以潤喉保嗓子，便特別替自己準備了十幾個雞蛋和半斤冰糖。那一天，我要負責指揮由五百個八中和廈大學生組成的糾察隊，維持鬥爭大會和遊行時的秩序。這是一件吃力、但很出鋒頭的工作。

早上七點，我們叫醒了被扣在總部過夜的葉飛和王于耕。我們為了不讓總部的一般人員接近他倆，盡量給他們兩人方便，甚至把早飯端到他們的住處去。他們吃的和我們的一模一樣：饅頭、稀飯、肉鬆和鹹鴨蛋。

私底下，我們對他們兩人還是相當客氣。他們吃早飯時，我們還陪著一同閒聊。他們的權勢雖已如明日黃花，從他們口中說出的一兩句讚美的話，似乎仍比一般市民的好話珍貴得多。

我問王于耕：「妳有沒有讓妳的女兒參加串連？」她立刻回答說，她永遠不會准許女兒這麼做。她說，男女紅衛兵毫無拘束地到處亂跑，最後生下了小紅衛兵，實在是丟臉極了。

聽到了這話，搥胸氣得跳起來：「我偏要跟妳的女兒生一個！生下來的小紅衛兵連外婆都不叫妳一聲！」

我同樣不滿意她的看法，指出她沒有認清事實。不久以前，我才告訴她我要到北京去；現在，她居然像是從未認識過我了。

早餐後，我們不再客氣了。我們在大眾面前盡量表現得與葉飛積怨很深，大有不共戴天之勢。我們把葉、王兩人押進一輛從對外貿易局弄來的密封食品車時，我說：「希望你們不會被鬥掉老命！」

大隊車輛魚貫進入體育場，然後順著跑道在講台前戛然停住。葉飛被四個八—二九戰士押上台時，群眾騷動不已。大家都想往前擠，許多人是有生以來還沒有見過他。

我們攔不住人潮。我拚命地吹哨子，指揮糾察員用木棍逼回人群；可是沒有多久，我就被擠到了講台邊。我抬頭一看，只見葉飛站在那兒，雙手被衛兵抓住，鼻梁上的眼鏡幾乎滑了下來，神情卻顯得十分倔強。

騷動和混亂延續了一個多小時。好幾個人受了傷，兩個小孩被擠死。我這才發現自告奮勇擔當這個差事真是其笨無比。遊行還沒開始，水壺裡的冰糖蛋白已經涓滴不剩了。

大會主席阿豬的大嗓門也不夠控制場面。誰也沒有興趣管葉飛會不會被鬥倒了，那是八一二九的事；更沒有興趣聽那一再重複、早就在大字報上看了十幾遍的揭發材料，大家只想仔細看清葉飛究竟是個什麼樣子。

直到我們宣布葉飛和王于耕要被撤職處分時，大家才靜下來仔細聽台上說些什麼。

阿豬問葉飛和王于耕：「你們知不知道，今天的遊行就表示你們被撤職了？」

「撤職的事應該由中央來決定。」

「放屁！這是人民的無比威力！我們八一二九總部有權代表福建省的一千四百萬人民，宣判解除葉飛和王于耕的一切職務，剝奪他們的一切權利！」

然而，唯有使每個人親眼看到他們兩人在街上低頭認罪、遊行示眾的情形，我們才能使人民相信八一二九的青年確實推翻了葉飛，準備接收福建省的大權。遊行從正午時分開始。葉、王兩人被放在大隊車輛前端的第一輛卡車上。葉飛的胸前掛著一塊蒙住白紙的牌子，上面寫著：「福建省黨內最大走資派分子葉飛」。特別把「葉飛」二字寫得歪歪倒倒，還用紅墨水畫了兩個叉叉。王于耕頸上的牌子寫著：「福建省教育界走資派分子王于耕。」他們兩人的頭上還戴著高達一公尺的紙帽，上面也寫著類似的字。兩個人都被後面的四個衛兵提衣領、抓頭髮地撐著，伸長舌頭，瞪大眼睛，活像兩隻狗。

跟在後面的是一長列卡車，上面載著葉飛的親信和忠實走狗，按職位和階級的秩序排列，每個人的頸上也掛著牌子，戴著紙帽，帽子上寫著「葉飛的狗腿子某某某」、「葉飛的黑色打手某某某」等字樣。這些人受到的監視不像葉、王兩人那樣嚴密，因為看熱鬧的群眾對他們並不特別感興趣。他們都是幾天前才被八一二九從家裡或辦公室抓來的，少數幾個人甚至是在當天早上才被抓到的。逃走的人雖是不少，我們抓到的幹部仍有三十多人。

我坐在一輛吉普車上指揮開路，左手握一個話筒，右手是一根教鞭，用來指揮糾察隊。

馬路上擠得水泄不通，我不得不靠吉普車的車輪把人們驅散。司機的技術相當純熟。到了十字路口，我四下一看，四面都是重重疊疊的人頭，有人站在桌上或腳踏車上，有人爬上了電線杆或商店的屋頂。有些站在上面的人跌了下來，用排山倒海之勢把下面的人撞得東倒西歪；更有人滾進了卡車的車輪之間。我不斷地叫喊，喉嚨早已嘶啞了，還不停地從這車跳到那車，指揮隊員填補人牆的空隙，免得人們趁虛而入。但是，仍然有人突破了糾察員手拉手環起的防線，企圖爬上載著葉飛的卡車，把他看個仔細。

我們走過一街又一街，許多卡車因為不斷地走走停停而拋錨了。人群中，有人自動跑來幫忙推那些動不了的車輛。沒有一個人對今天所發生的事表示不滿，看熱鬧的人個個是歡天喜地，都對別人的不幸抱著幸災樂禍的心理，有人還燃放鞭炮。牆快倒了，誰都會來推上一把。

一位同志建議和我換班。我說：「我這面破鑼還敲得響。」梅梅適時地跑過來把一個裝著冰糖蛋白的水壺交給我，也把自己的手絹給了我，要我擦汗拭土。她要接我的班，我回答說：「留著妳的嗓子唱歌吧。我是個沒有大出息的人，嗓子更是沒有用處。」

直到日落時分，我們才把葉飛和王于耕押回交際處。回去的路上，我已是精疲力竭，直接在吉普車上睡著了。我醒來後，聽說葉、王兩人曾獲准喝了一點水，到家裡彎了一下，現在已經被帶到省委會監禁起來了。

晚上，軍區司令部要來表示慰問，派出一隊人來放映一部叫作《小兵張嘎》的電影。文革以來，在中國拍的四百部電影中，沒有被攻擊為反黨、反社會主義、反毛澤東思想的「黑色電影」的不到十部，《小兵張嘎》便是其中之一。這部片子曾在各地一演再演，我實在不想再看了。於是，我靜靜地坐下來寫我的日記。

從此以後，我再也沒有見到葉飛和王于耕。後來，從紅衛兵的消息中知道鬥爭大會後不久，葉飛就被召到北京的中國共產黨中央幹部政治學校去學習和受訓，這是個專替高級幹部洗腦的地方。

王于耕的地位低得多，運氣也就沒有這麼好。她在八一二九學生代表的監視下，和其他各部門的頭子一同在省委會宣傳部學習和受訓，她在其後一年左右的時間內，還被帶來帶去，到各地忍受鬥爭大會，間或也被送進醫院療養她那孱弱的身體。

最後，奉了中央的命令，各部門的領導幹部全部交由軍方洗腦，他們的命運也就因而好轉了。從前，在學生的監視下，他們經常受到嚴酷的壓迫，甚至被迫做掃馬路之類的苦工。

然而，在這段時間內，幹部們的薪俸並沒有減少，也許這是中央安撫被鬥幹部的一套方法。除了早期被抄家的幾個富人外，這段時間內，誰也沒有立刻受到經濟的損失，吃虧的只是國家的財政而已。

葉、王兩人的住宅已是人去樓空，乾兒子也逃得不知去向，車房裡的兩輛大轎車則被八一二九徵用了。那兩個女傭仍在看管房子，宵小之徒卻不時在那幾間儲藏室中出沒。

安徽乞丐

福州遊行後幾天，梅梅、搥胸和我搭上了一輛沿海岸線開往上海的卡車。我們再度北上，都急著要參加串連，卻沒有人願意再嘗一次坐火車的滋味。

八一二九總部和中國藥材公司接洽好，請來一輛要往上海載貨的卡車送我們一程。在整整的兩天兩夜裡，我們都以這輛帆布頂的卡車為家。我們在車上吃、睡、做運動、看書和講故事。搥胸和我把一包包裝著稻種的布袋排列開當床鋪用。我們在一路上被車輛揚起的塵土沾得一頭一身。但我並不在乎，還覺得風吹雨打、吃點灰、受點苦，對我是個很好的磨練。但對梅梅，我是把她當一朵花似的保護著，我把她關在駕駛間裡，搖上窗戶，保護她那白皙的皮膚。

只要司機想小睡片刻，我和搥胸就輪流開車。一路上很少有別的車輛，我們可以沒命地飛馳，卻常常轉錯彎，走錯了方向。

輪到其他兩人開車時，梅梅總是直挺挺地坐著；輪到我開車時，她就會慢慢地滑過來，最後把頭靠上我的大腿安然地睡著了。

我故意考驗她說：「妳這樣會妨礙我開車。」

她立刻坐直身子。

「妳媽不希望妳這樣做吧？」我問。

「嗯，除了你——。」

「為什麼呢？」

「因為你規矩、可靠。」這句話使我很失望。聽起來，彷彿我只是她的保護人而已。

「我也看過黃色小說喲，雖然還不到十本。」

「可是你還沒有完全消化。」

出門在外，再規矩的人也會稍稍放肆一點；但是，我並不希望女子比我隨便。文革期間，大部分女同學初次踏出校門，立刻變得既粗野又放縱，有些甚至學會了吸菸、喝酒、賭博、賣弄風情。她們一個個開明的結果是肚子越來越大，被父母轟出了家門。

兩天兩夜後，我們到了上海，又和同志們會合了。最令我們高興的，是那個因為搶食物而落單的同志已經趕上了我們。大夥兒看到領隊回來了，似乎都鬆了一口氣，馬上抓住我不放，急著告訴我說：他們如何免費乘船乘車，如何得到了免費的餐券。我把我們是八一二九總部代表的新身分告訴了他們，並把新得到的五百元串連經費拿給大家看。他們異口同聲地說，他們早已知道只要我一回來，一切就不會有問題了。

休息一天後，我們繼續向西北前進，走向江蘇省的南京市。火車已經不再像從前那樣擁擠了；大致說來，從上海北上的火車交通情況似乎好得多。

南京是個人口一百多萬的大城，市容卻是既陳舊又破爛。我們沒見到一棟新建物，市民的衣著也是單調而死氣沉沉。有一次，我們的好奇心幾乎使我們闖出亂子來。我們向一個路人請教國民黨時代在南京奠都時的總統府在哪裡？他立刻兇巴巴地問我們打聽這個做什麼，並且要把我們抓進公安局。我們轉身就跑，他大喊：「抓反革命呀！」幾個路人也湊熱鬧地和他一起追，幸好我們跑得快，逃脫了這場大禍。

「這個地方真可惡——東西又貴，人心又壞。我們走吧。」

於是，我們離開了南京，走進安徽省。

常言道：「安徽乞丐滿天下」。從在浙江省領教了他們一次後，我們在沿路的各火車站上，見到了更多的饑兒餓殍，浙江和蘇北普遍都有這種現象。

隨著文革發展，人民似乎不再甘心安分守己了。大家都想往好地方搬，都想往高處爬。沒有多久，安徽的乞丐一路飄泊到廈門和廣州一帶，靠著厚顏無恥的頑強和一身污垢，弄得當地的老百姓感覺到雞犬不寧。

後來，治安單位過些時就把他們趕攏在一起，強迫他們回家鄉去，甚至免費供應交通工具。可是，不用多久，他們又會呼朋引類出來打劫。他們的態度是：誰餵飽我，我就聽誰的；拿到幾元盤纏返鄉時，他們叫的是「毛主席萬歲」；如果第二天餓肚子了，他們也敢叫「毛澤東是狗娘養的」。他們不怕被捉進監牢，因為進了監牢反而能享受三餐的白食。

在小學六年級時，我第一次從地理老師口中知道了安徽是貧困的。地理老師曾經在安徽上大學，當時是一九六一年，正值中國鬧三年災荒[1]的時候。多數時間，師生一起在學校裡餓著肚皮談食經。

1 這是指一九六〇年至六二年間，中國大陸各地普遍發生的水災和旱災。當時，政府將糧食缺乏歸罪於這些天然災害。事實上，各地的災情是由於管理不善以及一九五八年公社成立後，農民的反抗而更形惡化了。

地理老師告訴我們，安徽省的情況比福建省壞得多，那裡的人不但吃草根樹皮，連人肉都吃；當時，我們只是半信半疑。

現在，我從車窗望出去，看到了滿目的荒田，才相信了他。外面的樹木都被剝了皮，不時地還可以看到軌道旁躺著一具具的屍體。有一次，我還瞥見一個小孩的腿，每個車站都擠滿了破爛而饑餓的人群。

我們向窗外丟乾硬的麵包，人群會一擁而上，有時還搶得頭破血流。我們的女同學流出了眼淚：「這算是什麼新中國？」

搥胸常對我說：「你這副扔東西的樣子真像在餵狗。」

我能說些什麼呢？大家同是中國人，我們有麵包，他們卻沒有。我反覆地想，這是誰的錯？是誰的錯？

在某個月台上，我們當中的一人彎下腰去，正要餵一片餅乾給一個小孩吃，冷不防他的父母衝過來，抓過餅乾就住自己嘴裡塞。孩子只不過是他們的餌。經過小站時，火車都不敢停，乘客們也幫著司機一齊趕乞丐；但乞丐躺在鐵軌上，拚著一死也要使火車停下來。於是，火車走走停停，每一次煞車都會令人心驚肉跳。我們把棉襖的夾縫拆開，把錢和文件藏在夾層裡，還故意把行李壓得扁扁的，用破草席捲起來，掩飾比較值錢的東西。

我叫女同學絕對不要用化妝品，把她們的香水、粉、梳子、面霜和髮夾藏起來。我命令大家拿下手錶，臉不要洗，牙不要刷，頭髮亂蓬蓬的也不要梳，衣服是越髒越好，行動舉止也要粗魯野蠻。女生們想掩飾嬌美的容貌，一個個都戴上了口罩。

梅梅好幾次含著眼淚埋怨說：「實在受不了了。」我嚴厲地對她說：「這是我的命令，我要向全隊的每一個人負責。我這麼做，完全是為了全體的安全。」其實，我也有自私的時候。譬如，我去看大姐時，就不得不把他們撇下不管，讓他們自己照顧自己。

我決定到了安徽省的省會合肥時和同伴們分手。我原以為合肥的情況不會太糟，我們後來才發現：城市越大，乞丐越多，也越可怕。在火車站和其他的公共場所，更有許多乞丐行竊、做扒手，否則就伸出一個草編的小口袋說：「同志，行行好吧。」有時，會有好幾個口袋一起伸到你的面前來。時常會有乞丐坐在人行道的地上，剝光了上身，一面曬太陽，一面捉蝨子。

儘管我們特地穿得不打眼，一進商店或飯館仍然會被團團圍住。有一次，我們想尋找片刻的安寧，躲進了公園，卻在公園裡上了一次永生難忘的「現實的課」。

假山下，小亭邊，樹蔭裡，只要是有遮蓋的地方，到處都擠著一堆堆的小孩，哭著，鬧著，翻滾著。那些小孩大部分在三歲到五歲之間，四肢細瘦，腹脹如鼓，使我聯想起在宣傳影片中看到的非洲小孩。許多還不會走路的娃娃抽搐著，乾嚎著，有一些已經斷了氣。

一個六、七歲的男孩走過來，一把抱住一個同志的腿，熟練地背誦著：「我們鄉下鬧饑荒，爹娘都跑了，可憐可憐我的弟弟、妹妹吧，他們已經好幾天沒吃東西了。」

我們蹲下身去，把餅乾餵進他們的嘴。被餵的那個孩子立刻不哭了，緊緊地抓住我的雙手和餅乾。他抓得那麼緊，吃得那麼香，眼睛瞪得滾圓；我看著他，只好哀憐地苦笑著，不禁搖頭嘆息。我的手指被他捏得陣陣發痛。

我問大孩子他們的父母到哪裡去了？他回答說，到市區去討飯，還沒有回來。我問他家住哪裡？

晚上睡在哪兒？他已經忘記流浪了多久，也忘了離家有多遠，現在，公園就是家，他居然還說：「這裡是個革命的大家庭。」夜裡，他和別的孩子一起縮在有遮蓋的地方。他知道警察已經不會再來了（全市幾乎看不到一個警察），他也知道如果早一點到火車站，就可以佔到一塊地方好好睡一夜。梅梅天真地問：「你們連被子都沒有嗎？」

「我們緊緊的擠在一起，拿樹葉當被蓋。」我一直沒有忘記這用樹葉做的「被子」，特地把它記在日記裡。

我們看到了他們又破又髒的棉襖，有好多地方都撕裂了，破得簡直不能遮體；在露出來的棉絮裡，又有蝨子爬來爬去。女同學突然看到蝨子在嬰兒的黃髮中蠕動，嚇得尖叫起來，連忙往後退。

「不要跑開，」我對她們說，一面繼續問那男孩：「為什麼你的小弟、小妹和一些別的孩子一樣，有的胳膊、腿、手指都不見了？」

「爹娘砍的。」他脫口說道。

「為什麼？」我驚出一身冷汗。

「爹娘說，這樣比較會讓人家可憐。這幾個孩子反正是養不大了。」說完，他馬上向我們索討更多的食物和錢。他說，每次父母回來，都要檢查他討到了多少錢？有沒有用過這些錢？如果錢不夠多，他就要挨打。然後，他又指著附近幾堆不動彈的孩子說：「那幾個是我舅舅的孩子。那幾個是我們鄰居的，他們的爹娘走了好幾天了。」

他希望我們也給他們一點吃的東西。如果他們的父母親再不回來，他們就會被軍隊的卡車運走了。

我問：軍隊的卡車是否常來？他說，有幾輛每天都來。士兵們會在公園四處走看，摸到死的就運走。每次他看到士兵，就會跑上前去向他們討幾分錢，或是討點吃的。

我們離開了這個孩子，這個我們永遠忘不了的孩子。他沒有一點地方顯得可愛，但是也沒有一點地方不值得可憐。

女同志們都哭了起來。她們嚇壞了，而且難過不已；但是沒有一個人反對再往公園的深處走。我們拿下了口罩，不住地走著，時而在一堆堆的孩子面前停下來，再也顧不得髒和臭，把自己當作午飯的饅頭、餅乾和所有的零錢全掏了出來。我們並不覺得自己是大善人，我們只是覺得，若不這麼做，就無法抬腿走開。大一點的孩子接到了食物，立刻跪下去向我們磕頭，腦門撞在地上，砰砰作響。這些苦難不知該怪誰？不知該怪什麼？我想到那句口號：「舊社會把人變成鬼，新社會把鬼變成人」，真夠噁心。

我去看大姐時，在一個小站換火車，準備就在那兒吃午飯。我叫了一碗肉絲麵，正要吃，幾個乞丐手拿《毛語錄》走了上來說：「我們一起來讀一段《毛語錄》吧。」我只好放下筷子，吞下口水，拿出自己的《毛語錄》來，以免被指控為反毛分子。

「翻到第一百五十四頁，第三段，毛主席教導我們——。」他們念了一大段互相關心、互相愛護和互相幫助等等的話，最後加上一句：「紅衛兵同志，現在我們遇到了一點困難，就讓我們來實習實習如何互相關心吧！」說著，幾個人一齊抓起筷子，伸進了我的碗裡。

我嘆了口氣，只好另外花三角錢再叫一碗。這一次，當我轉頭拿筷子時，一個乞丐把手伸進了我的麵碗，撈起一大把麵就往嘴裡塞，被燙得眼淚直流，齜牙咧嘴地大嚼起來，一面笑笑地指指麵碗，表示剩下的湯歸我喝。我只好餓著肚子上路。

後來，我發現連在街上走著吃饅頭、餅乾都要隨時警惕，免得被人搶走。慢慢地我學乖了，每次吃東西時，都只剝一小塊，剩下的揣在口袋裡，有時甚至還戴著口罩吃，以加強防備。

我恨透了這個地方，要不是答應了來看大姐，我絕對不會來。

我在近郊的一個新工業區找到了大姐做事的工廠。工廠四面是圍牆，牆外圍滿了乞丐。圍牆的頂端拉著鐵絲網，乞丐不敢進去，但都知道在裡面做事的人是由各省來的初入社會的大學畢業生，拿的是政府發的優厚薪水和配給。他們嚴密注視進出工廠的行人和車輛，一有機會就馬上搶劫或勒索。

裡面的工作人員都很害怕，整天躲在那八層樓高的辦公大樓裡。廠內有男女宿舍，食物是用卡車運進食堂。

從文革開始後，大家都不再遵守辦公時間了。每天早上簽到後，大部分人都回到宿舍，只留一兩個人看守辦公室，在有暖氣設備的寢室中，男人不管窗外的寒風，舒舒服服地坐在棉被上打四十分或搓麻將，輸的人就要到外面去買糖果、餅乾。他們穿上了破舊的衣服，把錢藏在鞋子裡，四、五個人結伴而去，卻往往因為缺貨或東西已經賣光而空手回來。

女職員們大都留在寢室裡用舊毛線打毛衣、毛襪，做做枕頭套，有些人在走廊上跳繩或跳格子。文革使得這些幹部返老還童了，他們把這種吃、住、工作同在一起的生活叫作「修養」——這是從劉少奇一篇討論中共黨員應有的修養的文章中借來的新名詞。上司們雖然已經被鬥倒了，但紅衛兵造反對於這些人還沒有造成太大影響。他們不用上班，薪水照領。他們在無所事事、平淡無味的日常生活中，已經找不到任何顯示他們是年輕的大學畢業生的衝勁了。他們中似乎誰都可以不費一點頭腦就把一天的時間晃掉，晚上，大家照例敷衍敷衍「政治學習和思想教育會議」，一個個不是坐著打毛衣，就是打盹。他們抱的完全是做一天和尚撞一天鐘的態度。

我在大姐處待了三天，觀察了大學畢業生的前途。我自己大學畢業時，可能也會和他們一樣。開始時，每個月領四十八元五角；等到成為正式人員後，加上加班津貼等，也許可以拿到五十六元。人和薪水是永遠分不開的，每個月最重要的一天就是十五號：發餉的日子。

大姐的男朋友也在同一所工廠服務。她不喜歡安徽，一直想離家近一點，卻也顯得相當滿足。她叫我不要把當地的情形告訴母親，免得她擔心。

我仍然忍不住寫了一封信給二哥。記得二哥曾經一再地告訴我：「你以為大學畢業生就很了不起了？真的能在社會上有好的地位？你錯了！」我一直不同意他的這個看法。現在我失望了，相信他一定能瞭解我的感受。

我告別了大姐，回到合肥和同伴們會合。他們中有些人住在接待站裡，伙食都要自己到外面去買，多半只是饅頭而已；少數幾個人是住在親戚家。我們一同離開了這個可怕的地方，繼續北上。

我們走進了山東省，情況也不比安徽好，人吃人的傳聞竟更加普遍。我們還聽說連軍人有時也全靠窩窩頭過活。

我們帶來的乾糧已經吃完了，便在山東省的一個小站下車，買了幾個包子，狼吞虎嚥地吃起來。

突然間，周吉美大叫道：「這是什麼？這是什麼？」

大家衝過去一看：「啊！是指甲！一整片人的指甲！包子裡有人的指甲！」人吃人的駭聞立刻浮進了我們的腦海。

潑喇一聲，梅梅吐得我一身。我自己也噁心起來，別的同伴則是一個個臉色發紫，又抖又吐。人吃人，這成了什麼世界！

吐過之後，梅梅病倒了。她發了高燒，全身滾燙，燒得囈語起來：「我要媽媽！我要媽媽！」我緊緊地摟住她說：「梅梅，梅梅，我是妳的媽媽，我是妳的媽媽。」

她抓住我說：「不是，你不是我的媽媽，我要媽媽！」

我們輪流地把溼毛巾敷上她的額頭，灌冷水給她喝，用冰冷的雙手和面頰貼上她的臉，大家都被她的高燒嚇壞了，不知如何是好。我這才發現我們畢竟都還太小了，無論自以為多麼能幹，一出了事，仍然需要依賴父母；但我們離家有兩千多公里！我在一個車站發了一封電報到八—二九總部後，無助得幾乎掉下淚來。如果梅梅不能痊癒，我有什麼顏面見她的父母？

最後，我做了一個決定：我們仍然繼續北上，但繞道到青島去找梅梅的哥哥，他是醫生。不願繼續北上的人可以折回廈門，四、五天內就能回到媽媽的懷抱裡。我看看大家，大家似乎都失去了造反的銳氣，全都一副可憐巴巴的神情；這氣餒沮喪的一幕是永遠不能讓八—二九總部的同志看到的。

「繼續北上！」有幾個人大聲回答，別的人則怯怯地表示附議。

我們帶著梅梅在濟南轉車往青島，繞道東行了十小時。我望出車窗，生平第一次見到了雪。季候已經邁向隆冬了。

我們終於到了美麗的濱海都市——青島。青島的馬路寬廣整潔，房屋多半是淺紅斜頂、有圍牆的花園洋房。很少看到大字報，文革對這個城市的影響似乎不大。

梅梅的哥哥住在海濱的一棟爬滿了蔓草的樓房中，佔住了一整層樓。他熱誠好客，我們七個人不必到串連接待站過夜，就在他家裡搭起了臨時床鋪。

他立刻替梅梅檢查。他說：「沒問題。」

梅梅的病是疲勞過度和緊張引起的，很快就可以復元。我馬上給在北京的二姐、母親、二哥、梅梅的母親和總部分別寫了信或打了電報。

二姐回信說：「你們怎麼拐到青島去了？快些來吧！好讓我帶你到許多好地方去遊玩。」

家裡來了一封電報說：「注意保重，不要學壞，彼此照顧。」

梅梅的母親來電報說：「跪著給你磕三個頭。」

總部也來了一封電報：「八一二九戰士永遠不死。」

走過漫長的旅程後，梅梅和我更形親密了。我幾乎已經忘記了串連的主要任務是閱讀各校的大字報，是與各地紅衛兵聯絡和交換革命經驗及材料，每天都和梅梅手挽著手在冬日的海濱漫步、挖貝殼、挖沙坑、爬上岩石眺望遠方，心裡有如夏天一樣暖烘烘的。這七天裡，我的日記幾乎像七年一樣充實。

晚上，大家聚在一起想辦法如何向總部交代這一天，以及要在「公事日誌」中寫點什麼。每次捏造出一個藉口，大家就開心地眨眨眼露出會心的微笑。

誰也不會相信我們兩人仍然是純潔無邪，連「我愛你」都沒有說過。我覺得我們和公園裡的那一雙雙男女不同，從來沒有過越軌的行為。我們還年輕，知道要對自己的將來負責。

我們都不想離開青島，黝黑的火車卻還是把我們載往北方。十一月十八日下午四時，我們經過了一個多月曲曲折折的旅程後，終於到了串連的目的地——北京。

在北京的收穫

我們到了北京。下火車後，發現到處一片混亂，大批身背行囊的紅衛兵在四下兜圈子。一陣陣刺骨的寒風把風沙和雪花吹進了我們的眼睛，好久都張不開。所有的公共汽車站和電車站都排著長龍。排隊的人個個縮成一團，不住地跺著腳。紅衛兵總接待站設在工人體育場，距離這裡至少有六、七公里之遙。

飯館裡也擠滿了人，許多門窗顯然是被蠻橫的客人擠破的。我們在一家飯館前停下來，看到有幾個人蹲在窗台上，手捧一碗碗的湯麵，連著自己的鼻涕一起唏哩呼嚕地吸著、吃著。狂風一起，麵上就多了一層「胡椒」。

到處都有小販在叫賣，小販和扒手似乎比別處更多。有些紅衛兵也幹這行，他們以陣陣風沙為掩護，打劫賣糖葫蘆的小販子。風沙一起，孩子們閉上了眼睛，這些紅衛兵就趁機拔下幾支插在稻草柱上的糖葫蘆：風一停，孩子睜開了眼睛，除了哭，別無他法，四周的人都一口咬定自己的糖葫蘆是花了錢買的。

風沙使得我們的心情沉重。天快黑了，擠上公共汽車的希望又很渺茫，我們只好決定徒步走去接待站。

途中，我們走過了天安門。每逢國家慶典，人民都在這裡集會。毛澤東也曾幾次在這裡接見紅衛兵。大部分的紅衛兵對北京的認識都很有限，除了知道有個毛澤東，就只知道有座天安門。上百首的歌曲把天安門捧成了整個國家的象徵。電影中的天安門是巍然而立，十分壯觀。但是，我們走近一看，才發現它又舊又破，紅色的牆壁上貼著「打倒中國黑魯曉夫（亦稱赫魯雪夫。「中國黑魯雪夫」暗指當時的中國主席劉少奇）」的標語。我們一路上已經聽了不少，因此知道這些標語指的是誰。

儘管如此，我們仍然滿懷敬仰的心情走過天安門前，還不時停下來看看白石橋下的護城河。我們中甚至有人提議就在這裡過夜。前幾個月天氣比較暖和的時候，曾有許多人在這裡度過所謂「偉大而難忘的一夜」。

郵電大樓的自鳴鐘敲了八下，北京已經沉寂了，我們卻依然流離失所，找不到住處，不由得心焦起來。走著走著，來到了一條僻靜的街道，兩旁都是一道道紅色的高牆和一戶戶住宅的大門。我們走到一扇高高的紅漆大門前，看到上面鑲著銅門環，好奇地湊上前去摸一摸。

「要幹什麼？」聲音從我背後傳來。

我們連忙轉身一看，發現對面就是個守衛人員的亭子。

「我們是來北京串連的代表，請問這是什麼地方？接待站在哪裡？」這幾句話，我們每個人都能倒背如流了。

「你們沒事做不要隨便亂跑。這是中南海。」

誰都知道冬宮中南海是中央首長的住處，毛澤東、周恩來和其他幾個大人物都住在這裡。我們轉身走開時，還不斷回頭看著那些高牆大戶。我真希望自己長得兩倍高，可以看看裡面有些什麼。

等我們走到接待站時，那兒已經關了門，大約有十個軍人在那兒招呼迷路的紅衛兵。

「你們的運氣真好，可以住到清華大學去。來得晚一點或者早一點的人，都得住民房。」一個軍官一面把我們推上一輛小型交通車，一面說。

交通車把我們載往清華園。我很高興，因為我知道清華大學離二姐做事的研究機構不遠。我們五個男生被安頓在一間大教室中，教室是在主樓的第八層。室內有水汀暖氣，地上鋪著草席。每間教室住了三十個紅衛兵，由一個北京軍區派來的初級軍官「輔導」。這些軍官都沒有佩戴階級標誌，但我們知道他們多半是排長或連長。階級標誌在一九六五年間就被廢除了。

負責輔導我們這間教室的軍官年過三十，自稱是排長。他說，他希望我們能和同室的東北和上海紅衛兵彼此增進瞭解和團結。他還說，我們只能在北京停留一個星期，明天是自由活動，後天就要開始操練隊形，準備讓毛澤東接見。

我們上面的兩層樓是女紅衛兵住的。我們的女同伴被安頓在頂樓十樓。等一切就緒後，已經過了半夜；排長似乎毫無倦意，竟和我聊起天來。我非常高興能有這麼一位免費的介紹員。

他說，每天有數百萬紅衛兵進出北京，中央特別派出了大批軍人幹部來加強管理，並佔用了全市五十九所大專院校、三百多所中學、許多工廠和民房，作為串連紅衛兵的臨時住所。每名串連紅衛兵的伙食預算是每個月十五元，但是大家在北京只准享受一星期的免費伙食。每天都得將大批食米蔬菜和豬肉運進城來。他說，每個人都被這項昂貴的支出嚇倒了。幸虧軍人是免費的接待員，這是毛澤東的命令，所有的紅衛兵又都是毛澤東的「小客人」，所以誰也不敢表示反對。說到這裡，排長換了口氣：「你們雖然是客人，但如果搗蛋惹麻煩，還是一樣要挨揍。」他繼續說，北京市民對串連紅衛兵擾亂秩序和破壞市容等事，已經十分不滿了。現在，紅衛兵們無論買什麼東西都要排隊；有時，就是有錢也買不到東西。

等我闔上眼睛時，天色已經很晚了。旁邊的人吵得我很本睡不著，有人打鼾、有人在夢中大叫，分給我的那床棉被又是奇臭難聞。北方人幾個月也不洗一次澡，睡覺時又總是赤裸著臭身體鑽進被窩。我只好用自己的衣服包住被頭，但臭氣仍然不斷透過來。走廊頂端的廁所門又吱吱嘎嘎響個不停——「夜冷尿多」吧。窗戶也在冷風中砰砰作響。異鄉的夜半使我想起了母親和近在咫尺的二姐。

我久久不能入睡，只好起來到處走走。走廊上十分寒冷，北方的紅衛兵卻只披一件棉襖，挺出赤裸的肚皮，趿拉著鞋子邊走邊小便，看樣子還沒睡醒。「敗類！」我咬著牙咒了一聲。這些人暴露私處竟絲毫不覺得羞恥，九樓以下畢竟還是會有女同學走過的。排長說，這座大樓還沒有正式啟用已經髒得難以形容，到處是痰和黃兮兮的尿漬。

我走到走廊的另一頭，打開了窗戶。外面很冷，在一個平台上，有幾個工人正在替火爐添煤，保持室內的溫暖，外面還有許多帳篷。我真可憐那些沒有暖氣、暴露在風沙裡的紅衛兵。

早上，我好夢方酣，卻被一陣大呼小叫吵醒了，「大家快來看啊！抓到壞分子啦！」走廊上，許多人都在叫「揍！揍！」，我也走過去看個究竟。原來是幾個上海市的紅衛兵趁人不備溜進了電梯，跑到十樓女生宿舍去「探險」、偷東西。他們被守樓梯的軍人捉到了，吃了一頓拳頭，馬上就要被趕出北京了。

「那邊有什麼好看？快！把走廊跟廁所打掃乾淨！你們到處撒尿，就得負責打掃乾淨！」排長在叫。

我們五個人下了樓，正要溜出去，才記起忘了叫梅梅、周吉美和牆頭草跟我們一同走。我們乘電梯往上走時，發現管電梯的軍人仔細檢查每個女生，因為曾經有人男扮女裝，企圖混上九樓和十樓，其中有些人只是想到屋頂去眺望全市而已。按規定，住在五樓以下的人根本不准乘電梯。

回到八樓，一個女軍官替我們傳話上去。這些女軍官在男生宿舍中來去自如，北方男生們赤身露體，她們根本視若無睹。有一個女軍官甚至指著一名男生的下體說：「留神，別把那玩藝兒凍僵了！」她們的年紀都不到三十歲，卻絲毫不知害臊。

梅梅下來後，直說一切都「野」得難以想像。

食堂門口貼著一張漫畫，諷刺劉少奇的太太王光美。從前，王光美曾在清華大學的工作隊待過，當時也曾在廚房中服務。那幅漫畫上畫著她對學生說：「來，多給你一杓！」這句話已經變成了她討好學生的證據。

早飯是稀飯、鹹菜和饅頭，憑飯票領吃的。午餐永遠是兩個饅頭，一碟豬肉熬白菜。不回來吃中飯的人可以提前去領兩個饅頭、一個蛋和一條醬瓜。

有個北方人想多拿一個蛋，拿早餐券當午餐券用（兩者僅是顏色不同而已），想矇騙過去，被在一旁監視的軍人抓住，抄起一把鐵杓往他的腦袋上一敲，頓時血流如注，還濺到附近的一堆饅頭上。那個軍人毫不容情，竟叫那個人付錢賠償那些饅頭。沾了血的饅頭被挪到一邊，卻有一群紅衛兵立刻跑上去一搶而空。三萬多名串連紅衛兵住在清華園，真有看不完的趣事。長達幾百公尺的大字報欄上布滿了全國最新、最豐富的材料，和各式各樣難以形容的東西。劉少奇、王光美和鄧小平全受到了批判。

校園中的擴音器播放著清華保劉派和反劉派在禮堂中的辯論。以劉少奇的女兒劉濤、賀龍元帥的兒子賀鵬飛、外交部長陳毅的三子陳小魯為首的高級幹部子弟辯論團顯然每天都在和清華井崗山紅衛兵激辯，大家幾乎鬧到動武的地步。井崗山紅衛兵是全國紅衛兵的先鋒，很受中央的大力支持。我認為身為「八一二九總部」的代表，必須與他們取得聯繫。

我們站在禮堂門口，看到他們互相搶麥克風，彼此侮辱謾罵。保劉派顯然是人多勢眾，大聲叫著：「中國共產黨早在二十多年前就決定劉少奇是毛澤東的繼承人了。林彪是什麼東西？林彪應該靠邊站。江青不過是個臭老婆子，王光美無罪，毛澤東被蒙在鼓裡，是個老糊塗！」

外地來的紅衛兵目睹這幕狗咬狗的諷刺劇，樂得袖手旁觀。

另一個不尋常的景象是，清華各階層的當權派和百分之九十以上的教授、副教授和一些思想有問題的講師、助教、職員所組成的「勞改隊」正在打掃校園。天氣冷得要命，他們還是被迫脫下了手套來幫助紅衛兵張貼大字報。有時，監工的紅衛兵會叫大家圍起來看「雜耍」——他們叫勞改隊的隊員又跳又唱，五六十歲的老頭子也被迫扮小丑，逗觀眾一笑。

校園中時常發生打鬥事件。來自全國各地的紅衛兵那麼多，常為吃的東西、住的地方或丟了東西而發生摩擦。

我叫我們這隊的人都要保持冷靜，除非實在不可避免，盡量不要跟人打架。第一天早上，我們看到一個朝鮮族的東北紅衛兵被人從四樓扔下來，身上被打得遍體鱗傷、頭破血流，也沒有人表示同情。

我對這種事並不真正感到興趣。我只要暢遊北京各地和近郊的名勝就夠了。我和同伴們到了天安門。幾乎每個紅衛兵都會到這裡來拍張相片，證明他到過了北京。那兒有十幾個攝影師幾乎把照相機團成一個圈子，大做生意。每個想留影的人先交三角錢，自備一個寫好的信封，拉拉自己的制服，然後排隊等待。每拍一張照片不過費時十秒鐘而已。

我們跑到了天安門的城樓下，用自己的照相機瞄準「打倒中國黑魯曉夫」的標語。這個標語上的每個字都比人還高，我們正要拍，一個警察趕過來搶走了照相機，罵我們是「反革命」。我們跑上前去，拿證件給他看，他才解釋說，許多外國人暗中拍下這些標語，想破壞國家的聲望。不久之後，我們又去了一次天安門，發現標語已經不見了。

廣場上散布著果皮和紙屑。我們想，如果有個巨型的吸塵器就好了。正在這時，幾輛寫著「牛鬼蛇神」，載著一百多人的卡車開了過來，其中有教育部長何偉、高等教育部長蔣南翔和其他一些被打倒的各部部長、大學校長。他們每人拿著一把掃帚，下了車來，開始清掃廣場。

有人喊：「快來看教育部長掃馬路啊！」話一傳開，馬上就有一大群人圍過來。這些大官們的臉上都戴著口罩，看過他們無數次照片和記錄片的人還是認得出誰是誰。在一旁負責看管這些牛鬼蛇神的紅衛兵只顧看有沒有外國人來偷拍照片，對小孩子逗弄這些「清道夫」卻視若無睹。我們在一邊越看越有趣，有些部長和校長被剃成了光頭。他們一直沒有抬頭來看嘲弄他們的學生。

離開這群人後，我們走向附近的勞動人民文化宮，這裡設有北京學校紅衛兵接待站。北京各校的紅衛兵被分成三個司令部。第一和第二司令部是擁護劉少奇的，他最近在走下坡，這兩個司令部也就顯得冷冷清清。一般人總是不大願意和失勢的組織來往過密。第三個司令部是反劉擁毛的，並且得到了中央文革領導小組的直接支持。接待站的裡裡外外都是紅衛兵，門庭若市，大家都想和中央的寵兒親近一點。

身懷南下福州串連的北京紅衛兵寫的介紹信，我們這群八—二九總部的代表受到了熱烈的歡迎。我們和「三司」接待站的工作人員相談之下，他們肯定地告訴我們：「福建省鬥爭葉飛是絕對正確的，我們堅決支持你們；而且我們相信中央也堅決支持你們。」他們等於是中央的傳聲筒，我們聽了這句話就和直接聽到了中央的意見一樣可靠。他們一再重複的支持和保證使我覺得如獲至寶，立刻打了一封電報到八—二九總部：「首都紅三司戰友表示支持我們。」

我覺得我們這一天的收穫很多，這是一連串新經驗豐收的第一天。每個星期，我分別打一封電報回總部和家裡，每三天再各寫一封信。

我在給二哥的信中總是說：「過去幾天，我沒有白活，飯也沒有白吃，會到下列各地遊覽——。」我幾乎將遍遊北京各地視為己任，結果，我在北京待了四十天。在這四十天中，我訪問了六百三十七個「點」，包括政府機關、歷史遺跡、著名的建築物、圖書館、公園和學校。我穿破了一雙膠鞋和兩雙布鞋，相信我這份求知和對新事物的好奇心與欲望是很少有人比得上的；這一點，我和二哥很像。直到後來，我才知道我的經歷幾乎是令人難以相信的豐富；尤其是對那些北方的紅衛兵而言。他們都是不到中午不肯離開那帶有腥氣的寢室；吃過飯後，就坐在太陽下捉蝨子、找麻煩或打架；累了就再回去睡，既沒有衣服換洗，也沒有錢用。他們的父母都很窮，也不大關心他們。他們的頭腦簡單，卻從家鄉的困苦生活中磨出了頑固的性情，看到我們每天出去到很晚才回來，就猜我們一定有許多尚未用過的飯票。他們向我們討飯票，說是兩個饅頭根本吃不飽，還明目張膽地偷我們買回來的東西。軍隊問他們到北京來做什麼？他們回答說：「來吃。」

「誰給你們東西吃？」

「毛主席給我們東西吃。」

我終於來到了二姐的研究院。她的單位已經被改為紅衛兵接待站，她也當了接待員。我老遠地就聽到她的聲音，她完全沒有改變。我決定捉弄她一次，於是戴上口罩，走進了接待室。

「全是你們這些紅衛兵把北京弄成這副亂象的，成天都來找麻煩！毛主席是要你們來搗亂的嗎？」她的口氣完全和北京一般市民一樣。紅衛兵把所有的公共汽車擠滿了，把所有的貨品買光了，使得北京市民個個恨之入骨，有些人甚至公開罵我們：「什麼小客人！全是土匪！」

我走近二姐，模仿著北方口音，訴苦說錢被偷光了，沒辦法回家。

「哈！又是一個。我們才不管你呢！你去餓死、凍死好了！」

我憋不住了，除下口罩說：「原來妳想讓弟弟也餓死呀！」

她嚇了一跳。也許，經過這件事後，她會把態度改好一點。儘管其他的串連紅衛兵實在討厭，我還是必須和他們站在同一立場。

我雖然罵了二姐，但她見到我還是很高興。她抱住我的頭說：「你長高了，我兩年沒有回家，你長得更高了。」

我小的時候，除了母親，就屬二姐最疼我了。我每次為了搶積木和三姐吵架，二姐總是向著我。

她立刻帶我去吃了一頓飯，洗了一個澡，然後又把我帶到宿舍裡，堅持留我在男宿舍過夜。她毫不忸怩地把我介紹給她的同事：「這是我弟弟，紅衛兵頭頭。就是我常跟你們提起的那個弟弟，小時候最愛哭；文革以後，居然變成了紅衛兵的頭頭了！」

男宿舍裡的人都很和氣，也很敬重二姐。整整一夜，他們不斷地跑來和我聊天；不過，我並不是他們真正感興趣的對象。他們問了許多關於我那漂亮的二姐的私人問題，例如，她有沒有固定的男朋友啦等等——可憐的王老五！

第二天早晨，我參觀了二姐的研究院。忽然記起排長說今天要練習編隊，於是就匆匆趕回清華。許多紅衛兵已經每三十人排一隊，練了起來，每一隊由一個軍人帶頭。

我跑到自己同伴的那一隊時，排長朝我走來：「操你媽！你上哪兒去了？逛窯子去啦？連敬禮都不會！」

他顯然不知道我的地位是「一人之下，萬人之上」，我不由得怒火萬丈。「老子是八一二九的頭頭，一輩子沒學過向別人敬禮！你不過是個芝麻大的官，像你這樣的人，老子手下有好幾百！」

「想造反啊？你不想見毛主席啦？」排長捲起了袖子。

「不想又怎麼樣？你給我立正！這是命令！」現在是紅衛兵的天下。他穿著制服，我也穿著制服；他的衣領上有兩塊紅領章，我有一個紅袖章。

「你叫什麼名字？」

「八一二九。」

「等一下到我的辦公室來。我以軍事輔導員的身分命令你。其他人——繼續操練！」他開始軟化了。

我還是不放過他：「我以八一二九赴京串連代表領隊的身分，命令全體代表面對我成一路橫隊集合！」

我的七名同志轉過身來，不理睬排長的命令。他氣得發抖。

「反革命！」他叫道：「全是反革命！我要叫衛戍部隊來把你們統統抓走！」

「我也會把我的部隊開到北京來，看誰的本事大！我要把你全家老小吊在電線杆上喝西北風！」

「你叫什麼名字？你叫什麼名字？」

梅梅拉住我，哀求我不要跟軍人爭。我掙脫了她，叫她：「歸隊！妳也是八─二九的頭頭，竟然乖乖地服從一個芝麻大的官，真丟臉！」

她摀住臉，哭了。

我繼續向在場的其他人介紹她和挺胸都是八─二九的委員：「我們開始造反時，你們都還沒出世呢！要不要看看我們的證件。」

接著，我命令自己這隊代表：「立正！向右轉！齊步走！目的地：頤和園！」如果排長批評時溫和一點，我也許會服從他。現在，隊伍中連上海和東北來的紅衛兵也學我們的樣，自顧自地走掉了。

我把同伴們帶到了北京首屈一指的風景區──頤和園。這裡是從前清朝皇帝的夏宮，精細的宮殿建築仍然完好無損，只是許多走廊上的雕刻和壁畫都在破四舊運動時被水泥糊住了。

園中的小湖上可以溜冰，有個老人在出租自製的溜冰鞋，每雙租金五分。他把木塊鋸成四方形，頂上繫上繩子就行了。我們在冰上互相撞來撞去，開心得把剛才的事忘得一乾二淨。

梅梅又展開了笑顏。我扶著她，心想如果能溜得像電影裡的人一樣該多棒！多跌幾跤也沒關係，跌跤只會使我有更多的機會抱住她。

「還生我的氣？」我問她，她搖搖頭笑了。我摸摸她那凍成玫瑰色的臉龐，癡癡地看著她，她的身上散發出一陣陣的幽香。

我們回到清華園後，排長手捏幾張火車票走過來說：「既然不想見毛主席，你們可以回家了。」我們都害怕起來。我們不遠千里來到此地，難道真的只住三天就被趕走嗎？禍是我闖的，挽救其他同伴的命運就是我的責任了。

我打電話給二姐，卻一直沒有開口的機會。她一個人講個沒完，興高采烈地告訴我說，三姐也要以八—二九宣傳隊員的身分串連到北京來；她又說我們三個人可以一同出去玩個痛快。

我只好向清華井崗山紅衛兵求助。他們聽說我們是「八—二九總部」的紅衛兵後，便親自帶我們去見排長：「學校是誰的？你的還是我們的？居然敢把毛主席的小客人趕走！」

就這樣，我們毫無困難地留了下來。此後，排長處處避免和我們見面，我們也沒去找過他，不過他仍然密切地監視著我們。根據一個東北的紅衛兵說，他甚至還到寢室來偷看我們的日記。

擺脫了隊形練習後，我們把所有的時間都花在遊覽上，一有可能，我就跟二姐、三姐和兩個在北京做事的表親去遊山玩水。我們到過長城、十三陵水庫和蓄水池[1]、西郊八大處、北海公園和其他地方。

三姐常笑我怎麼不帶梅梅一起來？有一次——偏是那麼巧，我們和梅梅在長城不期而遇，三姐堅持要梅梅和我們一齊拍照，她一面又說：「我們都是一家人，都是一家人！」

二姐問我：「你們是同校？」

「也是同班。」

「只是同班嗎？」

「也是戰友。」

「只是戰友嗎？」

「也是同事。」

「只是同事嗎？」

「如此而已。」我不敢多說了。二姐很喜歡梅梅，梅梅不僅像小時候的她，她們還是前後期校友。

可是，回到市區後，二姐嚴厲地訓了我一頓，說我們都還小。她又說自己都二十四歲了，還沒有結婚，就是想多孝順母親幾年。後來，她還寫信給母親，把我和梅梅的事誇大其詞。母親回信說：「我自己十七歲就出嫁了！」

一星期的停留很快就到了。我以為快要離開北京了，就和姐姐們到北京最熱鬧的地方——西單商場和王府井大街去替母親、二哥和親友們買禮物。

北京各商店的缺貨情形比上海更嚴重，幾乎每樣東西都有限制。例如，每人每次限購三塊香皂。二姐要紅糖，她一個人只能買一角錢的分量，幸虧有我和三姐在，三個人合起來一共還買不到半斤。

1 據悉十三陵水庫於一九五七年七月一日落成。

西單商場是中國最大的商場，我每次去，都會迷路，只得向警察求救。安徽的乞丐也常到這裡來搶劫或行竊（他們甚至組成了一個叫「五湖四海」的戰鬥隊，有系統地行竊），安全當局特地在這兒加派了許多警察，並命令他們同時制止顧客搶購。

商場中林立著二十多家飯館，供應全國各地的口味。要不是二姐堅持要到一家福州館子吃午飯，我們可能就錯過了一場好戲。我一踏進飯館，就看到了我們學校的四個工作隊隊員圍著一桌吃水餃。我們從九月離開福州趕赴北京後不久，就沒有了他們的消息。現在葉飛和王于耕已經被鬥倒了，他們還留在北京做什麼呢？他們認出了我，我們彼此打了招呼。我實在不想和他們攀談，於是，選了一個靠窗的座位，離他們遠遠的。他們不斷地往我這邊看，顯然很想和我說話。我只是繼續靜靜地吃著，甚至沒向姐姐們說明他們是誰。突然，那邊傳來了大聲吵架的聲音，我回頭一看，僵住了。

工作隊隊員被我們學校的七、八個老師團團圍住了。這幾個老師挨過鬥爭，正是他們的死對頭。老師們究竟是如何來到北京的？怎麼偏偏會狹路相逢呢？工作隊隊員一個個臉色灰白。一個老師跳上椅子，指著他們罵道：「這些都是我們學校裡的劉少奇走狗——工作隊隊員，是我們學校中迫害革命教師的兇手！我們跋涉千里來找他們，現在終於找到了，一定要好好地教訓他們一頓！」

別的老師立刻用方言大叫：「殺死他們！」飯館中也有許多客人跟著吶喊：「揍啊！」世界上到處都有幸災樂禍的人。老師們把工作隊隊員包圍住，有的抓頭髮、有的擰耳朵，拳打腳踢起來。一個女老師還用筷子戳他們的頭。飯館中亂成了一片。四個工作隊隊員好不容易擺脫了重圍，抱頭鼠竄而去；女老師脫下了高跟鞋，正好打中跑在最後面一個隊員的腦袋，博得滿堂喝采。

這場全武行進行時，我想起了不久以前，這些教員還保證過放出黑窩後一定不會尋仇；可是連最後幾人都還沒有釋放完畢，我們就已經收到了恐嚇信。現在，老師們變成了大英雄，滿不在乎地坐下來大吃大喝起來。一位化學老師也在其中，還愉快地向我的姐姐們點點頭，可是一看到我，馬上板起了面孔。那時，在所有負責的學生中，我雖然已經是最寬大的了，但仍然是他們的敵人。三姐不知就裡，竟把我拖過去跟他攀談。

我盡量沒話找話說。老師們在獲釋以後，決心報仇，他們組織起來向中央告發工作隊，還曾經向國務院辦交涉，要求賠償他們被困黑窩時的經濟損失。他們的薪水有一部分被某些八中的學生揩油了，然後打了一張借條給他們；現在，這些借條就被當作證據，呈給了國務院（老師們告這一狀雖是理由並不充分，後來卻得到了全數的賠償）。

二姐好像渾然忘記學校已經全部停課了，老師們曾被抓來鬥爭的事，居然問他們：「我的弟弟今年在學校的表現好不好？」

「啊，很活躍、很勇敢。」化學老師似乎找不到其他答覆。

「希望你以後多多管教他。」

「哦，我是管不了他的嘍。」這句話使我很尷尬。文革以來，事實上是我在管他。

最後，我們揮手道別。我仍然不敢把真相告訴二姐，只說化學老師曾經被鬥過。

這種冤家路窄的例子層出不窮。我們在公共汽車川流不息的大街上，時常可以見到追人或打架的鏡頭。我們常見有人在紅燈時跳上停住的公車或鑽到車子下面去抓人。有些人拚命逃生，竟被車撞死了，這時，他們的死對頭就會說：「惡有惡報，省了我們的麻煩。」警察對於外地人在北京尋仇一事從不過問。不久以後，我在街上又遇見了一些工作隊隊員，只見他們一副可憐相，生怕被教師們碰上，再吃一頓苦頭。但是，他們又不敢回福州；北京昂貴的生活水準已漸漸使得他們囊空如洗，他們在借住的親友家中也是越來越不受歡迎了。其中有一人說：「今天的人情真是比北京的冬天還冷。」

我也時常碰見老師們，每次他們都問：「有沒有看到工作隊？他們住在哪裡？」我覺得我們現在對世事又多看透了一層。我向他們認了錯，請他們寬恕我過去的不是，可是他們不為所動。「今後，」他們說：「我們要反過來叫你們鬥工作隊，要讓他們也嘗嘗我們吃過的苦！」

在悠閒的遊覽過程中，這是我遇到的第一樁不愉快的事件。我覺得這些大人的成見都太深了，他們為什麼不和我們一樣，既然到了北京，就把從前的一切怨恨、悲哀和不滿都一筆勾銷呢？

毛主席萬歲！

十一月二十六日深夜，時鐘剛敲過兩響，一陣軍號聲劃破了清華園的寂靜；接著，四周響起了哨音。

排長把我們寢室的門一腳踢開，隨手開了燈。

「起來！起來！大好的機會來了，毛主席今天要接見你們！」

他一面說，一面踢我們，把暖暖的被窩一一掀開。一時詛咒聲此起很落，誰也不願意起來。大樓裡的每一盞燈都亮了，排長發給我們每人一張票。他說：「毛士席今天表示要特別關心你們，每個人都可以憑票領到餅乾和水果。」

外面冷得要命，排隊領食物的人奇多，隊伍移動得很慢。我們一個個互相碰撞著來取暖，大夥兒領到自己的一份後，我先吃掉餅乾和一串葡萄，把饅頭和一條鹹蘿蔔乾留下來，等以後再吃。

五點三十分，大隊開動了。附近的北京大學、北京航空學院和地質學院的紅衛兵與我們會合了。我們在領隊的驅使下越走越快，從黑暗走到黎明。一路上，很少有人講話，天太冷，說一句話就會令人發抖十分鐘，大家都想靠快步疾走來暖和身體。有些人對身穿軍用大衣的人顯得很嫉妒。梅梅、搥胸和我就是穿著軍用大衣，那是福州軍區司令在「八一二九總部」成立後送給我們的。

搥胸和我把大衣脫下來給穿得太單薄的同志。我冷得半死，恨不得打個地洞鑽下去。

我把雙手伸進口袋裡，摸到兩個硬邦邦、凍得像石頭一樣的饅頭，一氣之下，把它們都丟進了陰溝。

大隊倏然停住了。

「快到了吧？」有人問。

誰也不知道我們的目的地在哪裡。毛澤東曾經在天安門接見過紅衛兵。隊形越來越散漫。有人去找石塊來敲凍硬了的饅頭，我很後悔把自己的丟進了陰溝。更糟的是，同伴們學我的樣，都做了同樣的傻事。

隊伍突然停下了。因為我們在經過頤和園時，有人擅自離隊。他們對夏宮的興趣顯然比對毛澤東的興趣大。幾個士兵在後面追，抓了幾個人回來。這些人的臉頰和耳朵被刮得通紅，仍然在和士兵們爭辯不休：「我上次就見過毛主席了。他是胖胖的——不，我是說，很魁梧。」

「操你媽，見過了為什麼不早說？為什麼又領餅乾和水果？」

另一人頂嘴說：「毛主席有什麼好看？我們才不會為了一個星期的免費招待就感謝他。」

我看著這個多嘴的紅衛兵——這小子膽子真大，可能是東北人，東北人向來是心直口快。果然他當場被捕了。

「起步走！」最前面的人下了命令。

我們繼續向前疾走。我開始出汗，幾乎要支持不住了，忍不住問了排長一句：「還有多遠？」

「一半。怎麼樣？想開溜？」

這時大夥兒正是又累、又餓、又渴，這種回答不啻是火上加油。有人昏倒了。我們把他抬到路邊，用冰雪敷他的臉，把他弄醒。

「我走不動了，」他虛弱地說：「我是看不到毛主席了，這是我的命該如此。祝你們好運。」

他剛說完，就有兩個軍人走過來，把他拉上了一輛卡車。

我很害怕，但是想見毛澤東就得繼續往前走。這並不是因為我特別崇敬他，而是受到了「看盡一切，做盡一切」的欲望驅使。

毅力化為體力。一步、兩步、一百步——就這樣，我走完了清華園和目的地西苑機場間的二十公里路程。我們一路上幫忙女同志，架著她們的臂膀往前走。然而，我在距離機場不到一公里時竟生平第一次昏倒了。

恢復知覺以後，我發現自己是在一個急救帳篷裡，我的同志們圍在我的四周，不斷地用冰敷在我的額頭上。一個醫生在我身邊，我立即請他替我打葡萄糖針，並且開一張證明，准我在見過毛澤東後坐卡車回去。

醫生嘆了口氣，指著一堆空瓶說：「全打完了。」

我就不相信一瓶也不剩，氣得衝了上去，抓起幾個瓶子正想砸個稀爛，心裡想：要完就全世界一起完！突然，我只覺得雙腳一軟，醫生連忙扶住我，雙手捧住我的頭，溫和地搖著說：「孩子，不要太激動了。你們都這麼小，為什麼要離家老遠的跑到這兒來？」

一個月來的辛酸和苦楚湧上了我的心頭，眼淚是再也忍不住了。我說：「我要走遍全中國！」

醫生的雙眼也有點溼潤。他走到一個櫃子前，拿出兩個窩窩頭遞給我說：「這是我的中飯，你拿著吧。你的病全是餓出來的。」

梅梅端著一杯熱水走過來，微笑著說：「現在該我來照顧你了。」

我立刻想起了吃人肉包子的恐怖。「你們一定也餓了，」我說：「把這兩個窩窩頭分吃了吧。我不該把饅頭丟掉，做出了壞榜樣。」

我們離開帳篷走向西苑機場時，只見前面已經聚滿了人。綿延幾公里長的跑道兩旁也擠滿了近百萬個紅衛兵。軍用車輛在跑道上開來開去，強迫大家退到警戒線後面去。

我們是福建前線來的紅衛兵，受到了坐在前面的特別優待。在我們前面的是來自新疆、西藏、蒙古和其他地區的邊疆學生。最前面站著幾排身強力壯的軍人，不准人群超前一步。

毛澤東的座車將在跑道上駛過，我的位子距離跑道中央大約三十公尺。我想：百萬大眾中如果有一個毛澤東的敵人怎麼辦？他難道不怕遇刺嗎？我又想到謠傳他有好幾個替身，在公開場合露面的都不是他本人，所以從來不說話。在「毛澤東接見紅衛兵」的記錄片中，他也的確沒有開過一次口。有人甚至說真正的毛澤東早就死掉了，現在是由一個酷肖他的傀儡做替身，實權則是握在林彪手裡。不久，大家紛紛席地而坐。警衛人員開始搜查危險物品——像小刀、金屬物品和鑰匙等。連地上的小石子也被撿走了。

排長顯得神氣活現，好像從來沒有擔任過這麼重要的工作，幹得特別賣力而徹底，連鋼筆套都要打開看。他搜到我時，我輕蔑地問他：「這是派克金筆，你要不要？」

「這是帝國主義者的產品，早就該充公了。」

「你敢說中央首長們不用派克鋼筆嗎？」二哥曾經對我說，就連當今中央首長也毫無疑問的崇拜洋貨，只是我們的破四舊運動碰不到他們而已。當時我還不服氣地頂了二哥一句：「就是比摸老虎屁眼還難，我也硬要碰碰他們。」

排長走到梅梅眼前時，看到她的頭上有一支髮簪，立刻伸手去拿：「這支漂亮的蝴蝶結也可以當兇器用。」

「不要臉。」梅梅說著躲開他的手。

我對他說：「我要告發你調戲婦女，你們的『三大紀律、八項注意』[1]都學到哪裡去了？」

「我們要保護毛主席的安全。」排長說著就拿走了髮簪，堅稱它可以用來當兇器。

幾個邊疆學生把硬饅頭敲成碎塊，當作石子丟來丟去，樂不可支。排長衝過去一一搶了過來，然後跑到一輛指揮車前去報告。不久，指揮車用播音器宣布剩下的饅頭統統要沒收。

負責管理邊疆學生的女軍官被指揮車叫去罵了一頓。她回來時一臉不高興，顯然不滿排長的干涉。我們全體都笑那個排長，我領頭和幾個同伴一同用家鄉話唱道：「年過三十還當排長，連個查某都追不上。」他曾經告訴我們，那女軍官是個中尉。

太陽緩緩地爬了上來，人們頭髮裡的蝨子紛紛鑽出來取暖。上面規定不准躺下來，幾個東北人依然把長滿蝨子的腦袋靠在別人身上打盹。整個地區的空氣裡瀰漫著令人窒息的臭氣，幾百間臨時搭成的廁所根本解決不了百萬人的方便問題，坐在中間和前面的人必須爬過幾千人才能上廁所，而大家又都不情願讓路。人們憋急了，都是就地而蹲，當場解決。

時間似乎是停住了。我的雙腳泡在滿是尿水的地上，布鞋溼透了，而毛澤東仍然不見蹤影。有

1 這是人民解放軍的軍紀規則。

好幾次，前面的人都叫道：「來了！來了！」人人都踮起腳尖，伸長了脖子，看到的仍是那幾輛指揮車跑來跑去，大聲叫嚷著維持秩序。六小時過去了，七小時——我們蹲累了、坐累了，都不准站起身來。一小時像一天那麼長。

下午四點五十分，太陽開始下山，毛澤東必須露面了。

「來了！來了！」這一次不可能又是虛晃一招。

「看！」一個黑點越來越近。我趕緊把幾個月前從物理老師的兒子那兒弄來的望遠鏡舉起來，我看到了他！他在一輛吉普車上，神色木然，看不出是高興或是悲哀。他微微噘著嘴，顯得對什麼都看不起似的，雙目死死地瞪著前方，把右手伸到肩膀的高度，僵硬地舉了幾次。他那肥胖的身軀佔去了一大半的座位，旁邊的林彪相形之下就顯得又小、又瘦、又駝著背，一面還在毛澤東的肩膀上揮著一本《毛語錄》。林彪的笑容可怖，長得又十分醜惡，真是一臉奸相。他講話的聲音就像雞叫一樣：「同志們好！紅衛兵小將們好！」

我很討厭領袖在接見群眾時耍派頭。我自己從來沒有在部下面前趾高氣揚過。毛已經接見過許多次民眾，為什麼還要表現得如此令人失望？他偶然咧嘴一笑，攝影師們就蜂擁而上搶鏡頭，好像他的笑是千載難逢似的。

群眾們高興地大叫著，使我記起了電影中的紅衛兵是如何歡呼著、跳躍著、流著眼淚；現在我自己也身歷了這一幕，可是，無論我怎麼努力，卻總激不起那種情緒。我和別人一樣跳上跳下，想多看他幾眼。我的嘴裡也不知不覺地跟著喊：「毛—主—席—萬—歲！」（不久，我只半舉著手跟著叫叫「萬歲」了。）我放下手時，竟發現掉了一隻鞋子，只好推開別人，彎下身，把鞋子套上，再站起來看毛澤東。四周的人全是如此——推開別人，踩上別人的鞋，彎下身子，詛咒著套上鞋，再帶著一張笑臉舉起手，快樂地叫著，揮著手，沉浸在歡樂的情緒裡。不過，如果我們真的興奮到極點，真正高興到忘我的境界，怎麼會注意到這些小事和腳下的鞋子？

從前，我在看毛澤東接見紅衛兵的記錄片時，一直猜不透那些興奮是否都出於真情？或只是為了吸引攝影師的注意才表現得這麼激動？現在，我覺得大家對毛澤東並不是那樣癡心地盲目崇拜，也不是個個都把眼前這個人看成值得無限崇敬的偉大人物，除了免費串連的特別優待外，還有什麼是我們感情的共同出發點？眼前的一幕似乎不過是一群人在互相模仿著，使我覺得噁心（然而，後來回到了家鄉，在向其他人報告這件事時，我竟又可以裝得十分高興，高興得連聲音都變了，使大家都深信我當時是叫得最起勁的人之一）。

攝影師和記者都來了，引起了每個人的興趣。有個記者戴著一頂奇形怪狀的鴨舌帽，在他專心為毛澤東拍照片時，有人居然從後面把他的帽子抓走了。攝影師把鏡頭對向群眾時，有幾個紅衛兵伸手去遮擋鏡頭，也許他們從來沒見過攝影機，覺得十分好奇吧。

後來，只要我和同志們在看記錄片，一定特別注意人群的鏡頭，看看自己在不在裡面，毛澤東接見八次紅衛兵，也就拍了八部記錄片。我看了不止二十遍，從來沒有看到自己。

吉普車緩緩地載著毛澤東前進。後面跟著的是載著毛妻江青、陳伯達、周恩來和其他中央首長的吉普車，他們並沒有引起人們多大的興趣。

梅梅對我耳語道：「看，江青戴著一頂帽子，聽說她是禿頭。」

我很想對她說：「妳的頭髮真美。」可是一直沒有說出口。突然間，人群擠到我倆中間，把我們衝散了。同伴們被擠得七零八落，我發覺自己也被帶著走。那一天的收場實在可怕。潰散的人群湧向機場出口，帶著我踏平了麥田，撞彎了樹木，擠倒了泥草房，四周只見飛揚的塵土，耳邊盡是人聲吶喊，有時，只覺踏上了軟軟的東西，卻一直不知那究竟是衣服還是人體。有些傻瓜還彎下腰去，想拾起自己掉下來的東西，但是一彎下腰，就永遠被人群吞沒了。我的兩隻鞋全不見了。就學著別人一樣，雙腳騰空，讓人潮帶著我走。我想起了梅梅和其他同伴，越想越怕。一路上，我反覆地念著：「別讓我就這樣死掉，別讓我就這樣死掉，我還有愛我的媽媽，還有溫暖的家——。」

我的襪子開始往下滑。突然間，前面傳來轟地一聲——河上的木橋垮了。接著是刺耳的尖叫和哭號，這一切離我不過幾十步，我覺得自己像剛剛撿回來一條小命似的。

人群開始涉過淺淺的河水，輪到我進入那最深只有一公尺的河床時，發現水已經完全乾了。只剩下軟軟的爛泥。河水竟被紅衛兵的棉襖棉褲吸乾了！這時我的襪子也早已不知去向，赤裸的雙足著地，只覺得陣陣刺痛。

過了河，我覺得人潮稍稍鬆了一點。這時的氣溫在零度以下，我必須小心保護自己的腳，於是我冒險彎下腰去撿別人遺下的鞋子。努力了好幾次後，終於撿到一雙可穿的破棉鞋。

我沒有戴手錶。走到大路時好像已經很晚了，天上閃著星星。散亂的人群中，大多數的人看到哪裡有房子，不管是機關、工廠或牲畜廄，就往那裡衝。幸好我和許多人擠進了一家鋸木廠，在廚房的灶邊過了一夜，一面記掛著同伴們的下落。萬一我們當中有人死掉，串連旅行也就完了。

「走開！走開！要燒飯了！你們這些人真是自找苦吃。」這時大約是早上五點，幾個炊事員就這麼把我趕了出來。

我穿上那雙又髒又破的棉鞋，然後伸手進口袋掏零錢。我交給炊事員一張兩角錢的鈔票，買了一碗開水喝。這些炊事員可真賺了我們一筆，不過我們一個個餓得沒精打采，實在沒辦法組織起來造他們的反。

回到路上，我看到一輛輛軍用卡車飛馳而過，有些裝滿了衣服和鞋子，有些裝著殘缺不全的屍體。我不知道梅梅和其他人的下落如何？心裡一陣陣刺痛。為什麼我們要來這個鬼地方？

我趕著回清華園。一路上看到無數的軍人穿著白上衣，或戴著印有紅十字標誌的白袖章，到處檢查著、搜索著，把遺落在地上的東西撿上卡車。

到了頤和園，我連忙搭上一輛開往清華園的公共汽車。一進校園就直奔上樓，衝進寢室一看，七位同志都坐在那兒，一個個呆若木雞。

我高興得叫了出來，跑過去擁住他們：「我們都回來了，我的好伙伴！」

梅梅哭著緊緊抓住我，偎著我。

我建議每個人敘述一下自己的歷險記。說來真是有笑有淚，苦樂參半。我們生活得太動盪了，這對十六、七歲的生命而言實在是太過分了。

我一面聽他們講，一面記日記，然後我叫每個人核查自己的東西，好讓我記下每一件遺失的物品。倒不是要向政府索賠，而是想計算一下看毛澤東的代價。

搥胸到樓下去了一次，帶回一份報紙。毛主席八度接見紅衛兵的大標題佔去了首頁的一半，報上還有一張毛澤東向人群揮手的相片。散場後人潮相互踐踏的事件，當然是一字未提。

「不要看了，大家都受夠了，就是給我一萬塊錢，我也不會再去看毛澤東了。繼續清點財產損失吧，梅梅，別忘了那支被充公的簪子。它值多少錢？」

「不知道，是媽媽給我的。」

學校與串連

我們既然已經見到了毛澤東，在北京也住了八天，我們以為馬上要被趕回去了，所以決定再進城一次向天安門道別。

我們搭錯了公共汽車，來到了北京市體育場。那裡面正有幾所大學的學生聯合主持的鬥爭大會，鬥爭教育部長何偉和高教部長蔣南翔。體育場隔壁的乒乓館則有更精采的好戲。世界乒乓單打冠軍莊則棟和亞軍李富榮正在爭吵得難解難分，每人都有一幫支持者，大家手握球拍，準備隨時打架。

乒乓球隊替國家贏得不少榮譽，深受人民熱愛和尊敬，報紙常常報導他們艱苦訓練和增進團體精神的事蹟，推崇他們是欣欣向榮的新中國的象徵。只不過幾天以前，我還參觀過他們練球，技術真是無懈可擊。

今天，這支隊伍卻大鬧內訌了。身為國家體育協會副主席的領隊因為是劉派分子而被鬥垮了，他一手提拔的莊則棟雖然竭力救他，一些自覺從前受到歧視的隊員則要打倒領隊，甚至聲稱是領隊強迫李富榮屈居亞軍，讓莊則棟得勝的。文革使這些敵對的氣氛越發明朗化。世界單打冠軍終因忽視學習毛澤東思想而被指為「資產階級的選手」。我後來聽說，有人指控他曾經說過這種話：「我打得好是因為我練得勤，毛澤東思想有個屁用。誰要是說毛澤東思想對打乒乓有用，讓他去叫毛澤東來跟我打，我擔保打個二十一比零。」

莊則棟受攻擊的另一原因是：他在外國比賽時接受禮品，發了洋財。

我是個乒乓球迷，曾經一度想放棄學業，做個乒乓球選手。當時，我認為每個人都應該在某一方面為國家效力——或在運動方面贏得榮譽，或獻身科學，或促進國家工業化，或在國外提高國家的聲望。

今天，我的又一個希望幻滅了。從文革以來，我不斷地發現自己在學校時發誓要達到的目的竟是那麼幼稚。我一直自認才能卓越，可是大哥、大姐和三姐都是大學畢業生，又都比我聰明，如今的成就卻只是平平而已。如果一個費了十幾年光陰專心苦練成世界乒乓球冠軍的人也會被拉上台受鬥爭，我又憑什麼期望共產黨重視我呢？

傍晚和同伴們同到清華園後，我去洗澡。我一直不習慣像北方人一樣光著身子在浴室裡走來走去，而且為了避免人擠，不是很早去，就是很晚去。我在淋浴時仍舊穿著短褲，有時，浴室裡的傢伙會硬要拉下我的褲子，罵我：「紅衛兵怎麼可以這樣封建？難道不曉得不脫短褲也算是四舊嗎？」

在霧氣騰騰中，我發覺又有人在拉我的褲子。我轉身一看，原來是排長，好像有重大的消息要告訴我。

「告訴你一個好消息，你我都有份。」

我不禁意志消沉，心想大概快要被送回廈門了。

「我們剛收到上級的通知，所有外地來的串連紅衛兵代表隊的領隊都要到解放軍後勤學院去受訓。你們可以在北京多住幾天了。」

「真的？」

「快穿上衣服，聽我講我自己的喜事。」

排長的愛人不久前生下他們的第一個娃娃，他興高采烈地告訴我，明天就要回去團圓了。

「娃娃已經一個多月了，可是我好幾次請假回家都給駁了回來。我的老婆威脅我，如果我再不回去，她就要帶著娃娃串連到北京來了。我真是兩頭為難，又想升級，又不能撇下妻兒不管。我已經三十出頭了，還當排長實在不像話。現在，假是准了，升級的希望也完蛋了。」

我們越談越起勁，一路談著從浴室走回宿舍。

「你的愛人做什麼事？」

「小學教員。她如果想參加串連是沒有問題的，我倒希望她也能到北京來。」

「有了娃娃，日子不是苦了一點嗎？」

「現在還不至於，這是頭一個。如果超過四個，我就要受處分了。現在提倡節育，因為中國的人口實在太多了。可是，我們團長生了五個，還不是沒受處分！」

我的溼毛巾被凍得發硬。不過，在這麼短的十五分鐘裡，排長和我又恢復了友誼。回到宿舍後，同志們決定從經費中抽出十塊錢來買一點禮物給他，排長深受感動：「連我們團長都沒有這麼客氣。」

第二天早上八點鐘，一輛軍用卡車把我們載到後勤學院。車上的人全是老資格的紅衛兵，從學校紅衛兵組織的頭頭到省級紅衛兵組織的頭頭都有，總共三百多人。

在禮堂中，一位政治部副主任致詞歡迎我們。他說，我們是毛澤東思想學習班第三期的學員，這七天訓練的宗旨，是教導各地的紅衛兵如何將毛澤東的文化大革命推行到全國各地去。他說前兩期的學員全是北京和上海的紅衛兵，他們的學習相當有成效，他們回去以後，在北京和上海推行文革的成績就在其他地區前面，現在已經進入奪權的階段了。

學習結束後，我們可以領到一張文憑，證明我們是毛澤東最優秀的紅衛兵。現在，每人領到一個袖章和一枚胸章，分別到各教室去開始上課。我們的教官又高又瘦，戴著一副厚厚的眼鏡，自稱是某團部的政委，並且宣布了每日的課程：上午九時到十一時——學習毛選集和中央的社論；十一時十分到十一時四十分——「大家唱」，教唱《毛語錄》歌曲；十一時四十分到下午一時——午餐、自由活動；下午一時到三時三十分——報告國內重要新聞和全國各地的文革動態，並討論當天學習成果和交換革命經驗。下午還另行安排時間參觀軍事院校、汽車製造廠、石景山鋼鐵廠和其他重工業設施。

團政委用圖表和教鞭解釋說，文化革命和世界各地的無產階級革命一樣，必須經過四個階段：一，籌備階段；二，發動階段，這個階段的特徵是混亂；三、奪權階段，在這個階段中，無產階級奪資產階級的權，或毛澤東司令部奪劉少奇司令部的權（這是一場血戰，是關鍵所在）；四、結束階段，重整革命隊伍，開始重建工作。

目前，我們正處在發動階段，正要向奪權階段邁進。文革是毛澤東自己領導，而以紅衛兵為先鋒。所以，在紅衛兵群中加強毛澤東思想教育是特別重要的一點。團政委自稱已經學習了數十年的毛澤東思想，到今天還沒有完全搞懂。

我們接著開始讀毛著，有數十年學習經驗的團政委讀起書來結結巴巴的，連個六年級的學生都不如。他的雙眼緊貼著書本，像是在數螞蟻。

起先，我們都是規規矩矩地坐著，不是看看天花板，就是啜啜那還算清香可口的茶。才十五分鐘，我們就恢復了那從學校停課以來培養出的放肆習慣，開始交頭接耳，竊竊私語，互相擠眉弄眼，要求上廁所了。團政委不時用黑板擦兒敲講桌，叫我們注意。

有人插嘴說：「林副主席批判有些人在學習《毛澤東選集》時看了就懂，可是一放下書本就忘掉了，而且覺得所學的不容易實行。我就是這樣一個人，請問如何醫治我這思想上的毛病？」

團政委清了幾次喉嚨才說：「嗯，這個等到下午再談吧。我想在《毛澤東選集》裡面一定可以找到醫治的方法。」

大家都打消了開他玩笑的念頭。教室裡漸漸靜了下來，有人拿出連環圖畫，夾在毛著裡看得津津有味。我則垂下頭，打起盹來，可是又很可惜這樣浪費大好時光。最後，我從挎包裡拿出串連日誌，開始振筆疾書。

團政委再也忍不住了。他走下講台，在教室裡繞起圈子。我正好坐在最前面，第一個被他注意到了。他問我在寫什麼。

「我在為下午的討論打底稿。」我吹了牛，準備跟他的大近視眼博一下。「很好。你是哪個地區來的？」

「福建，八一二九。」

「你們鬥葉飛鬥得很好，中央支持你們。繼續好好學習，提高鬥爭水平。」團政委要沒收別人的連環圖畫，但是受到了頑強的抵抗。「老子不願意參加學習了，誰在乎什麼畢業文憑？拿不到文憑，還不照樣是紅衛兵頭頭？把書還我！」有些人的態度非常傲慢，根本不理他的糾正。

「老子比你大，你憑什麼管我？」

「你以為你學的毛著比我多？看誰背得多！」

瘦弱的團政委完全管不了這群無法無天的紅衛兵。這些就是文革的頭頭！誰也不真心在乎跟不跟毛澤東走。以我為例，我所要的只是一紙文憑來增加我的資歷，除此之外，訪問重工業設備的機會對我也很有吸引力。

現在該大家唱了。教唱的是一個滿漂亮的女軍官。我們戲弄她，改變歌詞來侮辱她：「日正當中，肚皮空空」，然後又鬧著要吃午飯。有人說：「毛澤東思想雖是萬能，可是讀過以後，我的肚子還是餓。」

女軍官冷冷地說：「我只能教你們唱歌，不會教你們填肚皮。」

午餐比接待站的好得多，因為伙食費加了一倍。雖然如此，我們在飯桌上照樣舉止粗魯，為搶吃的吵架，午飯似乎沾滿了火藥氣味（有人把鞋子脫掉，給別人開胃，實在臭得可以）。團政委勸我們要表現出紅衛兵領袖的風度，有個紅衛兵立刻把桌上的一盤菜反扣過來，搶白道：「這就是紅衛兵的風度！」

這地方實在令我難以忍受。我也是紅衛兵，但絕不會把菜扣翻或脫鞋子。我要做一個正常而正當的掌權人。我並不認為紅衛兵的任務僅在於破壞而不在於建設，更不認為所有的禮節都可以棄而不用。有人笑我是「文明紅衛兵」，因為我說過紅衛兵終究也要講文明。他們反駁道：「不對，紅衛兵只要造反就行了。」他們似乎將文革看成一個可以言所欲言、為所欲為的大好機會，從來沒有考慮到將來如何結帳。

我打了一封電報告訴組織：我參加了學習班，以提高自己的聲望。然後，我從一個小小的後門溜出學校，乘公共汽車到了天文台，後來又去參觀了前北京市長彭真的住宅。這棟住宅在被抄查後已經開放展覽了。這個雜種可真會享受，他的住宅是我在全國各地看到的最奢侈的一幢。

回到清華宿舍後，我和同志們一起想辦法如何一面逃課，一面又能混到文憑。梅梅靈機一動，立刻寫了一封航空信給她哥哥，請他寄一些醫院的空白證明來。

第二天早晨，卡車又來接我們。我用一張一元的鈔票買通了司機讓梅梅同行。出發前，我喝了不少熱水，希望能提高體溫。到了後勤學院後，我立刻去找醫生，醫生給了我一支體溫計，叫我塞在腋下，然後又低頭繼續看小說。我們看出有機可趁，梅梅立刻搗著體溫計，在火爐前彎下了腰，假裝烤火。五分鐘後，我的體溫是攝氏三十九度四，醫生大吃一驚，說我必須馬上住院，並開了一張證明給我。我把證明交給團政委，他堅稱一共才短短的七天，而我竟要請兩天病假，「你畢不了業。」

「治病要緊嘛。」我說。

一走出來，我就拉起梅梅的手，跑出大門，把一整天的時間消磨在全國最大的動物園中。

隨後的幾天，我天天變花樣設法逃課。一天早上，梅梅一臉嚴肅地走進教室，全班立刻殷勤起來，連團政委都擦擦眼鏡來看這個漂亮姑娘。

「請問福建省八——二九總部的凌代表是不是在這裡上課？」我忍住笑，站了起來。

她告訴團政委：我們有個隊員出了車禍，領隊必須到醫院去辦理一切手續，支付醫藥費。

走在路上時，我又想笑，又覺得慚愧。文革以來，我已經耍過無數的花招，利用別人來滿足自己。

「文革已經把我們變成老油條，誰也鬥不過我們了，」我轉向梅梅：「而妳——又聰明又誠實，從來也沒有欺騙過別人。」

「還不是為了你。」她帶一點悲哀地說。

「我知道。不過，我們一定要記住，敵人可以騙，對同志可一定要忠誠。我為了表示感謝妳今天幫了忙，請妳去吃北京烤鴨！」

著名的北京烤鴨吸引了許多顧客，飯館外面還排著長龍。我直接走了進去，以毛澤東思想學習班學員的身分要求優先招待。服務員看到我們目中無人，嚇了一跳，立刻替我們找了一張桌子。我倆吃得稱心如意，報銷了半隻鴨子。

這時，梅梅的哥哥用航空信寄來的醫院證明也到了。我也不在乎什麼文憑不文憑，團政委近視得厲害，根本沒有發現這是外地醫院的證明，只苦笑說道：「你這個學生真是病多、麻煩多。」

發畢業文憑的那天，政治部副主任又露面了，稱讚所有學生表現都很好，並且希望大家在返鄉後能推廣建立毛澤東思想學習班。他接著又宣布為了經費問題，將不發給正式文憑，只能在我們的胸章背面蓋一個「毛澤東思想學習班第三期」字樣的圖章。大家都嘀嘀咕咕，罵他騙人。我卻不覺得有什麼可惜，我總共才上了兩個半天課——一個上午被我寫日記寫掉了，另一個下午又參觀了幾個值得一看的地方，像是可以在五分鐘內裝配出一輛紅旗轎車的北京汽車製造廠等。在串連日誌中，我卻把這七天寫得天花亂墜，好像自己被鍍了一層金一樣。我在私人日記中則詳細記下了這七天的遊歷，結尾時加上一句嚴肅的話：「欺騙敵人，但忠於同志，——這是一項牢不可破的原則。」我還寫信將一切告訴了二哥，卻又擔心他會罵我。我還記得他說的——「一個人學好（我花了十六年艱苦的歲月）不容易，學壞（我只花了六個月）卻太簡單了。」

我們畢業後，我認為我們必須抓緊一切時間來從事革命串連，這才真正是八一二九總部交給我們的任務，否則回去後對組織不好交代。於是我帶著同志來到北京第三十七中學，與設在該校的八一二九聯絡站聯繫。這個聯絡站是我們的雷達眼，密切注意著中央的動態。實際上，每一個紅衛兵組織都在北京設了這樣的單位。

好不容易才在學校大樓中找到它的所在。它只不過是樓梯底下一個幽暗的三角形房間，我真不敢相信這就是我們那堂堂的八一二九總部的聯絡站。我走進去後，發現幾個人坐著在打四十分，滿室香煙氤氳，只有幾把椅子、一架油印機和一點文具，別無他物，連電話都沒有。

一九六八年二月，我再度到北京時，這個聯絡站還在，只是更為凋零，油印機不見了，椅子也少了幾把。這時，中央早已不把聯絡站看作是向各地傳播消息的有效工具，正在設法一一解散。

聯絡站人員全是福州籍的學生。他們陪著我們到十幾個政府機關[1]去蒐集材料。他們說，最好不要天天往中央文革領導小組接待站跑，打聽地方的情況，因為他們通常總是答非所問地說：「一切要按毛主席的指示做！」直接問還不如間接打聽。因此，從接待站出來的人常

1包括中央文革領導小組、中央軍事委員會文革領導小組、國務院文革領導小組和教育、高教、地質、外交等部的接待站。

被守候在外的人熱烈歡迎，大家送香煙，甚至送錢、送禮物，作為看看他新得到的材料的代價。

「簡直就像商人，就像情報販子！」我厭惡地想，他們原來是這樣工作的！聯絡站的人員懶得去抄大字報，因為抄大字報時得把雙手暴露在嚴寒裡。他們無非是走出去看看而已，然後憑記憶寫一點寄回總部。有時候，他們還會向小孩子買資料，甚至僱小孩替他們抄大字報。

在高等教育部裡，我們問接待人員：文革以後，學生的前途如何？他們答不出來，只說也許像大學三年級的學生，算是學業期滿，准許畢業。我們已經半年沒有上過學，但還是很關心自己未來的學業。梅梅希望進北京醫學院；我想步大哥大姐的後塵讀工科；搥胸則對軍校深感興趣。有一次，我和梅梅談到以後——她上北京醫學院，我上清華，我們每天可以在三十一路公共汽車上見面。我們這樣勤於參加新運動，一半也是希望藉此改善自己的前程，因為我們都不屬於得寵的紅五類。對其他人而言，這也是很普遍的心理：中學生希望進好一點的大學，大學生希望得到好一點的工作，工人則希望變成幹部。

在後來的幾天裡，我們訪問了大約四十所大專院校和幾所中學。

有一次，我們經過中央的黨幹部學校時，看到一大群被推翻的省市領導幹部，包括省長、市長和黨書記等站在操場上讀《毛語錄》。這些人全都是受過當地人民的鬥爭，然後被中央召來北京受訓的。許多當地的紅衛兵都肆無忌憚，摧毀了這批「黨的資產」，受訓反而變成一種保護他們的方法。中央認為在洗腦和降級以後，有許多方面還是用得著這批幹部。

大門口站著許多看熱鬧的人，嘲笑著那些曾經高高在上、大權在握，而現在連廁所都得自己掃的幹部。偶爾，在裡面繞操場跑步的人會停下來和圍觀的人交談幾句。我們聽到其中一人說：「這種生活真令人滿意。現在自己洗衣、打雜、做飯，才發現生活變得充實多了。」

警察跑來趕我們，我們仍然不斷地回頭看。我一點也不可憐他們。文革本來就是一個使大官吃苦、使一般人民享福的時候。我又想，不知葉飛是否也在裡面？我們很想參觀電影學院，後來終於由三姐帶去看了一次。三姐曾經希望到這個學院來求學，變成一個家喻戶曉的女演員。許多紅衛兵到這裡來參觀是想一睹漂亮的女學生兼明星的風采，如果運氣好，來時正值他們在開會鬥爭女學生，還可能有機會抓她一把。

我們在校園四處走著看電影布景時，來參觀的其他紅衛兵常以為我們的四個女伴是該校的學生，有人還威脅要拉她們去鬥爭。儘管我們叫女同學把袖章戴上，但許多人硬是不相信她們不是演員。她們都穿著便服，三姐穿一雙紅皮鞋，梅梅穿著一件淺紅棉襖，特別引人注目。我們幾個男生不得不充當她們的保鏢。

我們參觀的另一所特殊學校是北京的高級幹部子弟學校。這只有局長、部長級以上和將級軍官的子女才可以在這裡求學。換言之，這是一所專屬「大轎車階級」幹部子女的學校。

一個八一二九聯絡站人員告訴我們說，許多紅衛兵團體最近曾經到這所學校來調查，文革初期學生們對老師用苦刑的實際情況。最近，我們也在街上看到「為鄭玉南同志報仇」的大字報。鄭某以前是該校的語文老師，被學生連鬥四十天後自盡而死。

聯絡站人員認為我們在這時去參觀該校，可以有很好的機會建立多方面的接觸。我們到了校門口，原來的學校名牌不見了，取而代之的是一大塊紅幅，上面寫著「紅衛兵戰鬥學校」七個大字。

我們發現這個學校的紅衛兵分成兩派，多數派完全由部長、將領和其他最高級幹部的子女組成，從前折磨老師的就是這批人。現在他們的父親受了鬥爭，他們的地位也日趨危險，不再有人可以掩護他們了。

他們的少數派對手叫作「五一一六」紅衛兵，一度是校內的可憐蟲，大部分是孤兒，是革命先烈的子女，靠國防部的津貼過活。我們發現接待員幾乎個個是少數派。從前每到星期六下午，大轎車就來把那些學生接回家度週末，那些少數派接待員則只好留在學校裡。「大門造得那麼大，就是為了配合大汽車嘛。」一個接待員挖苦地說。

接待員都說該校的風紀鬆懈，並且承認曾經待老師如奴隸一般。有些大官父母顯然不願意把子女送到這所學校來，認為孩子們在這裡得不到良好的教育。劉少奇的女兒劉平平就沒有讀過這所學校，彭真的兒子也沒有。

不過，這一切都過去了。當局已經決定關閉該校，並解散那些惹事生非、自以為生來就該騎在別人頭上的高級幹部子女。

參觀各校的五天以後，我們少數人得到機會，隨著北京紅衛兵鄉村調查團到了郊區的和平人民公社，去看看公社如何忠實地追隨北京舊市委「資產階級農業路線」的政策。

和平人民公社是專給外國人參觀的模範公社，它和我們來北京時一路上看到的鄉村大不相同。這裡家家戶戶都整潔有序，前街後巷無不乾淨平坦，行人不用擔心會踩到泥巴或豬糞，到處都看不見垃圾，也沒有人穿破爛或打了補釘的衣服。我們走進公社社員的家時，發現到處是纖塵不染，每間房間都漆成白色，家具都是全新的，還有收音機。

根據幾天前的調查結果看來，這是個賠錢的公社，出產不夠維持消費，每年政府還得花大筆金錢來整頓農舍和街道，建造康樂廳、禮堂和辦公室，加深外國人的印象。

今天，我們是來造反的。我們組織了社員來鬥爭公社社長和書記，並在各樣房屋的牆壁上寫滿了標語。我還提了一桶油漆，拿著一把刷子，只要看到刻著讚美之辭並有洋人簽名的牌子，就用油漆刷上一個大叉，寫上「修正主義」或「遺臭萬年」等字句。只要看到洋人送的收音機、照相機、獎狀、錦旗或農具（阿爾巴尼亞和北越送的除外），我們就砸得粉碎，搗個稀爛。我們還費了好久時間，推翻了五輛蘇維埃五一拖拉機，把它們全都打個稀爛，澆上汽油放火燒光。我們忙得一身是汗，公社社員都在一旁心疼那些被糟蹋的東西，說那些東西只不過是生產工具而已。我們大罵他們是「中蘇修的毒」太深，並質問他們：「生產和思想哪一個重要？」

末了，我們召集公社社員在村邊的一棵大槐樹下集會。我們說，今天是針對「修正主義的模範」造了一次反，從此以後，他們要聽我們的，不要聽外交部的。我們列隊離開時，還可以聽到社員們在背後詛咒著。

這是我在北京時唯一的一次在鄉村的活動，我認為是一種對身體很有益的運動。

征服使館區

十二月中旬，我們參觀了東三省後，瑟縮著回到了北京。我們去參觀中國最北部的幾個省完全是一時興起。回來時，我們的日記上都蓋滿了圖章，表示我們參觀過中國最大的鋼鐵中心鞍山、最大的工業都市瀋陽和最冷的都市黑龍江。我們一下火車，就看見滿街都是「打倒蘇修」或「帝國主義滾出中國」等標語。我們一路順著大字報來到了東交民巷。到了這個各國大使館的所在地後，看到的標語就更多了。

清華井崗山紅衛兵總部的接待員告訴我們，最近北京市在「把文革的高潮帶到全世界」的口號下，醞釀著另一次排外風潮。北京紅衛兵認為如果要徹底搞文革，東交民巷就不能像個獨立王國般的置身事外，那裡面的四舊也應該破除。紅衛兵一心要向洋人顯本事，只要不打死人，即使把洋人抓出來鬥一鬥，破壞一點外交規則，也沒什麼大不了。

接待員很清楚地表示，中央文革小組對紅衛兵的這種行動既未贊成，也不反對。但是怕會影響外交關係，引起各國公憤，國務總理周恩來和外交部長都反對在各大使館門前示威、搗亂或騷擾外國人。然而，紅衛兵只聽中央文革小組的話，領導小組若不下令制止，他們是絕不罷手的。接待員還補充說，希望全國各地的紅衛兵都支持而且參加這個運動。

我早就覺得，我們在北京忽略了和洋人接觸的機會。我一直認為：自己住在中國，和外面的世界距離太大，學習外界的知識也僅限於書本而已。現在，我們總算有機會看到外國人的面貌、汽車和住宅了。在北京的大街上幾乎看不到幾個外國人，他們來往都坐汽車，車上插著一面寫有「使」字的小三角旗。洋人就是在街上步行，他們和行人的交談也只限於問問路而已，而且通常只向學童問路。北京的小學生都受過特別訓練，懂得如何向洋人表示禮貌，他們總是很熱心地為洋人指路、帶路或帶他們去問警察。跟洋人搭訕過的大人都怕被便衣警察囉唆，因此全都避免跟洋人打交道。

我們曾經好幾次在照相館看到外國人。大家對外國婦女最感興趣，說是在大冷天，她們還是照樣穿短裙，把小腿一直露到膝蓋。我覺得很光火——這有什麼了不起！她們肉吃得多，分明是故意在中國人面前賣弄健康！

我常對梅梅說，如果她也穿那種裙子，一定比外國女人漂亮。可是梅梅連正眼看這種裙子的勇氣都沒有。她有一次看到幾個野孩子跑來踢外國女人的小腿肚，倒是覺得很有趣。那幾個洋婆子毫無辦法，看熱鬧的人哄笑不已。事後，大家還拍拍孩子們，誇讚了幾句，反而使孩子們感到意外。

我們對洋人的豪華大轎車比較感興趣，比起我們在福州時每天晚上坐的華沙牌轎車來，這種大汽車是神氣多了。有時，我們還會跟著洋人走出暖暖的店鋪，站在寒風裡看著他們坐上汽車揚長而去，留下一大團從排氣管噴出來的黑煙。有時，忽然記起自己是紅衛兵頭頭，才阻止大家幹這種幼稚的傻事。

第二天早上，搥胸和我起得特別早。我們向八——二九聯絡站借了兩輛腳踏車，在寒風中騎向東交民巷。我們在東交民巷起點的十字路口看到一張國務院和外交部的通告，叫紅衛兵們不要進入這個地區惹事生非。通告旁邊又有一張由清華、航空學院和其他各校聯名簽署的布告，內容正好相反。

東交民巷是一條安靜的街道，沒有公共汽車，只有比公共汽車靜得多的電車往來其間。那兒的街道都很狹窄，但人行道十分寬闊。街道兩旁種著成排的樹木，在寒風中沙沙作響，顯得很淒涼。所有的大使館和公使館外面都圍著高高的牆，我們看不到裡面，覺得很氣憤。我們常常一人把風，另一人將兩輛腳踏車並排停好，踏在車墊上，好往裡頭看個真切。我們每次都被那神不知鬼不覺、悄悄鑽出來的警察大喝一聲，嚇個半死。

「你們在做什麼？你們應該知道不准在這裡隨便亂看的！」我們只好向警察敬禮道歉，心底卻覺得他連走狗都不如。中國人為什麼要跟洋鬼子一鼻孔出氣？「我們要瞻仰瞻仰祖國的風光。」

「快走，快走，否則就要記你們的名字了！」

我們一點也不害怕。我往往會抽出「毛澤東思想學習班第三期」的徽章，在他們每人眼前晃一晃。有時，我們還會拍拍那一臉尷尬的警察：「你管你的秩序，我們造我們的反，咱們是井水不犯河水！」

如果他還是一個勁地罵，或用槍嚇唬我們，我們就立刻翻臉：「你這個看門狗，誰怕你！——三十七塊五！」（一個普通警察的月薪是人民幣三十七元五角。）這句話才真正傷人。

在這條街上，我們的收穫甚豐。我們每經過一地，就記下來，畫一幅草圖。我們只有趁送牛奶的三輪貨車停下來，洋鬼子打開小門接牛奶時，才有機會看到裡面的情形。凡是有汽車在大使館前停下，我們就沒命地蹬那叮噹作響的老爺腳踏車搶上前去，盡可能靠近敞開的大門往裡看。我們稱這種遊歷活動為「征服」。可是，我們實在不滿意警察的干涉，決定第二天多帶一點人來報仇。

第二天早上七點半左右，我們二十個男生都準備妥當了。梅梅雖說頭疼，其實她是找到了一個可以練鋼琴的地方。我對她說：「妳屬於溫室，我屬於外界。」不過，她不跟來也好。她不來，我才能毫無顧忌地罵粗話、找麻煩，又不用替她擔心。

搥胸和我帶路，大家各帶匕首一把，想要流芳後世的人可以把大名刻在使館門前。我們一個個衣衫不整，活像一批流氓，袖章倒是每個人都戴了。我們到了東交民巷以後，有的手挽著手，有的勾肩搭背地往前走。那一天很暖和，許多其他的「遊客」也來了。十字路口的國務院和外交部的聯名通告已經不翼而飛了。我們人多膽大，輪流以疊羅漢的方式移上牆頭往裡看，偶爾看到一兩個身穿睡衣的洋人出現在窗口，我們就猛吹口哨，大叫：「洋鬼子下來！下來！」警察也是束手無策，跑過來又想阻止我們，又緊緊抓住槍套，生怕手槍被摸走。

我們還手拉手在馬路中央昂首闊步，逼得洋人的汽車和摩托車停下來。車一停下，我們就把汽車團團圍住，又搥又打，逼迫車裡的人搖下窗子用洋文向我們問好或揮手才放行。有些洋人比較頑固，猛按喇叭想要殺出重圍，我們就丟一大堆果皮和硬饅頭塊過去作為送別禮。

到了法國代辦處門前時，一輛乳白色的汽車在大門前戛然停下。

「法國女人！法國女人！」

我們只曉得法國女人和法國香水都是馳名世界的，一個金髮碧眼的女人從車裡走了出來，我們馬上肆無忌憚地盯住她猛看。她輕蔑地看看我們，把手提包往胳膊上一挽，甩上車門，踩著高跟鞋格搭格搭地走向大門，一面還低聲詛咒著。誰也沒有阻攔她，可是一小塊凍得硬邦邦的饅頭飛了過去，不偏不倚地打中她的腳踝。她痛得彎下了腰，靠在門口的柱子上，在裡面玩溜滑梯的黑、白和黃種小孩紛紛跑過來看。

「夠了。」有人說。白人小孩會跟黑人小孩玩在一起，這使我們覺得很奇怪。學校曾經教過我們：美國和其他各地的種族歧視都十分嚴重。我上初三時的政治課老師說過，在美國的公共汽車上，白人坐上層，黑人坐下層。所有的商店、旅館和飯館都是隔離黑人的。

有一次，我問老師：黃種人在世界上的地位如何？他說，黃種人似乎處在兩者之間，我們必須努力往頂上爬。他還說黑人有勇無謀。我們對他的話都是深信不疑。

在捷克大使館前，我們被介紹捷克國防力量的宣傳欄吸引住了。我們從來沒有見過這麼美的彩色照片，大家都對軍事武器特別感興趣。搥胸忙戴上眼鏡要看個清楚，一面還不住地說：「幫我把這個抄下來。這幾個數字很重要！」他還說：「如果有一架照相機和鎂光燈就好了！」

他是個戰爭迷，也是個武器迷。我們兩人一致相信：「暴力解決一切；武力代替宣傳。」梅梅一直和他爭辯這一點說：「將來的世界是一個沒有人帶槍的世界！」

一個警察很不樂意我們在宣傳欄前徘徊不去。他壓低了聲音對我們說：「最好不要看了，最好不要看了！這是蘇修的宣傳，是毒素。」誰也不聽他的。他不耐煩起來：「你們全是毛主席的紅小兵，最聽毛主席的話。你們應該懂事，為什麼要看敵人的宣傳呢？他們會給你們拍照的！」

「那才好咧！那樣子，我們就可以在全世界露臉了，不是很棒嗎？」

大使館使我想到了外國。我突然有了奇怪的念頭：我要躲在洋人汽車的行李廂裡混進大使館，用刀尖逼外交人員給我弄幾張必要的文件，然後化裝溜到國外，做全世界性的串連旅行，這不是很棒嗎？這個念頭在我的腦海裡盤桓了好幾夜。最後，我做了個噩夢，夢見自己到了外國，既不懂外國話，幣制又不一樣，最後是活活餓死。我驚醒以後，才發覺是肚子餓了。最近幾天來，我們吃的都是「階級教育飯」，窩窩頭代替了饅頭。頭一天晚上，我嚥不下那粗糙的窩窩頭，而我買的餅乾又被偷走了。

我知道自己並不是真的對於當紅衛兵頭頭不滿意，也不是對家庭不滿意。只是，人的欲望是永遠不能滿足的。別人越是不讓我們出國，我對外面的神秘世界就越嚮往。

我們在東交民巷連續鬧了三天。有一次，我們漫不經心地走進亞洲學生療養院，坐在大廳裡的長沙發上吃饅頭當午飯。亞洲學生療養院是亞洲留華學生的招待所。有幾個東北紅衛兵正想躺下來打個瞌睡，幾個日本學生立刻跑過來，比手畫腳粗聲粗氣地說了幾句話。後來，譯員翻譯後，才知道他們是不願沾到蝨子。一聽這話，一個東北紅衛兵立刻一頭朝日本人撞過去，要把蝨子傳給他。我和我的同伴雖然沒有蝨子，日本人的話仍然深深地刺傷了我們，於是大家一擁而上，打了起來。

我和駐在招待所裡的清華井崗山紅衛兵聯絡，請他們一道來揍日本人。但是他們勸我們算了，因為這些日本學生是左派學生，我們不應該傷害彼此的友誼，人家是來學習紅衛兵精神，然後回國去造反的。

要不是警察及時趕到，我們也許會吃大苦頭。捶胸看看警察的槍說：「什麼事有了槍就好辦，只有槍才能解決問題。」

我們被記了名字。我不在乎，心裡想反正在北京的日子也不多了。今天，我們算是真正接觸到了外國人（雖然我從來不會把日本人看成真正的洋人）。

我和日本人打了這一架後，回到清華園，只見梅梅提著自己的行李走過來。她興奮地告訴我，她在這天早上和清華井崗山紅衛兵交涉的結果，對方答應讓出三個房間給我們。因為我們是「八一二九總部」的代表，和其他人像大雜燴似的混在一大間裡實在不像話。

新住處並不真是三個房間，而是一大間教室用上課的桌子隔成三部分，比起三十多人同住一室，這裡是好多了。搥胸和我睡一間，另外三個男生住第二間，三個女生住第三間。

梅梅抱了一大捆報紙進來。

「這是做什麼用的？」我明知故問。

「要使你們偷看不到，你們絕對不准偷看。」

「報紙上可以戳洞洞呀，而且北風一起，還不是照看不誤。」

「那我們就貼五層！」

「五層！我們搬到旅館去算了！」我有點生氣了，她應該知道我是個規矩人。

「何必呢？我們把東西蓋好，也可以給參觀的人一個好印象。」

「好吧，反正沒幾天就要走了，我可不希望出事。」我愛看她害羞時臉頰泛紅的樣子。她真是又可愛，又嬌美，我常叫她「小姐紅衛兵」，搥胸則叫她「資產階級紅衛兵」。

第一天晚上，我們就領略了井崗山紅衛兵慷慨的代價：那一晚，他們的一個幹部跑來告訴我們，他們第二天要在東交民巷集會，改路名，建議我們一定要參加。單位是越多越好。我曉得他們的興趣不在於多加我們八個人，而是要借「八一二九總部」的名，表示其他各省的組織也支持他們。我覺得我們無妨同意他們的要求。可是我說，我們不願意跟著一大群人蜂擁而去，我們要單獨行動。

「既然你們決定去，就請簽名吧。」我簽了名。在第二天貼出的公告上，參加的單位仍只有北京市的各紅衛兵組織而已。

我們八人到了東交民巷時，改路名的行動剛剛開始。程序非常簡單：念一段《毛語錄》，宣布舊街名「東交民巷」已經作廢，再在口號和鞭炮聲中，宣布新路名「反修路」誕生，如此而已。參加單位的學生就用這套簡單的儀式更改沿途所有的舊路名，有時只不過用一張寫了新路名的紅紙貼在舊路牌上而已，另外還在樹幹上貼了寫著新路名的紅紙條，在大街小巷的牆壁上漆了標語口號。

每個人都拿了一把刷子，提一桶墨水、白粉或油漆到處寫字，愛寫多大就寫多大。看到大家歡天喜地搞得不亦樂乎，我很後悔沒有把這些東西預備好，使得我們八個人沒有插手的餘地。

我對幾個專心寫字的人說：「你寫得好難看。我們來幫你寫，然後還是簽你的名。」

「我們情願自己寫。」

誰也不肯讓出來。我們唯一可以效勞的地方是幫別人豎豎路牌。我們若不是站在後面說：「歪了，向這邊一點。」就是在人家釘釘子的時候，上去扶一扶路牌。

我們認為這一點點的活動就足以讓我們向組織誇口：「我們是『破四舊英雄』，實際參加了這次有國際意義，而且一定會報導到外國去的活動。」除了這些小事外，別的事輪不到我們。我們只好無精打采地走向蘇聯大使館。蘇聯大使館前正在舉行鬥爭大會，好幾千人，多半是紅衛兵，聚在大門口叫著挑釁的口號。在這裡維持秩序、阻止人群衝進大使館範圍的士兵也擠在裡面大叫：「打倒蘇修！」這些士兵顯然事先已受到指示，在叫喊侮辱性太強的口號，如「絞死柯錫金」或「砸爛蘇修大使館」時，沒有跟著舉手。清華井崗山紅衛兵根本不把士兵看在眼裡，衝過阻礙，把標語貼在鐵柵門上。

參加這次鬥爭大會的人多半是大學生，看熱鬧的人都站在較遠的地方，雙手插在袖筒裡，並不顯得特別興奮。長久以來，蘇聯大使館一直是紅衛兵的目標，有些紅衛兵故意每天來搗亂。

大約過了半小時，紅衛兵才慢慢散開。有些人還得到外交部、交通部和郵電部去通知路名已經更改。我們就混進了開往外交部對外辦事處的隊伍。兩個手拿「更改路名」通告的紅衛兵走向前門的台階，大聲呼口號。正在這時，一個男人走出門來，大家一眼看出他是個蘇聯人。他看到大家又叫又喊，突然大發脾氣，向那兩個紅衛兵揮拳頭，用中文罵了句「暴徒」，拳頭幾乎碰到他們的鼻子上。

這個蘇聯人如果悄悄地溜進汽車，也許只不過換來一頓臭罵而已。他現在發了牛脾氣，大家不管他多火多兇，全都不肯放他走了。

當下就有十幾個比他更火大的紅衛兵奔上台階，把他團團圍住，把一本《毛語錄》舉到他的臉上。下面人聲吶喊：「鬥他！鬥他！」一個女紅衛兵一手扠腰，一手指揮大家高唱《毛語錄》歌曲，一面用腳打著拍子。

起初，我只是袖手旁觀，準備看好戲。我個人並不恨蘇聯人，學校的俄文老師是留俄的，他使我們對蘇聯人的印象不錯，我和同學們都很喜歡俄國民謠。

那個蘇聯人在充滿敵意的人群面前突然冷靜下來，這倒使得大家頗感意外。他一語不發，也無意阻擋那些在他的鼻尖下晃動的拳頭，只是面無表情，雙眼毫無懼色。

他越顯得鎮靜，我越火大。他這副冷靜自若的態度是對我們莫大的侮辱，那表示我們的憤怒和力量還不足以降服他。我衝口叫道：「揍他！」可是沒有人反應，我的聲音被大夥兒的呼聲淹沒了。

我回頭找同伴，一個也不見。我只顧跟著人群來到這裡，竟把同伴忘得乾乾淨淨。我立刻趕到預先約好的集合地點——郵電大樓，總算找到了他們，把他們又帶到外事處，只見幾個紅衛兵正在審問那個蘇聯人。

他們把這個老蘇的中文譯名的第一個字定為「黑」，和黑魯曉夫一樣，接下來的鬥爭就在這個字上做文章。大家罵他是黑魯曉夫的狗腿子，還強迫他承認和黑魯曉夫有關係，此外又扣上無數的罪名，如曾經破壞改路名的革命行為、侮辱中國人民或對鬥爭採取不誠懇的態度等等。一個伶牙俐齒的女紅衛兵宣布了他的八大罪狀。這時候，這個倒了楣的老蘇連眼鏡都被打掉了，許多人對他又推又拉，許多小孩子跑上去拉他的衣服，踩他的腳。

有人叫道：「抓他遊街去！」但是負責審問他的紅衛兵不敢帶頭。這到底不是一件小事，一切後果是要由頭頭負責的。如果當時有人起來帶頭，那蘇聯人是毫無疑問會被抓去遊街示眾的，只是，誰也沒有這份膽量。

情況正在僵持不下，另外幾個看來像是蘇俄人的男人走出門來，站在台階的最上層，扶住那被困的人，把他護送了進去。少數幾個紅衛兵還想追進去，被衛兵擋住了。這些衛兵一直站在那裡，對剛才發生的事根本沒有干涉。後來，外交部的一個人走出來，向大家發表談話。他說這件事做得太過分，給國家的外交事務增加了壓力。

我卻認為這是我們在北京最重要的一天，雖然未能使洋鬼子屈服，畢竟向他們顯示了力量。

我真希望全世界很快就知道中國出現了一股新力量——紅衛兵。

王光美落網記

清華園漸漸顯得冷清多了，北京街上也不再擠滿了紅衛兵。國務院結束串連的公告業已發布。校園裡的氣氛卻突然緊張起來，攻擊劉少奇的太太王光美的漫畫、大字報和標語越來越多。

這是我們該回家的時候了。阿豬來信罵我們忘了組織，貪圖遊樂，而我們自己帶的錢也已經吃光用盡，開始挪用公款了。可是，我仍然覺得唯有多瞭解新的發展，才能為八一二九總部服務得更好。在首都紅衛兵第三司令部的接待站裡，我們問為什麼在所有攻擊劉少奇的大字報和漫畫上，都說他是「中國的黑魯曉夫」？又問為什麼對他的鬥爭不公開舉行？

我們得到了兩點理由：首先，這種鬥爭有礙國家聲譽，所以問題不在於什麼時間向群眾宣布，而在於有沒有把握一定能鬥倒劉少奇；其次，更主要的一點是攻擊劉少奇的證據還不夠充分，而且黨幹部中的劉派人數極多，光是喊喊「打倒」是不夠的。劉少奇最大的錯誤是和蘇修一搭一唱，現在大家的注意力已集中在他和蘇聯勾結的一些最小的罪名上了。大部分的幹部和人民都怕修正主義一旦在中國抬頭，一定會有不少的人頭落地，不得好死。大家將這份恐怖轉化為對蘇修代理人劉少奇的憎恨，他也因而變成了眾矢之的。

我們隨後又問，「要鬥倒劉，必先鬥倒王」的謠言有沒有根據？

接待員面有難色。因為攻擊劉少奇的材料實在太少了，中央特准紅衛兵檢查近年來劉少奇出國訪問的一切記錄。他就是在這方面被抓住了小辮子：他的老婆王光美被發現是個資產階級分子，以她在革命前後的所作所為，她毫無疑問早就可以被鬥倒了。

接待員非常神秘地打開櫃子，指給我們看一疊高達好幾尺的文件。我們當然馬上請他分一點給我們，他只給了一點點，還說其餘的都是最機密的文件。於是我們又到了新華社、民族委員會、僑務委員會和教育部等分發紅衛兵調查小組報告的機關去要材料。凡是他們給的我們全拿，也不管內容有沒有重複。所得的材料包羅萬象，收穫甚豐。現在我們才明白北京紅衛兵為蒐集王光美的材料已花了多少力氣，吃了多少苦。他們訪遍了劉、王曾經工作過的每一個機關，特別是在桃園，幾乎每個公社幹部都被訪問了十幾次，那些幹部對每個調查員說的話老是那幾句，每次得到的報酬卻都十分可觀。

第二天早晨，我們到清華井崗山總部去，見到了幾個聞名全國的紅衛兵頭頭：清華的蒯大富、師大的譚厚蘭和地質學院的王大賓。他們正在圍爐敘話，看到我們來表示歡迎，卻顯然不希望我們聽他們談話的內容。我們很清楚地表示，我們只是來要資料，不是來過問他們的內務。我知道蒯大富喜歡出鋒頭，不會因為我們是年輕的中學生而不理睬。

這時期，保劉派的高級幹部子弟辯論團在清華園仍然有相當的勢力，幾乎霸佔了全校所有的擴音設備，不斷罵井崗山紅衛兵為「江青的走狗」。我聽說前幾天的一個晚上，他們甚至大叫「劉少奇萬歲！」和「打倒林彪！」。我問蒯大富為什麼不把擴音器搗毀，他答說他有長遠的打算。「王光美一垮台，那批人自然會瓦解。」他說。

我看得沒那麼遠，不懂他的後台老板中央文革領導小組為什麼不叫他把鬥王光美的箭頭指向那批學生。外面甚至傳說他和對方的一個紅衛兵頭頭十分親密，而那人正是王光美的繼女劉濤。蒯大富曾經叫劉濤在自己和家庭之間劃清界線，可是她雖然並不太熱中支持繼母王光美，但對劉少奇卻是誓死效忠的。

外面的擴音器又在咆哮了。蒯大富咒道：「狗叫！諒他們也活不久了！」蒯大富和王光美間的私怨極深。不久以前，當王光美帶領工作隊在清華搞社教運動時，曾經組織學生連續把蒯大富鬥爭了好幾天，因為他激烈反對她的工作隊，還在校刊上罵過它。現在，他既然出了頭，就發誓要以百倍高的利息來回敬王光美。

他拿出許多珍貴的材料給我們看，其中包括劉家和王家的照片、王光美和蘇卡諾與一群半裸的宮女同笑著的醜相，和王光美從孩提時代到變成迷惑男人的狐狸精時代的一整套相片。還有她的日記，她在輔仁大學的畢業照，她在國共合作期間出任軍事調停處[1]時的紀念品，和她在延安時如何設計嫁給劉少奇的文件。除了王于耕外，我對別人的事沒有知道得比王光美的更詳細了。我問蒯大富這些材料是從哪裡弄來的？他直截了當地拒絕回答。我覺得是因為我們年輕才受到他這樣的輕視（每逢有人問，八一二九為什麼派這麼小的代表出來，我就火大：「文化大革命不是二十歲以上的老油條應付得了的！」）。

我們翻看了所有的材料，暗自嘆服不已。我還說：「八一二九真應該向你們學習。」

蒯大富笑笑，顯然很滿意。其實，這些成就是代表了幾千名井崗山紅衛兵的艱苦奮鬥。

「我們必須在元旦以前抓到王光美，就是不讓她過好年！」蒯大富斬釘截鐵地說。

王光美的末日快到了。在校園中和街道上，攻擊她的大字報到達了顛峰狀態，撿破紙的老頭說：

「這些大字報可真能塞滿劉少奇的家，把王光美活埋了！」大概在我們和蒯大富與其他紅衛兵見面後的三、四天，逮捕王光美的計策終於成功了[2]。

「王光美落網！」這個消息很快地一傳十，十傳百。起先，我在校園的大字報欄上看到這樣的一句標語：「清華井崗山紅衛兵是頂天立地的英雄！」

情況發展得很快，井崗山紅衛兵總部利用唯一的一架擴音器宣布第二天早上召開群眾大會，鬥爭「資產階級分子王光美」。

她究竟是怎麼被捕的？我迫不及待想知道詳情。難道是紅衛兵打進了最高首長居住的中南海了嗎？我衝回住處，發現房間裡黑漆漆的，沒有一個人影。我來不及洗澡，連忙套上一件棉襖，又回到大字報欄附近，心想同志們或許也在那裡打聽最新的消息吧。天氣是越來越冷，大字報欄上的燈泡在寒風裡搖擺著，看報的人個個身穿大衣，擠作一團，圍巾緊緊地裹著脖子，把帽沿拉了下來。

1 三人和談小組的北平辦事處。

2 計擒王光美事件，一說發生於一九六七年元月六日，這在《中國大陸新聞摘要》（一九六七，三九一四號，一五—一九頁）及《當代世局》（一九六七，五卷九號，七—一一頁）中都有譯文報導。本書作者第一次見到以上有關此事的報導是在一九七一年五月，距他寫下第一批有關鬥爭王光美群眾大會的追記資料已經有兩年多。他認為此事「絕對不是發生在一九六六年以後」。除了王光美被擒的日期（一九六七年元月六日）外，以上所提的報導「都有確切的事實根據，但是讀來似乎像一名編輯的大作，大概是這位編輯根據其他人的材料改寫的」。他不可能記錯這件事的發生日期，因為他的確是一九六七年元旦以前離開北京的。

王光美顯然曾受到一連串的鬥爭或審判，每次內容多半相去不遠。一九六七年四月十日舉行的三次審判的詳細報導，在《當代世局》（一九六八，六卷六號，二—二一頁）及《當代背景》（一九六八，八四八號，一—三九頁）兩刊物中都可找到。

我順著兩邊都是大字報欄的大道走到了校園的中心，這裡林立著小商店、食堂、理髮室、小吃攤和郵局。每天晚上，大家只要是無事可做的，就都穿上了厚厚的衣服，到這附近來坐著擺烏龍。今天晚上，人更多了，我拉下口罩，抓住一個陌生人就問。他的回答並不令人滿意：「她是被抓了，有什麼稀奇？」我在人群裡繞著，聽到了各種傳說，要點都是：她是被騙出中南海，在一家醫院裡被抓的。我碰到了周吉美，兩人立刻異口同聲地問：「到底是怎麼回事？」我們到水利館的清華井崗山紅衛兵總部去打聽，卻發現有人守在門口。那一晚，閒人誰也不准進去。我看到了滿樓的燈火通明，可以想像他們是多麼興奮地在為明天的鬥爭大會做準備。在鬥葉飛的前一晚，我也曾度過同樣的一夜。

我們回到了住處，其他同伴也一個個回來了。我們八人一同聚在女生的閨房裡，坐在床上聊天。大家都又開心、又興奮。這是很微妙的。其實，我們都不恨王光美，也沒有親手抓到她，反而多半認為她很美，很向著她。

我們談論著聽來的傳說，全部的詳情是到了離開北京以前不久，才在由清華井崗山紅衛兵發行的油印快報上看到的。我們回到家鄉後，也看到許多紅衛兵報轉載了這篇文章。後來，在一九六七年五月左右，各八一二九支部的宣傳隊推出一齣根據這些材料改編成的舞台劇《計擒王光美》，我擔任編劇顧問，自己卻不曾坐下來看完一整齣戲。

王光美被抓的過程是這樣的：一九六六年十二月底的一個寒冷的早晨，一支由清華、師大、航空學院和地質學院等校的紅衛兵組成的「揪王行動隊」，分乘三輛卡車和一輛吉普車，前往師大附屬中學去找王光美的女兒劉平平。劉平平在毫無戒備的情況下，被從一間教室裡抓出來，紅衛兵強迫她跟著一起到北京醫學院第三附屬醫院去，打電話回父親的家。劉宅的一個衛士李覺接了電話，知道是劉平平要找母親說話，立刻將王光美請來聽電話。劉平平被迫說她受了重傷，希望母親趕快到醫院去。王光美半信半疑，派李覺先去看個究竟。他一到醫院就被紅衛兵抓住了，並被說服打電話給王光美，證明萍萍所言不假。王光美愛女兒，就和丈夫一起趕到了醫院。劉少奇被放回家，王光美被擒——一切全不費吹灰之力。

那天晚上我們坐在女生住處由窗口看對面的大樓時，並不知道是這麼回事，只是相信王光美一定是被關在那座大樓裡。

她在哪一間呢？我拿出望遠鏡，搜看了每個房間，從一樓一直搜到頂樓。明知是不可能，我還是希望能從一扇小小的窗子裡看到她身穿旗袍，挺出胸脯，身段畢露，一如她在印尼時一樣。

大家輪流用望遠鏡看對面的大樓。輪到女生時，我們男生仔細地打量她們那整潔有序的臥室。小房間裡鋪著三張小小的床，床上是乾乾淨淨的花棉被和用衣服摺疊而成的枕頭，床邊整齊地排著幾雙布鞋。一個角落裡掛著要晾乾的內衣和短襪。同伴們回頭看看女生還在看對面，就想湊近角落去看個分明。「不要這麼低級，」我嘴上這麼說，卻也被滿室的芳香吸引住。女生們把一張書桌改成了梳妝台，上面擺著香粉、香水、梳子和一面背後有著明星照片的鏡子，那個有名的女明星在文革期間被攻擊為「黃色演員」而被鬥爭，後來自殺死了。

我們踮起腳，在三個女生的小天地裡看東看西。我們對這三個女生可以算是瞭若指掌而又一無所知。我想，女人天生就有理家的本領。男人的需要不多，以我為例，在過去幾星期，要不是有二姐替我洗衣服，我大概也會跟那些東北紅衛兵一樣：衣服髒得發亮，蝨子滿身爬了。

搥胸倒出一點香水來往大家臉上抹。香氣和我們的笑聲驚動了女生。梅梅第一個轉過頭來，看到我們的勾當後，尖叫起來。我們轉身而逃，匆忙間，衝破了那用報紙糊成的「牆」。搥胸抓住香水瓶，叫著嚷著不肯還給女生，然後我們幾個人又把香水瓶拋來拋去，繞室追逐，末了，所有的「牆」都倒了，教室裡滿目瘡痍。我們一個個都樂不可支。王光美落網了！

「在北京也沒幾天了，」我說：「慶祝一下吧，反正已經攻破三十八度線了！」誰又想得到僅僅五層報紙就能關住女生的滿室芬芳？

「你們好壞！」梅梅把辮子咬在嘴裡，揮拳打我。我是一點也不痛，她是一點也不生氣。我們全是最親密的戰友——一個溫暖的大家庭，這一切為什麼不能永遠保持下去呢？

天色已經很晚了，該討論明天的群眾大會了。我們看到隔壁的紅衛兵捲起了鋪蓋，經過我們房門口走了出去，搬到主樓去過夜。明天的大會就在這主樓的正對面舉行。

我們決定如法炮製，也搬到主樓去住。進入大樓後，卻發現裡面空蕩蕩的沒有人影，有十幾間教室都沒上鎖，地上還鋪著草席，簡直像座不要錢的旅館。我知道第二天不容易弄到吃的，於是提議搥胸陪我下去買一點來。

「我也要去。」嚴寒擋不住梅梅的熱忱。

「那我就免去嘍！」搥胸知趣而退。

梅梅和我來到學校食堂，食堂早已打烊了，幸而附近還有個小販在賣饅頭包子。我們把他所剩下的全都買了下來。

「我不吃包子。」梅梅說。她還是一想到包子就反胃。

我們默默地往回走。在寒風裡，我喜歡大踏步地走，梅梅漸漸跟不上了。我停下來，拉住她的手臂。

「趁熱吃個饅頭吧，餓不餓？」我說著拉下口罩，從紙袋裡拿出一個熱呼呼的饅頭。梅梅拉下口罩，伸手也想拿一個，但是我把紙袋舉到她拿不著的地方。「節省一點，兩個人吃一個，好不好？」可是，我並沒有把饅頭一分為二，只把它銜在牙齒間，彎下腰，讓她咬另一半。她笑了，張開了嘴，四周沒有半個人，我們在寒風裡彼此凝視著，咬著同一個饅頭。

我想說：「吃完了饅頭，我就要咬到妳的嘴了。」一開口，剛好梅梅也鬆了口，饅頭便掉在地上了。

一個駝背的老人走上了小路，梅梅趕緊拉上口罩，我把地上的饅頭一腳踢開，真倒楣！

回到住處，我們把吃的平均分配好，把剩下的饅頭放在水汀上，留作早飯。我穿上軍用大衣，跨上一把椅子，開始記串連日誌和自己的日記。在日誌中，我寫的是：「王光美被擒。將參加次日的鬥爭大會。」到了寫日記時，我不禁自問：我對王光美的被捕究竟有什麼感想？我看著窗外的天空，想起了母親。劉少奇的兒女究竟怎麼樣了？今晚，他們的母親並不是出國訪問去了，而是被抓起來了！劉平平、劉亭亭、劉濤和劉允若都像我懷念母親一樣地想念著他們的母親嗎？可憐！王光美也真可憐！今晚，劉少奇的臥床將空出半壁了。

第二天醒來，我發現自己躺在一張又軟又舒服的草席上。翻了一個身，才看到自己的棉被上還有一床淺紅的繡花被，日記還端端正正地放在枕畔。

梅梅正好走進房間，看我醒來，她道了聲早安，幫我摺被。

我第一句話就問她有沒有看我的日記。

她斜著臉龐問我：「如果看了，你肯不肯原諒我？」

「你應該知道，不得允許是絕對不能看別人的日記的，就連愛人——」大清早，我的頭腦應該清醒一點，說話怎麼這麼不留神。她脹紅了臉，我覺得自己的臉也是熱烘烘的。

我在窗口一看，下面聚滿了一大群人。我的手錶已經過了九點——開會的時間早就過了。我從桌上拿下乾饅頭，抓起水壺，臉也沒洗就要往外衝。梅梅叫我不要急，女生一早就在講台邊佔好了位子。

我用望遠鏡搜看會場，在一九六〇年到六二年的三年災荒時期，學生們曾把這一大片地拿來種蕃薯，直到現在，這片泥巴地還是崎嶇不平。左邊是一排用帳篷搭成的臨時廁所，鬥爭台設在大樓進口處的平台上，大樓的門楣上面懸著一塊橫幅，上面寫著「資產階級分子王光美鬥爭大會」，橫幅兩旁是毛澤東的一副對聯：「金猴奮起千鈞棒，玉宇澄清萬里埃。」（毛澤東用這兩句話來鼓勵如孫悟空一般強有力的紅衛兵起來造反，打倒全世界的反動力量。）

到場的人越來越多。紅衛兵糾察員在忙著趕小孩和指揮車輛轉道，顯得神氣十足。會場極大，一直延伸到公路邊，糾察隊趕走的閒人多達好幾千個。到會的人雖有十萬之眾，但這畢竟還是個對內事件。

我們把人群和隨風飛舞的旗幟拍下了照片，可是才拍了幾張，糾察員看到了，立刻跑上樓來把底片充了公。「你們要不是客人，」他說：「我們一定把照相機一起沒收。」他又說大會方面特別要防備外國人渾水摸魚混進來，尤其是日本人。日本記者最活躍，長相又像中國人。我們這才發現還沒有看到半個身帶照相機和閃光燈的記者出現在講台邊或其他任何地方。

大約十點左右，我們入了座。不久，大會就在漫天黃沙中開了場。這時，太陽看似月亮，天昏地暗，分不清是上午或是黃昏。

主席蒯大富宣布開會了。他的第二句話就是：「揪出資產階級分子王光美面對人民！」剎那間，口號聲如雷貫耳，大家都站了起來。「看！出來了！王光美出來了！」對絕大多數人而言，這還是生平第一次見到「中國黑魯曉夫的臭婆娘」。她又是個女人，大家自然格外覺得有興趣。前面的人一站起來，後面的人馬上急著往前擠，會場亂成了一團。偷偷帶著照相機的人也不顧黃沙飛揚或取景不易，自管自地猛按起快門。我的望遠鏡掛在胸前，弄得我的胸口隱隱作痛，只好把它舉在頭上，周圍的人則想撈它，把它打下來。

會場裡混亂的情形比毛澤東在西苑機場接見我們的那次還糟糕。許多人硬爬上別人的肩膀，希望看個清楚。女孩子甩著如鞭的髮辮，常常擋住我的視線。這是我第一次見到王光美。騷動稍微平靜一點後，風沙也小了，我才從望遠鏡裡把她看了個真切。她身穿藍色的幹部制服，樸素無華，與她在外交場合上的盛裝簡直有天壤之別。現在完全令人難以想像她就是那個在印尼時又風騷、又奢侈的共產黨幹部。她蒼白的臉上掛著一絲笑容，被四個女紅衛兵押著，在台上來回走了好幾次，好讓人人看到她的真面目。那幾個女紅衛兵不時地拉扯她的頭髮，逼她垂下頭，不准她面對群眾。

幾個陪鬥的人也站在台上。這些人就是曾經和王光美一同在清華工作過的工作隊隊員。他們只要垂頭在一旁站個幾小時就行了，誰也不會特別注意他們。主席問王光美有沒有什麼反應。她首先向群眾大會表示感謝，並說歡迎每個人鬥爭她的錯誤思想。她同時又向大家指出「內外有別」——

換言之，在大會進行的過程當中，不能把實況傳出去，也不能讓「壞分子」輕易混進來。她的理由是這次鬥爭大會可能關係到祖國的聲譽，萬一傳揚出去，她就再也沒臉見外國人了。她那句不要讓「壞分子」混入的話，立刻引起大家的不滿。每個人都覺得受到了侮辱。

「我們會做最妥善的安排。妳少說閒話。」主席很不高興地說。

這以後，王光美還會在外交場合露面嗎？我認為是不可能的。她的錯誤算是「敵我矛盾」[3]，這是最最嚴重的錯誤，足以叫她完全垮台。她的情況和外交部長陳毅不同。陳毅曾被紅衛兵抓上台鬥爭，因為他馬上又得接見外賓，所以被迫認了罪後，他就又穿戴整齊去赴會了。

現在，蒯大富控訴王光美的第一條罪狀，是細述她在文革期間如何做劉少奇的幫兇，如何在清華領導工作隊和如何鎮壓學生運動。蒯大富以一個親身受過迫害的學生身分要求：「這筆帳非算清不可！」他說話時還聲淚俱下，怒吼之聲打動了在場的每一個人。大家瘋狂地吶喊著，彷彿要把王光美活活吞下：「血債，要用血來還！」

蒯大富說完了話，輪到王光美「表示態度」了。她說要向蒯大富道歉。

「誰要妳道歉！妳得認罪！」

「王光美，不投降就得死！」

她每說一句話，就引起不滿的人群發出怒吼。

終於，在「坦白從寬，抗拒從嚴」聲中，王光美低頭認罪了，並且以幾乎聽不見的聲音向蒯大富道了歉。然後，她向他伸出了手，似乎希望大家不計前嫌。蒯大富輕蔑地推開了她的手，表示「敵我分明」，劃清界限。王光美只好尷尬地縮回手，怯怯地一笑置之。

第二個提出控訴的是河北省撫寧縣桃園生產大隊的前黨書記。她代表這個生產大隊的數千名隊員，控訴王光美在一九六四年的社會主義教育運動時在桃園犯下的許多罪狀，王光美忠誠地實行劉少奇的「三和一少」政策，和帝國主義、反動派及修正主義議和，減少了對落後地區、國家和人民的支援；另外還忠誠地實行劉少奇的「三自一包」——也就是自由生產和推銷，自由負責利潤和損失，自己保留土地，把應該分給單位的生產額包給家庭，而使桃園變成了資本主義復辟的代表。

這第二個控訴的人還列出了王光美在桃園犯下的幾條大罪狀，說她曾經袒護地主和富農，故意打擊幹部；她曾經逃避勞動，拒絕和農民「三共」——共吃、共住、共幹。

一句話，她的行為完全不像無產階級的革命幹部，反而像個資產階級的臭婆娘。

然後，控訴者又質問王光美。王光美當然承認了許多過錯，可是，她也很會避重就輕，只承認自己是見識貧乏。接著，從桃園來的那個女人又辱罵她，叫她應該學習毛著和《毛語錄》來增加認識。王光美回答說，她每天都學習《毛語錄》，而且也常勸丈夫要多多學習《毛語錄》，尊敬毛主席。她想強調一向熱中學習的精神，她說住在中南海的幹部沒有一個比她用功，還說有些中央首長將毛著放在一旁從不過問，上面積滿了灰塵，甚至被拿去變賣也不管。從王光美的這些話裡，我們知道了毛澤東在中南海的鄰居——中央各首長和他們的家人根本沒把他當作全民和全國的領袖，只認為

---

3 毛澤東在一九五七年所寫的〈論如何正確處理人民內部矛盾〉一文中，「社會矛盾」（利益衝突）有兩大類型——一是「敵我矛盾」，一是「人民內部矛盾」。第一類比較嚴重，包括諸如「反革命」之類的行為。關於文化革命的十六條指示中的第六條強調，在處理被攻擊的當權派時，應該特別注意區分這兩類型的矛盾。

他是個比自己闊、比自己地位高的人而已。毛澤東那個野心勃勃的老婆江青可能還會跟左鄰右舍為了家務事吵架。在那裡，毛澤東又有什麼了不得？

有些人群中的紅衛兵寫了小字條傳給主席，主席大聲宣讀了其中一張：既然王光美自稱《毛語錄》讀得那麼好，叫她背幾段看看。

「對！對！」許多人大叫。

主席拿出一本《毛語錄》，命令王光美背第一頁第一段——只要是念過一年書，人人都會背的一段。王顯然很緊張，開始背道：「領導我們事業的核心力量是中國共產黨，指導我們思想的理論基礎是馬克思主義。」

「笨蛋！漏掉『列寧』了！妳要把馬列主義改成馬克思主義啊？」

王光美連這一段都背不好，足見她學習《毛語錄》的工夫有多到家了。可是，她仍然狡辯，說按林彪的理論，讀《毛語錄》要能做到活學活用，應該真正的實踐它，不是單靠死背死記。

主席打斷了她的話，罵她態度惡劣，然後宣布休息十分鐘。這時，大會已經進行了兩個小時左右，王光美被押回了大樓。

台下立刻展開了熱烈的討論。我們八個人專心地聆聽附近井崗山紅衛兵的談話，他們覺得王光美跟「馬革似的既堅又韌」，一定有後台——除了劉少奇以外，也許還有別人。有一個紅衛兵辯道，不管她有多強硬，我們有中央做後台，一定可以鬥倒她。其實，今天的大會本來就是受中央文革領導小組支持的，江青跟王光美正是水火不能相容——。「噓——」說話的人自動噤了聲，很不樂意看到我們坐在他的同學之間。大會又繼續進行了。第三個上台控訴的是紅衛兵調查團的一個負責人。這個調查團曾經到每一個王光美工作過的地方去蒐集有關她的材料。他問她怕不怕他準備的重型砲彈？

王光美用《毛語錄》裡的一句話回答他：「徹底的唯物主義者是無所畏懼的。」這個發言人憤怒地繼續揭發劉、王兩人在一九六三年間，以親善訪問團團長的身分在東南亞各國訪問的詳情。他指出王光美在出國之前曾經和江青商量，因為這次要會見到許多外國人，應不應該為這次旅行買些衣服、珠寶和高跟鞋。江青回答說，對真正的無產階級幹部而言，有沒有這些東西都無所謂。王光美當下表示同意，答應不浪費國家的金錢買這些奢侈品，可是在記錄片裡，她非但打扮得花枝招展，戴著耳環和各式珠寶，還無恥地和印尼總統蘇卡諾調笑。她不論走到哪裡都愛引人注目，歡迎他們的人群只揮動著劉、王兩人的肖像，毛澤東的肖像是一張也沒有見到。

回國後，她帶回了幾十箱外國人送的禮物，卻沒有向江青做過禮貌上的拜訪。江青醋勁大發，把剛收到的劉、王、蘇卡諾和一群半裸的女郎在宮殿裡拍的照片撕碎，罵道：「這種人怎麼可以代表國家出國訪問？簡直丟盡中國人的臉！」控訴者揭發這些內幕故事，顯然是要加深王光美的罪嫌，卻也揭開了王光美和江青之間鉤心鬥角的內情。她們兩人都用丈夫的權勢來打擊對方。其實，這些事我早就知道了，不必他來報導。我從各紅衛兵單位印發的文章裡也看到過有關江青的事，其中包括一個外國人根據和毛澤東的對話寫成的《毛澤東傳》。江青從前是上海的一個女明星，跟不同的男人生過好幾個小孩[4]，如何鉤上了毛澤東的事，我也知道。不論這些消息是不是可靠，只要把這

4 這可能是江青在和毛澤東同居前，當小明星時代曾有不少情夫而引起的謠言。她和毛澤東生過兩個女兒（見Chung Hua-Min & Arthur C. Miller, Madame Mao: A Profile of Chiang Ching. Hong Kong: Union Research Institute, 1968.）

兩個婆娘比一比，就可發現江青是爛透了，王光美至少還清白一點。

控訴者只不過是江青的傀儡。江青看到王光美被鬥是再愜意也沒有了，我完全看不起她。江青雖是紅衛兵的名譽顧問，我們卻一點也不看重她。我們幾個人私下聊天時，常談到她的「破鞋」舊事（一年以後，我親身和她見面、握手。她除了手軟一點外，其他簡直就像是個男人，頭上戴帽子，據說是為了掩飾重病之後的禿頭，戴眼鏡，胸部扁平。我只有在聽到她顫抖而又上氣不接下氣的聲音時，才確信她是個女人）。

這次鬥爭大會中，我一直心平氣和地冷眼旁觀王光美和主席團、控訴者鬥來鬥去，像是在看戲一樣，甚至有點同情王光美。我一向重視正統的教育，王光美的出身很好，她家每一個人都是飽學之士，她自己又是輔仁大學物理系畢業的高材生。她的風度出眾，口齒伶俐，如果少開口，不露出微暴的門牙，她會是個十全十美的女人。

可是我又想，如果我們不是不可一世的紅衛兵，在她眼裡不過是草芥而已。我們現在既然出了頭，不妨叫她好好地記住我們。第三個控訴的人說她在國外訪問的時候，如何愛換行頭，如何一天做兩次頭髮等等，台下有人開始大喊：「叫她賣醜態嘛！叫她穿在印尼穿的旗袍！我們要看臭婆娘裝腔作勢！」

「對！我們堅決贊成！」我們八個人齊聲大吼。

主席立刻說願意遵守多數人的意見（後來，我們才從清華井崗山紅衛兵那裡知道，這一切都是早就安排好的）。「把王光美扮上！」他下了命令。

大會再度陷入混亂，大家站起來向前推，也許半數以上的紅衛兵都還沒有見過閃閃發光的旗袍和珍貴的珠寶，更別提王光美玲瓏美好的身段了。

我們落在人群後面，只好輪流爬上自己人的肩頭，用望遠鏡看。台上也是亂成一片。幾個女紅衛兵硬把王光美推到後面去，換上緊身的旗袍和銀白色的高跟鞋。王光美沒命地反抗爭辯，想從控訴者的手裡奪過麥克風，可是她失敗了，她被征服了。

「快看啊！大家快看！機會難再啊！」

就這樣，在十二月的隆冬裡，王光美身穿綢緞旗袍，瑟縮地站在台上，頭縮到肩膀內，像隻鬥敗了的公雞。她渾身掛滿了珠寶，可是掛得全不是地方，旗袍領口被扯開，頸後好像還插著掃把和舊鞋之類的東西，蓬頭散髮，從望遠鏡裡看不出她有沒有哭，卻看得出她痛苦萬分。有照相機的人全都拍得起勁——多難得的歷史鏡頭！

突然，王光美搶過麥克風，嗚咽著說：「毛主席叫你們這樣做嗎？只可以文鬥，不要武鬥！紅衛兵小將們，你們必須根據事實講道理，你們現在的行為違反了政策，違反了十六條指示的精神！」

「站上桌子！聽不見！」大家起鬨。

王光美竭力反抗。她一被推上桌子，馬上又跳下來，於是，上上下下，沒完沒了，她簡直是被折磨得連狗都不如！

大會的根本目的已經達到了，王光美又在頑強抵抗，主席團下令把她放下去，換回制服繼續聽候批判。

人群稍稍安靜了一點。我看看手錶，整齣鬧劇為時不過六分鐘而已。我相信這六分鐘是她一輩子忘不了的。

大會議程的最後一項是按她過去的歷史宣判她的罪狀。判決書是由清華井崗山紅衛兵宣傳站的一個播音員以純正國語讀出來，要點如下：「王光美於一九二三年出生於洋行買辦的家裡，從小嬌生慣養，靠喝資產階級的奶水長大。一九四三年，她從輔仁大學畢業。在輔仁大學的時候，曾經是出名的校花，喜歡出入官場。一九四六年，國共合作期間，她以共方譯員的身分，參加北京停戰調查處[5]，混入革命群眾。同年九月，她到了延安，名為參加革命，實際上仍然和她的反動家庭保持聯繫。從蒐集的調查資料看來，她只是想腳踏兩頭船，好在國民黨失勢後，在共產黨裡爭取地位，以保護家人。革命成功後，透過丈夫的關係，她把兄弟姐妹一一安插在政府機關裡擔任要職。

「她是老謀深算，獻身給劉少奇。她放棄了出國深造的機會，回絕了許多親事，嫁給劉少奇，條件是幫她弄一個黨員的資格。在日記中，她曾經這樣寫道：『鴻雁不喻少女志。』這充分表示出瘋狂的野心。她捨棄了花樣年華，嫁給討過五個老婆的老色狼劉少奇，不就是她企圖篡奪黨和政府領導權的第一步嗎？」「王光美的家庭複雜，使人懷疑她可能是蔣介石和美國派來的間諜。她的叔父王叔銘[6]在台灣是空軍總司令。她還有許多與敵方特務勾結之嫌有待調查。」「一九五七年間，王光美的父親王槐青去世，她大事鋪張地辦喪事，在墳前豎碑立傳，歌功頌德，『中國黑魯曉夫』陪她回到家鄉的墓地，題輓軫念岳父大人的鴻德，簡直是反動透頂！他揮霍國家公帑修建起來的王氏墓園，在破四舊運動時已被我們紅衛兵砸毀了——」

宣讀的人繼續追述了王光美從社教運動到無產階級文化大革命之間的舊帳，結論說她是「完全沒有改造過來的資產階級分子」，並代表群眾大會要求中央立刻撤除她所有的職權，她還應該認真參加勞改，並揭發丈夫的罪行以求將功贖罪。「王光美，怎麼樣？」他問。

到了這個時候，誰也不會去注意她的回答了。判決書中有許多是舊調重彈，拖得太長，許多人早就開小差了。我們正好坐在清華井崗山紅衛兵群中，不便開溜。這些紅衛兵很早就到場，情緒一直很高昂。

群眾大會在喧天價響的口號聲中收場。我們擔心樓上的棉被和私人用品會被摸走，匆匆跑上樓去看看還在不在。途中，我問梅梅覺得大會如何？她回答說只覺得暈頭轉向，摸不著頭腦，像是連看了兩場電影。

當晚，我們曾討論這個歷史事件，有人認為鬥王光美鬥得太過分，但多數人都不以為然。美國總統和國務卿出國訪問時，也常會被人丟香蕉皮或潑油漆，我們是紅衛兵，是造反專家，難道連小日本都不如嗎？

很久以後，八一二九宣傳隊上演《計擒王光美》時，把她描寫成一個十足的膽小鬼，在鬥爭時從頭到尾都怕得半死。我明知這一點不正確，卻也不能為了替她說話而修改劇本。從此以後，我更相信歷史劇總是歪曲事實的。

5 文同註1。
6 事實是王叔銘和王光美根本沒有家族關係，只是紅衛兵認為有關係而已。

回到廈門

王光美被鬥爭後不久，清華大學舉行了一次大掃除。大字報欄上厚厚的一層紙都被刮了下來，洗刷乾淨，好再貼上新的大字報。象徵王光美末日的標語紙一直都在各大樓的牆壁上隨著寒風飄搖，現在也被清除了。元旦將近，校園各處都洋溢著萬象更新的氣息。

我們幾乎是最後一批離開北京的串連代表。三姐早在十幾天前就回家了，只有二姐含淚在清華園送我。她說她太想念母親了，不久一定會設法回家一次。載我們往火車站的專車，應大家的要求在天安門前停下來。

「請讓我們多拍幾張照片吧！」我說：「我們也許一輩子都不會再來了。」我站在白石橋上，手扶欄杆，心裡想著元旦就要到了，北京的家家戶戶一定都在忙著大掃除和剁豬肉、包餃子。家裡，母親也一定在忙著。

這裡沒有值得我們留連忘返的東西，只有風、沙和商店裡或公共汽車上的人們投來的冷漠眼光。不過，我們多多少少還是有一點依依不捨。

在聞名的天壇附近的永定門車站上，成千的人在竹棚下等火車。有人等了一天，有人等了好幾天。

我們的火車要到傍晚才來，於是我們決定再進城一次，來一趟告別之遊。我請梅梅一起到一家館子吃烤鴨，她卻急著要回天壇。因此，我們買了一隻烤鴨帶出來，走過天安門前，我面向天安門，手舉烤鴨作道別狀，由梅梅替我拍了一張照（後來，這件事傳到廈門，說我揮烤鴨向北京道別，戰友們都笑我，敵人則藉此攻擊我）。正要上火車之前，我問同伴們敢不敢轉道沿路多看幾個城市，反正已經趕不上回家過元旦了。他們怯怯地回答了一個「好」字。其實，我是要他們陪著我實現自己的願望，因為我想到山西去看大哥。從北京到太原的火車幸好沒有誤點。在火車上的一天一夜裡，我們拚命趕寫串連報告，想在年前把它趕完。我很驕傲地告訴同伴，我們圓滿地完成了五大任務：一、我們在北京完成了革命串連，和北京各校的紅衛兵交換了革命心得、材料和袖章，並且建立了聯繫，一本厚厚的通訊錄就是證據；二、我們見到了毛澤東，雖然沒能拍下照片，每人都在日誌裡記載了對毛主席和其他中央首長的印象和描述；三、我們瞻仰了祖國山河，有許多照片為證；四、我們得到了許多內幕消息，帶回大批材料，同志們看到這些材料，一定會以為是我們費了九牛二虎之力才弄到的；五、我們接觸過外國人，並且參加了一次國際行動——也就是鬥爭過外國人，更改過路名（這最後一項工作是我們最感興趣的，不過總部可能不覺得有趣）。

我沒有把自己的私人任務——會見家人列入其內。

結帳時，我發現我們差不多花光了整整人民幣一千元的公款，剩下的只有兩百元左右；而核對所有的發票以後，發現比原數又少了十塊錢，梅梅、搥胸和我分攤了這個差額。

然後我們拿出所有購買的東西來看，其中有給同學、朋友的禮物，給母親的枕頭套、高跟鞋、絲襪和化妝品，給二哥買的地圖。我自己帶出來的一百二十元已花掉將近一百元，大姐和二姐為我花的錢還沒算在內，何況來往的車費和在清華的吃住都不是自己負擔的。

到了太原後，看到街上有許多人在辦年貨，像我們這樣身背行囊的紅衛兵不多。我們又像叫化子一樣，心裡難免窘怕。接待站人員發現我們故意繞道回家時，幾乎不肯負責我們的吃住。

我實在不忍心把同伴們丟在嚴寒的太原，可是又捨不得錯過見大哥的機會，只好託搥胸代為照顧其他同伴，自己一人到了大哥家。

大哥有個溫暖的小家庭——一個賢妻和兩個寶寶，一男一女。他們遠在北方安家，真叫人惋惜（我趕緊寫信給母親，叫她千萬不要來了，這地方的寒冷不是她受得了的）。

他們的問題是如何把兩個小孩送到南方去由母親扶養。只要家庭環境過得去，在北方工作的南方人都設法把孩子送回南方家中去撫養。按照規定，已婚的外地工作人員不能請假返鄉探望父母，大哥沒有辦法親自送孩子回去。他一直在打聽鐵路局能不能把一個四歲和一個兩歲的孩子代送回去。他說曾經看過一部叫作《蘭蘭和冬冬》的電影，片中兩個小孩單獨從上海旅行到北京去找爸爸、媽媽，一路上受到了鐵路員工的熱心照顧。顯然，大哥還不知道現在的火車交通亂成什麼樣子。

其實，大哥、大嫂並不願意和孩子分離。可是兩個人都要上班，北方的教育、育兒設備和衛生都很差，誰也不願意自己的兒女長得像北方小孩一樣愚蠢又粗魯。

母親也早就想含飴弄孫了。她計劃在退休後到全國各地走走，順便把大哥的孩子和大姐、二姐將來的孩子帶回來，在家裡開起自己的托兒所。可是，這場破壞她計劃的文化大革命到現在都還沒有收場的意思。

我哀求大哥、大嫂讓我負責把兩個娃娃帶回去，相信梅梅和其他同伴一定會喜歡這兩個小東西。

大哥苦笑道：「你連自己都照顧不來呢，自己都還是孩子，怎麼能帶兩個小小孩？媽寫過信來說你愛哭，沒有責任感，她還得成天跟在你的後面呢。」

「那些都已經過去了！現在我長大了，又是紅衛兵頭頭。我什麼大事都做過，可以獨當一面了！」

儘管我說得舌敝唇焦，也勸不動大哥。

我來訪的最大目的既然失敗，便決定不再逗留，匆匆趕回太原和同伴會面。同伴們離鄉背井，過了個最淒涼的元旦。我從大哥家帶去了許多吃的，總算讓大家享受了一頓遲來的盛宴。

我們繼續向南走，到了西安。這是一個大而不熱鬧的城市，在這裡停留了一天多一點。西安市的市民隨地吐痰的習慣實在可怕，弄得到處是痰。我們嘗了當地的名食——羊肉泡饃，吃過後卻是好久都還覺得不舒服。我們本來想參觀全國最大的飛機場，臨時改變了主意，昏昏沉沉地上了火車，直到第二天早上才發現這列火車走的方向不對！

最後，我們在中國的石油中心蘭州市下了火車。這列火車是一直開往新疆的，寒冷的天氣使我們卻步了。我們在蘭州市過了一天，唯一的收穫是買到了每公斤人民幣五角六分的牛肉乾，這個價錢是我們家鄉的十分之一。我們買了一大包，夾在饅頭裡吃，真是痛快極了。可是，同車的乘客對我們說，脫水牛肉沒有什麼營養。

在河南省鄭州換上京廣線的火車後，我們的心情都安定了不少。河南的食品便宜得驚人，蒸雞一斤五角錢，還有五香豆腐乾、蘋果和梨等，我們便大享了口福。

火車一點也不擠，一路上很少遇見串連的紅衛兵。這一次，途中也沒有乞丐搗亂。串連已經過去，火車站的軍人又可以有效地維持秩序了。

我們請隨車服務人員來分享食物，和我們聊天，除了火車司機和司爐外，幾乎人人都來吃我們的牛肉乾，看看我們的東西，聽聽我們的故事。

到了漢口，聽接待人員說接待站過兩天就要關閉了，關閉以後，我們就得自己負責吃住。一驚之下，我們匆匆在全國最長的長江大橋上拍了幾張照，就登上了宜昌號汽船順流而下，前往南京，全程費時三天。

這三天裡，梅梅每天都起個絕早，跑到船頭去唱西藏民謠和各地的民謠。有一天，她以為四下無人，脫下了軍用大衣，握著拳頭，引吭高歌起來，似乎渾然忘卻了腳下的滔滔江水。

我想從背後給她偷拍一張照片。「小心別翻下去，不要受涼了。」我拾起甲板上的大衣，抖抖灰，給她披上。我說：「妳唱得真好，三山五嶽都要向妳俯首稱臣，長流的江水也要向妳致敬了！」她羞得直要掐我的手。

後面有人大叫：「跳進長江游泳吧[1]！你們真是天生的一對。」

船上約有三百多個乘客，大家對我們都很客氣。遇到淺灘，我們幫船夫撐篙，在廚房裡，我們幫伙夫切菜，我們幫不識字的人寫家書，還為娛樂大家而歌唱。有時，我身披厚厚的大衣佇立船頭，任由思潮澎湃。我想到了千古豪傑。在我看來，他們的生命財富直如「一江春水向東流」。我也想到了自己，敢問蒼天，少年心志知多少？

我知道自己是生長在一個動盪的時代，肩頭的擔子是多麼重大！過去兩個月的所見所聞，在我的心頭留下了永不磨滅的印象。有時，梅梅悄悄地溜到我的身旁，我驕傲地向她傾訴心頭的宏願。她靜靜地聽著，從不插言反對。

「靠緊一點！靠緊一點！」挺胸總愛拿著照相機偷偷地走過來，跟我們開玩笑。他從背後為我們拍了不少照片，像是有意參加攝影比賽似的。我懶得追他，只要求他不要拿這些照片給別人看。後來，他還是分給大家看了，每張照片上都加了標題，如「他們是誰！」、「船首雙鶴」等等。

梅梅和我特別喜歡在船頭散步，一面作詩吟對。後來，我們還把這些詩合起來，在總部油印出來，題名為《大江東去》。

在南京上岸後，我們立刻坐火車到上海。到處的接待站都關閉了，幸虧二姐有個同學在上海醫學院，我們可以住在男生宿舍。學院在文革期間都停課，醫學院的學生多半回家去了。

上海市大街小巷的大字報都在報導發生在上海市的一條大新聞：「工人奪權」。上海工人革命造反總司令部已經控制了所有的工廠，從廠長和黨書記手裡奪到了大權。在上海逗留的兩天，我們有幾個人到各工廠的工人接待站蒐集資料，並且和工人交談，這才真正相信了有所謂奪權的事。世上每一個鬥爭的目的不是都在於爭奪政治大權嗎？

這時，我們開始擔心家鄉的情況。強大無比的工人組織在上海市聯合力量完成了奪權大業，這次行動被稱為「一月風暴」，受到了官方刊物的一致讚揚。現在，報紙上的社論公開號召紅衛兵聯合起來，肩負起奪權的重大任務。我們在回福州的旅途中，整整兩天兩夜都在討論這個新的發展。在我們看來，這似乎比任何事情都重要。

我們只在福州市做了短暫的停留，可是對八一二九總部的改變卻非常驚訝。頭頭們已經鬆懈了

---

1 相傳古時有一對情侶順江飄流到東海，尋到了一片樂土。

戰鬥精神，變得散漫而又沉溺於物質享受，有許多人已經不再自己出馬指揮鬥爭了，不是坐在辦公室裡，就是開車到軍營去打乒乓球、籃球，或看免費電影。自從把葉飛日記的摘要交給韓先楚後，八一二九和軍方的關係越來越密切，八一二九的頭頭們似乎只有興趣和軍區司令部的重要官員打交道，對下級人員毫不買帳。阿豬更是能自由地出入軍營。

後來證明八一二九總部這時的鬆懈是一個嚴重的錯誤。前福州市紅衛兵總部的分子（不論是否已經倒戈到八一二九）和前工人赤衛隊一同趁此良機，重新爭取到福州群眾的支持，很快地就變成了我們不共戴天的勁敵。

總部的人竟對我們的串連成果絲毫不感興趣，這使我十分生氣。他們才當了半年的紅衛兵，就已經變成了老官僚！

阿豬也很不滿現狀，要求我留下來幫助她整頓組織，把它變成一支新的生力軍。

我說：「我太想家了，也太累，無論如何都得回去。」

福州市的一位忠實戰友悄悄遞給我幾封由廈門來的信件和電報，都是打聽我們的消息的，並表示廈門極需要我們回去。這些信大都是大塊頭和廈大紅衛兵獨立團的頭頭們寫的。

阿豬很失望，我們兩人第二次大吵了一頓。我對她說，我如果留下，會把蝨子傳遍交際處。一路上，我已經不知不覺地沾到了這些小害蟲。

阿豬抓來一瓶噴霧殺蟲劑，假裝要替我消毒。

「你非留在福州不可！福州需要你！需要你！需要你！」

「福州會要我的命！要我的命！要我的命！」

她沒有辦法，只好開吉普車把我送到火車站（為了表示不再腐化，所以這次沒開轎車）。在火車上，我像個大瘋瘋似的，命令所有的同伴離我遠一點，不要和我同坐一張座位，也不要碰我，免得被我傳染到。

梅梅覺得我有神經病，即使有了蝨子，也不值得這麼大驚小怪。下了火車，我命令大家坐公共汽車回家，自己穿小巷徒步回去。我最大的恐懼是怕碰見熟人。天氣並不冷，我還是用圍巾把臉圍住，只露出兩隻眼睛。

母親來開門，她向我衝過來。我連忙轉開：「不要碰我！我有蝨子！大概已經很多了！有五六天了！」

天呀，真是滑稽！我把纏上我的小腿的貓兒一腳踢開，衝進院子，剝下了軍用大衣、制服、毛衣、內衣和棉褲，叫喊母親：「快拿熱水來！把這些可惡的蝨子燙死！」說著就抓起肥皂和杓子，舀了冰冷的井水往身上澆，洗將起來，沖洗了好幾次才罷手。我居然也會有蝨子！

母親、正在午睡的二哥、三姐和小貓統統跑來瞪著我看。

「我沒怎麼樣，也不是發了神經！等我打開箱子給你們看，我給每個人都帶了禮物。」

洗完澡後，我回到房裡，穿上幾件衣服，就打開了行李，亮出禮物。

母親摸摸我的頭說：「傻孩子，為什麼買這麼多東西？媽什麼也不要，只要你回來，答應媽再也不出門了，好不好？」

「我保證再也不出門了。」

「瘦了這麼多！」

「也許是蝨子吸了我太多的血。」

母親跳了起來：「想吃什麼？媽馬上去買。真是巧，你走的那天我正好休假，今天你回來了，我又休假！」

「我只想睡一覺，」我說：「蝨子咬得我好幾夜沒睡好。」

「那就睡在我的床上吧。枕頭套和被單都是新換的，而且比較暖和。」

我鑽進被窩裡，真是舒服極了！我環住母親的脖子，在她的額上輕輕一吻。她拉下我細瘦的臂膀，蓋好被，用面頰摩摩我的臉說：「乖兒子，快睡吧。」

二哥進來說了聲再見，他要上班去了。我告訴他，晚上要和他長談一次，然後翻了個身沉沉地睡著了。

晚飯後，二哥把我帶進他的書房。我拿出了地圖和照片，鋪了一屋子，連床上都擺滿了。他把炭爐拿進書房說：「你睡了一下午，現在不睏了，談個通宵吧。」突然間，我發覺自己長得好高。這是我有生以來第一次能輕鬆自若地和二哥暢談宇宙萬物！

二哥

我五歲那年，在一個夏日的清晨，我們全家被一陣砰砰砰的敲門聲吵醒了。母親抱起我，匆匆趕到二哥房裡，姐姐們跟在她的後面。就在這時候，幾個警察一湧而進，撥開母親，抓住二哥搜身。從來沒有人這樣對待過他，那時他才十七歲。

二哥要求去解個手，也被拒絕了。母親從熱水瓶裡倒了些熱水給他喝，他雙手接住杯子，我這才發現他的手腕上有黃澄澄的東西。

「怎麼回事？你們要做什麼？」母親不停地問。警察把二哥拖出去，母親伸手想拉住警察。我們不准出大門，大門打開時，我清清楚楚地記得看到街上有個人拉著糞車經過，看到警察把二哥拖走，那人吃了一驚，一些髒東西從車裡潑了出來。

然後，我們都被另外幾個警察趕進了母親的臥室，他們動手抄起家來。我們全坐在沙發上抽抽搭搭嗚咽著。母親一面哭，一面緊緊地抱著我。

那些人什麼都搜，連姐姐們的日記也不放過，還打破我的兩個玩具——一隻會走會跳的鴨子和一個萬花筒，看看裡面有沒有藏著什麼。看到這些，我哭得越發厲害。好不容易，他們才走了，還帶走了二哥的日記和一些他常拿來玩的鉛字。

他們走了以後，房東一家聽到騷動，猜出大概是怎麼一回事，馬上到我們這邊來安慰母親，並在他們的廚房裡替我們做早飯，給了我幾塊餅乾。

後來的幾天，家裡都很亂。做飯的是姐姐們，替我洗澡的也是她們。母親不再一如往常地看著我玩，而是失神地坐在一旁，有時會哭得很久很久。

我只曉得出了可怕的事，還不知道二哥去了哪裡。後來，我才漸漸地從母親和姐姐們的口中知道了一切。

二哥曾經表示不滿意政府。他上高二那年，向校刊投了一篇稿子：《俄國人》。他在文章中攻擊蘇聯人，並說中國是蘇聯政府的附庸國。這篇文章一直沒有被刊登出來，卻被送到了公安局。更進一步調查時，連他最要好的朋友也出賣他。高中畢業之前不久，二哥報考南京大學的天文系和數學系，沒有被錄取，反而被控為反革命分子，被判在勞改營裡服刑七年。後來又被改判了另一個比較輕的罪名：「不滿現實」，刑罰也減輕了不少。

他的被抓使我們家很丟面子。從前，母親不希望我學粗話或染上壞習慣，常常不讓我在街上跟其他小朋友玩（外面的孩子常常玩撲克牌、打陀螺或鬥蟋蟀來賭博），現在更是要我足不出戶，免得別人問長問短。

一年零四個月後，就在我上小學一年級時，二哥回來了。他沒有把經歷過的事告訴任何人。從此，他更少說話了，整天關在書房裡，坐在書堆中一直讀到深夜，只有吃飯時才出來一下，臉色永遠是冷冰冰的，嚴酷得很，弄得和家人之間漸漸有了距離。我最怕他，因為他常說母親寵壞了我，我很不以為然，認為他是看到母親疼我吃醋了。

母親每天一早就起來準備早飯，做家事。而我每天一睜開眼睛，第一件事總是聽聽二哥起床了沒有？如果聽不見什麼，我就撒撒嬌，嚷著要母親來，說我要小便。母親總是趕來抱我，親我，幫我拉開褲子；然後，我就要她帶我到院子裡去呼吸新鮮空氣。如果正巧碰到二哥在院子裡洗臉或仰首蒼天，我就嚇得連忙掙脫母親。我最怕他說：「都七歲多了，還要媽媽抱來抱去。」

我讀小學期間，除了成績外，似乎沒有一件事能討二哥的歡心。他尤其不喜歡我好哭、任性的毛病。母親每次縱容我，他就冷冷地看著我；看到他的神色，我會比挨打還害怕。我從來沒有聽他談過輕鬆的事，更沒看見他開懷大笑過，這使我更加怕他。

我開始躲著他。如果家裡只有我們兩人，我一聽到他要走出房間了——像是他闔上書本或刷皮鞋的聲音，我就趕緊躲到裡面去，放下玩具隨便抓起一本課本。他每次出去，從來不囑咐我把門關好，也不向我留任何話。我每天放學回來，總是先從門縫裡望一望他在不在家。如果他在家，我就在附近玩一玩，等母親回來再一起進門。有母親在身旁，我覺得自在多了。

大姐和二姐也不太滿意二哥。他被捕這件事已經記進了她倆在學校的記錄，她們在申請加入共產黨青年團和後來考大學的例行調查時，都遇到了麻煩。她們加入共青團後，更是經常寫報告，在自己和二哥之間「劃清界線」。全家人除了二哥以外，都對這件事感到不舒服；我到後來才知道他很為連累了家人而自責。大哥曾經說他是個不切實際的書呆子。我雖然瞭解二哥因為有「前科」，幾乎有兩年時間找不到工作，看到他用家裡的錢買書看，還是覺得很說不過去。他一出門，不是上書店，就是上圖書館；他總是繞著小巷走，免得碰到太多人。在晚飯桌上，他一發表意見就是罵共產黨。在我看來，反黨似乎是大逆不道的事。我覺得其他任何黨派都不可能存在。我從小就在紅旗下長大，小學一年級當了少年先鋒隊隊員後，什麼活動我都參加，算是相當活躍。

這一切，都使我無法原諒二哥。

可是，在困苦的歲月裡，親情和友愛終於得到了考驗。從一九六〇年到一九六二年間，大陸陷入了一次嚴重的經濟危機，饑餓、貧乏和物價暴漲弄得民不聊生。

一九六一年，我們家被弄得支離破碎。母親和二哥都被下放勞動，每半個月才准回家兩天。母親是因工廠產量銳減而被送去的；二哥好不容易才謀到一個建築公司的差事，他就是被這個公司下放的。他的例行工作中，有一件事是從廈門拉糞車下鄉，這樣，他反倒可以多回幾次家了。

直到一九六三年止，大概整整兩年的時間，家裡只有我和讀初中的三姐兩人。起初，母親不在，我很害怕，特別是因為三姐到了晚上，還要到學校去跟宣傳隊練習歌舞（這樣可以得到一份額外的配給）。每天晚上，我總會聽到屋頂上有貓在爬；有時，當我坐在天窗下的桌邊讀書，總覺得有東西在盯著我的後腦。當我猛抬頭向上一看，果然發現有一隻貓在天窗外對我瞪著又圓又亮的眼睛。於是，我把全家的燈都點亮了，睡覺時還用枕頭堵住兩隻耳朵。從信佛教的房東家傳來的香火味更使我怕上加怕。這種香火氣使我聯想到廈門佛教徒的一種風俗：有些人家如果死了人，家屬會把屍體撐起來，使它的雙手雙腳交叉著坐在棺材裡，在客廳中停放三四天，讓門外過路的人看到它，這樣，親友就會來磕頭、膜拜、禱告、向它道別。夏天，香火氣蓋不住屍體的氣味。遇到有這種人家，我總是老遠地繞道而行，免得經過他們的門前。

不過，兩年多來，我特意訓練自己克服恐懼，漸漸地把每間房裡的燈一一關掉。我每天早上上學，背著一個書包，還帶了自己的一盒飯，放在網袋裡提到學校去。街上到處是一片蕭條，昂貴的飯館前圍著一大群饑餓的人，貪婪地呼吸著飄出來的肉香。那時候，一斤豬肉值三天的工錢，一個拳頭大的包子是一天的工錢，一斤蕃薯是半天的工錢。

饑餓改變了人性，夫妻間或父母子女間也常為吃而吵架。每個人都守住自己的一份口糧，即使到親戚家吃頓飯也要自備糧票才行。學生不肯上體育課。老師提早下課，趕回自己家的菜田工作或餵兔子，因為養兔子是不費什麼錢的。誰都得為自己的一點糧食而疲於奔命，對別人的責任感和家庭的溫暖似乎都不見了。饑餓卻使我們家比以前更為親密。母親把她的嚴以律己、寬以待人的美德傳給了子女。她和二哥兩人省下了自己的大部分食物給我和三姐吃，三姐和我則會在半個月以前就開始省吃儉用，讓母親和二哥休假回來時能夠飽餐一頓。

二哥似乎變了。他的臉色不再那麼冷峻而嚴厲，這也許是他可憐我一個月要和母親分開二十六天的緣故吧。每次他從鄉下回來，三姐和我就端出自己的傑作，放在桌上，看著他狼吞虎嚥。我一次又一次地替他添飯，自己則不斷地吞著口水。我看到他吃得津津有味，就好像是自己在吃一樣。到底親是親哪。

吃飽後，他會笑著摸摸我的頭，問問我的功課。這就是我最大的快樂和報酬。

在家的日子，他不再關在書房裡看書了，反而盡量利用時間來改善我們的飲食。我們至少有兩天不用到學校食堂去吃那沒有一滴油的大鍋菜。看到他下廚替我和三姐做飯，我尤其感動；可是，等到最後圍著飯桌坐下時，三個人都只是默默地吃著。我仍然有點怕他。只有到了飯後，他說一句「我來洗碗」時，我才感覺到他的愛。我是多麼希望他能多說幾句話來表示他的那份感情。

有一天晚上，二哥叫醒我幫他宰一隻野貓吃。我倆把那隻貓罩在洗衣服的木桶下，拚命地搖著木桶，直到聽不見裡面的聲音才罷手。我們露出了勝利的微笑，第二天大吃了一次。

我幫著二哥殺過一隻貓，自己的大公雞卻無論如何也要養著。這隻公雞全身亮著棕色的羽毛，長著一蓬鮮豔的尾巴。每到吃飯時，儘管食物缺得厲害，自己的飯也只有一點點，我總是省下四分之一來給我的好朋友大公雞吃。二哥知道這事後，有一天，他對公雞說：「你真是個最不體貼的朋友。」我在門後聽到這句話，差一點大笑起來。

過了不久，二哥趁我上學時把這隻公雞殺掉了。我一到家，就哭得昏天黑地，抱著那隻死雞又拍又摟，把二哥嚇傻了。他說：「怎麼了嘛，還不都是為了你！公雞又下不出蛋來。」

儘管全家人一致注意我的營養，我還是得了水腫病。我的四肢和臉孔都腫了，變得胖嘟嘟的。三姐馬上寫信給二哥，二哥連夜趕了回來。當他走到床邊看到我時，他的眼睛裡漾著淚水。他溫和地摟著我，替我洗了澡，換了衣服，然後就去向糧食配給當局力爭，帶回了一斤米糠和半斤紅糖。他一直留在家裡照顧我，直到我好了許多，才回鄉下去工作。

學校放假的日子，他就叫我和他一同下鄉。他做工，我則跑到已經收割過的田地裡去，希望撿到一些遺漏下來的蕃薯和甘蔗。有時，我找了一上午也裝不滿半個可裝二三十斤的麻袋。二哥總是安慰我，提醒我絕不可以偷沒有收割下的東西。他說：「共產黨可以把人變成餓鬼，但是改不了人的氣節。」這時，饑餓已經使我不滿意共產黨政權了。

我和二哥長時間共處後，開始瞭解他是個可以默默受苦、逆來順受而堅忍不拔的人。很久以後，當他開始戀愛了，我才明白世上沒有人能永遠不動真情的。有一次，我在飯桌上突然想到像二哥這樣古板的人也會對漂亮的姑娘說溫柔的話，便覺得滑稽得要命，不能自制地噗嗤笑出聲來，把飯噴了一桌子。

二哥是個不同流俗的人。別人都尊敬他，也都對他保持距離。他從來不和鄰居吵架，不罵粗話；從來不穿木屐上街，也不敞開襯衫在街上行走或邊走邊抽香菸。即使騎著腳踏車買水果回來，他也絕不像別人一樣，一手扶著龍頭，一手托著一片西瓜。他要不是把整個西瓜放在後面的車架上，就是放在不透明的籃子裡。他永遠穿乾乾淨淨的白色、藍色或褐色的襯衣。夏天，他的袖管總是捲得整整齊齊的。冬天，他穿得不多，別人就會說：「你穿得不夠吧？」我聽到這種話，就覺得心底一陣溫暖，因為人家好像很關心他。

初二的第二學期，有一次，我拿成績單和優秀學生獎狀給他看，並且給他看我在《廈門日報》上登出來的第一篇文章。那雖然是一篇頌揚新中國青年生活快樂的文章，他還是因我努力寫文章並被登了出來而誇讚我。

接著，他第一次從書房裡挑出幾本書來叫我看。有好幾本書是在書店裡已經買不到的。那天，我們談到很晚，母親看到我們親近起來，真是又驚又喜。

他給我看的第一本書是約翰．根室的《非洲內幕》[1]。他要我開始學習國外的知識。在我看來，這本書純粹是本遊記，報導了許多資料卻絲毫不帶政治色彩。我看到作者能批評一個政權而不攻擊它，讓我留下深刻的印象。

二哥介紹這本書給我的那天，是我倆關係的轉捩點，也是我們心靈契合的開始。為了能和他討論政治見解，我不斷地看書。他對我的要求很嚴格，並不因為我年幼而稍有寬容。他希望我在初中

1 即John Gunther所著Inside Africa。

畢業以前就能有淵博的知識，能瞭解國際局勢、經濟地理和歷史人物，並且熟記第二次世界大戰的日期、地點、人物和事件。他每晚都替我補習。我談論一個題目，他就對我的談話做一些評論。他只想增加我的知識，並不想說服我接受他的意見。我很感激他那希望我能學有所成的一片苦心，可是免不了還是覺得很吃力。我仍然有點怕他，只得盡力而為。我知道自己必須跨一大步才能增進彼此的瞭解，文化革命終於拉攏了我們之間的距離。

我指著拿進他書房的地圖和照片，對二哥細述串連的經過和我對各大城市的印象。我親身遊歷了這些地方，對這些地方的認識反而不如他多。他常會提醒我，幫我記起更多的事。他對上海和北京的知識尤其令人讚嘆。

我還花了好一段時間討論北京的新政局。

「好啦，既然你已經見了這麼多，懂得這麼多，」二哥說：「你有何感想呢？」

「爛透了！老百姓太窮——窮得叫人難以相信。在北京，是狗咬狗的政治鬥爭。我不是為了你愛聽才這麼說的，我的感覺的確就是這樣。這個政權我是看透了！」

二哥看著我。

「你才十六歲，」他說：「比我當年還早熟了一年。」他又補充說：「我一直認為你的想法會和我越來越接近，這就是我要你參加新運動，自己去認識社會實況的原因。如果你不能自己去瞭解，我告訴你又有什麼用？」

然後，他又問我對毛、劉之間新公開的鬥爭看法如何。我還告訴他，在北京碰見過幾個被我鬥過的老師以及他們目前的態度。他並不覺得驚訝，說這就是報應。他們不把共產黨看成敵人，反而只顧向工作隊報私仇。他一向同情那些老師，說他們是無辜受罪。可是，他們不也和別的中國人一樣，眼看別人受罪而袖手旁觀嗎？

二哥顯得很疲倦，我勸他早點睡覺。他說：「今晚這次的談話對我精神的幫助比睡十天的覺還大。」

最後，我對他說：無論如何，我還是要繼續當紅衛兵。「毛澤東雖然在利用我們，我們也可以活學活用，反過來利用他。我總覺得我是自由自在地為自己幹，許多同志也這麼想。毛澤東是什麼人？如果毛澤東不讓我們隨心所欲，我們就打垮他！而且，我並不認為串連是毛澤東送給我們的禮物，串連是報酬，他因為我們千辛萬苦幫他控制了全國而酬謝我們。」

二哥沒有提出異議，只嚴肅地警告我：「言行要小心，在公開場合絕對不能太激動。千萬不要做我做過的事，即使是最親密的朋友也要提防一點，人心難測。」

我答應他絕不會讓他操心。可是僅僅兩個月後，我竟變成了通緝犯。

一月風暴

回到廈門市的第二天，我到八中向組織報到。我為了表示自己已經習慣北方的嚴寒，故意穿得很少，假裝根本不在乎這不太寒冷的氣候。

同志們熱烈地歡迎我們這批串連了三個月的老資格。我們學校所有的串連代表，就屬我們離開得最久。布告板上很快就貼出了我們凱旋歸來的消息，邀請大家來聽「由中央和毛主席身邊來的消息和美麗的祖國風光」。大塊頭未徵得我的同意，就安排我在下午三時在操場上演講。

我在三天內先後做了三次報告，每次都有大批聽眾，其中有一次是在八一二九區總部的會議上講的。八一二九區總部又叫作「八一二九大一中一專革命造反總司令部」，簡稱「大中專」[1]。我在這次會議上敘述了一些有趣的事和遇到的困難，沒有敢提及安徽的乞丐和挨餓的小孩。可是，不坦白又非我所願，所以，我在描述如何在西苑機場等候見毛澤東時，提到了地上臭氣薰天的尿。毛澤東一來，大家都忘了臭氣；他一走，地上的尿都乾了（大笑）。後來，我這大膽的演講竟變成了敵對組織攻擊我的好材料，特別是後面這句話，被認為是「惡意中傷偉大領袖」的證據。

「大中專」實際上是全廈門文革的中央領導組織。在「大中專」勤務組的一次工作會議上，我在梅梅和揹胸的協助下做了一次比較嚴肅的報告。我在報告裡特別指出：上海市已經在中央的支持下成功地展開了奪權運動，並且表示我們也應該立刻採取行動。

不久之後，「大中專」在一期戰報中用了一整頁的篇幅，登出了福州八一二九總部各負責人聯名發布的工作指示。這篇指示用最最諂媚的語氣聲稱，廈門文革即將成功地邁向奪權階段。我們三人的相片也被登了出來，各部屬組織的複印戰報也隨處可見。我們覺得像是被吹上了天的雞毛。我們在北京市遊覽得不亦樂乎，別人竟然以為我們做了什麼了不得的大事！

我知道這種榮耀不能沉迷太久，我還有許多材料要看，才能趕得上廈門這三個月來的進展；何況，這時到處都在敲鑼打鼓，這象徵著革命已進入了新的階段——工廠開始奪權，我們必須到各廠去幫助工人奪掌大權。這是一件很重要的工作，控制了工廠，就等於控制了工人；工人的力量是十分強大的。我要求到幾家工廠去組織工人。

奪權的實際程序很簡單：奪權團體宣布工廠的舊有領導階層靠邊站，該鬥爭的鬥爭，該勞改的勞改，接著便由學生領導的下級幹部和工人組織而成的新團體接收工廠大印，搬進辦公室開始上班，並掛出一紙「奪權公告」。

在鬥爭期間，工人不是毆打和自己有私怨的舊廠長，就是對他們用苦刑。有好幾個廠長都因此自殺了。

中央社論稱上海公社為奪權後全市組織的模範。於是，我們也把原來的學生革命造反組織的名稱加上了「公社」二字。各地的公社也就像雨後春筍似地紛紛出現，譬如，廈八中八一二九紅衛兵變成了「廈八中八一二九公社」。組織名稱的後面加上「公社」二字，就表示各個成員的觀

1是專為廈門學生組織（當時約有一萬名成員）而定的名稱。

點一致；也就是說，大家都反對從前受廈門市委會控制的紅衛兵總部和工人赤衛隊，都支持打倒市委會書記袁改（袁改在葉飛被鬥倒後緊接著就倒了台，他已經被鬥爭了無數次，一般人都對他失去了興趣，覺得像鬥死老虎一樣地無味）。

在新的局面下，極需要有完整的指揮部來指導學生、工人、農民和機關幹部們在各單位展開奪權，以便進一步控制全市。可是，古人說：「合久必分，分久必合」，我們廈門的八—二九既然已經是一支獨霸的力量，而我們的敵人——工人赤衛隊和紅衛兵總部正是日落西山，每下愈況。我們這邊正走向內部奪權分裂之途。

分裂的原由是廈大。廈大紅衛兵獨立團擴展成「新廈大公社」。它在改組時，幾個幹部不滿新派任的職務，而在一月初宣布退出組織；到了一月下旬，就組成一個新組織，正式命名為「廈大紅衛兵獨立團革命到底聯合司令部」。他們單獨豎起旗幟後，開始散播分裂的種子，並在各學校、工廠、機關吸收新分子，還拉攏了紅衛兵總部和工人赤衛隊的保皇派來加強實力。他們並利用我們忙著在各廠奪權的有利情勢，像陽光下的蝨子般大肆蔓延。最初，他們只有一百多人，一個月後竟膨脹到萬人以上，其中有學生、有農民、有工人，也有機關幹部。二月初，他們成立了「廈門市革命到底聯合總司令部」，仍然簡稱為「革聯」。「革聯」很快的就變成了我們的統一組織——八—二九廈門公社的死敵；八—二九廈門公社的另一個家喻戶曉的名稱叫作「促聯」。

一月間，我拖著疲憊的身體到各工廠去時，曾經遇見廈大革聯的幾個人。這些人是到工廠來宣傳，吸收新分子的。從前，我們是朋友，彼此之間並沒有太嚴重的衝突，所以我們只要求他們不要太過於培養舊有的保皇組織，他們卻辯稱保皇派是可以改造的。我不能接受這種做法。從此以後，分裂變成了我們組織中每一個人的考驗。最令我傷心的是：牆頭草和其他兩名串連代表也投靠了革聯。他們對我說，革聯的第一號頭頭跟他們意氣相投，他們受到了特別待遇，並被派任了要職。我並沒有勸他們回來。我認為人各有志，而且兩派雖各有失誤，也各有優點。很久以後，在武鬥期間，原來的八個串連代表中，如有任何一人被對方俘虜，該派的其他串連代表就立刻保釋他。三個月同行同食所建立起來的友誼是不會輕易忘懷的。

母親做事的工廠也在我的管轄範圍內，可是，我在那裡，總是避免引人注目。我和母親常常一同在廠裡吃午飯，她問我來做什麼，我只說是來幫助工人勞動，來推行文革。我不想讓她知道我們如何在工廠裡奪權，也不讓她知道我的責任有多重要。她會擔心我「樹大招風」，害人害己。

一月十八日上午八時，華僑大樓中舉行了一次重要的會議，參加者是「大中專」的三十多個執行委員和工、農、機關幹部組織的一些代表。在這之前，已經開過一連串的會議來討論如何建立一個統一完整的組織。今天是最後一次會議，有許多事情要決定。

會議主席是何為明，他是廈大經濟系一個幹部出身的學生，今年三十八歲（軍人或機關幹部若志願接受高等教育，在就學期間仍然照舊支領薪餉）。他是「大中專」和廈大獨立團的負責人，大家都尊敬他、喜歡他。他為人非常精明能幹，工作效率奇高。

他的得力助手、「大中專」的第二號人物是廈大三年級學生盧大瑤。他也是經濟系的學生，是個二十三歲的小夥子，平易近人，總喜歡有兩三個女秘書陪著他工作。其他頭頭包括我自己、梅梅和搥胸等人組成了勤務組。我們常以他們兩人為中心共商大計。至於工、農和機關幹部的代表，多半都聽從學生的決定。我是執行委員，還是廈八中八—二九公社的副頭頭，大塊頭擔任正頭頭。她也是「大中專」勤務組的執行委員之一，卻寧願坐鎮八中當女王。她在八中，有絕對的實權。除了八中以外，廈門其他各校幾乎沒有一個女頭頭。

看到梅梅也來開會，我好高興。我們兩人都一直忙這忙那，好幾天沒見面了。她被派到鼓浪嶼地區的各工廠去主持奪權。鼓浪嶼有許多小工廠，僱的都是女工。我開她玩笑說，我到過的都是大工廠——重型機器、製造外銷糖果餅乾的食品加工廠，或著名的酒廠等，她到的只是小型手工業工廠，聽到的不是隆隆的機器聲，只是女人的喋喋不休。

她不以為然：「在手工業工廠裡可以見到許多事情。那些女人成天坐著糊紙盒，一天才賺五、六角錢！玻璃廠更可憐，吹玻璃的時候，兩隻眼睛瞪得眼球都快爆出來了，真是苦工。如果我是廠長，一定給她們加薪！」

會議開始時，何為明說廈門市委會第二書記汪大銘表示支持我們，我們要支持他當新市委會的第一號人物，以為回敬。後來，凡是頒發給廈門市民的一切指示，都必須由八—二九公社和新市委會聯名蓋印才能生效。

當時，汪大銘和他的老婆都在場，兩人起立表明了革命態度，並表示願意遵守八—二九公社的領導。我對這兩人沒什麼好印象，聽說姓汪的是因為喜歡拈花惹草，名聲太壞，所以不能陞到更高的職位。不過，我和與會的其他人一樣，並沒有表示反對。反正姓汪的只是我們的傀儡，先警告我們的女生提防他就行了。後來，汪大銘卻變成了我們的累贅。革聯指責我們窩藏腐化幹部，中央也不贊成高級幹部參加革命組織（在組織裡，我們稱他們為高級顧問），並且支持倒汪運動，弄得我們的組織聲望備受打擊。

何為明繼續宣佈八—二九廈門公社[2]正式成立，參加會議的每個成員都變成了新組織的委員[3]（其實，他根本不必多此一言，紅衛兵頭頭永遠是頭頭，我們不用擔心彈劾和投票選舉之類的事，我們有的是實權）。

在宣布組織結構[4]後，會議終於宣布展開八—二九廈門公社的活動來取代原廈門市委會，並接收全市的政、經大權。這份宣言是由我的堂哥起草的。他近來體弱多病，沒有當上委員，可是堅持要出一份力，於是坐在病榻邊寫成了這份宣言。可是，在後來的文章和宣言中，沒有一篇提到他的貢獻。

全廈門市的人口有七十三萬[5]，面積數百平方公里，工廠、商店、機關、學校數以百計。現在，全市都是我們的了，我卻並不特別高興。我們的經驗不夠，被責任的重擔壓得直不起腰來，誰敢說這個新政權能維持多久？

會議結束後，何為明請所有委員看好戲。我知道是什麼好戲，一定又是什麼地方在進行血戰了。

2這個組織在名義上直屬福州的八—二九總部，因為福州和廈門同為省轄市，實際上八—二九廈門公社漸漸與八—二九總部成為平等的機構。
3這個由五十多名委員組成的領袖集團叫作「勤務組」。
4八—二九廈門公社屬下有四個司令部，分別由十萬名工人、四萬名農民、一萬名幹部和一萬名學生（以上是大概人數）組成；按行政部門來分，則有一個秘書處和五個部：宣傳部、組織部、外事部、後勤部和作戰部。
5廈門市包括廈門島、鼓浪嶼島、同安縣和龍海縣境的海滄公社。

兩輛卡車載著五十多個委員飛馳到廈門大學去，是何為明和盧大瑤自己駕駛的。兩人都開得飛快，任何一個差錯都可能使新政權當場完蛋。我把腦袋伸進駕駛間，對那瘋狂的何為明叫道：「老何，我們的性命全在你手裡。你有了老婆孩子，也許想一了百了，我們還想活呢！」他露出微笑，反而開得更快。

上午十一點剛過，我們到了廈大，好戲已經快要收場了。一隊隊的俘虜舉著雙手由老窩走出來，在廣場上被搜身、問話或毆打。新廈大公社和八中的戰士還搜出了紙張、寫大字報的毛筆和墨汁、家具和原先預備用來攻擊新廈大公社的黑材料。

今天的行動是粉碎舊廈大紅衛兵總司的聯合行動。廈大紅總司早已不堪一擊，人數只剩下百人左右。他們沒有抵抗，只有跪地求饒的份。校園四面的圍牆上到處是總司舊人的「反戈一擊聲明」，用來說明自己是被騙誤入保皇組織的，現在要申請加入新廈大公社；有些則是好幾百人聯名簽署的「退出聲明」。我對這種投機分子毫無好感。

何為明畢竟開得不夠快，他只來得及跳上一塊石頭，訓了俘虜一頓。他叫他們悔過，如果想不通就先回家去，永遠不要參加別的組織。然後，他放走了大部分人，只留下八個頭頭，為首的一個是個女生。

他跳下石頭，走到這個女敵人面前，抓住她的頭髮，咬牙切齒地說：「幾個月前，你們人多勢眾，四千對一百打垮了我們。當時妳多驕傲、多跋扈！妳抓住我，鬥我，刮我耳光。好了，今天是我的四千對妳的一百，我也要妳嘗嘗這個滋味！」

說完，他左右開弓，不停地怒刮著她的面頰。一下，兩下，十下，二十下，刮得她的口鼻流血。

她跌倒兩次，每次都被兩個紅衛兵拉起來再打。何為明沒有用鞭子，也沒有用別的工具，只是一個勁地用雙手猛刮她的臉，打到她昏迷不醒為止，又踢她好幾腳。他的手下人扳開她的嘴巴，試試她的牙齒，有幾顆牙已經鬆動了。然後他們又跑過去恭維何為明。他一定是恨透了這個女生，才會這樣對待她。

看到敵人滿臉是血，口吐白沫，我的心軟了。從六個月前鬥爭老師以來，我還沒見過這麼慘的事。原來這就是我們被載到這兒來的原因——以一次血的教訓來叫我們準備迎接日後的血戰。梅梅掩住臉，一直躲在我的身後。如果她也被敵方抓住，會怎麼樣？

「你的巴掌可真清脆響亮！」有人在拍何為明馬屁。誰也沒有阻止他。然後，我們五十人圍住其餘幾個俘虜，逼他們下跪、學狗叫或喊「爸爸」。我突然看到自己的手，發現手上還戴著頭頭的白手套。白手套和戰場不相配，該把它們脫了下來。

中午，何為明請吃午飯。飯後，我們幾人依計出發，指揮另一次特殊聯合行動。我和幾個最親密的戰友，八一八戰鬥隊的另七個隊員一同率領兩千名廈大、八中和其他各中學的學生，到青年文化宮去攻打廈門市紅衛兵總司。我們八條大漢——十六條長腿首先到了大樓，門口沒有守衛，敵人正是殘弱不堪，剛好讓我們弱肉強食一番。

我們馬上衝到二樓，悄悄地推開一扇半掩的房門一看，裡面是女生宿舍，四個女紅衛兵正在床上睡覺，房間中央是一個炭爐，室內溫暖而舒適。

一看到女生，老板立刻精神大振，活像吸了鴉片煙。他叫我們先等在外面，自己躡手躡足地走到一個睡態迷人的女生床前，用盡全力一腳踹上她的胸脯。「唉唷！」女紅衛兵醒了過來，痛得抓緊棉被滾到地上，「唉唷！——救命啊！——」真是可憐，她抓著棉被，爬到角落裡，縮成一團，頭碰到了地板。這個傷也許一輩子也好不了！

我正想過去扶她，可是猛想起自己的身分，只能冷漠地看她一眼，轉向其他被驚醒的女生大吼：「全給我跪下！妳們的末日到了！」她們紛紛滾下了床，不住地向我磕頭。一個個又害怕又可憐，好像我們要把她們活吞下去似的。「拖出去！」我命令道。我們從這些女生的行李判斷，知道她們是護士學校的學生。她們是陌生人，使我們更容易凌辱她們。她們被打倒在地後，便被拉著雙腳，臉朝下地往外拖。她們的腦袋、臉孔和胸部被擦爛了也沒有人管。有一個女生想攀住房門，手上被蹬了一大腳。走廊裡到處是鬼哭狼號。

我們把這個叫作「拖老鼠」，主要是避免反抗。如果拉住女生的手臂或身體，她可以用口咬、用頭撞。現在她用盡全力保護臉孔都還來不及，尤其是下樓的時候，每下一格，她都得用手保護自己。

房裡只剩下我、老板和那仍然在呻吟著的女紅衛兵。老板轉向我：「現在只剩下你我二人了，對吧？」

我罵他，把他轟了出去。他跑了，大叫：「我去告訴梅梅！」

室外已經吵得天翻地覆，大樓裡到處傳來砸東西的聲音，我卻心如止水。眼前的這個女生很像梅梅，她蜷伏著，哭泣著，恐懼地看著我，拚命往後面縮。

「我很抱歉，我們太過分了些。我不是壞人，只是，你們從前也實在太狂了。」

「我再也不敢了。請放我走吧！」她說著褪下一枚戒指遞給我。

我一怒之下，踢掉了戒指，打了她一個耳光說：「妳把我看成什麼人了！」

老板和其他人一同衝了進來：「我還以為你們已經脫光了呢！」

「冬天嘛。」我說。大家都笑了。

我決心要救出這個受了傷的女生。我藉口要罰她做苦工，我叫她把一箱書搬出去，然後，我拾起兩個電燈泡，一面裝出沒收戰利品的樣子，一面監視她，把她護送了出去，一來到院子裡，她就安全了。院子裡早已聚集許多看熱鬧的人，有些挨了揍的敵人的父母也來了，苦苦哀求我們放了他們的兒女。我們拍下幾張他們跪地求饒的照片，作為日後的宣傳材料。

大樓裡，砸東西的聲音和尖叫聲不絕於耳。有時，一整扇的窗戶會墜到樓下，玻璃碎片濺得大家紛紛走避。窗口常有東西被丟出來。三樓窗口推出一個大櫃子，跌到地下四分五裂，裡面的墨水瓶也跌破了，潑得一地的墨水，有些圍觀者被墨水沾到，仍然駐足觀看這幕好戲。有幾個倒楣鬼被推出窗外，上半身掛在外面，下面看熱鬧的人就大叫：「揍他呀！揍呀！」

我們的命令只有一道：粉碎一切，使得保皇派永世不能活動。我們甚至用鐵條和其他重型鐵器把鐵櫃打得不成樣子。

在整個過程中，我看到許多人趁火打劫值錢的東西，如：手錶、收音機裡的真空管或自來水筆等。

大約四點時，院中聚集了一百多個俘虜聽我訓話，圍觀者也聚在一旁。我宣布自即日起，「紅總司」不再存在，辦公大樓要被封鎖。然後我又問俘虜們有啥廢話要說？看著這群可憐蟲，我發現他們沒有一個沒吃過苦頭，沒有一人衣衫整齊。

他們默不作聲，使我反而後悔多此一問。突然間，我覺得他們個個是人，而我們則個個是青面獠牙的魔鬼。

我們釋放了他們。在釋放前，要他們一個接一個先在一張預先寫好的悔過書上蓋手印，並向我們幾個頭頭敬禮，可是仍然有些傢伙一離場就邊跑邊罵起來。為了籌集經費，我們在釋放他們以前，還會一一搜身，搜到了人民幣五百元左右。我們宣布這些錢毫無疑問是國家的財產，於是，當場充了公。

在我們釘大門和貼封條時，圍觀者都歡呼鼓舞。我們的行為雖然粗魯，人民還是支持我們的。我們跟在滿載戰利品的卡車後面，浩浩蕩蕩地開到了「大中專」總部。然後，我們重燃戰火，派出了一千多名參加今天兩次戰役的老兵前往市委會。

我們在下午五時到達市委會辦公處，宣布奪過市委會大權，輕易趕出了快要下班的幹部。這時，另一批由汪大銘率領的人也進入大樓，宣布承認八—二九廈門公社的領導權。反抗的人很少。從第一書記和其他領導人物倒了台以後，辦公室裡也沒有什麼事可辦了。一部分「大中專」的學生認為市委會大樓不值得接管，可是我們在北京的聯絡站堅持要奪市委會的權，理由是：上海和其他地區早已做到這點了。

我們沒有破壞大樓裡的設備，大部分中下級的幹部仍然留任原職，並被吩咐在第二天早上照常上班。

七點鐘，我們駕車回到工人文化宮，透過擴音器宣布奪權圓滿完成，同時派出一輛裝有擴音器的卡車沿著廈門市的大街小巷廣播這個消息。這是我們的第一輛宣傳車。

一月十八日整晚，許多基層機關代表絡繹不絕地來到文化宮前的廣場，發布他們組織誕生的喜報。現在，工人文化宮成了廈門公社秘書處的所在地。鞭炮聲和鼓樂聲不絕於耳，前往各工廠組織工人的學生帶頭舉著新旗幟列隊而過。各個新單位只不過是在舊名稱的前面加個「新」字，後面加上「公社」二字而已，如「新廈門罐頭食品公社」等。這些都是公社派，也就是促聯，是和革聯兩相對峙的，只是革聯至今還沒有正式成立完整的組織。

我們建立了八一二九廈門公社後，算是完全違反了中央由基層幹起再逐漸往上控制全市大權的奪權指示，也就是所謂的「由下而上」。我們所做的，正是「由上而下」。我們在接收市級大權後，才用一副封官許願的口吻對與我們合作的工人說：「你現在到某某單位去奪權，奪到以後，回來報告，我們馬上派你當那裡的單位主管。」就這樣，工總司下面很快就成立了二十多個「系統司令部」，每種工業組成一個「系統司令部」，如輕工業系統、重工業系統、手工業系統、糧食工業系統等。

我們在三天內控制了百分之八十的生產和服務單位，大小都有。前市府機關人員權充我們的顧問，幫助我們有條有理地度過了交接階段。

不過，我們仍然暫時嚴格地遵守著中央的不要攻擊「要害部門」的指示，以免妨礙這些機關的正常業務。譬如電台、銀行、郵電局、報館和公安局等機關，我們都沒有去奪權，只是叫這些機關的人員自行組織起來，參加廈門公社。有些學生對優待這種「要害部門」很不滿意。這幾個衙門一向顯得神秘得很，目前的限制使它們顯得更為神秘。這幾個機關的辦事員在市民心目中比其他機關的同等人員地位高。

有一天，我大膽地率領了一百多個廈八中八一二九公社的戰士，前往廈門人民廣播電台搗亂。

我們進入那漂亮的播音室，看到複雜的按鈕設備後，簡直是眼花撩亂了。我們即使奪了這裡的權，又能怎麼辦？我們對操縱這些機械是一竅不通，也許只能學學十月革命後的蘇聯人，用槍尖逼著反革命技術員替我們工作吧。我們站在那兒目瞪口呆地看了一陣後，推門走進一間播音室，一個女播音員正在廣播。她轉向我們，說如果干擾了對敵人[6]的播音，我們就要被抓去殺頭。我們狼狽地退了出來。我很不滿意她的態度，叫幾個部下埋伏起來，等她下班時，把她結結實實地揍一頓。後來，他們回來告訴我，說是在門口等了十個多小時，也不見她露面，也許她是爬牆溜走了。

革聯分子越來越妒忌我們，說我們要配合國民黨反攻大陸，甚至揚言要上告中央。我們充分瞭解目前的大勢是奪權，只要不過分干擾到中央，我們盡可以繼續接收各個機關，何況八—二九廈門公社展開活動之初，我們還打了一封電報給中央，說「廈門公社的成立是毛澤東思想另一次偉大的勝利」，中央是絕不會因此而譴責我們的。

廈門公社成立後的第二天，革聯採取了行動，挑撥廈門公安局單獨發動奪權，宣布鎮壓我們這一邊的壞分子和其他的地痞流氓。公安局人員本來就不贊成我們的行為，認為我們是一鍋攙了「不良分子」的大雜燴。

公安局恰好設在工人文化宮隔壁的一幢三層樓建築物裡，我們就在文化宮面對公安局的一角裝了許多架擴音器，日夜向他們叫罵。我們又是叫罵，又喊口號，大唱自己編的歌曲，罵他們是「命不長了」的「黑色警犬」。我如果得空，也會跑到五樓的播音室去親自叫罵一番。有些戰友則宣稱，警察要是敢抓我們，我們非搗毀公安局，把他們的腦袋瓜砍下餵雞不可。

我們開了很多次會議，討論是不是應該奪公安局的權。學生領袖中的大多數人堅決贊成這麼做，理由是：革聯已經干涉了公安局的內政，我們沒有什麼不可以依樣畫葫蘆的；如果中央責怪下來，我們儘管歸罪於革聯，說是他們先動手的。可是，組織中的工人比較保守，害怕負責。在許多方面都可以看出學生和工人之間有一點基本差別；學生要的是權，工人要的是錢（學生的理由是：把公安局控制在手，我們就可以肆意抓人。工人說，公安局沒什麼錢，我們還得貼錢叫工人去抄它，太划不來）。頭頭當中雖有三分之二是學生，遇到這樣重要的行動，我們覺得最好還是大家一致贊同後再下手。

每次會議完畢，服務人員來收拾汽水瓶和果皮時，我都叫他不要丟進垃圾箱，而把它們丟進公安局圍牆中的院子裡去。不久，文化宮有了一條不成文規定：把所有的垃圾提到五樓，由窗口扔進隔壁的院子。公安局變成了我們的垃圾場。過了幾天，公安局的人忍無可忍，憤怒的眷屬和子女在圍牆裡向我們叫囂。我們不加理睬，只在看到有小孩爬上垃圾堆撿空瓶時，用彈弓瞄準這群小警犬猛射。

公安局的人要反攻是很困難的，因為他們的大樓比我們矮。他們只好用木板把窗戶釘起來，擋住我們用彈弓打過去的小泥團。後來，我們把注意力集中在走廊上傳遞公文的女警員身上。老板對此深感興趣，他把兩個弟弟叫來，每人手持彈弓一把，然後，他發布命令：「目標——前面的母警犬，瞄準點——胸脯，預備——放！」三個狙擊手百發百中，嚇得女警員個個屁滾尿流，落荒而逃。後來，女警員在「火力封鎖」的危險下，只用畚箕、竹籃保護要害，鼓起勇氣來繼續傳遞公文。

6 指台灣。

有些警察氣得拔出手槍來恐嚇我們。這可把我們嚇住了，有好一陣子不敢上五樓去。不過，我們還是繼續在播音室裡叫囂，並且發了一封信給中央，說警察蓄意殺害革命分子。

從來沒有人敢這樣大膽地對待警察。老百姓看他們掛著槍，又會抓人，總是畏懼三分。在我們連續搗亂了六天後，連五、六歲的娃娃玩膩了遊戲，也會跑到公安局門前來「示威」，一面大叫「打倒黑色警犬」，一面舉起玩具機槍，對準衛兵「噠—噠—噠—噠—噠！」起來。

到了一月二十五日，廈門公社的頭頭們仍未達成協議，不知是否要進攻公安局。看來，這件事是要由比較英勇的廈大和八中學生出面了。

那天早上，我們召集了五百名學生，準備發動另一次特殊行動。各校中倒楣的紅總司被我們一一搗毀時，八中裡面的紅總司分子已經躲到校園後山腳下的一座小型化工廠去避難了。我們五百人豺狼虎豹般地衝到山腳下，卻發現廠裡只躲著十幾個學生，全是軍人和高級幹部的子女，也就是帶頭鬥老師、而且鬥得最兇的那批人。我們五百人中，有些人正是被鬥的老師的子女，他們忘了大家曾是同班同學，把那十幾個人揍得鼻青眼腫，甚至要把他們丟進裝著濃縮硫酸的大桶裡。我適時地喝止了他們。

我們審問過俘虜後，發現他們近來的日子苦透了，除了在工廠裡的小爐上煮些白飯以外，其他什麼都沒得吃，只好經常在夜間溜到罐頭工廠去偷東西；白天也不敢出來，因為怕碰見我們。我們問他們為什麼不解散組織，回家算了？有些說家被抄了、封了，父母被抓去鬥爭了；另有幾個人說還希望多等一陣。等什麼呢？直到後來，他們全被革聯收容成為八中的革聯分子後，我們才恍然大悟。我們在以後的戰役裡遇見他們，仍然可以看到他們在這一天被我們懲罰而留下的痕跡——有人缺了手指，有人缺了耳朵，有人的臉上留著刀疤。

五百人活吞十幾人其實沒有什麼意思。我們原先以為對手不只是這十幾人，還叫了新廈大公社的人來撐腰。現在他們來了，仗卻已經打完了。他們看到我們完成了任務，而且搶下了所有戰利品後，非常氣憤地揚言說，今後絕不再理會我們的求救通知了。

大塊頭和我以及其他幾個頭頭聚在一起，商量如何安撫新廈大公社的六百名援兵。結果，還是那頭腦簡單的大塊頭做了決定：「一起砸公安局去！」

「對！對！」我真想敲自己的腦袋，怎麼連這麼一塊肥肉都忘了？

我們向廈大的頭頭們提出這個建議時，沒有半個人反對。所有的學生聽到了這個消息後，全都歡天喜地。我想為二哥被捕的事報仇，別人也是一樣要藉這個機會報私仇。對警察的公憤使得大家親如一家人。

有人大吼一聲：「走！」我們的大軍就以排山倒海之勢，浩浩蕩蕩直搗公安局。當大隊人馬經過文化宮廣場，正要轉彎從後門開進公安局時，派到前面打聽消息的偵察員跑回來報告說，局裡的人不只是原來的四百人，現在至少有八、九百人在院子裡開慶祝會（後來才知道他們是在慶祝鬥倒了局長）。

我們的行動太過突然，我們的人數即使在千人以上，也不會是警察的對手。他們都是受過自衛訓練的，比軍人更難纏，而我們不但缺乏經驗，且有半數人員是女生。我連忙趕到大隊前面去喊口令：「向左——轉！」大家起先都愣了一下，隨即都明白了我的意思。如果我們一個勁向前走進公安局，或許永遠也回不了頭了。這樣，我們可以假裝是繞廣場一周，不像在逃避戰事。

為了使大家平靜下來，我命令大家繼續繞場跑了一會兒，同時又命令幾個部下：「快，快到文化宮去敲警鐘求援，快！」這時，我發現梅梅也在隊伍裡，跑得上氣不接下氣的。

我抓住她：「到播音室去！不要跟來打架！」

她不肯。我命令那個去敲警鐘的部下把她拖走。

「放開我！」她叫道：「我不怕！」

我幾乎刮她一個耳光：「妳不能打。要是受了傷，妳媽會哭死！」

她一被拖走，我再也忍耐不住了。「去揍那群狗啊！」我大吼。

每個人都喊得很起勁，誰也不敢勇往直前。大家都拖在後面，直到看見我們八個八一八戰鬥隊的人把衛兵打倒在地，推倒了衛兵崗亭和用石塊把亭子壓住後，他們才開始向前衝。這時，文化宮傳來了警鐘聲，那口銅製的大鐘是專為報急安裝的。

大鐘一響，表示救兵快到了，於是我們衝進了公安局的院子裡。

我從來沒有進過這個院子。上小學時，我常常喜歡和同學一同到公安局附近來玩，爬上那道矮牆的牆頭，看警察訓練警犬。要是看到了靶場、練劈刺和練狗的場地四周都圍著鐵絲網，我們就會恐懼。如果我們不小心把皮球踢進了院子，也絕不敢爬牆進去拿。裡面的小孩——那批小警犬總是把球給吞了。有一次，看到他們拾走了我們的球，我們氣得要命，抓起泥塊就往裡扔；最後，他們竟放出警犬來咬我們，有一隻還脫出牆來，咬了我的一個同學。從那時起，我就恨透了這個地方和這裡的人。

我們衝進去時，警察們正在慶祝。他們看到我們，一時僵住了；可是馬上就明白了是怎麼一回事，立刻布下了防備的陣式。

兩邊的人越走越近。我們把女生放在後面，掩護她們。我們都很害怕，尤其是大家都手無寸鐵。我站在前面，只有頸間掛著一個哨子，衣領敞開，袖子捲了起來，一身是汗。這時，只要我後退一步，我的名譽立刻掃地，後面的隊伍也必然一哄而散。

「你們全是百分之百的反革命！竟敢衝進公安局來！」對方的聲音充滿了恐嚇意味。

剎那間，我的思潮起伏。二哥已經被抓了一次，如果我再被抓，我們家就出了兩個反革命，是完蛋定了，母親會傷心死。可是，我又記起了五歲時的那個夏天早晨二哥被抓的情景，破碎的玩具，被警犬咬的小學同學；我又想到了有多少百姓受過警察的恐嚇。我想，我們一定會得到群眾的支持。於是，我堅決地站著，戰友們注視著我——敵人越走越近。

正在這千鈞一髮的時候，大門外傳來了一片怒吼，戰友們到了，大部分是工人。他們都是老虎般兇悍，揮舞著工總司的旗幟，旋風般地闖進了院子。凡是在文化宮擔任一官半職的，全都到齊了，其中有秘書、有抄寫員、有宣傳隊隊員、播音員和手裡還拿著油印滾筒的印刷員。有些宣傳隊員的臉上還塗著油彩，一副女人的打扮。這些人是在彩排的中途被召集來的。所有人的眼中都充滿了怒火，全像要把敵人活吞似的。

警察們還來不及從驚愕中恢復過來時，我們已經一擁而上，隨處亂打，前排的警察首先遭殃。我們剝了他們的徽章，打掉他們的帽子，撕破他們的制服，一面吶喊道：「你們不配當人民的警察！」然後我們把他們推在地上，又踢又踹。可是，我們沒有武器，又沒有受過正式訓練，有時，一個剽悍的警察能應付我們十個人。

敵人開始反攻了，受傷的人數激增。我吹著哨子，從一個緊急地區趕到另一個，這還是我第一次經驗到這樣大的場面。我們有些戰士已是昏頭轉向，不知道該揍誰；他們正在猶疑時，已經被人家一拳揍倒。有幾個近視眼趴在地上找眼鏡。我們的人只在前面的一個角落裡佔了上風。在那個小小的角落裡，大家跟女警員打得不可開交，人人都想往那個方向擠。

只要我一挨打，哨音走了腔，就有人來搭救我。所以，我倒是一直都很安全，幾個大個子總和我一同作戰；偶爾有工人加入，戰況就更好了。

在工人強有力的壓迫下，警察漸漸地往公安局後面山坡的蕃薯田撤退，有幾個跌進了溝裡，馬上有人過去踢他們，丟泥塊下去，塞得他們一嘴的泥巴。

突然間，我聽到背後傳來一聲尖叫。我還來不及回頭，就被推倒了，一把亮晃晃的大菜刀落在我的身後，只見老板抓住一個女人的頭髮，把她摔倒在地。

她是警員的太太，顯然看到我老在吹哨子而認出我是頭頭。幸虧老板及時追上來，抓住她，咬掉了她手腕上的一塊肉才使她丟下菜刀。

這時，十幾個人一擁而上，踹她，踢她，弄得她躺在地上分不出是人還是一團泥巴——我所看到的，盡是血和泥土，不過她並沒有死。後來我聽說她瞎掉了一隻眼睛。

「你救了我的命，」我對老板說：「該怎麼謝你呢？」

「謝什麼？今後留心背後就是了。哦，對了，那天，你真應該把那妞兒留給我。」說完，不等回答就一溜煙地跑了。

老板從不碰自己這邊的女生，也從不放過任何好看的女俘虜。有一次，一個不滿意的戰友罵他：

「你怎麼可以把革命精子射進反革命的子宮？」

「怎麼不可以！」他煞有介事地回答：「雜種最聰明。」

這場大戰中，我們的情勢越來越有利。有幾個警察的老婆想放狗出來解圍，幸虧被我們及時攔住了。我們在一氣之下便闖進了附近的警察宿舍，搞得天翻地覆。

我們這邊的救兵越來越多，「大中專」打電話要各校都派出戰士，機關幹部也加入了戰團。最後，我們與對手的人數之差幾乎是十比一。警方叫廈大的革聯來助陣；當時革聯還十分脆弱，只能派出一輛宣傳車來哀求大家不要攻打人民警察，不幸的，連這輛宣傳車也被看熱鬧的人推翻了。有些看熱鬧的人還大叫：「不能打警察，就打革聯！」

兩小時內，混戰的消息就傳遍了全市，被吸引來觀戰的人當中有不少是幫會人物。這些幫會組織——諸如廈門港口幫、第八市場幫等，也正是使廈門聞名全國的因素之一。這些人不請自來，是因為他們比任何人都恨警察。他們來了後，就自告奮勇地加入了混戰。他們打起架來技術高超，他們中甚至有人公開揚言：「一定要把他們揍個半死，至少叫他們再也當不了警察。」有些警察果然因這場戰事而終身殘廢。打到最後，我們八中和廈大的學生反而要努力控制秩序，這是怕將來被追究責任。我們還忙著勸幫會住手（後來，革聯和促聯雙方都曾有意地利用這批流氓替自己助陣）。

三小時後，混戰結束了，敵方的受傷人數多達三百人，其中有五十人受重傷。公安局這個恐怖的機關終於受到了致命的一擊，真是大快人心。老百姓趕著來幫助我們搬運我們這邊的傷兵，為我們送來一籃籃的橘子，並且夾道為勝利者歡呼。那批受重傷的警察全都沒人理睬，只好躺在蕃薯田中呻吟，有些小孩甚至跑過去在他們的身上小便。看著地上這些渾身是血、衣不蔽體的敵人，我簡直不敢相信這就是曾經高高在上、神氣活現的警察。他們的同志不是被俘虜，就是換上了便服，逃之夭夭了。身穿制服而想開溜的，全被市民飽以老拳。

我到後來才知道，連住在公安局以外的警察眷屬也未能幸免於這場大難。市民們組織了鬥爭大會來鬥他們，在他們住宅的裡裡外外牆壁上都塗滿了污辱的字句和圖畫，更有人跑到他們的門口大罵山門，有些人還企圖切斷他們的水電。我們正在盤算著如何處置那批受傷的警察時，不料當地第一七三軍醫院已經派了幾輛救護車來搬運他們，當時要不是我們在場維持秩序，恐怕連救護車也會四輪朝天。

我們這邊的受傷人數是十幾名重傷和五百名輕傷。我們特意大事渲染受傷者的人數，連跑路時自己跌倒擦傷皮膚的也列入其中，以便在向中央報告時加深警察打人的印象。

可是中央（陳伯達和公安部部長謝富治）以及福州軍區司令部都發表聲明譴責我們。革聯分子伺機打破了緘默，聲稱因為促聯的行動錯誤，中央必定會鎮壓促聯。我們中有些人害怕起來，退出了八—二九廈門公社，革聯也就趁機擴張組織。不過，當時我們的人數是十七萬人，他們只有兩萬人，在市內辯論一—二五事件的得失時，革聯分子還遠非促聯的對手。

事後證明我們對公安局發動的奪權運動，是一大失策。我們雖然在五十多個原來就支持我們的警察的協助下，成立了新公安公社，卻已經和大多數警察結了仇。革聯開始建立全市性的總部時，立刻有近千名的警察加入了革聯。因此，我們奪來的權實際上是一無所得。

一月二十五日我回到家後，母親已經聽說了這件事，她非常生氣。

「我教養你這麼多年，竟把你教養成為非作歹的惡棍！」她說得聲淚俱下。我自己則是既高興又難受，挨了拳頭的身體到處疼痛，喝下一碗加糖的清酒後，更是覺得反胃，像是在喝那五十多名在蕃薯田裡輾轉呻吟的殘兵敗將的血。然後我睡在母親的床上，抱著枕頭，軟弱得像個嬰兒似的。母親含淚用藥酒替我按摩，一面大聲祈求上帝保護她這個迷惘的兒子。

凌總指揮

八—二九廈門公社奪權後所面臨的最大問題是：廈門市百分之九十以上的工廠的生產量都減少了。

中央顯然是因為看到了全國各地生產量的普遍銳減，便號召全國所有奪權的革命造反派「抓革命、促生產」。一月中旬，我們聽到了這項號召後，料定毛澤東一定很震怒，只有金錢才能安慰他。增加生產和利潤來對黨和毛主席效忠，說來容易，但究竟要怎麼個生產法？在廈門公社成立的五天前，我和何為明談起我所見到的上海市的工人奪權的情形：工人和廠裡原有的幹部合作，顯然能很有效地處理一切，維持生產水平。他興趣盎然地聽完了我的話後說：「那麼，你對這件事是有真正的瞭解嘍。」「哦，不、不、不！」我連忙搖著雙手否定了這個說法。事實上，我在上海只停留了兩天。上海工人如何使用權力，如何有效地處理一切，我根本是一無所知。「小凌，不要逃避責任。這個問題關係到我們組織的存亡。你的能力強，我又信任你。我要推薦你來負責恢復生產。」

「別開玩笑了。我不過是個學生，連算盤都不會打，怎麼去恢復生產？」他說：「你非但要負責恢復生產，我還要把全市的經濟大權交給你。」他對我一直很有信心，這也許是因為我們性情相近的緣故吧——我們在某些方面都是果斷而乾脆的。

「別忘了我才十六歲。工人們不會聽我的話的。就算他們肯聽我的話，我又怎麼敢領導他們？

你還是找個有經驗的老幹部吧！」

「這就是我們革命造反派的作風。我們要大膽，要出其不意，要做別人從來沒有做過的事。」

「我知道。我並不是不願意。你知道我是意志堅強的人，問題是我沒有能力！萬一出了紕漏，賠上我所有的家當也補償不了損失。何況，我對經濟又是一竅不通。」

「不要害怕。其他幾個早就派到工廠去的同學會幫助你，任何損失出我負責，我會全力支持你。」

我們沒有談出什麼結果就分手了。可是，我很擔心。何為明是言出必行的人。廈門公社展開活動的兩三天後，我們開了一次會，討論如何「抓革命，促生產」。會中決定在廈門公社下成立一個「生產總指揮部」。但是到了選舉負責人時，大家都默不作聲，誰也不願意肩負這個重擔。這是因為我們都是外行，而且，負責人如果失敗了或被控貪污，後果是不堪設想的。

何為明打破了僵局：「我提名廈八中八——二九公社的凌委員。」

參加會議的人都大感意外，連我自己也嚇了一跳，雖然我明知他早有這個打算。除了六中的一個學生外，我是四十多個男頭頭中最小的一個。

梅梅聽到何為明的話後，緊緊地抓住我的手。別人則立刻表示反對，嘀咕何為明是老糊塗了，否則就是神經錯亂了。

何為明說：「這沒什麼值得大驚小怪的。你們一定記得，前農業廳的陳廳長在十六歲時就當了紅軍團長。凌委員也是十六歲，他馬上就要十七歲了！」

另一個委員接口說：「但這件事比當團長重大得多。我認為我們不應該成立特別的機構；有問題，應該由大家共同商量。」

「我贊成在聯合領導下成立專門機構。」何為明的態度很堅決。

這時第二號人物盧大瑤不能不說話了：「我同意老何的看法。」老大和老二都表示了意見，誰還能反對？

何為明開始大捧我一番，把我在北京和上海的特殊經驗告訴了大家，並且加上一句：「這是一個兒子鬥老子的時代，十六歲的青年難道會不如六十歲的老頭子？」

事情既已有了決定，我不如接受下來。人應該經歷各種各樣的事，免得到頭來白活一場，何不玩弄玩弄經濟大權？剛才，我竟膽怯得忘記了自己的求知欲。何為明接著正式宣布：全廈門市的一百四十七間工廠和八千名駐紮廠內的學生全歸我指揮，邁向增產的目標。他把我的名字填在「總指揮」的證明文件上，把所有材料都交給了我，並且將工人文化宮的二樓劃出一半給我做辦公室。交通工具嗎？他撥給我一輛轎車、三輛吉普和一輛卡車，這是廈門公社屬下車輛總數的十分之一。別人聽到這個消息後，都顯得有點酸溜溜的。

緊接著，何為明要我運用職權，從在場的各委員中選出幾人做副總指揮。我打量了全場的人，故意選了一個剛才反對我出任總指揮的老工人，我在心裡已經為他安排好了一個職位——在辦公室裡接電話。然後，我又選出了一個工人，一個可靠的老頭子來管財務。今後，我們經手的錢不再是幾百元的組織經費，而是動輒數十萬元的大數目了。至於學生副總指揮，我選了老板和六中的那個最小的學生（他後來在外事部也做了我的副部長）。到了遴選女副總指揮時，梅梅直拉我的手，哀求似地看著我。可是，我不想選她，主要原因是怕別人說閒話；而且，這個職位的風險很大，可能影響一個人的名節。我不希望她因任何緣故受到玷辱。何況，她會處處限制我的行動，我抽一根菸或罵兩句粗話，她都會威脅著要告訴我媽。

我選了一個廈大的女生，梅梅聽見我提名別人時流下了眼淚：「我們在一起那麼久了，你一點也不在乎我！」

別人笑著看我們交頭接耳。她這句話使我很難過。我說：「現在不要哭，散了會再談，好不好？」

會後，何、盧、我和五個副總指揮留下來繼續討論比較具體的問題。何為明把一疊當權派人物的相片和履歷拿給我看，說這些人物都很支持我們。這些人原來都是要被鬥爭的，因為廈門公社需要他們的才幹，才決定放他們一馬。他叫我從這些人當中選幾人做顧問。我剔除了任何有貪污記錄或私生活不檢點的人，並把臉上鬍子比較多的人也擱置一旁，我認為鬍子濃的人都比較難纏。我總共選出了八個人。

工作的分量和複雜的程度足夠令人的腦袋開花，也只有學生才願意幹這種沒有報酬的事。工人要求至少領雙薪，才肯在生產總指揮部工作，他們的理由是：在辦公室工作需要腦力，會使人短命。

我很快地巡視了文化宮中劃給我的那塊辦公場地。辦公桌、櫥櫃和電話都是嶄新的，還有一套新沙發。一疊疊的記錄都已整整齊齊地排列在保險櫃中了。「我覺得很好，很滿意。」午飯時，我對何為明說：「我要是辦不好事，只好跳樓自殺了。」

「絕對不要這樣想，我要給你多派幾個警衛。你和工廠打交道時，要抱著做遊戲一樣的心情。賠錢的工廠就逼它關門。要果斷。這對我們或對你都是一樣——玩弄職權是危險的勾當。可是，你我腦筋都夠靈活，萬一失敗了，還可以改名換姓，帶著家小和現錢跑到山裡去。大不了如此而已。」

我苦笑著點點頭。但是，我畢竟不是那種喝杯酒、抽根菸就能忘懷一切的老油條。午飯後，我到「大中專」去要人。曾在工廠裡有優良表現的學生更是我遴選的對象。新上任的第一號人物希望我不要做了高官就忘了舊部下；他不但給了我四十個幹練的部下，還給了我一個後勤部副部長的名義。其實，他是希望我能從工廠裡多取些利潤給「大中專」，後來我也就盡量滿足他這一點。

我在第二天早晨七點就到了辦公室。文化宮裡的工人通常都是八點才上班，我命令總指揮部的人七點半就要到。

我走進辦公室，看到辦公桌上有一份工總司的機關報《工人革命造反報》。這一期是成立「生產總指揮部特刊」，首頁刊了我的照片，下面是一篇介紹我的文章，把我的資歷列述如下：「廈八中文化革命領袖，八—二九運動的十七名英雄之一，八—二九總部委員，赴京串連代表領隊，毛澤東思想學習班第三期學員，廈門公社委員，大中專後勤部副部長，廈門公社派往上海學習工人奪權特別代表。」使我更惱火的是一篇由編輯部署名，題目為〈我們的希望〉的特別報導，裡面形容我不選梅梅做助手的行為是大公無私的表現；最後還扯到我和梅梅的關係。那篇文章的結論說：「從這一點看來，總指揮以背水一戰的精神接受了這個職務。」

我抓起報紙，正要到編輯部去算帳，卻在門口碰到了梅梅，她問我到哪裡去。

「看看這個！那群王八蛋！無聊的墨棍！一點都不尊重我！」

「都是我不好，昨天，我的確太缺乏自制力了。」梅梅哀求說，不要無謂地和寫文章的人交惡。

最後，她沮喪地說：「如果你願意，我以後不再來這裡了。」我軟化了。我不願贏一仗而輸了另一仗。

「請妳不要這樣，」我溫柔地說：「妳一定要常常到這兒來幫忙控制我的火氣。」

八點正，我召集所有部下舉行一次簡單的會議，勉勵大家同心協力，日夜工作。我更強調他們對到辦公室來的人要有禮貌。我很慶幸手下的人多半是女生，女生是真正肯幹的奴才。

開完會後，我們立刻通知各工廠，事無巨細──生產、工人福利、產品分配等等，一切要聽從我們的指示。我同時命令生產計劃組擬定新的生產進度表。然後，我決定自己到各工廠去發表演講（我時常發表演講，引起許多人批評我患了左傾幼稚病──認為一篇動人的演講就能解決一切問題）。

我的第一個目的地是廈門菸廠，因為前幾天有人埋怨買不到香菸，何老頭沒有菸抽尤其覺得苦惱。廈門菸廠形同虛設，黑市商人就變得十分活躍。再說，如果能解決癮君子的困難，也能大大提高廈門公社的聲望。

我在老板和其他兩個副總指揮的陪同下走進了菸廠，直往下廠的學生辦公室走去。這裡的學生全是四中初三的學生，正在全神貫注地打四十分。我們走過去時，他們只抬頭看了一眼，馬上又低頭繼續打牌，老板只得大喝一聲，引起他們的注意。他們的雙眼布滿了血絲，想必是日夜都在打牌，而且還顯得有點醉醺醺的。

我自己也曾偶爾對四十分著迷，可是當場決定自即日起戒掉這個嗜好，並且命令所有人不准再玩這種遊戲，還立刻把撲克牌撕個粉碎。他們埋怨在菸廠裡實在沒有別的事可做，這倒也是實情。

在捲菸室中，我看見工人們坐在機器上聒噪著，彼此開著玩笑，看時間等下班。

工廠裡的幹部情形更糟糕。廠長、書記倒了台後，各廠的普通幹部沒人干涉，沒有上級監視，下面的工人也不鬥他們，下廠的學生很本不理會他們。早上，大家到工廠來等點名，然後就坐下來看報紙，談天說地。膽子大的人在點了名後就開溜。在上班時間內，常可以看見身穿幹部制服的中級幹部載著墨鏡，騎著腳踏車逛市場，跟小販們討價還價，談論各種食物的營養。有些幹部甚至回家替老婆看孩子、洗尿布，或抱著孩子在大街上溜達。在家裡，二哥曾經挖苦說：「文革的意義就是要男人做女人的事。」

這些幹部的革命精神到哪去了？從他們身上完全找不到一絲一毫曾經追隨毛澤東革了十幾年命的痕跡。

我們既然奪到了權，就不能容忍這種懶散的行為。這一天，我在菸廠、船塢和麵粉廠發表演說，鼓勵大家為國努力工作，我沒有解釋增加生產對個人有什麼利益。所以，大家對演說的反應都很冷淡。許多人都是乘興而來，敗興而去。有些人甚至還沒聽完一半就溜走了。我問替我管財務的老工人副總指揮這是什麼緣故？他答稱：「學生要權，工人要錢。」此後，我一直把這兩句話當作至理名言。

後來，我向這老頭說到那天我丟臉的情形和我發了好多次脾氣等，他不住地安慰我。他說年輕人總是比較衝動。但是，我還是決心單刀直入，處理主要的問題。首先，我要整頓下廠學生的紀律問題。他們不能繼續住在廠外，也不可以因為不拿工錢就只用三分之一的精力工作。我決定設立一個核查小組，以老板為首，經常突擊檢查他們的行動。其次，表現不夠積極的幹部必須和普通工人一樣服勞役，直到改過自新為止。我們立刻把由學生、工人和幹部聯合管理工廠的基本原則付諸實行。在舊有的幹部中，有百分之五十都同意我們的看法，他們就在學生和工人的監視下實際負責工廠業務。只要學生能機警一點，這百分之五十的人應該能做完全體幹部的工作；舊有幹部中反正有許多是遊手好閒、無所貢獻的人。第三，我要特別解決原料短缺問題，這個問題在菸廠、罐頭廠和化工廠裡尤其嚴重。

我與中央的原定規則及政策背道而馳，決定用生產預算的經費來加倍提高採購部門員工的出差費。我決定在第二天邀請各缺料工廠採購人員的晚餐席上宣布這個消息。有些採購人員告訴我，採購原料的要點，在於「與人打交道，香菸最重要」。於是，我咬著牙把十箱最高級的中華牌香菸分派給他們。這些香菸原是準備交由後勤部分發給廈門公社各階層頭頭的。現在，我要確定這些採購人員不至於把香菸揩油掉，我附了一張字條：「但願誰也不會在孵出小雞之前就吞食雞蛋。」

就任總指揮的第一天晚上，我聽取了由秘書準備好的各廠報告，知道每個工廠各交百分之十的收入作為工會基金，其餘的都存入國家銀行，每月結帳一次，每三個月向上級呈報開支（如增添新機器）一次。每次添購器材以前，須得上級批准，購買後的收據須呈交上級。每個工廠都有固定的幹部和工人工資表。每月十三或十四日將應付工資表送進銀行；銀行在十五日將錢發給工廠。

「這麼說，工人的工資是不能隨便增減的？」我問。

「對。原先登記多少，批准多少，銀行就發多少，這是中央規定的。」

他們指出：按照這個規定，被鬥倒的當權派雖然已經不存在了，銀行還是照發薪水給他們；工人奪了權，現在坐上了廠長的位子，拿的卻還是工人的工資。有些工人埋怨說，這種奪權是有名無實。後來，許多工人都盜用公款。

我早已聽到當權工人普遍貪污的情形。何為明曾經公開說，工人的工資應該提高兩、三倍。但是，在現有的規定下，工資是不可能調整的。所以，組織對工人分贓的情形多半是睜一隻眼、閉一隻眼，只要他們別做得太過分就算了。他們貪污的錢主要來自工會基金，它本來也是為工人的福利而設的。

最後，我問秘書們現在各廠的生產情形和過去有什麼出入，答案是增產的一家也沒有，一部分工廠的產量甚至不及舊有產量的百分之十。

根據這一天得到的資料，我以「生產總指揮部」的名義，發布了一封「致全市工人同志的公開信」，其中包括四大要旨：

一、工人參加革命組織的規定：每一百名工人中，有一人可獲准離開生產線，在本廠中負起文革的責任。這類工人可在應有工資外再在工會基金項下支取獎金。

二、獎勵與懲罰辦法：回到生產崗位全日工作的工人可得獎金；拒絕復工的工人不能扣工資，卻可以停發肥皂、毛巾、香菸、茶葉和火柴等當時在一般市場上買不到的日用品。

三、改善女工待遇：嚴格執行每日八小時的工作量，各女工不論年資，患病、受傷或分娩者一律得享受休假和津貼，並加強改善廠房設備（這一款實際是由梅梅擬定的。她一直在我的身旁，本著上帝和孔子的助人美德為女工謀福利。僱女工的工廠全是使生產總指揮部賠錢的機構，可是我一直不忍心關閉它們）。

四、工人獎金：每名工人每月至少可得五元現金獎金，由工會基金項下支取。各前任工廠領導濫用這筆金錢的事實也被揭發了。

工人們聽到了這個消息，個個歡欣鼓舞，尤其最後一項規定每月多五塊錢不是小事，可以買二十五包香菸或十斤燒酒。

其他獎勵辦法也一一實行了。例如，凡是生產量提高到文革以前生產量百分之八十者，可從生產利潤中抽兩成作為工人獎金（過去，只有一成利潤是分給工人的），獎金數目按產量多寡決定，產量越高，獎金越多（不過，工人常常偽造生產數字來掩飾挪用公款的事實）。

虧本的工廠主要是重工業工廠。為了不受這些工廠的拖累，我們關閉了幾家，將廠內的工人調到利潤高的工廠去幫助增產。我們這項改革違反了全國一盤棋的生產計劃，使中央十分憤怒（後來，我身負數條大罪而被通緝，這便是其中之一）。此外，某些工廠──特別是罐頭工廠和食品加工廠可以搞自產自銷。比如說，本來一罐水果在外銷市場上賣兩角錢，在國內市場上賣七角錢，現在，本廠工人可以每罐四角的價格直接買，我們將兩角錢納入國庫後，仍然有兩角錢的盈餘。對外貿易部的人聽說此事後，氣得暴跳三丈，大罵我們破壞了國家貿易。我輕描淡寫地推卸了這個罪名：「外銷內銷又有什麼不同？把中國人餵得飽一點、健康一點，難道不好嗎？」我們對國家整體的需要沒有概念。

在橡膠廠、菸廠和酒廠裡，本廠工人購買產品可打七折。一度也會有許多廠外的人設法到廠裡來買東西，我們打了七折，還是不虧本，因為省下了層層中間人的剝削。

現在，事情處理得比較合理，各工廠的煙囪又冒出了裊裊青煙，工人們也開始對我展露笑顏了。我每天到廠裡，他們就請我在食堂裡一起吃飯。我並不認為接受這種免費膳食是貪污，否則我也不會接受。我對自己的廉潔是十分自豪的。我和工人們聊天，設法更瞭解他們，我甚至還去訪問他們的家庭。

我關心的主要是工人，不是賺錢，何為明從來沒有批評過我。他說：「你為組織賺的錢也許不多，可是，贏得了不少聲望。聲望比金錢重要得多。」

我對自己的部下要求得很嚴格，絕對不許他們把公文積壓三天以上，若有拖延，就扣上「資本主義的官僚作風」的罪名。他們在工作時也絕對不准有輕薄的表現，免得影響工作效率。老板總喜歡親一親傳公文的女秘書，或捏她一把；最後，我顧不得他曾救我一命，還是把他訓了一頓，並且把女秘書也叫來罵了一頓，弄得她哭了起來。正在這時，梅梅走了進來。她趕緊安慰女秘書，並且轉向我說：「我的鐵血宰相，你自己可以瘋狂賣命，可不能指望別人統統跟你一樣！」

我狂妄自大是事實，但我並不是別人所罵的「冷血動物」。我對自己和部下很嚴厲，對來見我的工人總是和和氣氣。有時，工人眷屬趿拉著木屐，抱著哭泣的孩子來要求救濟。我會命令部下拿熱水袋來替孩子暖胸；看到他們衣衫襤褸，也總是當場下條子發二十元的救濟金。這樣做，並不是為了積陰德；我只知道我憑這二十元買到了一家人的感念。說不定有一天，像小說和電影裡說的一樣，自己若遭不幸，也許會得到他們的幫助。

農曆新年快來了，指揮部擬定了志願工作辦法。這時大部分下廠的學生已經回家過年，工人文化宮辦公室的工作人員也只剩下不到二十人，這些都是與家庭不和的人。我把這些人分成幾組，到最貧困和最熱心與我們合作的工人家做春節訪問。大廳裡堆滿了我們買的禮物。我自己則準備順從母親的意思，陪著她到親戚家去拜年。

我在回家的路上，看到一個同學像家庭主婦似地在排隊買春捲皮。我看著他，心想：我們的區別有多大！

那天晚上，我吃了一頓熱呼呼的晚飯，換上比較舒適的衣服，再度體會到家庭的溫暖。大年初一，我在七點就起床了，母親還沒有來得及做早點，我就包了一大塊年糕，直奔工人文化宮。到了那裡，發現何為明、盧大瑤和其他頭頭們已經起來了，正在三樓放鞭炮。大家都專心一意地熱中於工作，沒有一個人回家過年。我把年糕切開，一人分了一塊。大家坐下來閒聊。大門在寒風中震得砰砰作響，整棟大樓顯得冷清而淒涼。大家的心頭都籠上了一陣愁雲。

早餐後，我陪母親到七、八位親戚家去拜年。大家難得見面，一見面就談個沒完。母親的話題總以我為中心。親戚們個個都誇讚我，母親反而裝出不以為然的樣子。我則換上一副乖巧討喜的模樣，恭敬地讓親戚們在我的口袋裡塞滿了糖果。

年初二，我又陪著母親到鼓浪嶼去向親戚們拜年。經過物理老師家門口時，我請母親等我一下，自己跑了進去，才發現他的家屬已經搬走了，換了新房客。我帶來了物理老師的兒子的望遠鏡，想還給他，卻再也辦不到了。

我想到物理老師的死和他死後的一切變化。這位曾經關心過我的老師已經長眠地下八個月了，我卻平步青雲，變成了革命造反的頭頭，究竟有誰能判斷歷史的是非？

我不想在有生之年在生命史上留下一個污點，乘渡輪離開鼓浪嶼回去時，我把望遠鏡丟入大海，願滔滔的鷺江洗淨這污點吧。

女兒國

農曆正月初四是我十七歲的生日，我決心做些有意義的事來慶祝。

根據最近的報告，郊區有一部分工廠在復工增產運動方面落後很多。情況最嚴重的是僱用三千名女工的廈門紡織廠。這些女工懶惰得很，紀律又不好，時常擅自離開工作崗位進城嬉戲；更糟的是，她們和廈門的駐軍搞得很熱絡，工廠幾乎成了一座軍妓營。我對這種情形深感憤怒。

早上六點，我醒來後，就到母親房裡對她說：「親愛的媽媽，孩兒今天十七歲了，他要為全廈門市的人做一件善事，當作呈獻給您的禮物，您不會反對吧？」

「不是又出去打架吧？」

「絕對不是，我可以對天發誓。」

「那就早點回來，晚上給你做生日。」

我到了總指揮部，驚奇地發現辦公桌上堆滿了學生和工人送的禮物。我並沒有告訴任何人今天是我的生日。牆上掛著一幅我的炭筆肖像——這是工總司送的禮物（在辦公室裡，我從來不掛毛澤東像）。

我轉向圍立在門口的同事說：「是誰送這些東西來的？」

一個部下奉承地說：「這些都是大家由衷地呈獻給您的，希望總指揮收下。」接著，兩個女秘書各捧一個盒子走了過來。一盒是何為明送的，上面刻了他手書「鵬程萬里」四個字的金盾；另一盒是大塊頭送的四大卷毛選集，她還是那麼死腦筋，永遠是毛澤東的忠實信徒。

老板走上來對我耳語：「有些呆瓜送你的毛選集和《毛語錄》，我們已經放到地下室冷藏起來，今後你可以轉送給別人。」

我點了點頭，像個皇帝般地站著，四周的人全在等著看我如何處置他們的獻禮。這時，梅梅跑了進來，把一包東西放在我的桌上，撩一撩美麗的柔髮，興奮地說：「希望這點小禮物能表達小妹對你的感情。」然後雙手合十，像個古裝戲裡的小姐似地向我深深一拜。

我壓低了嗓門，嗔怪地說：「怎麼妳也來這一套？」

「做人總該享受一點，這些都是你最親密的戰友送給你的，難道你都不能接受嗎？」

「好吧，」我大聲說：「大家都回去辦公吧。禮物我是收下了，不過，今後絕對不可以再這樣，否則不僅要撤職，還要吃巴掌。」

大家爆出一陣歡呼，一擁而上，有人從衣袋裡拿出橘子和半融化的糖果：「快來吃啊！」

我看看手錶，時候不早了。儘管大家一再要我休假一天，我還是下令備車，並叫人打電話到廈門紡織廠，宣布下午二時開全體員工大會，我會到場做報告。我把梅梅拉到一邊，叫她把所有的禮物（除了她自己、老何、大塊頭送的，以及炭筆肖像外）的紅紙包撕開，以總指揮部的名義，當作農曆新年的禮物，分送給最貧苦的工人。她起先不肯，最後終於同意照辦。然後，我請老板將梅梅的禮物原封不動地送回我家。

「我跟你一起到郊區去好不好？」梅梅問。

「不必了。除非妳怕我會出事。」我故意拿那三千女工來逗她。

「我才不怕呢！」

可是，我在走向停車場時又想：何不在去郊區之前騰出時間來，讓梅梅陪我們大夥兒到幾個工人家去送禮物？

於是，大家乘上一輛中型吉普車，後面跟著一輛裝滿我的生日禮物的卡車，首先開到一家我比較熟悉的重機械廠。看到我來，工人們堅持請我一同吃麥粥，還有人用粗糙的手摸我的臉，說我的臉皮真嫩。

離開工廠後，我們經過幾家用木板和白鐵皮蓋的矮房子。我對住在這裡的幾戶人家相當熟悉，而且深深瞭解他們的困苦。我走向一個正在洗一大盆衣服的中年婦人，她的六個小孩在地上亂爬，身上沾滿了雞屎和污泥。他們一看到我，就大叫「叔叔、叔叔」，跑過來用骯髒的小手往我身上抓。他們知道我每次都會帶糖果來。

洗衣婦聽到聲音，抬起頭說：「啊！凌總指揮！凌同志！恭禧恭禧，新年好！請進來坐！」她抹掉手上的泡沫，把我們請了進去。

要走進她那又黑又小的房子，必須低下頭才行。房裡只有一張桌子、幾把椅子和一張堆著破棉被的床。棉被髒得發黑，桌上的碗筷爬滿了蒼蠅，想必很久沒洗了。

婦人替我們倒了茶，叫孩子們把碗筷收走，抱歉地說：「什麼都亂七八糟的。孩子們不聽話，不會幫我做家事，希望各位不要見怪。」

然後，我按農曆新年的習慣請大家吃糖。這些糖都是最劣等的。不久以前，我命令各食品工廠加班趕製這種廉價的大眾牌糖果，每斤只售五角六分，目的是要窮人和富人一樣在農曆年間有糖果吃。

梅梅和其他人把糖捏在手裡，不想往嘴裡送。大家都知道這種糖只是用紅糖壓成塊塊做成的。

「吃呀！這是百分之百的工人階級糖，好得很呢！」我說著把糖放進嘴裡。我早就學會說虛偽的客套話了。

看著這座搖搖欲倒的小屋，我正忖度著回去後要馬上派人來修理修理時，卻瞥見牆上赫然掛著一幅我身穿制服拍的放大相片，真是嚇了我一大跳，原來我已經被看成救星了，比那冒牌救星毛澤東還要偉大，因為他的肖像反倒沒有出現在牆上！

我們回到中型吉普車上時，梅梅不住地在地上磨鞋底，想把雞屎磨掉：「這雙鞋再也穿不得了！」

「我的嬌小姐，妳又怕髒，又怕臭。告訴妳，小資產階級思想才最臭！」

「我就是搞不懂人何必一定要跟工人、農夫一樣。農夫的粗手指會彈鋼琴嗎？難道下放就是要我到稻田裡去彈琴給麻雀聽嗎？藝術有它一定的水平，外行就是外行。中央的一些指示真是一點道理都沒有！」

「嗨，我還不知道妳原來是這麼不滿現實，」我說：「簡直該被鬥，妳還保存著十八世紀的貴族和巴黎女人的想法！」看看已經快到十一點了，我出錢請全體到母親的工廠裡吃午飯。飯後，我向母親和梅梅道別，就和其他人快馬加鞭地趕到距離廈門市二十六公里的紡織廠，一路上盤算著要向女工們說什麼。我們到了工廠後，由一個在此下廠的華僑中學學生帶著參觀。從小時候起，我就對各種機器很感興趣；可是，現在我覺得機器只是政治的附屬品而已。

有些女工還在吃午飯，大部分是十七、八歲的少女。我看看她們吃的菜，問問伙食情形、蔬菜和豬肉供應得怎樣，以及廚房和餐廳的衛生情形，一切都還令人滿意。僑生都很注重清潔，下廠的僑生在各地種了花草樹木，環境美化得很不錯。

可是，浴室的情況使我深感不悅。「天氣這麼冷，怎麼沒有熱水？」

「從城裡運煤來太費時間了。」嚮導說：「我們申請卡車運煤的請求，都因為沒有現成的卡車而被駁了回來。」

「你們為什麼不直接向我申請？你們是向哪個王八蛋申請的？你們應該知道這是廈門市最大的生產單位，促進生產就要從這裡做起。國家需要資金，我們更需要資金。你們難道不明白這三千名女工等於三千架印鈔票的機器嗎？」

「都是軍隊不好。他們常在上班時間跑來找女孩子。那些軍官們更是把車子開到大門口來按喇叭。我們好多人只好守住大門，不讓女孩子跑出去，可是軍人們罵我們是資產階級子弟和壞分子。他們有時還帶武器來拉著女工就走。我們不敢阻止他們。」

「立刻裝鐵絲網，關上大門。如果有女工遲到早退，就扣她們的薪水！如果有女工從來不曠職，發雙薪獎勵她！」

走進下廠學生（全是男生）的住處後，我發現了許多女工的相片，全都是嬌嬌嬈嬈的。

「原來你們也來這一套！」我不禁火冒三丈。有個學生要給我介紹一個女工，我脫下手套怒刮了他一頓耳光。我厭惡玩弄女工；這種行為就好像是趁人之危白佔便宜似的。

「我們只是有空時才和她們做做朋友。」

我不信他們的話。照片那麼多，每一張都編了號。難道他們是按了號碼跟女工睡覺的？王八蛋！原來他們是這麼工作的！

我發現自己在工作方針上犯了一個很大的錯誤——我沒有派最得力的人下這些工廠。我當初也許應該把王牌——廈八中的女生派到這間紡織廠來。

下午兩點，大會在工廠食堂裡召開了。有兩千多個身穿白衣的女工到場參加。女工們都很年輕，但是可以一眼看出她們都很粗俗。

我在講台上被介紹給大家後，全場一片騷動。我的亮相引起了一連串的評論：「這就是他，這就是他！」「這麼年輕，這麼英俊！」「我還以為他是個五十歲的糟老頭！」「我聽過他演講的錄音，好兒喔，我還以為他是個獨眼龍呢！」「也許還不到二十歲吧。」

我站在麥克風前，一言未發，雙手背在身後，來回走了幾次，讓人聲平靜下去。

想鎮靜一點，我挺出了胸脯。台下的女工們一看如此，也把胸脯一挺——挺得那麼高，我看裡面鐵定塞了棉花。我趕快制止這些胡思亂想。我最好不要太興奮，否則，這次大會非變成狂歡會不可。

我的第一句話是說：「今天，我很榮幸能來到女兒國。」

這句話引起了滿堂采：「說得好！說得好！」

「可是，」我做手勢叫大家安靜：「女兒國的國民應該要為國家保持榮耀和名譽。我這樣讚揚妳們，妳們自認為配接受這種榮譽嗎？」我心底暗暗好笑，因為她們根本不明白「女兒國」的意義是好是壞。

我繼續說：「我希望妳們都能保持純潔，因為現在是一個人能否得到美好的將來的關鍵，這一切都要靠妳們自己去創造。現在談其他的事都還太早。」我差一點說：「妳們都還在讀書。」但適時住了口。

「可是，現在，妳們有少部分人玷辱了這份榮譽。」我老實不客氣地說出了實話，聽眾默不作聲了。

「外面有許多謠言，我在這裡也不用多說。妳們都是優秀的青年，正處於人生的黃金時代。可是，妳們都這麼幼稚，跟軍人出去玩，而軍隊裡沒有一個好東西！」最後這句話是句怒吼，台下一片徹底的寂靜。

「自從廈門郊區設了這家工廠後，第九十三師那批狗娘養的軍官就像蒼蠅似的盯上了妳們，連小兵們都來纏妳們，妳們中已經有人受到了教訓。有多少人被騙了又被人家拋棄！」許多女工脹紅了臉，垂下頭，還有幾個流下了眼淚。

「中國有句俗語說：『一朵鮮花插在牛糞上。』妳們懂不懂這句話的意思？如果妳們嫁給我，用這句話來比喻都恰當得很（有些人用手掩住面孔，表示出不相信的樣子）。我覺得連我都配不上妳們，而妳們看看妳們是怎麼作踐自己的？妳們正值十七、八歲的青春年華，怎麼會去跟三、四十歲的老兵無賴們鬼混？妳們只看到他們的錢，只數人家肩章上有幾顆星，至於臉上有幾顆麻子就不管了。妳們參加了我們的組織，卻去跟軍人鬼混弄大了肚子，敗壞了我們組織的榮譽。我絕不容忍這種情形！我宣布從現在起，一個軍人也不准放進廠來，任何人闖進來都要扣下，並且通知他的單位。他所找的那個女工也要被扣工資，表示處分。任何女工只要被人看見跟軍人一起出現在廈門市的街道上，就要扣工資。（問：「扣多少？」答：「每月工資的十分之一。」）今後，如果有軍人開車到大門口來，大家就要向他們扔果核！嘲笑他們！用擴音器轟他們！」

聽眾群中有人問：「如果他們帶武器來，怎麼辦？」

「挺起胸膛讓他們開槍！只要死一個人，我們就把屍體帶到北京去向中央告狀。」然後，我又說：「我希望妳們都能努力工作，增加生產。大家要提高效率，使產量比文革以前還要多。」

一個坐在窗台上的女工尖聲問道：「我們沒有消遣，這裡的生活太枯燥了。我們從老遠來到這裡，一個月才賺三十塊錢，還要養家鄉的老老小小。軍人同情我們嘛。」

我從會議開始時就注意到這個女工。她很好動，不停地搔首弄姿。她長得很俏，我卻覺得她令人噁心。

「軍人給妳們錢嗎？」我看著她問。她的胸脯好大，我看不會是個好女孩，一定被人家利用過幾百次了。

「給。」

「會給妳一輩子嗎？」

沒有回答。我繼續說：「妳們交上一個軍官時，有沒有想想人家有老婆孩子沒有？妳們只顧一手摟住人家的脖子，一手掏人家袋子裡的錢。有沒有想過父母養大妳們，要花多少年的心血？而妳們隨隨便便就把身體獻給那些軍官。等到肚子大起來，人家就無影無蹤了。」聽眾中，許多人再度脹紅了臉，垂下頭。

「臉紅也沒有用。世界上沒有真正的女兒國。常言道：『男大當婚，女大當嫁。』這間工廠裡有三千個女工，只有兩百個男工，的確是不正常。但我希望妳們在這段時間不會做出任何讓父母、組織和妳們自己蒙羞的事。」

「你有沒有女朋友？」又是那個女工。

我沒有理會這個問題。我只保證公社今後會加強注意女工的福利，要修理熱水爐，要改善運煤的情況，使大家有熱水用。我還答應每月派兩次電影放映隊來（「每星期一次！」有幾個人高叫。我勉強同意了）。然後，我鼓勵她們多看書報雜誌、開會討論國內外大事、寫大字報、鬥爭當權派、舉辦群眾大會、遊行等活動，免得時間太多沒辦法打發。同時，我還鼓勵她們參加體育活動，包括乒乓球、籃球等，組織體育隊和廈門其他各廠一較短長。

台下的人紛紛訴起苦來，籃球框上的網子不見啦，乒乓拍上的橡皮掉下來啦——。

「這好辦，」我說：「只要錢用得正當——不是用去買手術台——，我凌總指揮就是賣身也要籌到這筆錢。」大家哄堂大笑，拚命鼓掌。

台下有人傳了一張字條上來：「每星期四，軍官有通行證可以開車進城，我們可以搭便車，多棒！」

「這是哪個婊子寫的？」我真的發了火：「寫這張條子的是個百分之百的老婊子！我事事為妳們好，妳們還要摟住軍人不放！」

然後，我警告說要沿路設立檢查站，檢查所有的軍用車輛。我很明白地表示，只要我活著一天，軍人就別想碰女孩子一下。我和軍隊是死對頭（不久之後，中央命令軍隊抓我，於是，這一天我說的每一句話以及隨後的有關行動都變成了我的罪行。軍隊已經恨我入骨了）。

我連續叫嚷了兩小時，嗓子都喊啞了。這時應該由下面提問題了。

有人問：「你有沒有女朋友？」（「至少一打。」另外有人說。）下面大笑，有些人一定要我回答。

我停了一下，心想：如果說沒有，誰也不會相信。「有，我只有一個。我並不反對交異性朋友。可是在我倆之間，只有純潔的友誼，經得起風雨考驗的友誼，那是一種妳們不可能瞭解的友誼。」

「她長得什麼樣？」

「她很有教養，鋼琴彈得很好，也會唱歌和舞蹈，而且非常漂亮。」我幾乎要說出她出身高尚家庭，但及時改了口：「她也是我們組織裡的一個頭頭。我欣賞的特質，她都具備了，女孩子要有好的教養，才能保住男人的愛。」

「若叫你當女兒國的國王，你願不願意？」

「女兒國的統治者應該是女人。」

「那就叫你的女朋友來統治，由你頂尿壺。」下面哄堂大笑。這批女孩子看了好多黃色小說，頭腦髒透了。

「你是不是處男？」還是那大胸脯的女工。

「讓我先問妳，妳還是不是處女？」那女孩垂下了頭，其他人則不斷催她快點回答：「說嘛，凌總指揮在問妳呢，快答呀！」她滿臉通紅，直到別人已經替她回答了，她才說不是。

「那你就沒有權問我是不是處男。」

現在，所有的女工都站在我這邊，彷彿著了迷似的。然後，我宣布為瞭解除大部分女工的貧困，今後，生產總指揮部每月會撥出百分之二十五的利潤來作為大家的獎金，本來的規定是利潤中只有百分之十提作獎金之用。這樣一來，她們生產得越多，利潤越多，獎金也就相對增加。每人每月最多可多拿到五元工資。

隨著這個宣布而起的是如雷貫耳的掌聲。兩個女工奔上講台獻花給我。我看到女工們歡欣雀躍，有些把白帽子拋向空中，倍覺她們可愛。

我的一名副總指揮利用這個機會透過麥克風說：「讓我補充一點，今天正好是我們總指揮的十七歲生日。他犧牲了休息，而且不准女朋友陪他來，就是為了要表示他多關心大家，我們能讓他失望嗎？」

聽眾的情緒沸騰。我站在講台上向她們揮手，幾個女工抱住我的腿，把我抬走，拋向空中。成千的手，成千的唇想搆到我。「我愛你！」「我希望你永遠年輕！」她們拉住我，向我道出心底的話，吻我。

大胸脯女工跳上講台大叫：「我提議為了紀念今天凌總指揮關心我們，來看我們，我們把廠名改成『廈門紡織革命造反總指揮部』。大家贊不贊成？」

「贊成！」我在半空中聽到這句話，她們正把我往上拋，一面唱著〈團結就是力量〉歌。外面，鞭炮聲大響，口號聲不絕於耳。她們把我一路抬到大門口，抬到大門外，爭著要我簽名留念。

視察了宿舍後，我終於離開了工廠。她們沿路站成兩行，夾道歡送，並且用糖紙剪成小碎紙花撒在我的身上。我的司機興奮得連車都不會開了。

六點半正，我回到了家。母親、二哥和三姐都在等我。桌上已經擺了七八碟菜餚，貓兒餓得喵喵叫。

我脫下帽子，像個長征的遊子還鄉似地說：「我今天實在太高興，太高興了！」

我立刻到爐邊烘烘手，想喘口氣。母親遞給我一條熱毛巾。她因為我高興而高興。

「坐下先吃點飯，芋泥還太燙。」

「啊！芋泥！」這是我最愛吃的。

「來，來，為你的十七歲乾杯！」二哥舉起了葡萄酒杯。

我灌下一杯後，覺得周身暖和，面孔燙燙的。母親默默地端詳著我，「耿兒又長大一歲了，」她說：「我的孩子個個都長大了。他長得比爸爸還高，簡直像極了爸爸。」

我一面吃著，一面想到遠方的大哥、大姐和二姐。他們的禮物在幾天前就收到了，我直到今晚才能打開。

吃了一碗雞湯麵，還沒來得及吃芋泥，我就慫恿母親把所有的禮物都搬出來。大哥送的是一對乒乓球拍，他曾經用這副拍子贏得全國重工業乒乓球錦標賽季軍。大姐送我一本日記本，二姐送我一支她很久以前收到的派克鋼筆。母親給我一套新衣服。我向來討厭新衣服，卻對這件禮物毫無怨言地接受了。三姐送我一本她們紅衛兵宣傳隊上演的劇本。最後，二哥很慎重地交給我幾本約翰．根室的舊書說：「從今天起，這些書就是你的了。將來，你至少應該環遊世界一次。」梅梅的母親送來了一大盒糕餅和一封信。她在信中再度感謝我在串連旅程中對梅梅的照顧。我拿起一個餡餅咬了一半，把另一半給貓兒吃，貓兒正在紙盒堆裡玩得起勁。最後，我拿起了梅梅用金紙包好的禮物。我捧著它，猜想是什麼東西。哎，何必猜呢？打開看就是了！

我小心翼翼地解開了紅色的帶子，一共兩盒。上面是一本紅絨面的照相簿，絨面上鑲著兩綹圈成心形的頭髮。我把頭髮靠在面頰上輕輕地摩著，香氣仍然隱隱可聞。然後，我翻開第一頁，她用娟秀的字跡寫道：「願你的愛心與孝心一同成長。永遠在你身邊的梅梅。」

翻看畫頁時，我發現這是我們友誼的完整記錄；裡面有我們開拍的照片，有同作的詩，從在福州時到現在的每一段談話，連電話中的交談也記錄下來了。她的日記一定比我的詳細一萬倍。

有一段文字跳入我的眼簾：「昨夜，他把日記擱在一邊，睡著了。我拿起來看，他記下了我們昨晚在寒風中同咬一個饅頭的事。當我咬著饅頭，近近地看著他時，幾乎忍不住要告訴他——」

母親從我背後伸過頭來，看到一張我倆在北京市的昆明湖冰上跌成一團的照片，噗嗤一聲笑了出來。我把照相簿捧著不讓她看。

「讓媽看看嘛，媽早就知道你們的事了。梅梅是個千載難逢的好姑娘，你怎麼從來不帶她回家來？」我打開了第二盒，裡面裝著一雙新式的上海皮鞋，是送給我的母親的。我這才明白她所謂的「愛心與孝心」的意思。只是，她怎麼知道我母親的腳的尺寸？

我們又談了一會兒梅梅的事。母親必須回廠工作了，因為她輪到晚班。我用吉普車送她到廠裡，道了再見，便瘋狂似地開到梅梅家。我進去時，她正坐在她的媽媽跟前，讓媽媽替她編辮子。

一看到我，梅梅跳了起來，顧不得父母和小妹妹在場，握著我的雙手說：「我就知道你一定會來。」

我假裝是要向她的母親道謝，順便來拜年，然後我轉向梅梅，暗示她跟我出去。她徵求母親的同意。

「這個時候，所有的商店、電影院都打烊了吧？你們能到哪兒去呢？」梅梅的母親明知故問。

「不告訴妳。」梅梅在臥房裡叫著，她已經去換衣服了。

她穿上我最喜歡的那件淺紅色的棉襖。我們坐著吉普車，開到海濱公園。我們緩緩地踱著步，然後坐在一張石凳上，看倒映在水中的鼓浪嶼燈火。

她問我喜不喜歡她的禮物，這是她花了三天三夜趕出來的。「我整天除了接電話，沒事可做，所以我就同時貼那本照相簿。」

她對我說如何量到我母親的腳寸。原來她曾特地到工廠去，趁母親換拖鞋到實驗室時，偷偷量了她的鞋子。

已經很晚了，我倆仍然依偎在一起，誰也沒有提議回家。我一回頭，發現她凝視著我，兩人都窘得立刻調開了視線。我極想大膽地用手臂環住她，可是，我在情場上仍然是一名懦將，總覺得自己配不上她。儘管如此，我還是克制不住——坐在我的身邊的，畢竟是個絕色女子呀，我絕不能錯過這個機會。

「梅梅。」

「嗯。」

「妳能預言將來的世界會變成什麼樣子嗎？」

「將來會充滿美景和希望。」

「這是對我們兩人來講嗎？」這是我有生以來所說的最大膽的話——比叫「打倒毛澤東」都大膽。她挺直身體，面對我，我握住她的雙肩。她還沒來得及開口，我已經用唇蓋了上去，瘋狂地吻她的唇、她的面頰、耳垂、髮絲，舔去了她眼中溢出的激動的淚。然後，我醺醺然地坐著，渾身發燒，擁著她纖弱的身體。外面的世界都消失了。

「嗨！你們這兩隻小鴛鴦，起來，跟我們走！」

「什麼？你們要做什麼？」我被嚇掉了魂，連忙用外套蒙住梅梅的臉。天呀，我想，這一定是流氓。

「我們是廈門公社巡邏隊，專抓你們這批小混蛋。」

我放心了，廈門公社根本沒有什麼巡邏隊。我叫道：「張開眼睛看清楚！『大中專』就在對面，你們竟敢——」

手電筒的光線照上我的身分證明，看清我是廈門公社的委員後，那幾個傢伙嚇得轉身就逃。我對懷抱中的梅梅說：「妳怕不怕？」

「不，我不怕。不過，還是回去吧。媽媽要擔心了。」

回程時，我盡量開慢車。分手後，我等著她的房裡亮起燈來。她從窗口探出頭來：「等一等！」說著就跑出房子，赤著足跳上吉普，擁抱我，我們再度親熱起來。我把她抱到門口，親吻她的腳，放下了她，推開大門：「早點睡，祝福妳。」離開她後，我迷糊得幾乎不能開車。好幾次差點撞上大樹、衝進水溝。今天是什麼日子？大年初四，我十七歲的生日，我一生最快樂的日子！

我開車到母親的工廠，看看手錶，算一算她還不能下班。我便走向海灘去看海。回到吉普車邊，我開了大燈，把一切都記在一本記事本中，這才覺得鎮定了一點。我又加足了馬力，開車到工人文化宮、「大中專」和廈八中八一二九公社，每到一地，就下車來，直直地站在房子前面，像是靜默數分鐘似的。我也不明白為什麼要這樣，好像要為什麼事向它們道歉似的。我戀愛了。可是，我不會放棄自己對八一二九的忠誠。我要盡一切力量工作，比從前更努力，更努力！

三月黑風

二月二十三日，中央頒布了兩個重要通告，一是宣布立刻中止徒步串連[1]，另一是命令所有的學生回校復課。

徒步串連又稱第二串連，是一月初[2]由中央發動的，目的在訓練紅衛兵不怕艱苦，效法長征時代的紅軍革命精神。這同時也是要減除第一串連所消耗的龐大旅行經費，防止紅衛兵湧進各大城市而採取的措施。

在我們看來，中止串連、回到學校的號召等於表示文革即將結束，紅衛兵已經失去了作用，一切都要恢復正常了。我們絕沒有想到這一切來得這麼快，也沒有想到會用軍隊來強迫我們繳出大權，更沒有想到軍隊在對付我們時手段是那樣地兇狠。

二月二十五日，廈門軍隊顯然得到了由中央傳達給福州軍區司令部的密令，接收了市政大權。當天下午，以第三十一軍軍長劉春山為首的廈門市軍事管制委員會派代表到工人文化宮來，命令我們立刻交出所有的職權，特別是存檔的生產總指揮部的生產資料。那一整個下午，我不斷受到電話的疲勞轟炸，全都是各工廠報告軍隊如何進入廠內、建立軍人管理小組的電話。

來和我交涉的軍人代表則幸災樂禍地看著我手忙腳亂、揮汗如雨。

其中一人說：「你們這班小鬼怎麼能抓這麼大的權？不如乖乖進監牢算了。」他們趾高氣揚，完全忘了這是我的總部。我出其不意地命令所有員工到我的辦公室來。大約有五十多人湧進來後，我大吼一聲：「轟他們出去！」大家立刻轉向軍人代表，又推又拉，對著他們大嚷大叫。有些女生則指責他們非禮，有個傢伙拿著油印滾筒直朝他們的臉上滾，把他們個個塗得烏漆麻黑。就這樣，他們被趕走了。我們都知道情況不妙，軍事管制委員會剛成立，革聯就趕著貼出支持他們的標語，號召鎮壓「廈門公社的一小撮壞頭頭」。

二十五日和二十六日兩天，我都在焦急緊張中度過。我們這些頭頭們在廈門國際旅行社的一個小套房裡秘密聚首，商討對策。我們更擔心混入各附屬機構的不良分子。我們組織裡有不少流氓，軍管會遲早會知道，而且一定會利用這個事實來對付我們。

有幾個人怕得要死，想退出組織，甚至想投靠革聯。我犯了這麼多對不起國家的大罪，意志雖然堅定，但還是很怕。為了安全起見，我決定不在家裡過夜，而和其他幾人一起住在文化宮裡，暫時以辦公室的長沙發為床。我包了一小包的錢和身分證件放在枕頭下，準備隨時逃命。文化宮嚴加警備，萬一出事，他們可以抵擋一陣子，讓我們有充分的時間逃之夭夭。

二十七日晚上約九時許，我正獨自在辦公室裡看《基度山恩仇記》，吃著魷魚乾，突然瞥見牆

1 這並不是第一次中止徒步串連的號召，也非最後一次。例如，早在一九六七年二月三日官方就已正式催促中止徒步串連。一九六七年四月十七日仍在做同樣呼籲。

2 徒步串連雖早在一九六六年底即見報章報導，直到一九六七年元月才轉變成大規模行動，在一篇〈中國共產黨中央委員會和國務院關於全國革命師生交換革命經驗通告〉（一九六六年十一月十六日）中，曾提到要在全國各地展開籌備工作以迎接次年的徒步串連。

上有個黑影。我吃了一驚，連忙衝往沙發摸小刀。

「不要慌，是我。」他身穿警察制服。我差點把小刀向他擲過去。再看一下，才認出他是公安公社的一個頭頭。可是，我仍然不敢大意，生怕他是投靠到敵方後來陷害我的。怎麼沒有一個衛兵通知我有人進來了呢？

「你怎麼進來的？」我問。

「放下刀子，信任我。你必須在一小時內離開廈門市。現在已經是九點十七分，他們十點鐘就要開始抓人了。」

我不敢掉以輕心，叫他不要站得太近，直到叫進衛兵後，才准他繼續說下去。他說軍管會已經和公安局的革聯分子聯合起來，擬定了鎮壓計劃。今晚，廈門市的各個出口都要封鎖，第一份名單上就列了五十多個要抓的人。他從在公安革聯的一個朋友口中知道了這個消息，公安公社的五十多人早已被監視住，他只好爬過隔在文化宮和公安局之間的圍牆溜過來，發現來不及走正門，就沿著排水管直接爬到我的辦公室來了。

「名單上有哪些人，你知道吧？」

「不知道，可是你一定有份，因為你是生產總指揮部的頭子。從你在廈門紡織廠的那次演說後，軍人把你恨透了。何況，今天晚飯時，有一個革聯分子說，要抓的人不限於十八歲以上。他還說有些早熟的反革命分子非但要抓，還得槍斃。他又說憲法該修正了[3]，因為有些才十六歲的人早已是滿腦子反動思想了。」

他還沒說完，五六個可能被抓的頭頭已經來到我的辦公室。我們都知道必須馬上離開這裡才行，如果被抓，而且被控為政治犯，至少要坐八到十年監牢。向母親和梅梅道別是不可能了。我特別想念梅梅，我倆已經非常親密，就是分開一天也痛苦。

我們跑到停車場。正在跑著找一輛合適的車子，聽到隔壁公安局院中的車輛發動的聲音。我們覺得吉普車和轎車都不夠安全，於是看中了一輛不久前在一次交通糾紛中扣下來的水肥車。我們也顧不得髒和臭，把車上的兩個糞缸推下一個，空下勉強夠五、六個人蹲著的位置。我們的腳下溼答答的，臭得令人作嘔，可是比起十年監牢來，這仍然好得多了。

我們到了海邊時，一艘公安公社轄下的海岸巡邏艇正在等候我們。我匆匆地託那個為我們報訊帶路的同志轉告我家人一兩句話後，就踏上了小艇。

望著漸漸遠去的廈門燈火，我聽到岸邊傳來的狗叫聲和警報聲。我們的運氣真好，可是我也悵然若有所失。不知今後還能不能回家？能不能與可愛的梅梅相見？小艇在廈門郊區的一個小鎮靠岸。我們一下船就碰到了敲竹槓的。他們知道我們是急著逃命的紅衛兵，口袋裡有錢，把我們狠狠敲了一筆後，才用腳踏車載我們到離廈門市七十四公里遠的漳州市。

我們在漳州的二師院過了一夜，二師院是八—二九組織的所在地。消息也已傳到了漳州市，到處都掀起了抓人的風潮，各地都有突擊檢查站。凡是有外地口音的人都要被查身分證件，若不是當地居民，就會立刻被扣起來。我們搬進了另一座大樓的地下室，那兒比較安全。第三天，廈門公社的一個聯絡員給我們帶來了消息。我們幾個人果然都上了黑名單。我們的組織裡共有三百多人落網，

3 中華人民共和國憲法第八十六條規定，國民滿十八歲起享有選舉及被選舉權。

大部分是工總司單位的人，其中有當權的工人和混進廈門公社的流氓，其餘的人都是學生。

三月大鎮壓——所謂的「三月黑風」[4]開始了。我做夢也沒想到自己年紀輕輕，軍管會竟控我五大罪狀。聯絡員對我說，我的罪狀如下：一，極力反對毛澤東思想（被抓的每一個人都負了這個罪名）；二，破壞生產和國家經濟；三，侮辱偉大的人民解放軍；四，窩藏壞分子（這是指我們學校鬥爭老師期間，我會偏袒老師們）；五，生活腐化、貪污（這一狀最冤枉。我從來沒有吞過一分錢，愛的也只有梅梅一人）。

聽著聯絡員的話，頓覺一切都已經回天乏術。廈門公社受到的壓力最大。軍隊雖不敢對一個擁有十幾萬成員的組織做全面的鎮壓，卻以指控其附屬組織為反革命組織的手段來破壞廈門公社。他們在工人文化宮的廣場上公開審判被抓的人，目的是使文化宮裡的人都能目睹加在這些人身上的蠻橫暴行。不過，文化宮幾乎已經是人去樓空了。

何為明仍然堅守崗位，工人都被迫回到了工廠，農民下了鄉，機關幹部回衙門辦公去，學生們也被迫恢復上課了——上專門學習毛澤東思想的課。

聯絡員告訴我們，軍管會已經發出通令，懸賞追捕我們，並號召省內人民協助捉拿。

為了使各頭頭不致一同落網，不使組織蒙受太大損失，我們決定分頭逃亡。我有三條路可走：我可以打電話到福州，叫阿豬安排我投靠她。福州的「八—二九總部」與軍隊關係很好，仍然很吃香。阿豬負責聯絡軍隊，深受韓先楚疼愛，大家都說她是韓先楚的乾女兒。再說，她現在已經是福建省「三結合」[5]的副指揮。我和阿豬交情不錯，或許可以加入這個新組織當個委員，廈門市的軍隊就不能抓我了。可是，我不喜歡投靠別人（而且後來才知道，「三結合」也只活了幾星期就夭折了）。

第二條路是跟一個一同逃亡的戰友躲到他遠在山區的家鄉，我在那裡可以過一陣子隱士生活。我身上的錢足夠活一年，但我總覺得年紀輕輕的人不宜選擇這種生活方式。

第三條路是浪跡天涯，廣開眼界，這是最令我神往的。

我做決定的時間已經不多了。漳州市是進入山區的一個門戶，也是逃亡者的避難所；但是，許多被通緝的紅衛兵逃到這裡後，都成了當地人最好出賣的甕中之鱉。每看到有逃犯被帶走，我們就會從心底發抖，不知下一個是不是就輪到自己了。有些逃犯還在牆上留下「革命造反派是斬不盡、殺不絕的」等語。逃犯之間還流行著這樣的一段詩：

「滿天風雨滿天愁，
革命何須怕斷頭，
留有子胥豪氣在，
三年歸報楚王仇。」

我離開漳州市，步行南下前往廣州市。形單影隻的我，成了驚弓之鳥。每經過一個市鎮，都可以看到軍管會的通緝名單，所以都不敢歇腳吃東西。在曠野中風餐露宿，一夜無眠後，我決定變成

4 作者在四月才聽說用來形容三月鎮壓行為的「三月黑風」一詞，而那時這個說法已相當普遍。他相信該名詞可能源自陳伯達對一群上京告狀、指控軍隊鎮壓行為的紅衛兵的一次談話中。

5 一個以軍人代表、舊幹部和學生代表為核心的新政權組織。

一個晝伏夜行的野獸。白天在甘蔗田裡混過一覺，如果膽大一點，就找個稻草堆睡得舒服些。白天趕路很危險；革聯時常會派車輛沿途搜捕廈門市的頭頭。我的身高和走路的姿態很容易被人認出來。

口渴了，我嚼甘蔗。肚子餓了，就吃野果或村中小販賣的又髒又有怪味的麵包。天一黑，我就踏上蜿蜒的山道。

我是不信神、不怕鬼，但在淒冷的天地中摸黑而行，還是禁不住心驚膽戰。因為隨時可能遇到強人打劫，我往往猛回頭，朝身後沒命地揮拳。我在一路上被這個「無形的同伴」驅趕著，運步如飛，一夜可走四十多公里。

有一晚，我發現在通往廣州市的八百公里路程中，自己已經趕完了兩百公里，不禁欣喜若狂。但我已筋疲力盡，睏倦難當，跌跌撞撞上了一條公路後，竟然昏睡不醒。

醒來時，發現自己是在一輛卡車的駕駛艙裡。

「完蛋了！」我想：「我被抓了。」

我拚命掙扎想要逃脫時，卻發現手腳並沒有被綁住。

「不要動，跟我走，準沒錯。」

卡車在黑濛濛的公路上飛馳著。我聽出司機的口音是廣東人後，才鬆了一口氣。他放慢速度，打開車廂燈。我們相對仔細打量了一陣後，莞爾一笑。

「你怎麼這樣不小心自己？天這麼黑，我差點把你壓死，你差點就變成肉餅了。」

我由衷地向司機感謝救命之恩。

「你一定又是個逃命的紅衛兵。到目前為止，你是我遇到的第七個了，」司機說：「我看到你們的狼狽相，真是難過，怎麼也狠不下心來為了幾塊錢，把一條年輕的性命賣掉。那批人對待你們也實在太辣手了。」

他接著告訴我，他是廣東省紅旗派的一員。紅旗派在廣東也是被整之列。他最後離開廣東省時，因為帶了幾個被通緝的組織頭頭出來，所以不敢回去了。他現在為了賺幾個錢，在福建幹起貨運工作來了。

我記得我們組織曾經跟紅旗派有過聯繫，雙方的觀點一致。我能遇到這個人真是幸運。這個好心的司機把我帶到一個熟人的家，叫他們煮了些湯和飯給我吃。我在那兒過了一夜。第二天早晨，他說要帶我到詔安縣去。然後，他把我端詳了半天才說：「嗯，你比我還高，睡了一夜，令人另眼相看。城裡的孩子到底是城裡的孩子。」說完，他從卡車上取出一件藍棉襖：「我差點忘了。你應該脫下軍服，換上便裝，才能安全些。」

這套軍服是我的好伴侶，我捨不得脫。

「安全最要緊——！脫下來。」我心不甘、情不願地，慢吞吞地脫下那件穿了將近半年的軍服。它挨了那麼多打擊，撕破了那麼多地方，每次補衣服，我都會想起身歷的戰役。有好多補釘還是梅梅替我補的呢。

「請你好好保存這件衣服，總有一天我會回來拿的。」我說。

傍晚，我們到了詔安縣。司機交給我一大包食物和一個挎包說：「你就在這裡下車吧。」他抓住我的手，扶我下車。頓時，我只覺得孤單而空虛。

身穿便服後，行動比較自由了。我決定徒步進城。我幾乎已經有十天沒看報紙了。在街上，我在一個布告欄前停下，報紙上幾乎沒有什麼新消息，仍然是呼籲停止串連、復課鬧革命的老社論。我的前面站著一群人在看一個布告。我的身材高，從後面仍然可以看到十多張通緝令。我顧不得危險，湊上前去一一看個明白。突然，我看到了自己的名字和一張初中畢業時的相片。看到下面的文字更是心驚肉跳：「凌耿，十七歲，廈門市人，廈門公社壞頭頭之一，身高一七六公分（五呎九吋）。清瘦，背微駝，走路時慣於向前傾——。此人思想反動，破壞了軍民關係，是個兩面三刀的危險敵人——定有重賞。」

幸虧他們沒有用一張我最近的相片，這一張恐怕還是從學校檔案裡找出來的。「十七歲就反革命，真不得了！」人群中有人說。

這時，我抬頭一看，發現竟站在詔安縣的公安局大門前，不免驚出一身冷汗。這簡直是自投羅網！

我連忙轉身走開，直走到一片田野才歇住腳，靠在一棵樹下拚命喘氣。再走幾十公里，就可以到省界，危險就解除了，身上又有著兩百多元。

但是，我摸摸口袋，這才記起錢和身分證件統統留在軍服口袋裡了！完蛋了！我沒命地搜了一遍褲袋，只摸出三角錢，連一天的飯錢都不夠。那司機耍了我，我幾乎哭了出來。

我又想，那司機不會是個小偷；一切都怪我自己粗心。他不像是賊，因為他的手是暖暖的，還給了我食物和其他日用品。

現在只有一條路可走：去替附近的農家做短工，賺取足夠的錢繼續趕路。在廣東謀生不易，我根本不懂廣東話。

我走進一個村子，來到一家看起來比較富裕的農家前（他們住的是磚房，不是一般的草房），哀求主人僱我當個短工。我告訴他，因為家人都被家鄉的一次洪水沖散了，無家可歸，四處流浪。我努力裝得很像，心裡還是不放心，因為我知道自己不像個鄉下孩子。

主人顯然相信了我的故事，而且很可憐我，可是嘆息說，從有人民公社以來，他的田地和水牛都被充公了，一年不如一年，自己的糧食都不夠吃。最後，他總算同意收留我了，他說：「唉，一天給你三頓蕃薯粥吃是沒問題的。收成以後，我再想辦法給你幾個工錢。」

就這樣，我以牲口欄邊的小棚為家，每天清早五點起床，切飼料、餵雞鴨、掃院子。我們每餐吃蕃薯粥，別的什麼也沒得吃。蕃薯粥止得了渴，墊不了饑。我真不懂他們是如何靠這種東西過活的。

早晨做完零活後，我就牽著公社配給這對老夫妻照顧的兩頭水牛到池塘邊的草地上去吃草。一個紅衛兵牧童！我的對頭們知道後一定樂不可支。

在漫長的上午，饑餓尤其難熬，我不得不動用那三角錢。每一次，我用五分錢買一個用稻草和麵粉做成的小餅吃。我活著，似乎就是為了這一頓粗糙的食物。第五天中午，兩頭餵得飽飽的水牛和一個餓得瘪瘪的牧童往回家的路上踽踽而行。突然，我聽到有人叫我的名字。我連忙轉身，目瞪口呆地發現那名司機把卡車開到我的眼前停住。如果我早來一步或晚來一步，我的整個生命也許就和現在大不相同了。

「這幾天，我一直沿著公路上上下下的找你。」他說：「我看到抓你的通緝令，但是我相信你一定還在附近。很抱歉，我一定使你吃了不少苦。哪！這是你的身分證件、兩百四十九塊錢，你的錶、鋼筆和日記。請原諒我偷看了你的日記。你這小子真不簡單！」

「這真是奇蹟！」

「怎麼？你以為我是賊？」

我向他坦白，起初認為他是個賊，可是馬上又想他絕不會是賊。他看到我信任他，顯得很安慰。

「現在，」他說：「我最好還是把你送到省界吧。」

我沒有回去向東家道別，只塗了一張便條，插在一頭水牛的鼻環上：「我敬愛的主人：謝謝你們過去幾天來的仁慈和照顧。你們也許已經懷疑到我並不是乞丐，而是來自都市的學生。」

就這樣，我平安地離開了福建省。我一直沒有忘記那個司機的容貌和他的卡車的牌照號碼，就像我一直記得那位在北京時，去見毛澤東途中的機場附近遇到的好心醫生一樣。

現在，誰也不能抓我了。我帶著身分證件——包括應情況需要而備的各種身分證明和足夠的金錢。最重要的是：我自命如齊天大聖孫悟空一般的才藝雙全，會打架、會開車、會騙人、會冒充。從幾個月前脫離了單純的學生生涯後，這一套我全學會了。

我在廣東省絕沒有迷路的可能。中止徒步串連的命令已經傳下來了，串連仍然在進行著。岩石上和樹幹上還經常可以看到路過的紅衛兵刻下的路標。現在，徒步似乎是太辛苦了。同時，我又決定不花一分錢的車資，所以時常「借用」農民們停放在路邊的腳踏車。

做這種事，我是毫無敵手。只有少數紅衛兵會依樣畫葫蘆，因為落後地區來的紅衛兵有許多根本不會騎車，能騎摩托車或開汽車的就更少了。他們只能溜上過往的車輛，搭個便車。「我的」腳踏車上很少沒有乘客，凡是看到生病或跛腳的落單紅衛兵，我都狠不下心來視而不見，總是帶他們一程。至於報酬嘛，我拿的只是幾枚徽章而已。

兩天後，我到了廣東省第三大城汕頭市。汕頭是個賭城，盜匪猖獗。我小心翼翼地把鈔票縫進日夜在身的棉襖夾層裡。我落腳的接待站是在手工業局裡。一間屋子睡十幾個人，連日不洗的腳臭薰得令人難受。

南行廣東省的公路上，一路上發現開卡車的多半是歸國華僑，生活散漫，對政治不感興趣，成天只知道找女人。只要看到路上有女紅衛兵，他們就停下車，猛按喇叭或吹口哨。許多女生明知道這幫人是壞蛋，卻累得不惜冒險搭一次便車，漂亮的多半會被請到駕駛艙去坐。

有些司機對徽章很感興趣。我把用腳踏車載客賺來的徽章別在一個袖章上，看到有卡車來，就揮一揮，所有的徽章便會叮噹作響。卡車如果停下，我就爬上車跟司機討價還價。司機們通常不敢公開要錢，怕我們記下車牌號碼報告當局。於是，他們討毛澤東徽章，因為徽章可以拿到黑市去換錢。

越往南走，司機的脾氣越壞。紅衛兵們不得不採取聯合行動來應付這批司機。其他流浪的紅衛兵知道我會開車後，就有幾個人開始跟著我走，於是我又變成了另一個新活動的領袖。每逢有卡車駛近，我們就站在路中央，迫使他們停下車來（這需要極大的勇氣。只要你稍有膽怯的跡象，對方就大膽起來。有好幾次，司機都是直到我們的手觸到保險桿了才把車子停下，逼得我們幾乎跳上引擎蓋。一路上，我們親眼看到幾個被卡車撞死的紅衛兵），然後其他幾人跳上後面，我則爬到司機身邊。接近任何小村落時，我們就命令他讓我駕駛，直到衝過村鎮後，才和他換回位子；否則他會停車喊人來，把我們趕走，或者揍我們一頓。

攔截卡車最有效的辦法，是叫串連隊伍中的女紅衛兵站在最前面，吸引司機注意。我並不樂意以女生為餌，總覺得女生應該得到男生的保護。有一次，我和幾個女紅衛兵同搭一輛卡車，我從司機座後的小窗看到他一手把著方向盤，另一手直在身邊的女紅衛兵身上打主意。我怒從中來。但我身在後面，無能為力，便拿一包香菸向他晃晃，對他叫道：「請你停車讓我下來好嗎？我送你這包菸。」

那笨蛋煞了車。我立刻用車上的一件鐵器把他敲昏，把他的手腳綁好，拖到車後面，叫那些嚇壞了的女生守住這條豬仔。

走了不久，就聽到背後有人大喊：「喂！想死啊？煞車！煞車！」是那個司機，他是怎麼鬆綁的？我明明記得把他綁得牢牢的！這時，我才恍然大悟。那批婊子——她們竟樂意當這名司機的玩物！

我怒不可當，用力踏下油門。剎那間，連人帶車都像瘋狂了一般。汽油快用盡時，我遠遠地看到一輛吉普車停在樹旁，也不知那輛吉普的油箱裡有沒有油，車上有沒有鑰匙，機器能不能發動。我沒有考慮的餘地，把卡車的油門踩到底，然後猛然煞車，靠右邊停下。右後輪陷進水溝裡，後面傳來了一陣大呼小叫。我緊緊握住方向盤，回頭看到那群婊子和那名司機以及車中的木箱全都滾作一團，順著車子往一邊滑。

我帶著鑰匙跳下卡車，跑到吉普車邊，拉出電門的兩根電線接在一起，發動了引擎，轉過身來大叫：「再見！既然你們願意被壓在下面，就多壓一會兒吧！」從這件事後，我都單獨駕駛，不再和那些無知的紅衛兵打交道。我每次新偷了一輛車，開了短距離後，就另偷一輛車繼續前進，屢試不爽，漸漸的大膽起來。有一次，我正要爬上一輛卡車的駕駛座，一時沒看清楚，竟被從卡車下面鑽出來的司機當場捉住了。

幸好，他人不壞。「上來！」他說：「我倒要跟你談談，聽聽你們這些小鬼到底搞些什麼。」他又粗又壯，我只好乖乖聽話。

「你們紅衛兵真是太不像話了，領了補助費，又有接待站照顧你們，居然還想投機取巧！」他繼續責罵了我一頓，最後又說：「希望你以後不要再偷車了，否則，總有一天要倒楣的。記住我的話，他們已經訂了規則，會嚴重處罰你的。」

他的話畢竟留在我的心裡了。後來，我沒再偷過第二輛卡車了。

我越走越接近廣州市，仍然堅守著不花一文車費的原則。進入廣東省境後，我已經走過五百多公里的路，坐過的車包括腳踏車、汽車、卡車、吉普車、拖拉機、甚至老牛破車。只要不用我走路，我是來者不拒的。

我用一張由廈門公社宣傳部弄來的空白表格偽造了一份文件，證明自己是一個長征徒步串連隊的頭頭，有資格領取供十名隊員用的日用品，包括香菸[6]、草鞋、斗笠、洗澡券、到各地遊玩的通行證、電影票、糧食、雨衣和毛徽章。我把領來的東西留一份自用，其他的九份則隨時利用。像是遇到農民，我就以九頂斗笠向他換三十公里的拖拉機便車。

現在，各地接待站不准紅衛兵以錢用完了或遺失了為理由，無休止地賴著不走；相反的，接待

6 據接待站的人說，抽香菸可替鼻腔殺菌，有預防腦膜炎的功效。

站會借錢給他，讓他在到下一個接待站以前，能有足夠的錢沿途買飯吃。一路上，我總借十人份的錢。接待站人員幾乎都是鄉下來的農民，識字有限。我偽造人名地點，毫無問題。我在文件上寫的是「廈門天堂中學」，他們竟也沒有看出破綻來。我就是叫他們寫信向「天堂地獄」討回旅程中所借的串連經費，也是不會出問題的。

這時已經是三月中旬。我完全不清楚家鄉的情形。偶爾可以看到消息貼出來，到處都有紅衛兵頭頭落網；後來又聽說有許多人選擇往香港逃。這時，我正在距離廣東南界不遠的深圳，幾個念頭很快地閃過我的腦海，內心裡開始了痛苦的掙扎。我覺得在這個社會裡，沒有什麼前途。最近兩週來，我的心裡充滿了仇恨和厭惡。同時，我又想到了日夜牽掛的家人和梅梅。沒有親人在，自由和快樂都不是真正的自由和快樂。更何況，我不願自認失敗，偷偷地溜走。我還是想回去，想和革聯與軍隊周旋到底。

不過，我忍不住想試試看會有怎樣的結果。於是，我偷偷上了一列開往深圳邊界一個小村的運煤火車；可是，才到了樟木頭就被一個鐵路警察發現，像個黑炭似地被趕下了火車。我在被盤問時，堅稱自己迷了路，搭車走錯了方向，從來也沒聽說過什麼「香港」或「臭港」。那個警察用槍柄打了我好幾下，扣了我的小刀才放行。

小刀是我的防身武器，我決心要找一把刺刀來代替它。

我正在樟木頭附近的田野裡流浪時，看到一個士兵（顯然是個鄉巴佬）在偷甘蔗。起先我嚇他，騙他要檢舉他的偷竊行為，要他把刺刀送給我。他死抱住步槍不放，連聲說：「不行，不行！武器是軍人的第二生命。」我只好用武力，出其不意地一拳把他打倒，揍得他不省人事，然後把槍上的刺刀和撞針卸下來，溜之大吉。

這件事後多久，我終於到了廣州市。廣州市的大街小巷貼滿了號召鎮壓反革命分子的招貼，而且常常可以看到犯人被一車車地運走。每每看到他們被槍柄打，我就覺得自己的心頭也挨了一擊。我憤怒得不顧一切，頭兩夜撕毀了無數的通緝令和不順眼的公告。

第三天，我聽說接待站在五天內就要關門了。我決定解除了不花車錢的誓言，搖身一變成為觀光客，憑著一紙地圖，逛遍了動物園、越秀山和停泊著許多外國船的黃埔港，還光顧了許多迎合華僑口味的昂貴賓館和飯店。文革以來，這些地方都已經不像以前那麼神秘了。我所參觀的唯一的學校是中山大學。

晚上，我定期寫信給母親、二哥、梅梅、何為明和阿豬，叫他們不要擔心，我正玩得不亦樂乎。為了掃除他們心頭的疑慮，每到一個風景區我都去拍照片，吩咐印出四份，留下四個貼足郵票寫明地址的信封，讓攝影師替我寄回去。我還請攝影師一定要仔細修一修照片，使我顯得好看些。他們都覺得很有趣，問我：「你是不是要徵婚啊？」

五天以後，我離開了廣州市，買了車票暢遊西南各大城市。我到過以「山水甲天下」聞名的桂林市，看到了稀有的石鐘乳，也到過號稱沒有一隻蒼蠅的佛山、毛澤東的家鄉韶山和著名的廬山。有一次，我甚至在一家航空公司的售票窗前猶疑不決，拿不定主意是否值得花大筆錢嘗嘗坐飛機的滋味。

三月底，我回到廣州市後，已渾然忘卻了政治，一派逍遙自在、遊歷外國的遊客模樣，獨來獨往地遊覽名山大川，真是十分愜意。這時，我開始看到中央通令各地軍人停止抓人，宣布免除被抓的頭頭們的罪狀，並保證通緝犯的人身自由，要大家重返原工作崗位的公告。我已飽經風霜，並不覺得特別驚喜或快慰。三月黑風已經颳過了，我可以回家了。

我並沒有直接回廈門市，反而坐火車到了上海，痛痛快快地採購了大批的上海貨，替家人和戰友買了不少禮物。二月底，我以逃犯身分離鄉背井；四月初，卻以遊客姿態身帶大包小包的禮物榮歸故里。不幸的，我在火車上睡著了，醒來發現所有的東西都被偷了個精光。

就這樣，我兩手空空地回到了廈門市，身上仍然穿著那位卡車司機送給我的棉襖。我變得瘦了些、黑了些、柔和了些，也圓滑了些。走出火車站時，我幾乎希望誰也不愛我，誰也不曾為我擔心，因為我覺得自己已經變得太壞了。

我在街上遇到了三姐，她幾乎認不出是我。我學著軍人的模樣說：「報告，乞丐回來了！」三姐常罵我走路像乞丐。

她哭了出來。突然間，我也想哭。

「我們都以為你完了。我們都想死你了！」

「可是我還要活啊！」我笑著說。

我和她分手後，並沒有直接回家，而是先到了工人文化宮。

我一語不發，慢吞吞地走了進去，許多舊相識衝了上來，跟在我身後叫：「老凌！老凌！」我走得極慢，他們一定以為我是神經錯亂了。屋裡正在開頭頭會議。我在會議室外靜靜地聽，每個人都好像很高興，一切似乎又恢復正常了。

閩西之旅

毛澤東又需要我們了[1]。這是我們在四月初的猜測。各地又謠傳著醞釀紛亂，反毛保劉派還沒有完全被清除，正準備東山再起；又聽說許多軍區司令員公開袒護被打倒的幹部，互相勾結，準備成立獨立的王國。謠言並說毛澤東預測軍隊中將有大亂。

三月的事件使我們的組織產生了分裂，許多人變得冷靜，也可以說很謹慎，唯恐目前的一舉一動會引起日後的清算。可是，仍然有人看穿了兔死狗烹的詭計，開始憤恨中央和曾經鎮壓過他們的軍隊，發動了一次新的反軍風潮。在八一二九廈門公社（促聯）的五十個頭頭裡，屬於後者的除了何為明、盧大瑤和我以外，並沒有幾個人。但是，我們能順利地帶動其他人。

我流浪回來後，發現廈門公社正在努力整頓組織，而且開始把鬥爭的矛頭指向廈門軍隊的「一小撮兇手」，也就是第三十一軍軍長劉春山這一班曾經鎮壓革命造反派的軍人，其中包括第三十一

1 紅衛兵的捲土重來反應在下列社論中：（甲）《人民日報》一九六七年四月二日社論：『正確地對待革命小將。』「如果否定革命小將，便是否定無產階級文化大革命，如果打擊革命小將，便是打擊無產階級文化大革命——一小撮當權派對革命小將玩弄陰謀詭計，播弄是非，分裂小將隊伍，引向邪路——抓住小將某些缺點攻擊，全盤否定革命小將的大方向，打成反革命。」（乙）《解放軍報》一九六七年四月十日社論：「緊緊掌握鬥爭的大方向。」「革命小將不可能沒有缺點，但他們的錯誤與偉大的功績比較起來，只不過是十個指頭中的一個——人民解放軍要幫助他們克服缺點，絕不能另眼看待，不積極支持他們——不能支持一方，壓制另一方。」

軍第九十三師的政委李平、廈門市軍分區司令員田軍和他的爪牙。

和全國各地一樣，廈門市的文革已經進入了新的階段。學生、工人、農民和機關幹部分成了兩大派，一派（革聯）是親軍靠軍派，另一派（促聯）是反軍靠民派。兩派之間的惡鬥持續了一年之久。革聯和促聯都以真正的造反派自居。革聯表現得不夠英勇，而且緊緊依附著少數幾個軍隊首長維生，一般人都把他們看作保守派。不過，我們當權的人心裡都明白兩派實際上是半斤八兩。

我們在反軍運動的初期佔了上風。毛澤東顯然怕林彪的勢力發展得太大，便利用他的老婆江青和秘書陳伯達支持反軍運動。直到我們開始搶武器，甚至跟軍人動了武以後，毛澤東似乎才警覺起來，命令我們停止活動。這時，軍、我雙方都有傷亡，都受到過打擊，兩派力量已經扯平了——這也許正中毛澤東的下懷。最後，他又利用軍隊掃蕩一切，並藉著工人的力量鎮壓了文革的主流——學生力量，因而徹底粉碎了學生奪取政治大權的夢想。

我回到廈門市後的第三天，阿豬從福州打長途電話給我，告訴我福州軍區司令員韓先楚願意接見我們組織裡所有受到三月鎮壓的頭頭，他要向大家道歉。電話是打到「大中專」來的。當時我正在「大中專」和其他幾個人商量下一期八一二九廈門公社戰報的編輯事宜，聽說是阿豬打來的電話，我立刻接過來聽。「阿豬！」

「你們身為八一二九總部的頭頭怎麼可以半年不在總部露面？韓司令員已經答應向你們道歉，你們一定要到齊！同時，我希望你明白廈八中在總部裡的地位很弱。你懂不懂我的意思？」

「懂，我很明白。」我說：「可是，要我來有兩個條件：第一，我要繼續維護廈門公社的利益，要是韓先楚支持廈門軍隊，我馬上回廈門市大叫『打倒韓先楚』；第二，我要堂哥一起來，而且他應該有個合適的地位。他是最早的十七個元老之一，在廈門公社和八—二九總部裡，居然連個委員的位子都輪不到。」

「可以。」

「而且，我要帶幾個老戰友來。」

「多多益善。」

於是，在堂哥、梅梅、搥胸和老板的陪同下，我坐吉普車前往福州市。出發前，我只告訴母親，軍區司令員要接見我們，接見之後，我會馬上回來。

我知道在福州市的這次任務不好幹。八—二九總部已經遇到了大敵——也就是福建省革命造反委員會，簡稱「革造會」。這革造會的分子主要是由原先的保皇派組織，如工人赤衛隊和紅衛兵總部等蛻化而來，利用當地人民的地域觀念，集合了福州市的大部分人民做後盾，孤立了八—二九總部的影響力量。兩會之間的界限劃分得很清楚：八—二九總部是由外地人控制，革造會的絕大多數分子是本地人。

我們到福州市後的第二天下午，韓先楚接見了全省各地革命造反組織的三十多個頭頭。他首先解釋說，三月鎮壓是因軍區司令部誤解了中央的命令而引起的，抓人做得太過火了[2]。

2《人民日報》一九六七年三月十日轉載了《紅旗》（一九六七，五號）的一篇社論，其中提到人民解放軍所犯的「錯誤」：「在一切大革命群眾運動中，出現一些錯誤是難免的——偉大的人民解放軍是無產階級專政的柱石——在某些地方，由於階級鬥爭的情況複雜，當地部隊的某些同志也可能在支援中，犯了暫時的錯誤——一切革命同志，必須保持清醒的頭腦，不可糊塗亂來。」這似乎是中央當局有關人民解放軍所採嚴厲手段的立場的最早暗示。

這句話馬上被一個頭頭反駁，他說也許是中央的某些人故意搗鬼，並說軍區司令部應該公開道歉。韓先楚一聽這話，立刻面露不悅之色，說這次接見我們的目的就是要向我們道歉，然後由我們回到組織去向其他人轉致歉意，沒有必要再召開群眾大會或廣播道歉了。

他接著和每個人握手。這是我第一次見到他，他的外型很令我失望。他比我矮了一個頭，又黑又瘦，皮膚粗糙。

他殘廢的左手晃來晃去，大拇指削掉了一半，其他四指僵在一起，像雞爪一般。我絕沒有想到這位身經百戰、統領兩省五十萬大軍的老將竟會是個乾癟癟的小老頭，毫無軍人氣概，「嘿嘿嘿」的乾笑聲更是令人討厭。站在他身邊的是他的年輕嬌妻，比他高。

他在太太和隨員的陪同下走過我們面前，和我們一一握手時，我不住地盯著韓太太的那雙勻稱的小腿瞧。她穿著絲襪和高跟鞋。我對於老韓沒有什麼興趣。自從軍人制服上不再佩戴軍銜後，我對他們更是完全失去了敬意。韓先楚有什麼了不起？我連毛澤東都見過了。

輪到我握手時，阿豬在旁介紹，一字未提我曾經被列入三月通緝令的事。我忍不住說：「韓司令員，我想請問你，你是不是認為廈門的人民解放軍不應該受批判？三月時，他們極其殘酷地鎮壓過我們的廈門公社。」

他又「嘿嘿嘿」地乾笑了一陣：「對！對！廈門駐軍錯了。我希望你們能幫助他們認識自己的錯誤。」

「可是，他們一直不肯認錯。」

「他們會，他們會。我會批判他們。」說著，他繼續走到梅梅的面前，停下來拍拍她的頭說：「這麼年輕就做了頭頭？妳是哪個組織的？」

阿豬代她回答：「她也是廈八中的。我這裡的五位同志全是首先喊出『打倒王于耕』的十七人當中的。」

「韓同志，請稍等一下，我也有同樣的問題要請教。」梅梅怯怯地指指我，也許是一時緊張，她忘了稱他「韓司令員」。但是，韓先楚已經被老婆推到前面去了。韓太太好像滿喜歡梅梅，卻不樂意理我，只輕輕地碰碰我的手掌，連握都沒握。我大概顯得很髒，身上的制服已經好久沒洗了。

韓先楚走到我的堂哥、搥胸和老板面前時，他們都提出了廈門駐軍的同樣問題。何為明曾經要我們在接待會上找機會提出這個問題。韓先楚則是一再地嘿嘿嘿乾笑，不住地說：「沒問題，沒問題。」

當晚，我們五人在八—二九總部的會議上，受到了嚴厲的批判。「你們全像是到福州來討價還價的商人！」「你們破壞了我們和軍區司令部間的關係！」「你們怎麼配當委員？差不多有半年的時間沒有在總部工作了。」

第一號頭目唐雲禮板著面孔向我們指出：我們在福州，必須集中全力對付革造會；因此，不可以在八—二九總部中分什麼革聯或促聯。

阿豬盡力護著我們，但她這一次卻完全不是其他人的對手。我很難過。我們是來自七校的戰友，現在卻為多爭一點點權力而互相廝殺起來。

搥胸沉不住氣，跳起來拍桌大罵：「是誰先開始在福建省造反的？是誰先創立八—二九總部的？居然想剝奪我們的勞動成果！」他把各個學校一一罵遍，最後大吼道：「八—二九總部不是韓先楚的衛隊！」說完大踏步走出了會議室，我們四人也魚貫而出。

「我們加點汽油，回家算了。」老板建議，我們一致附議。

「那麼，晚上你要教我開車。」梅梅突然要求我：「回去以後就沒有時間了。」我把吉普車開出交際處，到了百貨大樓前，把堂哥和其他二人放下來，帶著梅梅到一條新築的公路上教她開車。練了兩小時後，她好不容易才控制住了吉普車。她要我准她穿過擁擠的街道，開回交際處。我坐在她的身邊，緊張得很，看著她開向十字路口。

十字路口早已是革造會的天下了，八一二九豎起的大字報欄全都不見了。革造會的標語中有一條深深吸引了我的注意：「打倒韓先楚！砲轟福州軍區司令部！」突然間，我只覺得吉普車衝出了馬路，聽到一大陣喇叭響。

「怎麼只會按喇叭，就不會踩煞車！」我叫著踩煞車，把方向盤，可是已經太遲了，吉普車衝上了人行道上的一排大字報欄。我知道出了麻煩，想趕緊倒車，加速溜走，但街上的行人已經看到了我們擋泥板上的小紅旗，大叫：「是八一二九想破壞我們的大字報啦！」

梅梅嚇得想躲到後座去。我下車檢查損失，沒有人受傷，大字報板上有個大窟窿，吉普車的車燈也撞碎了一盞。一大群顯然是革造會的支持者把吉普車團團圍住。

「別讓他們跑了！一定是頭頭，抓住他們領賞去！」幾個學生模樣的人揪住了我的制服，另外幾個人抓住了梅梅的頭髮，把她拖下車。我想衝過去保護她，還沒來得及脫身，已經有人掏出刀子來，嚓地一聲割斷了梅梅的長辮子！

梅梅失聲痛哭。那批傢伙還不滿足，揚言要把她的頭剃個精光。我趁人不備，掙脫了手衝過去，脫下制服蒙住她的頭。我緊緊地抱住她，奮不顧身地抵擋敵人，衣服被劃破了，小指頭也削破了一個口子，鮮血濺到了梅梅的身上。

正當有人大叫要活捉我們時，一輛華僑大學的宣傳車適時趕到，衝散了人群。魁梧的僑生把我們拖上車去，立刻加速開回了總部。

「全是些流氓！我這個樣子不敢回家了，怎麼辦嘛！」梅梅歇斯底里般地尖叫著，用棉被蒙住頭。

她的朋友都知道她有多愛惜這兩條長辮子，每天都花好幾個鐘頭編了又編，還抹上香水，男生連碰都不許碰它們一下。在她的母親看來，這兩條辮子更重要，是少女純潔的象徵，如果被剪掉，任是什麼單純的理由，她的母親也是絕不會相信的。我生日的那一天，梅梅剪下一小綹頭髮表示情意，都還得徵求母親的同意。阿豬看到梅梅參差不齊的髮梢，笑著對她說：「好啦，這下子倒可以省下妳不少時間，做我的大幫手了。」然後又轉身對我說：「你不是想到閩西走走嗎？我有個差事給你。」

梅梅的乾姐姐，華大的李憶霞跑了進來。她自己早就剪了辮子，現在勸梅梅也剪掉。梅梅點點頭。李憶霞馬上拿出一把剪刀，趕走眾人，只留下我和阿豬幫著替梅梅剪髮。阿豬向我講解新任務的時候，我心不在焉地聽著，眼睛盯著梅梅看。頭髮一段段地剪短，她的眼淚不住地往下流。阿豬終於忍不住了，用雙手扭過我的腦袋說：「我不是吃醋，但一切總以工作為先。」

「我都知道了。妳是要我帶領一個五十多人的宣傳隊到閩西山區去，搶在革造會前面擴張八二九的組織。回來後，我的成就會受到組織表揚。」

「對！對！你可以替八—二九組織起成千上萬的農民，——比梅梅剪下的頭髮還要多。」梅梅已經剪好了頭髮，向我跑過來：「這樣行不行？」

「啊，漂亮極了！」我像在哄小孩。然後，我正色說：「要不要跟我一起到閩西去吃苦？」

「不要，不要。這副樣子我根本不敢出門。我要留在屋裡看書、睡覺。」

「其實，妳的頭髮剪短了更可愛。我說真的，妳再考慮考慮，我們很快就要離開福州市了。」

「哼！我還是不去。」她笑了——這表示她同意去了。

第二天，唐雲禮把我找去長談了一次。他說派宣傳隊到閩西去的主要目的，是要在那兒建立八—二九的地區司令部。他強調農民力量的重要，特別是因為農民膽大無知，比較容易支配。他們一旦變成了八—二九的一部分，必要時就可以動員起來，開到福州市來支援日漸勢單力薄的八—二九。

他說，他對我的能力很有信心。而且，這件差事已經被怕吃苦的人推辭掉了，不得不找我去。我吃了一驚。

「換言之，」我說：「是別人全不肯去，才找上我的。你們簡直是把我充軍到閩西嘛！」我幾乎一拳打落他臉上的金絲眼鏡。

「不是不是，完全是因為你經驗多，會吃苦。」

「什麼經驗？」

「我聽說你單身一人走過了七、八省，還當過牧童。」

我警告他說，如果他只是要趕走不中意的人，回到廈門市後，我要叫何為明處罰他。說來說去，他只不過是何為明手下的一個廈大學生。

「你不應該這樣想。」唐雲禮說：「從我分配給你的經費和人員看來，你可以知道這實際上表示了總部對你的信心。要不要我發誓？」他伸出右手的小指，好像要跟我勾指頭。

事實確是如此，經費和配備果然令人滿意。我們領了八千元，幾乎是總部手頭現款的半數，而且我可以自由選擇隨員。我自然而然地排擠了福州人，除了梅梅外，其他三個隨我由廈門來的戰友也都一致同意跟我去。

就這樣，在一個晴朗的四月早晨，我們悄悄離開了福州市。坐火車到了閩西第一大城龍岩。可是，下了火車後，我打量著環抱四周的山巒和森林，一時沒了主意。我們該在哪裡安身？又要如何展開工作？

頭一夜，我們偷偷溜進了第一中學，撬開兩間教室的門，打開了鋪蓋捲。外面不時傳來野獸的怪嚎，我徹夜未曾闔眼。

第二天早晨，我們開始和龍岩一中的學生建立聯繫。這些本地學生對我們欽佩不已，把我們看成大城市來的學生；而我們也以八—二九在福州的力量和影響力說服了他們，並向他們保證，只要加入組織，一定可以免費上福州去玩。

一中學生組織的頭頭聽到這話後，尤其興奮不已。他們不像八—二九總部的頭頭有自備轎車和安全警衛，而且是在大樓房裡辦公。這裡，一切因陋就簡，頭頭們都是一身農家打扮的農民青年，總部設在一座茅草屋裡。他們每天仍然要上山砍柴、下田務農，而且孤陋寡聞，連那些中央首長已經倒了台都不知道。我絕沒有想到一切都這麼好辦。他們領到紅袖章後，就立刻佩戴起來，馬上到鎮中街道上替八—二九做宣傳工作去了。

不到一星期，我們已經控制了龍岩幾所中學所有的學生。我決定在當地買些紅布，做些稍有不同的袖章，來區別本地紅衛兵和外地紅衛兵。我又指示宣傳隊隊員不要和本地學生混得太熟，因為我們越是高高在上，他們越是心悅誠服。我們到達這座山城後的第八天，「八一二九閩西總部」成立了，成員三千，包括學生、機關幹郁、農民和工人。

我的心裡明白，如果革造會搶先我們一步，他們也一樣能建立組織，控制大權。

我在給總部的一封電報裡，誇大其辭，說我們宣傳隊的五十多人歷盡千辛萬苦，才得到空前的成就。我在給阿豬的信上卻坦白說：「我們得到這次成功，並非靠我們的才幹；反之，全因此間人民的水平太低，高中生連封信都寫不通順——」

龍岩的學生中有許多是來自偏僻的村落，每星期回家一次。他們都打赤腳，背上掛著斗笠，古銅色的臉上總是綻著笑容。現在，他們每次循著羊腸山道回家時，還戴著八一二九的袖章，等於替我們做了很重要的宣傳工作。可是，我還是覺得不夠。我們必須深入鄉村，用演講、舞蹈、歌唱和禮物來贏取民心。

下鄉的建議沒有受到隊員的反對；相反的，大家都把它看成一次郊遊。就我個人而言，除了要擴張我們的組織，還想多得到一些閩西的知識。被下放到閩西勞改的二哥曾經多次向我講到此地的人民生活困苦和落後，我很難相信在同一省裡竟會有這樣大的差別。

當地學生聽說了我們的計劃後，高興得跳了起來。他們都說早就想請我們進山去，又怕我們吃不了那份苦。

我把宣傳隊分成兩個小隊，一隊由老板和搥胸率領，深入福建最西部的長汀縣；另一隊由我、堂哥和梅梅帶頭，到連城縣的一個叫作朋口的小鎮去。每隔三天，每一小隊都要派一個聯絡員帶訊到龍岩，打電報向總部報告。

第十天早上，我們由幾個本地學生帶路，沿著崎嶇而驚險的小路向山區進發。兩旁的野草有人那麼高。幾個走不慣山路的女生很快地就怨聲載道，說走不動了。我對她們很兇，威脅說要撇下她們不管。有時則冷嘲熱諷，激勵她們：「妳們一定是小時候吃的鈣質不夠多。」

下午三時許，我們來到了一個只有十幾戶人家的小村。這地方很安靜，連狗叫聲都聽不到。我叫大家不許吃東西，先分頭到各農家去做初步的聯絡。

我們幾個人在一個本地學生的帶領下，進入一座磚牆瓦房的大院落。幾個小孩跑過來，怯怯地望著我們。我們分糖果給他們，他們說從來沒吃過這種東西。語言隔閡是我們最大的障礙。我們看到一個老人在院裡劈柴，便靜靜地走過去要幫助他，他卻對我們冷面相待。我們直到聽了譯員的解釋後，才明白了問題所在：原來他以為我們是派來調查村中情況的軍人。

擔任翻譯的山地學生向他解釋情形並非如此後，他才漸漸改變了態度，開始對我們談起村中的生活方式。他說因為地形關係，農民們只能種蕃薯。大人常到山林深處去打獵、採藥材和野果，幾天才回來一次。獵物和採到的藥材都不能私自變賣，必須交給定期到這一區來收購的政府幹部。人民就用換來的錢買些日用品，鹽尤其是這裡最缺乏的東西。

這時，我們又看到一個老婦用杵子在搥著什麼。我們走近她，她友善而好奇地看看我們，一面繼續搥著。她是在搥蕃薯。她打著手勢告訴我們，搥出來的蕃薯汁可以做成粉賣給政府，剩下的渣子就存起來自己吃。我告訴她渣子沒有營養價值，她不懂什麼叫作營養。不管我怎麼解釋，她都不懂。她是一字不識的文盲。村子裡連一所小學都沒有，只有這座院落中有瓦房，到處都是草頂的泥土房子。最令我吃驚的是：她才三十八歲。要不是山地學生告訴我，她是那老頭的女兒，我還以為她是他的老婆呢。

五點鐘時，我吹哨子叫全隊集合。我們的印象大致相同——一個年輕的婦女都沒有見到。而且，此地婦女的頭上都纏著一塊布，看不出額上有沒有皺紋。看到一個身穿打了補靪的棉襖、裹一條粗麻布當裙子的婦人，我們叫譯員把她請過來，問她的年紀。她說十九歲。我們沒有一人相信。我指著一個女宣傳隊員對這個村姑說：「你們兩人同年。」村姑不斷地搖頭，半晌才說：「你們個個都像從天上掉下來的。」

我問她天上有什麼？她說，天上有毛澤東，時刻看著大家，他曉得誰不努力工作，會受到處罰。我立刻問她這話是誰說的，她害怕起來，推說記不得了。

然後我又問了她一連串問題。我問她中國有多大？她搖頭。我問她除了中國還有沒有別的國家？她又搖頭。我再問她知不知道地球是圓的？她還是搖頭。最後我只好跟著她一起搖頭。我問她對自己的生活有什麼感想？她才回答說，她是生來就該命苦的。我說她可以當紅衛兵，到政府倉庫裡去搶糧食，如果有人拒絕給，她可以用鋤頭和他拚。她仍舊搖搖頭。

大家都站著看這幕活劇。堂哥勸說不必用這種方式盤問這女孩。我回答說：「這是中國，不是黑暗的非洲！」

我們根本不必替八一二九做什麼宣傳。我們只要能替這些人開啟一丁點的知識，就已經是功德無量了。我們也沒有必要去組織他們；他們活著，無非是為了一日三餐罷了。如果要利用他們，只需用一點食物和其他的生活必需品就能驅動他們了。

日落時，我們圍成了一個圈子，一面做晚飯，一面唱歌。我們拿出從福州帶來的餅乾和罐頭食品。這才真正是我們開始宣傳的時候。全村的娃娃差不多都到齊了，大家啜著手指看我們吃。幾個大人也跑過來，面對著打開的罐頭指指點點。

在他們的注視下，我們誰也吃不下去。大家都想把孩子們拉過來分享食物。突然，我下令說：「快吃！不要管旁邊的人！」我要給這些可憐人一個深刻的印象。這也許可以刺激他們，使他們不再這樣聽天由命；也許還可以激起一腔憤恨，幫他們覺悟。

圍觀者繼續目不轉睛地看我們，第一個空罐頭一被丟開，四五個孩子立刻衝上去搶罐子。罐頭口劃破了他們的手，他們只把血舔掉，繼續爭著看罐頭裡有沒有東西剩下來。有一個孩子湊得太近，把臉也割破了。

我實在太殘酷了。這算是什麼宣傳？

「我們都是中國人！」我叫著衝出去摟住孩子們。大家再也不顧剛才的命令，連忙把孩子們帶過來，拆開了一包包的餅乾。

我拿著一罐鳳梨餵給一個大約五歲的孩子吃。他用兩手捧著罐頭，一口氣喝光了罐裡的甜汁。他和其他孩子都沒見過罐頭食品。我問他們平常吃什麼晚餐？一個孩子跑回家去，端來了兩碗熱湯，一碗是用蕃薯渣做的，另一碗是竹筍湯。我用一個罐頭和一袋餅乾換來了這兩碗湯，叫孩子坐在我的身旁吃。竹筍湯裡一點油星子都沒有，完全和清水一個味道。我勉強吞下這兩碗「食物」來考驗自己，萬萬沒想到這就是我今後十天內的主食。

晚上，我召集所有農民到大院子裡來開會。他們說，文革以前，偶爾有機關幹部來組織晚間的《毛語錄》學習會，後來就不來了。現在沒事可做，大家不到八點就早早上床睡覺了。全村只有一個鬧鐘，既沒有電，也沒有店。

農民們對這次會議很熱心。他們把蓖麻子拴在竹竿上點起來照明，還在地上鋪滿了稻草。許多宣傳隊隊員在稻草上打滾玩，村裡的孩子反而沒有這種生氣。我先開玩笑說，從前到這裡來的幹部都被老虎吃掉了（他們當然想不到是戴著紅衛兵袖章的老虎）。接著在說明身分後，我問大家：「知道我們為什麼會有罐頭食品和餅乾吃嗎？那是因為我們有組織，別人都怕我們。如果你們也組織起來，今後一定有好日子過。」

我的目的是讓他們明白貧困和命運沒有關係。我甚至誇大了我們的生活是多麼舒適，來引起他們的憤慨。跟著我的演說而來的是物質引誘。到會的每個大人都領到了一條毛巾、一塊洗澡肥皂和一包香菸，上面全寫著「福建省八—二九革命造反總司令部敬贈」的字樣。農民們個個歡天喜地。男人通常都抽不到菸草，抽的都是乾香蕉葉子做的旱菸。女人捧著肥皂聞了又聞，有些甚至還咬一口。大家都不知道該把這些東西放在哪裡好，只得緊緊地握在手裡直到開完了會。

孩子們拿到了糖果、餅乾、空盒子和我們不再需要用的小東西，包括一支原子筆的套子。

接著是宣傳表演。這些連吃都吃不飽的農民現在在跟我們學跳舞。這種舞再簡單也沒有了，只要拍拍手，唱一聲「哈！哈！」就行了。

一個農民拿著一個用破布裹好的捲子走過來，興匆匆地慢慢解開破布，拿出一張毛澤東的彩色肖像，翹起大拇指表示十分珍貴。我哭笑不得，他是捧著稻草當金條。我擺擺手，褪下我那本《毛語錄》的包書紙，那是一張從舊雜誌上撕下的畫頁，是一張紐約摩天大樓的照片。我把這張紙抹抹平，湊近燈光，學他的樣，翹起了大拇指。

他看看這張照片，顯得滿頭霧水。我說這些好幾十層高的大樓是有錢的美國人住的。可是，過了一會兒，我才明白他根本不懂什麼是美國，也不懂什麼是好幾十層高的大樓。在這方圓數百里內，只有為防土匪而造的有槍孔的堡壘型建築物，連一棟兩層樓的房子都沒有。

我不會唱歌，也不會跳舞，只負責將農民告訴我們的生活情形完全記在筆記本中。我發現他們有百分之八十的人從來沒有到過縣政府的所在地，廈門市、福州市等大城更是別提了。我還教會一個比我大五歲的人如何看手錶。我這手錶被農民們叫成「鐵公雞」。

才十點多，夜好像已經很深了。我們準備離開時，農民們興奮地對我們說，這是十年來最晚上床的一天。

最後，院中只剩下我們幾人。住在瓦房裡的老人出來把院門關上，還在門板上頂上一根木樁。他警告我們野獸可能來犯。我們全都鑽進稻草。忽然間，一切都靜了下來。過了午夜，我們就冷得睡不著。野獸果然來了，嗥叫著，在門上扒著。大家都害怕得拚命往後縮。我也很害怕，但也也很好奇，因為我從來沒見過野獸。我把堂哥拖起來，兩人手牽著手，躡足來到門邊。我爬上他的肩頭往外看，看不出外面是什麼，只覺得又像狐狸又像狼。正在這時，我冷不防看到兩隻亮閃閃的眼睛，一驚之下，從堂哥肩頭跌了下來。

梅梅看到我跌落，趕快連跑帶爬地過來。我妙計一生，假裝受傷很重，抓住她的手說我快完了。她撲上來，大聲哭叫著：「你不能死！你不能死！」其他人全都跑過來，圍住我們。這時，我又復活了，歡呼聲嚇跑了野獸。大家很快就靜了下來，平安地度過了寒冷的一夜。

第二天早上，我拿不定主意，不知應該繼續前進還是回頭。大家只是少許辛苦些，也都很喜歡來到這裡。於是，我們決定繼續入山。農民們請我們吃早飯——又是蕃薯湯和竹筍湯。我是第二次吃這種飯，已經覺得反胃了。

我們該走了。全體村民，無分男女老幼，都衣衫襤褸地在村外站成一排歡送我們。孩子們跟在我們後面，在山路上走了大約十里後，我們只好每人發兩角錢，才打發他們回家。

走著走著，嚮導學生興致勃勃地說起過去村裡鬥爭地主的往事。他說凡是有蕃薯粥吃的都被看成地主。然後，看著路旁的竹筍，他突然顯得很激動，問道：「你們曉不曉得竹筍也能當作殺人兇器？」

我不懂他的意思。只見他的眼淚滾滾，開始敘述他祖父的遭遇。他的祖父被村民以地主的名義鬥了一天一夜後，被判了死刑。他被綁在竹筍上，經過一夜春雨，竹筍迅速長高，穿破了他的肛門。

我大膽地問他，這是誰的錯。他不肯說，第三天就悄悄地溜走了。

我們熬過了第三天和第四天，因為拿了不少罐頭和餅乾給別人，自己的消耗量又沒有管制，很快就吃光了所有的糧食，只得靠蕃薯渣湯和竹筍湯度日了。到了第五、第六天，許多隊員開始拉肚子，虛弱得走不動了。只要一提到「竹筍」二字，大家臉上就黯然無光。更糟的是，我們往回走時迷了路。

我發現少數幾個隊員把罐頭藏在自己的背囊裡。我抓到了一個，當場刮他耳光。隔天，兩名隊員逃走了，留下一張字條：「我們為什麼要來受苦？我們受不了你的獨裁作風！」

整整十一天後，我們才回到龍岩。大家去時滿懷好奇心，回來時個個恐懼不已。每個人體重都減輕了，手臂和腿部都擦傷了。

我的堂哥情緒很激動，一再說：「作家就是要到這種地方去，才能寫出有分量的東西。難怪許多作家下鄉回來後，都變成了右派分子！」

最令我快慰的是經過這次遠征後，梅梅不再那麼嬌弱了。起初，她掉了不少淚，老是要我幫助她。我盡量鼓勵她要堅強一點。我告訴她，如果一個人在森林裡迷了路，他應該明白，無論多害怕，哭是沒有用的。在這段艱苦的日子裡，她竟變得非常堅強，每次歇腳過夜時，她甚至負責替我洗衣服。只見她捲起褲管，踏進冰涼的溪水裡，一面洗衣，一面唱小調。

這十一天中，有哀傷的日子，也有歡樂的時候。

外事部

從龍岩回福州那天，總部有二十多個領導人在火車站迎接我們，請我們到鐵路工人俱樂部吃了一頓特別的晚餐。

鐵路工人多半不是福州本地人，他們都是十分熱心的八—二九分子。八—二九鐵路工人革命造反司令部向來是我們組織裡的一張王牌。工人們身強力壯，還操縱了鐵路交通的實權。每天進出福州市的各地聯絡員不計其數，只要和鐵路員工拉好交情，就可以免費乘車。

舉杯歡飲的時候，我不禁想起了那群一貧如洗的農民。這一杯黃酒該要他們多少天的辛勞！

唐雲禮看看我：「你怎麼啦？來，我們為你替總部建的大功乾一杯！你是苦盡甘來嘍！」

我說：「世上的人的生活水平竟有這麼大的差別！」

「沒有差別就沒有矛盾，沒有矛盾就沒有鬥爭，沒有鬥爭社會就不會進步。就拿我們自己和部下來講，怎麼會沒有差別？」

我們回到總部後，五十多輛宣傳車全部出動了，向福州市民宣布八—二九成立新的地區司令部的消息。在這一點上，我們戰勝了革造會。這段時間內，革造會的第一號頭目因為發表了反動言論，而被軍區司令部抓去關了一陣子。為了紀念他被抓的那一天——四月二十日——，一批擁護他的手下組成了一個叫作「革造會四—二〇組織」的團體，號召打倒韓先楚。四—二〇花了不少時間，忙著跟福州軍區司令部和八—二九總部搗蛋，因而忽略了向其他地區擴大活動。

四—二〇對我們發布的消息大表震怒。他們不時地用自己的宣傳車攔截八—二九的宣傳車。但我們一有車受包圍，許多別的車立刻一呼百應，前去解圍。司機全是華大的學生，一個個火氣十足。表面看來，八—二九的力量是很大，事實上只不過是「卡車優勢」而已。

我們回來後的第三天，阿豬一時大意說溜嘴告訴我，我的家裡來了好幾封信。大姐和二姐都回家探望母親了。我對阿豬攔截我的私函大發雷霆，當面把她臭罵了一頓。

我罵完後立刻準備回家。梅梅、老板和挹胸隨我一同回廈門，堂哥則留在福州市，他已經升任為委員，現在正忙著他最喜歡幹的工作——編輯戰報。

家裡是一片歡樂和興奮。大姐的男朋友也來了，一家人忙著暢遊廈門市的風景區。

這時，廈門革聯和促聯之爭已經十分明朗化了。街上常有人群叫罵或鬥毆。一到晚上，兩派更是互相偷襲。

在這種情形下，廈門公社重新組織了作戰部，並加以擴大，建立了九個地區的聯防團，前任外事部部長——廈大學生沙玉亭被調任新的作戰部部長。

我早就明白表示，對於取代了已經瓦解的生產總指揮部的後勤部沒有興趣。何為明便派我補沙玉亭的遺缺。梅梅被派為秘書處的一名執行秘書，挹胸是作戰部副部長，老板當後勤部副部長。

四月下旬的一天，我為了接任新職，駕車往作戰部向沙部長請教交接問題。作戰部設在僑務局的一棟四層樓的大廈中。樓中警衛森嚴，食堂四周圍滿了鐵絲網，並常設衛兵防止革聯間諜混進來在食物、飲料中下毒。一樓的儲藏室裡擺滿了各式兵器，包括：匕首、木棍、標槍[1]、硫酸和一種叫作「六六六」的殺蟲粉，還有用金屬或藤製成的帽盔（從消防隊搶來的）。最使我覺得奇怪的，是大批健身器材——啞鈴、撐竿、擴胸器、舉重器、草墊和其他東西。我向幾個正在儲藏室裡忙著清點器具的人請教這些是做什麼用的。

「你還不知道啊？」他們解釋說，這些東西全是為備戰而設的，人人都知道體力和防身術在作戰期間很重要。一個熱心的同志還特地帶我到屋頂上去看作戰人員的操練情形。

我吃驚地看到一大群赤著上身、綁著寬腰帶的人正在辛勤操練——角力、拳擊、舉重、做啞鈴操等等，應有盡有。這些人大半是工人和學生。我聽說身為職業敢死隊的工人不必上工，工資照領，伙食費也比普通工人多四倍。九個地區的聯防團全部受命實行這種訓練，還有專門練習爬牆和爬鐵絲網的場地。

在屋頂的一角，一群戰士正在操練各種抵抗兩種特殊敵人的方法：一種是對付警察的擒拿術，一種是為了抵制革聯的一個新附屬組織——屠宰工人的威脅而設計的防身術。據說屠宰工人天天殺豬，懂得如何用手指捏破豬肚子裡的板油，謠傳用這個方法在人柔軟的腹部捏一把的話，不出三個月就會一命嗚呼。他們接受的防衛術中，有一項就是在腹部綁上寬寬的皮帶。

我還看見兩個八一八戰鬥隊的戰友也在屋頂上，覺得很意外。後來，他們陪我到三樓去參觀了作戰計劃室和戰術研究室。我深深地感到沙玉亭是個天才，他從來沒有受過軍訓，對軍事組織和兵法卻瞭若指掌。我的兩個戰友向我解釋說，沙玉亭透過當地一個法官的幫助，請了許多高級參謀，他們多半是退休的軍官和公安局的人員。

同伴們又說作戰部的戰士享有各種權益。樓下接待站的女生都很漂亮，沙部長自己帶頭追女生，敢死隊的隊員運用新學來的招數，單手就可以抓住對方的兩個手臂，使膽小的女孩子乖乖就範。沙玉亭還說過：「沒有娘兒們，我就打不了勝仗。」

我們走進沙玉亭的辦公室，發現他的衣物四散在沙發上。衛兵們告訴我們說他在洗澡。過沒多久，忽然聽到浴室裡傳來一陣叫嚷，我就和衛兵一同衝進去，發現我們堂堂的作戰部部長身穿短褲一條，被幾個還住在大樓裡的華僑打得叫救命。衛兵們趕去救，戰事很快發展成全體作戰部人員對抗大樓裡的全體華僑。我怕受池魚之殃，跑下樓去打電話給何為明，老何匆匆趕到現場來，拉開了雙方。原來，沙玉亭從壁板上方偷看隔壁浴室裡的一個女華僑洗澡。那女人叫來她的丈夫，那個丈夫就糾合了其他華僑來給沙玉亭一個教訓。這些華僑成天忍受作戰部的人在屋頂上搞出來的噪音，早就一肚子不高興了，礙於自己也是廈門公社的人，只好敢怒不敢言。沙玉亭矢口否認偷看那女人出浴，而且發誓要報仇。何為明把他臭罵一頓，警告說只要他再有偷看的企圖，就立刻革他的職。何為明知道印尼歸僑個個是驍勇善戰，很尊敬他們。

沙玉亭被打得鼻青眼腫，狼狽不堪。我不便和他多談，只好說是來拿健身器材的，胡亂撿了幾個擴胸器和啞鈴後就匆匆告辭了。我路過樓下接待站時，停下來指示所有來自廈八中的女接待員，從第二天起一律回廈八中八—二九公社，或參加外事部工作，這裡不必來了。這是我和沙玉亭不和的開端，隨著時日增長，我們間的積怨也逐漸加深了。

1 除了學校運動場上用的標槍外，還有用剪刀綁在木桿上做成的鐵矛。

第二天，我開始視事。外事部設在鷺江大廈裡，這是一座高達七層的豪華大廈，從前是接待外賓的地方。在文革期間，這座大樓和多數其他被廈門公社佔用的樓房一樣，很少派上用場。這座大樓我得來全不費工夫，深感滿意。這倒要感謝那首先佔用它作為作戰部辦公地點的沙玉亭。同事們都很羨慕我。視事的第一天，有不少戰友來道賀。

最高的兩層是秘密集會場地和廈門公社高級幹部的住所，像何為明、盧大瑤和他們的幾個高級參謀——包括汪大銘和曾經幫助過沙玉亭的法庭庭長等，都住在這裡。許多重要的決定性會議都不在工人文化宮舉行，而是在這頂樓的斗室裡，在裊裊煙霧中完成。

我對這幾個高級參謀向來沒有好感。這些人說起話來拐彎抹角，而且嘴裡不乾不淨。他們的外貌詭秘，衣領永遠高高地豎起，臉孔藏在墨鏡和自己噴出的煙霧後面。他們消耗的菸量真是驚人。

我常勸老何不要跟這幫人打交道。這幫人中大部分是以前共產黨的老幹部。我向何為明指出，現在他們只是借重廈門公社來穩固自己的地位，而且這種幕後操縱的情形總有一天會給我們全體帶來麻煩。老何不高興地笑笑說：「我知道他們在利用廈門公社，我也要利用他們。我的智慧和經驗都有限。不過，我一定不會讓我的參謀公開露面。」

有時，我也跟這批老奸巨猾的傢伙打打麻將。在武鬥後期，這些人日夜作方城之戰。我是個賭博能手，有一次在一夜之間贏了二十多元。第二天早上，梅梅到我的辦公室來，發現我滿眼紅絲。我向她承認是通宵打牌的結果，並且答應用贏來的錢替貧苦工人買禮物。她怒刮我一掌：「難道你是這樣子同情工人的嗎？你已經變質了！」她說完就哭了起來。我深感後悔，連忙保證不再打麻將，並且再三發誓，她才破涕為笑。我最怕她向我的母親告狀。

在外事部工作的有一百多人，佔用了二十多間辦公室[2]。我的辦公室在五樓，外面是一個有大理石欄杆的小陽台，陽台正對著輪渡碼頭。黃昏時分，我和梅梅常常搬出椅子，坐著看日落，看一身古銅色的人們從鼓浪嶼的海濱回來。下面的人也會抬頭看我們。有時，為了要向認識的人表示我的生活是多麼優裕，我會在陽台上一待就是一、兩個小時，直到天黑。

我有兩個副部長。一個是廈門六中的男生，我曾選他當生產總指揮部的副總指揮。另一個是廈大的一名二十歲女生，長得相當漂亮，明察秋毫，能言善道。梅梅有一點吃醋，特別是因為她的辦公室就在我的隔壁，而且她在工作時喜歡柔聲地哼哼歌曲。我向梅梅保證絕不用擔心，卻沒敢說出這位副部長比我大三歲的事實作為理由。為了梅梅，我很少准許這女副部長走進我的辦公室的第二道門。她覺得很傷感。有一次她在送到我的桌上的文件中用鉛筆寫了幾句詩，批評梅梅太小心眼。我特別注意我們和軍管會間的關係，並且一有機會必定為自己過去所受的迫害向軍隊報復。只要軍管會一提出要求，我總是跟他們作對，凡是來和我們交涉的代表統統受到了我的怠慢。

五月初，革聯和促聯在好幾家工廠都發生了衝突。每一次，軍管會都怪我們不對。我也懶得追究真正的禍首，總是匆匆看過報告後，就發布一紙「八—二九廈門公社外事部嚴正聲明」，開頭就說：「某月某日，有一小撮革聯壞頭頭在廈門駐軍的調唆下，鼓動了受他們欺騙的許多革聯分子在某工廠造成流血事件——」後面總以這樣（針對軍隊）的警告做結論：「任何嚴重後果須由你們負

2外事部轄下有六個部門：對外聯絡組負責與其他地區的組織聯繫，對內聯絡組負責與「廈門公社」的內部各單位聯繫，財務組負責組織居民（尤其是婦女），參加派系鬥爭的街政與婦女工作組、宣傳組和警衛組。

責。」

軍管會則向福州軍區司令部報告我們的活動，但對我們的聲明是一字不提。終於，促聯的工人放下了工作，跑到軍管會接待站前示威。軍管會接待站表面上是接受群眾意見和建議的機構，實則唯革聯的話是聽，只要是促聯派來請願的，接待站人員立刻閉門不見。

這次，促聯工人把一幅毛澤東像放在板車上做前導，接待站仍然緊閉大門。促聯立刻上報中央說：「廈門軍隊接待站不尊敬偉大的人民領袖毛主席，是百分之百的叛逆行為。」然後，工人砸毀了接待站，鎖上大門，加上封條。

第二天，軍管會派出兩個代表到外事部來，要求我們揭下貼在入口處的封條，免得引起更多糾葛。這兩人交給我一張懲戒令，言明我們必須嚴辦參加這次事件的工人。然後其中一人又遞上一封信，並且恭敬地說：「這是你們公社社長給你的一封信。」

我覺得很奇怪，打開信來看到第一句話：「來人是我的愛人，請不要輕侮他，他是個好人。」我抬頭再看那個代表一眼，他站著微笑點頭。看完了這封短箋，發現果然是大塊頭的手筆——別字連篇。我和他們先不談公事，只是一味閒扯，弄得他們不耐煩起來（我問大塊頭的愛人年紀多大？是什麼職務？哪裡人？還開玩笑地說：「小心嘍！她的塊頭大，你恐怕不是對手！」）。最後，我撒了一個謊，推說這件事不能由我這個部門決定，把他們塞給了秘書處。

他們一走，我立刻旋風般地趕往廈八中八一二九公社，找到了大塊頭。「好哇，原來妳要嫁軍人！」

「我的爸爸、哥哥都是軍人，」她說：「我當然喜歡軍人。」

「既然愛軍人，就不配當促聯的頭頭。廈門公社是反軍的！」

「個人感情和組織裡的工作是兩回事！」

「我要去砸軍管會。妳跟不跟我去？」

「我的爸爸有好多朋友在那裡，我跟他們很熟，不便去。何為明的情形也是一樣。」

「明天我就去打！然後我還要向廈門公社報告。」

其實，我早已決定要襲擊軍管會。我曾經聽手下人說，廈門軍人交際處也就是軍管會的所在地，有一輛大型交通車、一輛吉普和五輛轎車，軍隊卻從來不用。我早就想把這幾輛車子弄到手，分配一部分給至今還沒有車用的廈門八中。

為了這件事，我找來另一個最近才開始和大塊頭同掌八中大權的人。這個人忠厚正直，但他的處境困難。他在經過一場家庭派系鬥爭後（除了他以外，他全家都加入了革聯），被趕出了家門，只帶了一條破棉被和幾件打了補靪的衣服。經濟來源被切斷後，他是一貧如洗，只好騎著一輛由三輪車改裝的腳踏車替公社跑跑腿。我知道他是個汽車迷，朝思暮想能當個汽車司機。於是，我把攻打軍管會的真正目的透露給他，並保證事成後派他當司機。兩人一拍即合。

第二天中午，我們集合了大約一千名八中學生，闖進了軍管會的院子。我們什麼也沒破壞，只把在食堂裡吃飯的士兵的碗都打得稀爛，扯下了一些晾在院中的衣服。軍人們大驚失色。然後，我們又搶到了三十套護身裝備和練習劈刺用的木槍，並把七輛車全部開走。軍人們受了中央不准開火的命令所約束，只好眼睜睜地看著我們揚長而去。

大塊頭也參加了這次攻擊，但沒有以頭頭姿態出現。她在人群後躲躲藏藏，不幸仍然被她的愛人看到，和她鬧翻了。我勸她不要難過：「軍人多得是。我擔保不出一個月，妳就能找到一個比副連長還大的。」

果然被我說中了。不久，她找到了一個高砲團的作戰參謀，三十多歲。事情也巧，她的戀愛新史竟使公社沾了不少光。

高砲團是由福州軍區司令部直接派駐廈門的。它既不受三十一軍指揮，也不屬軍分區司令部麾下，而且和這兩個單位的關係都不太友善。大塊頭和這位作戰參謀有關係，我們公社就派出一支宣傳隊到營區去勞軍表演，高砲團就宣布支持我們，我們也把高砲團捧上了天，說只有他們才是真正的人民解放軍。我們並且公開揚言：「誰說我們反軍隊？我們只反田軍！」

高砲團宣布支持促聯後，革聯立刻還以顏色。革聯在高砲團紮營所在地的郊區很活躍，就用種種方式破壞團部——切斷蔬菜供應、在飲水井裡下毒、放掉車胎的氣、搗毀營地的帳幕。三十一軍和軍分區司令部也處處刁難他們，甚至派出一車車全副武裝的士兵到團部的營房來示威。

我們盡力幫助我們的軍人盟友。看到街上有軍人出了事，我們立刻上前問個清楚，看看他們是哪個單位的。若是三十一軍的，我們就飽以老拳；若是高砲團的，我們就請吃西瓜。

我們最痛恨的是廈門軍分區司令員田軍，他曾揚言要「誓死支持革聯」。從四月初起，反軍運動正是方興未艾，我們就開始蒐集田軍的罪狀，甚至想抓住他，只因他只在革聯據點裡鬼鬼祟祟地活動而沒有成功。幾個敢死隊隊員曾經向他家發動了一次半公開式的搜查，成果有限——他顯然早就把日記和其他有用的材料都弄走了。我們決定改變策略，開始在他的同事身上蒐集材料。

何為明叫我接近田軍的一個老同事——前市委會書記袁改。一天下午，我叫人把袁改從機關幹部司令部的拘留所裡提出來見我。大家對他已經失去了興趣，他已在這間拘留所裡被冷藏了好一段日子。權力鬥爭已經由人民和他之間轉移到人民自己之間了。我客氣地請他坐下來，問他是支持革聯還是支持促聯？我當然知道像他這種投機分子一定是見什麼人說什麼話。然後，我又叫他寫下揭發田軍的材料，叫他盡力回憶那些可能對田軍有進一步瞭解的人。

「你可以住在外事部裡，這樣我和何為明就可以隨時請教你。我們會好好照顧你的家小。」

我給了他兩條高級的中華牌香菸，他覺得受寵若驚，最終還是欣然接受了。「這些香菸，」我對他說：「並不是給你過癮的，而是讓你在寫材料的時候幫助你回憶的。還有，你要記住，在寫的時候不要光是罵田軍，要仔細地寫下從前跟他勾結的經過。比方說，你是如何像別人一樣只付五毛錢，實際上在交際處食堂吃的均是雙份伙食，或田軍怎樣把他現在的房子弄到手；或在文革初期，你如何和他陰謀阻止我們到福州去。我要你拉他下水，你懂不懂？你是壞分子。如果你光罵他也是壞分子，他豈不是又變成好人了？懂不懂？」

「你們會不會把我寫的東西公開？」

「不會，就算是公開了，也不會說出是你寫的。你不用擔心革聯報復。」我在心底暗暗冷笑。如果我們決定印出他寫的材料，當然是用他的名義。我們一旦從他的身上得到了所要的東西後，當然會把他一腳踢開。誰還在乎他會不會被革聯揍死？

被我們關在外事部三樓每天寫材料的幾個前市委會的頭目當中，袁改是第一個。等到革聯知道時，我們這件工作早已完成了。雖然如此，我們所得的證據還是有限的。

在全國醞釀反軍運動的時候，我們和廈門市以外的其他反軍派的聯繫不斷地加強。對外聯絡部門開始和省內五百多個組織定期通訊，和省外一百多個組織也有信件來往。如果某城或某地區成立了主要的反軍組織，我都是自己去參加成立大會。

五月中的一天，我從外縣參加了這樣的一個典禮回來，發現外事部的大樓外聚集了一群人，有一名衛兵躺在擔架上。我問他是怎麼一回事？他說是剛才參加廈門公社的一次突擊演習時，從二樓的太平梯上跌了下來。

「你們為什麼要爬太平梯，不用電梯？而且，我是叫你當衛兵，不是叫你當攻擊手。」

「可是廈門公社剛剛發布了一個通知——」

有人交給我一張公文，標題是「八—二九廈門公社關於緊急動員起來，堅決響應『文攻武衛』偉大號召通令」。再看下去我才發現，中央實際上是在支持革命造反派來對抗保皇派，江青和陳伯達發起了「文攻武衛，有理無罪」的口號。新名詞「文攻武衛」這就誕生了。誰都知道「武衛」就是作戰的意思。八—二九廈門公社早已把作戰部的名稱改為「文攻武衛總指揮部」，在所有的附庸單位中，軍事訓練都必須加強，新的口號是「人人皆兵」。

八中是採取這種體能訓練的突出單位。學生們利用教學大樓做戰場。我去巡視時，發現舉重器受到了相當的損失，地板上沒有一塊木板是完整的，所有的電燈泡都變成了打彈弓的靶子，全被打得粉碎，四面的牆壁則被練拳力的人打得凹一塊、癟一塊。就這樣，一棟蓋好不到三年的大樓已經破損不堪了。

我並不是戰爭狂，所以我那部門受到了批判，說我們的軍事訓練做得不夠積極。我取巧解釋了

「文攻武衛」的定義，說我只負責文攻，也就是政治宣傳攻擊，因而徵得何為明同意，成立了「八—二九廈門公社毛澤東思想學習班」。

學習班分兩班授課，一為街政班，專門召集居民委員會的主席們；另一班是各單位搞「婦運」的女性，每天下午在廈門的一座教堂裡上課一次，一週六次，每次一個半小時，分別由我和兩名副部長講授。

於是，我變成了教師。

我絲毫沒有鼓吹毛澤東思想，只告訴負責搞婦運的學員們學習幾句名言，像「農村包圍城市」、「槍桿子裡出政權」、「凡是敵人反對的，我們就要擁護」、「理論聯繫實際」和「群眾是真正的英雄」等都在學習之列。我教她們如何利用這些格言來對付革聯，替我們這一邊爭取民眾。簡言之，我的目的只在增加她們的派系觀念。

居民委員會主席班上的學員全是老頭子和老太太。在這一班，我用廈門話教導他們如何更有效地搞好街政工作。譬如：應該如何善待促聯分子的家屬，如何挑撥居民破壞革聯分子家庭的電力供應（剪電線、偷電錶等等），如何用其他手段騷擾他們。我還叫班上的每個人想辦法打擊革聯。有些人建議控制自來水供應站，革聯家庭來買水時，我們少給他；另有人建議把革聯家庭的貓毒死，把煤球（普通的家用煤球）屯積在高樓的屋頂上來攻打革聯的示威者。五月下旬，革聯的示威遊行隊伍被自屋頂丟下的煤球轟炸而不得不撤退，軍管會派人到我這部門來抗議，我們的答覆是：「這個行動正反映了群眾對革聯的深仇大恨，否則怎麼會把供不應求而且按月配給的煤球扔下去？」

革聯總部的外事部也設立了顛倒的學習班，以革聯的觀點訓練居民委員會的頭子們。所以，居住在革聯勢力範圍的促聯家庭很吃了一些苦（我們自己家附近的供水站就被一個革聯家庭控制住了，我每天都得早早起床，到比較遠的供水站去提兩桶水。現在，這是我唯一的家務事）。從此以後，派系衝突取代了鄰居間為偷雞或孩子打架等小事而引起的口角。其實，這些派系間的衝突也都是微不足道，革聯和促聯從不過問。

在這段日子裡，我發現母親變成了他們廠裡的一名熱心的促聯支持者。我覺得又奇怪又滑稽。她對我每晚帶回家的反革聯材料很感興趣，常在看完聖經後，在睡前細看這些材料，還向我提供意見。晚飯後，她不再立刻下廚洗碗，反而跑到外面去看大字報，注意雙方的得失。文化革命使她突然年輕了不少。

我想辦法向她說明事情不如她想像的那麼單純——促聯並不是真的那麼好，革聯也不一定那麼壞。有時，她對某件事所牽涉的前因後果根本不懂。

晚飯桌上的討論也是非常熱烈。三姐還建議組織家庭辯論會。我是促聯的一個頭目，是個忠實的「鐵棒」，卻不能接受母親的單純熱忱，反而比較偏向把所有的派系衝突都看成狗咬狗的二哥。

母親的轉變深深地困惑著我，使我細細玩味。這並不僅是因為她的兒女都長大了，負擔減輕了，有較多的時間來參加這種活動。我漸漸明白這個社會裡的人民長期生活在單調無味中，現在把參加文革活動看成是一件刺激的事。所以，廣大的群眾對兩派間的鬥爭有了真正的反應。只要不危害自身安全，誰也不管別人遭什麼殃。不過，再過不久，武裝衝突開始後，母親的派系熱忱又一掃而空。這時，即使是革聯分子被殺害，她也同樣感到難過悲哀。

七一二一事件

五月底，我們已經蒐集了足夠的證據，可以揭發廈門軍隊鎮壓促聯和攻擊中央首長陳伯達的罪惡企圖了。廈門公社準備請福州軍區司令部轉呈一份聲明給中央，為了慎重起見，我決定親自往福州跑一趟。

我向兩名副部長黯然道別後，連夜離開廈門。最近常有被革聯在郊區伏擊的危險，我叫部下等我離開廈門後，再把我上福州的事告訴梅梅。

革聯知道廈門市外圍地區的農民和漁民都愛戴軍隊，因為軍人替他們卜田操作，替他們訓練民兵，並且保護漁民出海，所以，這些革聯分子就以敬軍模範自居，來贏得農民和漁民的支持。我們對農民和漁民的宣傳組織工作都做得不夠完善。不少農民宣布退出促聯，加入革聯[1]（我們從一開始就沒有獲得漁民的支持）。

我不敢在郊外停下吉普車。我聽說工總司的一個負責人在回廈門市的途中經過這個地區，下來偷甘蔗時，被農民們捉住，農民們發現他是個促聯的頭目，把他慘揍一頓，打斷了脊椎骨。

我倒是平安地到了福州。小睡片刻，吃罷午飯後，我打電話到福州軍區司令部接待站，對方居

1在四月底，促聯的農民分子人數已從四萬降到一萬，革聯的農民人數卻增到三萬人。

然說太忙，沒工夫接見我，也沒工夫收我的文件。我當然不相信，於是電話裡的人叫我自己過去看。

到了接待站，果然進不去。一大群革造會分子把接待站團團圍住，正在院子裡鬧翻了天，這情形就和促聯破壞廈門軍隊接待站如出一轍。接待站的頭子跟我很熟，是個滿臉痲子的傢伙，現在正被迫站在桌子上「表明態度」。他的衣袖溼漉漉的，全是從臉上抹下的汗水，我對他眨眨眼。他看到了我，苦笑一下。

不久後，我發現其實只有少數幾個革造會的分子在搗亂，大部分人都靜靜地坐在一旁。這是從其他省份反軍派學來的一套新的鬥爭方法——靜坐示威，如果事關緊要，還要絕食抗議。

接待站的士兵們挨打受欺辱卻不准還手。中央命令軍隊不能參與任何一派的鬥爭（雖然這是辦不到的），如果群眾鬧事，軍隊要想辦法勸說群眾。不得對群眾開槍，在某些地區，凡向反軍派開火的部隊都被扣上了叛軍的名義而受到制裁。反軍派知道後，越發大膽妄為，幾乎敢在軍區司令員頭上撒尿了。

我裝作看熱鬧的人，向幾個靜坐示威的人打聽這究竟是怎麼一回事？其中一人回答說：「八一二九把我們的幾個人活活打死了，我們要軍區司令部嚴辦這些兇手；可是接待站說要先查明真相才能抓人，等他們查明一切，兇手還不都跑了！我們不同意這一點，決心鬥爭到底。」

「我支持你們！你們的精神真偉大！」我說，可是不敢多問，怕洩漏口音，我卻在心底詛咒他們：「你們最好餓死！」

「歡迎你參加我們的絕食抗議。」示威者繼續說：「革命造反是每個人的責任，十字路口還有些同志在受更大的苦哩！」

我胡亂答了幾句腔，匆匆趕到了十字路口。我到那裡一看，真是嚇呆了。在快要被烈日曬融了的柏油路上，靜坐著數千名示威者，交通改了道，看熱鬧的人或在樹蔭下，或從附近高樓的窗戶伸出腦袋，還有許多人在拍照。

聽說這次靜坐示威已經進行了十個小時。有些示威者支持不住，被送到太陽傘下面休息。我注意到其中有幾個女生顯得特別可憐，她們的戰友正在把一瓢瓢的冷水往她們頭上澆。

示威者只喝鹽開水，軍區司令部派出卡車送鹽開水來，並把昏倒的人一一抬走。十字路口百貨大樓上的擴音器裡一遍又一遍地播出軍區司令部的請求：「先吃再談。」

「還真是一群意志堅決的人。」我想。當了快一年的紅衛兵，我還沒試過這一招。

賣冰棒的小孩穿梭在示威者當中，一面搖著小鈴鐺，一面扯開嗓門大聲叫賣。許多父母也來哀求兒女回去，可是示威者不為所動。四周還逗留著八一二九的宣傳車，示威者的戰友們並沒有來驅趕這些車輛，他們顯然是怕一露面就要加入示威隊伍。在成千上萬的革造會會員中，唯有這幾千人真正稱得上是「硬骨頭」。傍晚時分，八一二九總部裡到處歡天喜地，有人求老天不要下雨，也有人祈禱示威者死得越多越好。大家在會議中決定向示威者發動政治攻勢。第二天中午，示威人數已經減少一半，這並不是因為其他人全是支持不住或被抬走了。我親眼看到有幾個人一寸挨一寸地往隊伍外面挪，等混進外面的人群後就溜之大吉。留下的人有許多撐著陽傘，或脫下衣服當罩子頂在頭上遮太陽。

安裝在十字路口四條馬路邊上的八一二九擴音器開始聒噪了：「你——低著頭坐在那邊，穿白衣藍褲的長頭髮男生，你不用躲了！我們可以清清楚楚地看到你在吃東西，你在偷吃餅乾——圓的！你們這些上了當的革造會群眾不要再為那一小撮壞頭頭犧牲了！難道你們要白白挨餓嗎？八——二九總部在這兒為你們準備了可口的食品，免費供應，有肉包子、綠豆湯、冰棒——。」

賣冰棒的小孩也湊進來搖鈴鐺，我們買通了他們免費送冰棒給示威者。還賄賂了擺在十字路口的小吃攤，包括賣炒麵、餡餅和爆豆的，用風箱把食物的香氣往示威者那邊吹。

幾個哭哭啼啼的父母被請上了宣傳車，他們透過擴音器哀求子女：「我的兒子呀！別把自己餓死呀！全家將來都要指望你哪！」

八——二九的播音員隨即唱出誘人垂涎三尺的「大米香」、「豬肉肥」之類的歌。

我自己也透過麥克風痛痛快快地把他們戲弄了一場，還背了一段《毛語錄》：「人固有一死，或重於泰山，或輕如鴻毛，替法西斯賣力，比鴻毛還輕——。」

我們攻勢奏效，許多人裝昏，希望被送進醫院去，另有人公然開小差。每逢有示威者開溜，擴音器裡就揚起一陣歡呼和鼓掌聲。下午五點，軍區司令部的卡車再來要求停止絕食，並答應立刻展開調查。這時，示威者聲稱這表示軍方屈服了，他們已經大獲全勝（這件事過後，韓先楚其實是接見了所謂的「兇手」）。聽說絕食結束了，八——二九的卡車立刻風馳電掣地趕回總部，車上的食物全運回給自己人吃。示威者像餓鬼投胎一樣地衝到小吃攤上，風捲殘雲般地把攤子上的食物一掃而光（後來，小販到八——二九總部來要求賠償）。

這幕好戲我一直看到收場。士兵們前來打掃街道時，在地上發現了許多碎餅乾——這證明有不少學生根本是假裝絕食，真正挨餓的人也顧不得髒了，拚命搶士兵掃帚上沾著的餅乾屑吃。

當晚，我回到總部後決定到樓頂去透透氣。我一面走著，一面低頭看手裡的文件。到了四樓後，我的眼前倏地出現了一條白嫩嫩的小腿，腳上的拖鞋尖差一點碰上我的鼻子。我抬頭一看，才發現這條腿屬於一個坐在樓梯頂的女生。只見她姿態撩人，洋裝短得露出了三角褲。

我認出了她，但多少有點吃驚。她叫作「東風牌香水」，這個外號還是我替她取的。

我第一次見到她是一月初在文化宮前。那時我正從一家工廠回來，她衣著輕佻、濃妝豔抹，活像個被廈門公社取締的暗娼。那一天，我正覺得有點頭暈反胃，一聞到她身上那股濃烈的香水味，當場忍不住嘔吐在她腳邊，把她的衣服也濺髒了。她氣得尖叫起來：「難道不認識老娘了？眼睛長到哪裡去了？」

原來，她是廈大的學生，是廈大紅衛兵獨立團的元老之一，現在是工總司材料組的頭子，素有母夜叉之名，連何為明都怕她三分。

這件事傳出去後，我所有的同事們一見到她就作勢要嘔，她認為是我搗的鬼，所以我們之間不斷有齟齬。

後來，我必須常到她那一組去要各種文件，她總是自己往櫃台邊一站，一個個審查來訪的人，對人家擠眉弄眼，甚至用長長的指甲抓人家一把。我總是伸手接公文，眼睛看著別處。

「怎麼啦！」她會拍我的手：「看都不敢看啊？」

如果我派手下去取文件，她一定不肯給。領教了幾次後，我告訴辦公室裡的人，我在的時候暫時把窗戶關上，因為風似乎總是把她的香水味吹到我這邊來。她一聽說這件事，就下令把所有的窗戶統統大開。從此以後，我就稱她為「東風牌香水」。

今天她竟穿得漂漂亮亮的到了福州市。她來做什麼？

「我可不是來找男人的，」她搶先回答了我的問題：「你知道現在廈門市的情形有多糟嗎？我們也有絕食抗議了，都是你們廈八中帶的頭！」

她接著告訴我，她就是為了這件事來見韓先楚。這個消息使我很火大，我堅決反對用絕食來做施壓的手段。

「如果要砸什麼東西，我們盡管砸！」我說：「不應該採取女人逼丈夫的手段。軍管會又不是老虎，如果我在，我一定帶頭衝進去。」我暗暗擔心梅梅會跟著大夥兒去做這樣的傻事。男人吃再多的苦，我也不在乎，女人就不同了。晚餐後，東風牌香水和我以及十幾個頭頭一起到軍區司令部見韓先楚，他對結束革造會絕食抗議的事顯然很高興。他看到了我從廈門市帶來的文件卻顯得稍有怒意。「你們在廈門市的促聯分子真是不像話，這邊革造會的絕食剛停止。你們又在廈門市鬧了起來。你們根本不是在幫我的忙，不給我片刻安寧，出了問題就來找我。」

我們的運氣欠佳，他今天的脾氣不好。

東風牌香水一見情勢不妙，立刻扭忸怩怩走上去，嗲聲嗲氣地說：「韓——司令，我們促聯堅決支持福州軍區司令部的英明領導，可是您不曉得廈門軍分區司令都是怎麼樣虐待我們。絕食是最後一步了。真的，如果您跟我們一起絕食，就會明白。您相不相信促聯是堅決支持您的——韓伯伯？」

我看到她這一套，渾身起了雞皮疙瘩。她幾乎把胸脯塞到韓老頭的嘴上去，還拉著他的手。韓太太在一旁顯然非常生氣。

我正要開口，韓太太扭頭走了出去，韓老頭連忙跟著走了。我擔心起來，這妖精把我們全害慘了。現在，就算韓先楚軟下來，韓太太也未必吃這一套。

回去時，我和東風牌香水同坐一輛汽車。一路上，我把她罵了個痛快。我叫她不要以為憑那套狐媚之術就能當上韓二太太。她罵我是偽君子、假道學。我們吵得幾乎打了起來。

司機聽到這些，說：「叫她去見大鬍子，看她還吵不吵！」

一聽到大鬍子，她果然不吵了。在八一二九總部和革造會兩方面，大鬍子的名字無人不曉，大家聞而生畏，尤其是革造會的女孩子一聽到他的名字就嚇得屁滾尿流。這大鬍子是二師院一個男生的綽號，他是八一二九總部作戰部部長，臉上長著落腮鬍，且是條大腳大巴掌的莽漢，更是個天不怕地不怕的大色狼和劊子手。

在這段日子裡，交際處到處鼠滿為患，大鬍子專愛把老鼠一腳踢死，或是捏在手裡活剝皮，有時更把剝了皮的老鼠丟進女生寢室，嚇得女生像雞貓子喊叫。我來福州後只見過他一兩次，他都是身穿襯衣，把手上的血漬往牆上抹。

據他自己說，他沾過的女人已經多達幾百個。八一二九總部的女生一見他走近，總是拔腿就跑，而且常用他的名字彼此嚇來嚇去，沒有一個願意做他的秘書。女孩子處處躲他，他有時會表現出一種自卑感，而且總是避免拍照，很是古怪。有一次，我和他談天，想多瞭解瞭解他的個性。談著談著，他突然暴躁起來，把我嚇跑了。過了一會兒，我們又見面，他卻什麼都忘記了似的。他對組織倒是絕對忠心，而且是和革造會交鋒時的常勝將軍，總部的每個人都把他看成至寶，也都希望他總有一天被人打死。

現在，大鬍子的女人都是由革造會俘虜來的女生。他常說：「只有在沒肉吃的時候，我才吃自己人。」

前天晚上，我們聽到從四樓角落裡他的那個小房間傳來了尖叫聲，幾個人衝了上去。他懶洋洋地開了門，一面扣褲子，笑著請我們進去，裡面有三個一絲不掛的女生，抓住毯子在哭嚎，衣服被撕破，散得一地。

有個人問他：「你不怕她們捅你刀子啊？」

他說：「嘿，怕個屁。刀子在我枕頭下，誰也不敢動。」

今天，我們從軍區司令部回來時吃上了他惹的麻煩。我們的兩輛車子一開進交際處，就被一群來尋仇的革造會分子圍住了，要不是大鬍子很快地帶了一些人來搭救，恐怕我們也要像那兩部車一樣被打個稀爛了。

大家進到房子裡後，才都舒了一口氣。東風牌香水發現大鬍子盯住她看，連忙跑進自己的屋子。好在大鬍子今晚「食有肉」。

原來，今天稍早，他曾經和宣傳車一同出去貼大字報。現在，八─二九已經很孱弱不堪，出門去一定要採取特定步驟：卡車向後倒，到了快碰上大字報欄為止，車上的人馬上把已經塗上漿糊的大字報貼在報欄上，貼完，卡車立刻疾馳而去，誰也不敢下車，就連戰報也放在車上賣，萬一來頭不對，卡車可以馬上開走。

大鬍子發現有幾個革造會的女戰士在撕他剛用這種方式貼上的大字報，就命令司機再把卡車倒回去，抓住兩名女生，一手一個，押著她們趕回了總部。革造會列隊來到交際處要求釋放俘虜，他當然拒絕，於是，混戰開始。

我們在二樓的「監牢」看到那兩個女囚犯恐懼地擠在一處，下身的衣裙是溼的，室內瀰漫著臭氣，顯然她們被嚇得拉了出來。

唐雲禮堅持隔離大鬍子和這兩個女生，否則事情會越搞越糟。外面，革造會還在叫：「要是大鬍子敢動我們女同學一根汗毛，我們就消滅八—二九，把大鬍子剁成肉醬！」這根本嚇不倒大鬍子，八、九個戰友上去連拉帶扯，才把他從女俘虜那兒拖走。最後，他軟化了，說打完了後，他會叫那兩個女生洗洗澡，留她們過夜。

這時，外面的人群開始用石頭砸房子，我們也用屯積好的石塊往下丟。聽說人群裡還有京劇團的團員，擅長國術，大鬍子大吼一聲：「抓幾個唱戲的來玩玩！」於是帶著一群敢死隊就往外衝，誰也沒有攔他。這下子，我們猜他肯定不能活著回來了。

誰知只不過半小時，他竟帶著一大群屬於八—二九的體育學院和福建省體育隊的學生回來了。這些人又高又壯，連大鬍子站在裡面都成了矮子，有個籃球選手有一百九十八公分高（六呎五吋），雙手扠腰往大門口一站，光他一個人就嚇走了好幾個攻擊者。這場大戰很快就結束了。

人人誇讚大鬍子頭腦敏捷，他卻急急忙忙往「監牢」跑，打開門一看，卻發現兩個女犯已經逃之夭夭，她們顯然是從二樓窗口跳下去的。他再轉身回來時，女同事一個也不見了，只有十幾個大男人，包括我和唐雲禮在等著把他按住。六月初，我還在福州市時，廈門市傳來了壞消息，說五中的促聯學生在六月二日被革聯派屠宰工人攻擊。這批殺豬的用「捏板油」的手法摧殘女生的腰腹，有三十多個女生受了嚴重內傷。廈門公社派出代表向福州軍區司令部告狀，這件事令韓先楚大為震怒，立刻下令八—二九派員往廈門調查，我被派為調查團的副領隊。

我們發現廈門的民情憤慨，在屠夫手下受了內傷的學生的父母發誓從此不吃豬肉，而要吃那批屠夫的肉。一個屠夫的老婆因身為促聯派的兒子在一場混戰中被另一個殺豬的捏傷，鬧著要離婚，這人害怕家業後繼無人，跑來求促聯代他向老婆和兒子說好話。

民心同情我們，另有一項基本原則也對我們很有利：「工人打學生，絕對是錯的。」所以，調查工作幾乎從頭開始就對促聯有利。

我們在福州市呈上報告後，軍區司令部宣布了五點協議，其中包括叫革聯工人向促聯學生公開道歉（還包括放鞭炮致意），並要雙方保證避免再度發生此類事件。

事實上，革聯只派出一輛宣傳車向廈門市民宣布這件事他們是做錯了，但促聯也不對。放鞭炮的事最後不了了之，雙方仍然繼續武鬥。

幾天後，情況更緊張。福州市內八一二九的據點一個接一個被革造會攻下，大部分八一二九人員只好退回總部。結果，在餐廳吃飯時必須排長龍，還常常爭吵。整座交際處有如敗兵營一般，誰也不肯動手打掃一下。

軍區司令部仍然為我們打氣，供給我們金錢和武器（像是木棍之類），還有大量的汽油，甚至卡車修護人員，並派人修理院中的樓房，幫助我們擬定防衛計劃。八一二九簡直就像一個垂危的病人，大夫正在想盡方法使他苟延殘喘。

軍區司令部中則正在肅清反八一二九的思想，有一個思想上稍稍傾向革造會的副司令員被韓先楚下令軟禁在家。軍區司令部和八一二九真的是水乳交融，無論什麼時候，只要革造會工人用墨汁潑上八一二九的宣傳車，士兵們立刻趕來用自己的制服把擋風玻璃擦乾淨。為了保護我們的車輛，上百名的士兵被揍得遍體鱗傷。軍區司令部的宣傳車每天都會來向我們通風報信，如果有八一二九的卡車被包圍，軍用卡車會用自己強有力的擴音器動員附近的八一二九卡車前來助陣。

宣傳車之戰雖然危險，倒也十分刺激。每晚總有五十多輛八一二九宣傳車、三十輛革造會卡車和十輛軍區司令部的卡車在街上用擴音器互相謾罵，彼此撞來撞去，直到深夜才散。戰事一停，卡車必須立刻修好，好應付第二晚的戰役。司機們白天用棉花塞住耳朵睡覺，各工廠中的小型發電機全都被徵來讓宣傳車用。所有百貨公司裡的擴音器材也都被搜購一空。八一二九有的是錢，革造會相形見絀，必須靠打劫來維持。

在這新局勢下，我們幾個頭頭開始率領小部分手下人，到鄰近各縣的農村去做準備工作，以便在總部遭人圍攻時，動員農民為八一二九效力。七月初，總部果然受到攻擊，我們一聲令下，立刻調動了成千的農民進城協助，事後發給他們每人香菸兩包、三到五元的現鈔不等和斗笠一頂。無數的農民在福州市中心的大街上過夜，這使得市民們大起恐慌，因為農民們的口號是：「吃光福州城！」

農民們一進城來，革造會對交際處的包圍就立刻解除。但中央的陳伯達責怪我們不該引農民進城，說這樣可能大大破壞都市經濟，對農業生產也會造成反效果。軍區司令部也罵我們，我們則費盡唇舌才勸服農民捨棄都市生活的誘惑，回到鄉下去。

七月中旬革造會再度大舉進攻，我們打電話給鄰近城市，要求鐵路工人派出三千多名全副武裝的八一二九戰士進入福州市。當運載他們的專車離福州市只有十幾公里時，革造會又提前撤退了。

然而，另一場規模大得多的決鬥正在醞釀之中。總部的每一層樓都屯積著石塊，我的屋子裡只有一張床，也都堆滿了石塊。備戰的工作日夜進行著。我們開始儲存乾糧飲水，某些文件也先行燒毀，以免落入敵手。大家撤離了只有一兩層樓高的房屋，因為預料守不住。住的地方是越來越擠，我的屋裡又擠進了四個，連走廊上都睡了人。樓梯用東西堵了起來，只留一條勉強供一人擠過去的通路。

七月二十日上午十時，革造會動員一萬多人大舉來攻，造成了「七—二〇事件」。革造會的主力是學生，包括三千名頭戴鋼盔、藤盔，手持木棍鐵條的敢死隊。他們用附近的樹木做掩護，用石塊攻擊我們守著的六棟大樓，打破了所有的玻璃窗。他們用卡車運來了大批建築用的鵝卵石。

我們用彈弓回敬，效力果然不凡，幾個敵人被打瞎了眼睛。我們躲在窗下還算安全。如果有人探首窗外，查看敵方的受傷人數，就很可能被由上面幾樓丟下的石頭打中，十分危險。我曾冒險探出一次身子往下看，只見傷者的鮮血染紅了青草，有個傢伙的腦袋開了花，頭上流出白膩膩的東西，我幾乎嚇呆了。

六小時後，我方受傷的有幾十人，革造會的受傷人數比我們多出十倍以上，院子裡的精美花園和蓮花池都已面目全非。下午四時左右，我們有一棟大樓被敵人攻下。這時，我們屯積的「彈藥」已經報銷了半數，許多人開始慌張起來。緊接著，第二、三、四棟樓連續失守，大部分的人員都退到主樓來。投降的人在百人左右，因為他們都是普通會員，沒有一個是頭頭，最多也不過是被狠狠揍一頓了事。八—二九是允許同志在緊急情況下投降的。

晚上九點左右，由廈大學生苦守的第五棟樓失守了，只有極少數人被俘虜，大部分人翻過後面的圍牆，逃到附近一個軍區接待站。現在，八一二九只佔著主樓，兵員七百，包括不少頭頭。委員們集合起來，舉行了一次緊急會議，決定放棄一樓以拚最後一戰，把體力強壯的戰士集中在二樓。大樓中的軍力有一大半由女生組成，包括秘書、職員、宣傳隊隊員和廣播員等。

天色不早了，敵人的攻勢也稍見鬆懈，但包圍仍然持續了一整夜，宣傳車也不斷地呼叫我們投降。水電全部被切斷，主樓既黑且靜。我們故意射破街燈，使附近地區也 片漆黑。大家一夜無眠，誰也不指望援兵來到——農民進不了城，城外的八一二九單位也無法及時趕到。

戰事激烈時，我們什麼也不覺得。現在，恐懼漸漸爬上了心頭，許多人哭了起來。幾個頭頭開始唱〈國際歌〉，企圖挽回頹勢。可是，這首歌非但不能振奮人心，反而使得大家更加垂頭喪氣。我揮汗如雨地坐在床邊，動動嘴角，假裝跟著唱，床上全是石塊泥沙，早已不成樣子。

過了一會兒，我想起以前也曾經有過死裡逃生的經驗，現在不應該太悲觀，這正是考驗自己的時候。既然生死由天，不論命運如何，我都不應該悲哀，也不應該歡慶。

於是，我起身到其他房間去安慰大家。我在走廊上遇見了李憶霞。我們坐在一堆石頭上，湊著燭光談了一夜。她對我說了許多話——說我已經找到了對象，是多麼幸福，而她的終生伴侶卻還不知遠在何方。她說她大概不會很早就結婚，至少要等到八一二九勝利以後再說。她還談到她的家庭、她的家鄉和東南亞各國的風俗人情等等，嫣紅的臉龐似乎更美了（談到一半，我還曾翻起她的眼簾，吹出一粒砂子）。她問我認為她能活多久、前途如何等等，我說她的一生會永遠美滿幸福。

第二天上午八時左右，敵方恢復了攻勢。外面看熱鬧的人圍了六層之多，看樣子至少有五萬人。

有許多工人似乎特地放下了工作來看好戲，有的人還加入戰團，攻打我們。有幾名困在大樓裡的八二九人員的父母也被拖到戰場來要求兒女投降。

大鬍子自己指揮作戰。單看他那一臉殺神氣概，就驅散了我們不少的恐懼。他守在一扇窗戶下，神態自若，哼著小調，等到敵人近得差不多了，他才一躍而起，抓起一塊七八斤重的大石往下一摜，打中了目標，我們就全體鼓掌叫好。

敵人改變了戰略，躲在蓋著棉被的大桌面下，衝進昨天我們被迫放棄的一樓，佔了下來。我們連忙嚴嚴地堵住了樓梯。

然後，他們又把救火梯伸到二樓窗口，由幾個頭上裹著棉被的敢死隊員往上爬；同時，下面的人不斷向我們扔石頭，想把我們逼退。石頭卻常常打中梯子上的敢死隊員。我們蹲在窗下，盤算著爬梯子的人快到窗口時，兩個人同時用鐵條把梯子往前一頂，推開了去，緊接著立刻丟下如雨的石頭。

李憶霞、我和其他幾人負責保衛二樓的一間，守街口的人頭上都戴著幾天前由軍區司令部借來的練劈刺用的頭盔。頭盔雖然礙事，但很有用。

但是，現在革造會採取了更殘忍的手段，開來了消防車，用消防水管對準窗戶，向我們噴灑用殺蟲劑和水混合成的液體。我們全身都沾上了惡臭的殺蟲劑，眼睛都睜不開，只好脫掉頭盔，戴上風鏡，繼續作戰。

更可怕的是丟進屋裡來的小瓶濃縮硫酸。小瓶打到牆上撞碎了，濺得到處都是。為了防止女生的面目受傷，我們命令女生退到走廊上。這次，大家乖乖地聽了話，面孔被燒壞比死還可怕，何況大多數女生都很漂亮。唯獨李憶霞違抗了命令。自從在八月二十九日的群眾大會上被污辱折磨後，她恨透了福州人。她以總部的一個頭頭身分，堅守在室內繼續抗戰。好幾次逢到有硫酸瓶子飛進來，我都用自己的身體擋住她。後來我只好叫人把她拖走，並且大吼道：「妳的父母都在盼望妳！大家都愛妳！梅梅也愛妳！」

她拚著全力叫道：「我還要打！我要報仇！毀了容也不要緊，那批流氓就再也不會找我的麻煩了！」

我抹一抹臉上的汗水，搖頭說：「妳真是個傻姑娘！妳應該好好的保重自己，畢業後，還可以回南洋去嫁個有錢的商人，實現妳父母的願望。」「可是我愛八一二九！我永遠不要回去！」她泣不成聲了。我拭去了她的淚痕，捏住她的雙手說：「憶霞，聽我一次話。梅梅要我好好照顧妳，等打完仗，妳跟我一起到廈門去玩個痛快。」

她默然了。沒想到這竟是我們之間的最後一句話。

大鬍子已經抽了十幾包香菸，兩眼充滿血絲。他曾經叫手下點一點被打傷打死的人，竟有四十多個。他鎮定得很，老是說：「老子活夠本了！文革以來，老子享受過的福州婆娘有好幾百個！現在真後悔沒記下來。如果這次活了下來，老子要記日記了！」

我說：「你要是記日記，就不會這麼粗嘍！」

我們不再巴望他死，反而希望多幾個像他這樣的人。

九點以後，軍區司令部派出一營援軍到場，還派來幾輛宣傳車懇求革造會不要把我們看成敵人。有些革造會分子圍住軍隊，要和他們狡辯，可是軍人掙脫了包圍，顯然是要掩護我們撤退。

不久，戰況正是轟轟烈烈，我們的「彈藥」卻用光了。怎麼辦？大鬍子一聲怒吼：「拆床！能用什麼就用什麼！」我們如夢方醒，一切的一切——床架子、櫃子、電話、鬧鐘、鞋子、啞鈴、熱水瓶、書、菸灰缸、水缸、水龍頭、面盆、桌子、椅子，全被扔出窗外。拆得痛快，我們竟又興致高昂起來。

幾個女生奉命把所有文件統統燒毀，另外一些人則在撬地板、打牆壁，做成「彈藥」。我們很後悔沒有準備劍和標槍。心想，如果砍掉幾個腦袋，一定可以堵住攻勢。

中午時分，軍火又將告罄了。同時，敵人又忙著在一樓天花板上鑿洞，忙了快一小時。突然間，一陣爆炸聲傳了過來，二樓有一部分地板，大約一公尺見方，整個塌了下去，汽油從洞口噴進來。革造會迅速撤出一樓，用破布包住石塊，點上火，扔了進來。不到半小時，濃煙烈火布滿了大樓。接著而來的，是一片大混亂，我們也無從組織部下，個個抱頭逃命，陸續從窗口跳下去。四樓的人先設法跳到樹上，再往下跳，也有人沿著排水管或電線管爬下去了。

革造會在等著我們。有人還叫：「抓幾個回去打牙祭！」士兵們也衝上來，想保護從窗口跳下的人。士兵們又要救人，又不能用武力制服革造會，忙得焦頭爛額。

我幾乎挨到最後才跳下去。我看到比我先跳下去的戰友們一個個被木棍打倒，被人用腳踹，最不忍看的是對付女生的暴行。她們多半在撲向地面時，就已經受了傷。只要有女生被抓住，十幾頭野獸立刻圍上去剝她的衣服，輪姦。我看到在下面的圍牆裡，一堆堆的人衝上赤裸而尖叫著的女孩身上，弄完這個又去弄那個。儘管有軍隊干涉，那一天，當場被姦的女生仍然有一百多個。

我正在為李憶霞和其他女同學著急，火焰已經摸上了我的衣服。我只得鼓起勇氣，閉上眼睛從二樓窗口跳了下去。

我落在軟軟的草地上，沒有受傷。有人揮著一根大木棍向我衝來，就在這時，一個士兵也衝了過來，木棍正好敲在士兵頭上，砸開了他的腦袋，他跌在我身上，慢慢滑了下去。後來發生了什麼，我已經不大記得，只知道自己被揍得很慘，士兵來得更多了，隱隱約約地記得跌進池塘裡，又被拖了上來。

這是福州市史無前例的一件大事，事後估計，財產損失大約在五百萬人民幣左右。交際處全毀，受傷人數多達數千人，許多都被送進了軍醫院。已知的死亡人數中，包括三個革造會分子、七個八—二九分子和十三個士兵。

這件事在全國的反軍高潮中發生了，革造會並沒有受到中央的制裁。這筆帳到很久以後才結算清楚。一九六八年二月間，韓先楚才命令軍方調查這件事的前因後果，成分不好的革造會分子只要沾上一點點罪嫌，就被扣以「利用情勢製造混亂的黑五類分子」的罪名抓進去了。

兩天後，我從醫院出來，發現八—二九總部已經在新的辦公地點上班。新辦公處是一棟名叫「華僑大廈」的八層樓建築物。大部分的老幹部都在，大家綁著繃帶，面帶苦笑地工作著。唐雲禮只吃到一棍，阿豬灼傷了嘴唇，嘴看起來比以前更大了；大鬍子非但有種，而且連一點傷也沒有，照樣生龍活虎；東風牌香水不住地可惜那被火燒盡了的衣服和香水。她折斷了一條右臂，從此以後收斂得多了。

李憶霞呢？在門口簽到的掛著繃帶的戰友們一個也不知道她的去向。兩天後，在一條小巷中發現了她的赤裸屍體。她的手腳被捆，陰戶塞滿了泥砂。

同志們帶回她的屍體，穿上軍服，蓋上一面紅色綢質的八一二九戰旗。總部籌款替她買了一口棺材，並打電報將她的死訊告訴了她那遠在馬來亞的雙親。許多人為她落淚。天哪，為什麼像她這樣的好人會如此慘死呢？我立刻發了一封電報給她的乾妹梅梅。梅梅匆匆趕到福州，慟哭得歇斯底里，昏倒了好幾次。我倆和三十個八中及華大的學生護送她的靈柩回到她的原籍泉州安葬，然後默默地回到廈門市。梅梅一路痛哭著，又昏倒了一次。

革聯被趕出廈門

李憶霞死後，我對梅梅格外小心保護了。我覺得如果她有了三長兩短，我的整個世界會黑暗無光，她的母親實際上已經將她交給我了，要我在這段動盪不安的日子裡保護她平安無事。

七—二一的流血事件使我對打架、對永無休止而又缺乏意義的報仇行為，突然產生了反感。在同志群中，我發現某些人——如大鬍子，根本不配被稱為同志；而在敵人群中，某些人也不能一律以敵人視之。這次事件後，自動為八—二九傷者捐血的革造會分子就有十幾人。

母親聽說了福州市的這件事後，十分害怕。正巧同一天，她們的廠裡也發生了一次派系格鬥，她親眼看到幾個革聯分子受到蠻橫的毆打，所以決定無論如何也要把自己的骨肉召回家中。我卻自動回來了，兩手空空，全身紮滿了繃帶。開門的是母親。她一看到我，立刻叫我進去，把身後的大門關上、閂上，像個衛兵似地靠在門上。然後，不容我開口，劈頭就說：「我再也不許你走了，絕對不許！現在情況一天比一天壞，已到了活活打死人的地步，又不是真正的敵人！」我設法編了一套謊話來解釋受傷的原因，她完全不信，把我按在沙發上繼續說：「從今天起，你要待在這個家裡。若有同學來找你，我就說你出去了。廈門市現在亂得不得了，工廠多半都停工了，工人整天戴著頭盔，拿著木棍出去打架。這幾天我連班都不用上，正好可以看住你，給你燒點好菜補補身體。」

於是，我被軟禁在家裡。七月三十一日中午時分，一陣雷雨聲把我從午睡中驚醒，發現枕畔有一張便條：「耿兒，媽媽出去辦一點事，你不要出去，否則就不是媽媽的好兒子。愛你的媽媽手字。」

這怎麼行！堂堂外事部部長竟被母親關在家裡！部下們若是知道，我豈不變成了大家的笑柄！趁雷雨暫歇的當兒，我塗了幾個字留給母親，穿上雨衣跑出了家門。二哥也在上班，我只好把整個家託付給貓兒。我在便條上寫道：「我是媽媽的好兒子，但好兒子不能成天待在家裡。」

我飛也似地趕到了外事部，跑上五樓，打開房門，幾乎驚喜地跳起來。梅梅正坐在我的桌前替我看公文，一看到我，連忙跑過來，撞倒了她的椅子。

「我好高興！」我說：「我被關在家裡好幾天，剛剛才逃出來！」我握住她的雙手，兩人在屋子裡手拉手轉了起來。

「我也被關了，真不好受。」

我貪婪地拿起桌上一大疊外地來的材料，一一過目。我急著想多知道一些本地的新消息，就召開了一次緊急會議。

到場的只有二十多人。有人告訴我：兩名副部長帶領其他人員到廈大前線服務去了。我打電話到文化宮，發現那邊的情形也都差不多，大家的口號都是「一切為前線」。

參加會議的工作人員告訴我，目前廈門的局勢對我們很有利，除了少數幾個以廈大為中心的據點（共有一萬人）外，我們已經成功地奪取了市內各個革聯的據點，其餘的革聯分子都已逃到鄉下去了。七月三十日傍晚，廈門公社不顧軍方干涉，曾經動員五萬多人，向革聯最後的幾個據點發動了一次史無前例的突擊，目標是要「把革聯趕下太平洋」。

「這麼說，革聯在廈門的處境跟八—二九在福州的處境差不多嘍？」我問。一名工作人員回答說，兩者的情形如出一轍。革聯甚至要福州的八—二九總部把促聯分子開除，說廈門的促聯就和福州的革造會一樣。他補充說：「不過我認為這完全是兩回事。」

我宣布並不贊成格鬥，只希望用心理說服法使對方投降，作戰部應該支持我們的心理攻勢，不要拉我們走他們黷武主義的道路。

會後，我、梅梅和十幾個工作人員回到樓下提早吃晚飯，準備到前線看看有什麼可以效勞的地方。到了食堂，才知道廚房已經完全被後勤部包下，日夜為前線戰士蒸饅頭、煮肉粥。辛苦的伙夫們把一籠籠熱呼呼的饅頭抬出來，堆在飯桌上。他們個個興高采烈，因為做這份工作可以領雙薪。牆上的標語是「給戰友吃饅頭，給敵人吃石頭」。

我們吃了一些粥和饅頭後，按廈門公社的規定戴上了鋼盔或藤盔，分乘一輛吉普車和一輛中型吉普出發。我們決定先去看看公社的其他各部門。

後勤部的人員正忙得不可開交。從前線各單位回來的聯絡人員頭戴鋼盔，有些還紮著滲血的繃帶，在走廊上來回奔波，領取醫藥用品和罐頭食品。四樓原來是個戲院，現在只見由各工廠搶來的罐頭堆積如山。

二樓被改成臨時醫院，為了方便和協助治療，市立第一醫院的一部分也搬來了，救護車不斷地尖聲鳴著警笛，開到大門口停住，送回被石頭砸傷的同志。我們站著看了一會兒，傷者是又髒又臭，戰事一定十分激烈。

我們的最後一站是文化宮，看起來竟比農曆新年時更蕭條冷落，停車場上一輛車也沒有。到了樓上，我們往外看，發現公安局也是死氣沉沉。後來我們才知道大部分警察都和革聯分子一同逃到農村去了。

我走到四樓梅梅的辦公室。她的辦公桌四周圍滿了文件和櫃子。她的工作是保管廈門公社的大印，回答附屬單位打來的詢問電話。凡是她答不出的問題，就轉給何為明。

梅梅不慣於指使別人，連客人來時，她都親自倒茶，替客人抹椅子，誰也不怕她，但大部分人都尊敬她。一個怒漢氣咻咻地闖進來，碰到這美麗的少女以不慌不忙、溫柔清脆的聲音對他說話，氣也就消了一半。大家稱呼她「我的小姑娘」、「小公主」、「促聯之花」。聽說她多麼引人注意（卻又如何不理睬人家），而且又有這許多奉承的頭銜，我更覺得配不上她。從來沒有人視我為「小王子」；相反的，叫我「王八蛋」的倒不少。

黃昏時分，我們向前進發。在距離戰場還有好一段路程時，就已經看到糾察隊攔下一般行人，指揮車輛改道了。

戰事已經進行了一天一夜。首先是促聯包圍了依山傍海的廈大革聯總部，接著，革聯調集所有部隊大舉反攻，包圍了促聯的支援部隊。革聯最大的弱點是力量分散得太遠，我們的戰法是派出五千名強壯有力的戰士（多半是粗壯有力的建築工人），翻過廈大後面的山脊去突破包圍。革聯沒有料到我們會出此妙策，只派了幾個弱巴巴的中學生把守山林地帶。這些學生都是膽小如鼠，連墳地上的磷火都害怕，不敢分散開來，大家反而擠作一團。於是，我們毫不費力地就把他們一網打盡了。

促聯的部隊大都由學生領導，乘卡車沿公路前進，由正面攻擊敵人。革聯企圖用樹木、電線杆等切斷道路，並且從路旁的高樓上丟下石塊阻止我們前進，結果使許多卡車動彈不得，車上的人也受了傷。

我、梅梅和手下人員一到場，立刻接過擴音設備，對準由革聯佔據的幾棟主要大樓喊話。梅梅站在一輛宣傳車上，一再呼籲：「革聯總部的人員請注意：現在是八一二九外事部喊話，請你們放下武器自動投降。八一二九廈門公社保證既往不咎，否則，無情的現實會等著你們！」她所得到的只是暴風雨般的石塊，卡車的擋風玻璃被打得粉碎。

天色將黑，戰士們因卡車被困在公路上，個個焦急起來。有時，大得足以砸毀一輛卡車的岩石被革聯部隊由公路兩旁的山坡上推下來。促聯在這裡不能前進，卻截下幾輛為革聯運食物來的卡車。車一被攔下，在路邊看熱鬧的孩子們會一擁而上，把卡車上一筐筐的蒸饅頭推翻下來，散得一地。許多圍觀的人也顧不得如雨的石塊，衝到路中央來撿拾地上的饅頭，有人因而被打中，倒在地上。大約有五六個孩子躲在卡車下避難，不敢跑出來，反而叫同伴們一起鑽到車下去共享饅頭。我們在廈大物理大樓中的促聯總部過夜。第二天，我和我那一小隊人員多半都在宣傳車上工作，號召革聯投降。

八月二日黎明前，一支強大的促聯隊伍向山坡上的革聯大舉進攻。這支促聯隊伍是早先經由公路開進來的。敵人想往山坡逃命，卻碰上了翻山而來的建築工人，前後一夾攻，革聯部隊馬上崩潰，被俘虜的大約有一千人，其餘的則在山上駐軍的掩護下逃走了，「抓住革聯分子」的口號響徹山區，樹林中再起戰火。因為天色太暗，辨別不清，許多革聯分子冒充促聯的人，混了過去。許多促聯女生則被自己的同志誤姦了。

大部分的俘虜都是學生。他們舉著雙手由山坡上下來時，我們的人一擁而出，要向他們衝過去。

我堅決地制止了那些人的行動。只有看到俘虜中夾雜著公安警察時，才准他們上去揍個痛快。我們這邊的流氓復仇心最重。

八月二日上午，除了廈大革聯總部仍由三百個該校的學生死守以外，全廈門市沒有一房一屋是被革聯佔據的。這三百人頑強得很，而且得到廈門駐軍大量供給的標槍、軍刀、練習用的手榴彈、軍用餅乾和一瓶瓶的蒸餾水。

我找到了作戰部部長沙玉亭，請他將戰場的宣傳工作交給我。

「宣什麼傳！我要把他們一個一個活剝皮！」

「他們中有好多人都是你的同學，你忍心殺他們？」

「怎麼不忍心？你的同學也在內，好多都是秘書。我們把她們拉到作戰部來加菜，已經好久不知肉味了。」

現在，約有一萬多名促聯部隊包圍了大樓。我們必須速戰速決，免得中央令軍區派軍隊來干涉。事情一結束，中央就無能為力了。

廈大促聯分子在曾經舉辦過射擊比賽的廈門科學技術發展委員會搶來了不少小口徑的步槍和手槍，大家就握著這些槍開始向大樓射擊。可是，出乎意料的是對方居然還擊，子彈一飛，我們這邊的人一下子自一萬減到了三千。大部分跟在前面的人都見風轉舵，丟了幾塊石頭後就溜到後面，到稀飯桶裡撈豬肉吃了。

沙玉亭氣得直發抖，對這些人揮槍大叫：「快回來打！你們這些雜種！等打贏了，夠你們吃、玩、搶的！」

何為明自己透過麥克風向革聯的第一號頭目喊話。他說的是福州話，說得很瑣碎，強調應該本著同學間的友誼精神舉行一次和談。對方回答說，他們有人要離開大樓，請我們不要傷害他們。不久，一個年紀很小的男生從窗口跳下來，後面跟著一個較大的男生和一個女生，原來是他的哥哥和姐姐。他們說兩天來只喝開水吃餅乾。這三人都被迫在麥克風中宣布投降。

隨後，大樓裡傳出話來，要求我們派代表進去和談。我正要回答，沙玉亭從我的手裡搶過麥克風，大聲答道：「只可以無條件投降！限你們十五分鐘內答覆我們的要求，否則我們要用武力佔據大樓，讓你們的頭頭們嘗嘗我的手槍！」前門口，一面白旗很快地出現了一下，革聯的頭號人物把頭伸出來一次，又縮回去。到處都是鴉雀無聲。我緊張地望著沙玉亭和幾個部屬慢慢移向大樓。到了台階邊緣，沙玉亭舉起手槍向裡瞄準。一記槍響，戰事突然結束了。舉白旗的人走下台階，嘴裡嚷著：「不要開槍！」後面跟著其他的革聯頭頭。

第一批俘虜被拉到廣場上來。這時，沙玉亭一手扠腰，一手握著他那小口徑的手槍，站在大樓的入口。我們一群領導人湧上台階，沙玉亭吹一吹還在冒煙的槍口，輕蔑地笑著說：「清掃戰場！現在是你們工作的時候了！」後半句話是對我和梅梅說的。

一個擔架抬出了革聯的第一號頭頭。他受傷很重，生命垂危。擔架一放在台階上，作戰部的幾個人又立刻動手打他。一個救護人員走過來，正想要替他頭上的槍傷止血，卻不料沙玉亭用力把他一推。他向後一個踉蹌跌倒在亂石堆中，急救用品散了一地，淚水流下了他的面頰，卻不敢吭聲。

何為明趕來制止毆打，說要留個活口好問話。沙玉亭拍拍他的肩頭：「老何，我是他的同班同學都不可憐他，你幹嘛要保護他？現在不把他打死，以後有的是麻煩，說不定我們有一天還會腦袋搬家呢！」

何為明堅持不准再打。然後，他蹲下身子，摸摸敵人首領的面孔，翻過他的眼皮。我也蹲下來看這個一度很親密的同志。我們曾經同騎一輛腳踏車在福州市的街頭散布八一二九的傳單。記得有一次我們在一條小巷裡停下來啃麵包，數一數手裡的傳單。我還記得他總讓我喝他水壺裡的水，因為我每次都先把自己的水喝個精光。我知道他有肺結核，只要喝他的水壺就會想到啜他一口水會吸進多少結核菌。

他曾經預言我和梅梅將來會結婚，並曾自告奮勇要做我的伴郎，他還開玩笑地說會向我討一百顆喜糖。我也會拜託他替我打聽梅梅對我的感情，梅梅也曾經要他教算命。誰又想得到我們竟會變成不共戴天的仇敵？

我摸摸他青筋暴起的手臂，比一年前更瘦了。他的脈搏虛弱，呼吸困難。他是回光返照，斷斷續續地說再也不能回去見他那年逾七十的老父了。他辜負了父親的養育之恩，覺得很難過。然後，他又想說希望葬在何處，卻沒能把話說完。事實上，他的屍體停了好一陣子沒有下葬，因為他的父親只是個船塢工人，家裡很窮。他的老父親辛辛苦苦地供養他讀了十六年書——文革開始時，他只差一個月就大學畢業，沙玉亭卻一槍了結了他的生命。

何為明站起身來，脫下頭盔，對死者木然地說：「如果是我死，你也會為我脫帽的。」說完，轉身對別人說：「把他送到第一醫院的臨時太平間。」

我恍恍惚惚地站著，雙眼模糊地看著他的屍體被抬走。沙玉亭藏起手槍，顯得有點慌張。

事後，促聯一口咬定革聯的頭號人物是在雙方開火時被一顆來路不明的流彈射死的，許多俘虜被迫出具聲明書，並簽字證明確是事實，福州軍區司令部卻不信這套謊話，驗屍結果，確定他是被一顆近距離的子彈射殺的。

投降過來的革聯分子並沒有受到寬大的待遇。他們全體被命令跪在地上對促聯的傷者三叩首，還要聽我們的頭頭訓話。我們這邊隨便誰都可以站上一塊大石，把他們臭罵一頓，然後叫手下人把看不順眼的拖出來，痛揍一場。我沒有打任何人，我仍然忘不了七月二十一日那一次親身經歷的苦難。

然後，我們轉移目標，開始瓜分戰利品。作戰部搶走了所有標槍、軍刀和訓練用的手榴彈，其他部門的人也各搶所需。一旦戰事結束，居民們也從屋子裡出來，爭先恐後地撿拾革聯在扔光石頭後從窗口拋下的那些啞鈴。最近，不只是我們組織中的人勤練體魄，一般百姓對練把式、練身體也興趣盎然。各式自衛之道又復興起來，街上滿是表演國術、翻筋斗的江湖客和賣跌打損傷膏藥的人。自封為柔道大師、太極拳大師和氣功大師的人相繼掛出了招牌。作戰部也曾僱了幾個類似的武師來訓練敢死隊，戰事一了，這些教師爺全要被解聘了。

廈大的操場上烈日炙人，我不斷地把一條毛巾浸到革聯留下的一桶水裡，打起手巾給梅梅擦臉，然後再自己擦。我真想脫下制服到樹蔭裡涼快涼快，可是戰報的記者和其他人不斷糾纏我們，叫我們站在戰利品前面拍照，發表談話。俘虜經過仔細搜身、問話和刮耳光後，一個個被放了出來，其中有幾個廈八中的女生都是革聯頭頭們的秘書。突然間，我看到了牆頭草。她一身是傷、蓬頭垢面，我還是一眼認出了她。我叫她，她抬起頭來瞪著我，好像不認識似的。現在距離一同串連的日子才不過幾個月的光景。

因為她快被釋放了，我搜她的挎包，拿出幾件很古怪的東西，原來是衛生套。在場的人一個個睜大了眼睛，她經不起我一再追問，才承認自己已經變成了革聯頭頭們的玩物。

我瞪著她？這怎麼可能！在串連旅途中，我們曾拚著自己的性命保護的三個女同伴，現在，三人中竟毀了一人！我偷偷瞥了梅梅一眼，她脹紅了臉，垂著頭。「別怕，」我在心裡告訴她：「我絕不讓第二個人被糟蹋。」

我倏地把那些衛生套摔上女俘虜的臉：「妳！不要臉！妳污辱了八中的美名！」

她顯然是萬念俱灰，想一死離開這個人世。「大家都一樣——請放我走吧！」她說。

不知怎的，看著她，我想起了我們曾一起玩的一個小孩子遊戲——扮新娘。

「妳還記得嗎？」我問她：「我們初中二年級玩那個遊戲時，妳答應嫁給我。妳還記得說過什麼話嗎？」

她遲疑了一下才說：「我沒有忘記，我要嫁給你，是因為你可以幫我做功課，我就不必一再補考了。」她住了口，露出一絲微笑，見我沒有笑意，立刻改口說：「這當然都已過去了。我是開玩笑的，我知道你跟梅梅要好。革聯要散布你們倆的謠言，我還曾想法子幫你們呢——。我可以走了吧？」

「妳往哪裡走？話還沒說完呢！我倒要問問妳，妳準備到哪裡去？當尼姑嗎？」

她突然衝進梅梅的懷抱，大聲哭了起來：「我受不了了！我受不了了！請放我走吧。」

梅梅也哭了，不斷拍著她，一再說：「不是妳的錯。」串連時，她們兩人同床共枕；梅梅發高燒時，每天替梅梅洗身的是她，換衣服的也是她。

事後，八一二九廈門公社戰報上有一篇報導說我感化了一名俘虜。事實上，我們何嘗不是互相感化，彼此打動了天良！我的心裡盤桓著許多問題。我們究竟是怎麼搞的？這麼要好的同學、朋友為什麼都變成了死敵？是什麼力量挑撥了我們？分化了我們？

我想到陳伯達的一句話：「只有拉下老朋友、老同事的舊情面，才能成為真正的革命造反派。」江青有一次在北京也對湖南省的派系代表說：「打死幾個人沒有什麼關係。」在她口中，似乎我們生死存亡的鬥爭是和遊戲消遣差不多，也和刺繡、繪畫沒有兩樣。

「八一二」戰役結束後，促聯在廈門市很稱了一陣子霸。街上找不到一張革聯的大字報，也看不見一輛革聯宣傳車或革聯據點。一月間，廈門公社控制市權的優勢再度出現——其實是有過之而無不及，軍管會再也無力過問了。實際上，我們叫軍管會搬到鄉下去控制革聯分子和農民，甚至攔住進城來的軍車說：「回去照顧你們的老搭檔革聯去吧！」

誰也沒有想到革聯會死灰復燃，大家都是「今朝有酒今朝醉」。沙玉亭更是揚言：「三個月內，革聯絕無可能重整旗鼓來發動攻勢，大家脫下帽盔休整一番吧！」（只不過兩個星期後，他就被何為明痛刮耳光，罵他因估計錯誤而幾乎全盤盡失。）

「休整」的意思是說：宣傳隊要負責安排娛樂節目，大家可以灌老酒、吃大菜、吹噓自己的豐功偉業；也就是說總部不用派什麼哨兵站崗；也就是說叫第一醫院忙著替女秘書們打胎。

我再也端不起一月時出任生產總指揮的那份幹勁了。在這段時間，工廠也有類似八個多月以前的停工情形，各廠的革聯分子也都已經避到鄉下去了，卻沒有一人建議重振生產總指揮部的大業。

我每天早上辦公，下午通常和梅梅一同消磨在鼓浪嶼的海濱。每次總有幾個同志和我們同行，保護我們，因為在這段時間，地痞流氓很猖狂。據說他們常在水裡布下繩索套住婦女，再用舢板把她們綁架到無人的小島去強暴。

這一段短短的日子裡，我們的生活織滿了愛情、明媚的太陽、蔚藍的天和碧綠的水。每天從鼓浪嶼回來，我都在外事部中我的專用浴室裡洗澡。梅梅則用隔壁女副部長的浴室。我們之間僅一板之隔，我常忍不住用力敲牆壁，可是她從不回應。我想，如果有一天，她只圍著一條浴巾走進我的房間，我會怎麼辦。我要自制——稍等幾年，等到我們可以結婚的時候。

這些天來，廈門公社的主要工作是恢復秩序。八月初，我們成立了一個衛戍司令部，取代公安局的職務。我們曾經用來對付革聯分子的地痞流氓現在受到了殘酷的鎮壓，每天都有公審大會取悅民心，革聯派進城來從事黑市活動的間諜和農民，也變成了我們最主要的鎮壓對象。

雖然如此，在八月上旬，我卻撿到一張由革聯間諜散布的傳單，他們初次提到要以「農村包圍都市」的企圖。我認為這是不祥之兆。

大批革聯分子被趕下農村之初，既沒有地方住，又沒有錢，沒有衣，很吃了一頓苦頭。我們很快就發現軍隊替他們解決了所有困難。軍方甚至把自己的營房撥一部分給革聯，自己睡在田地裡餵蚊子。這一切都是為了一個目的，也就是重整革聯，大舉報復。

軍方還派出宣傳車到鄉村去告訴農民：「革聯的成員將來都會參加解放軍。」「愛革聯就等於愛解放軍。」所以，革聯很快就能向農民徵收到糧草蔬菜，在鄉間建立起了強大的根據地。

革聯在軍隊支持下叫出了一句新口號：「在農村建立第二市中心！」他們是要刁難全廈門市的

市民。革聯用這個口號在郊外小鎮上建立了新的經濟貿易中心，並且煽動市委會中同情革聯觀點的幹部下鄉建立第二市委會，甚至向其他縣市宣稱，只有新的組織才是真正的廈門市政機構。

在同樣的口號下，革聯開始對廈門市實行經濟封鎖，切斷了蔬菜、汽油和木柴的供應，迫使市民挖出屯積在政府穀倉裡的「戰備糧」來應急，從其他地區開來的貨車在郊外就被攔截下來。現在全市只能靠由海邊運進來的資源維持生計。蔬菜價格急驟上漲，市內的公車因缺乏汽油而停駛。廈門公社只好派專家研究，如何在汽油中攙酒精來維持車輛的運轉。

家中，母親哀嘆買不到煤炭和蔬菜，我勸她不要發愁。我在梅梅的協助下，花了兩個下午的時間補足了家用所需，我避開前門的長龍，從後門走進商店，叫店中的人特別照顧我這「忙碌的部長」。我們像這樣光顧了三家店鋪後，梅梅和我分三次乘三輪車運回了煤、米和大塊的豬油。每次回來都必須經過作戰部門前，怕被人認出來，我們用兩條從煤炭店借來的厚頭布圍住面孔。其實，我們並不需要這樣小心，其他同事還不是用同樣的方式表示他們的孝心？

革聯在建立新市中心的口號下，開始攔截由廈門開出的貨船，他們用極低的價格把船上的貨物分售給農民，儲積了大量的經費。他們最大的一次打劫，是從一艘三千噸的貨輪上掠得了幾千箱香菸，以每包三分錢的價格賣給農民（原價是五角六分）。

革聯唯一的不便，是農民不能進城來運水肥回去施肥，蔬菜生產受到了影響。城裡開始屯積糞便，原先運水肥出城的幾艘船現在正忙著運煤炭進城。情急之下，衛生部的促聯人員決定把水肥倒進大海，霎時間，廈門市與鼓浪嶼之間的海峽浮滿了大糞。好一陣子，誰也不敢去游泳。

八月中旬，幾個革聯頭頭居然攔截了幾輛滿載人民銀行廈門分行的現鈔開往福州的汽車。他們企圖用這筆錢在廈門郊外另設銀行，幸好軍方說服他們釋放這幾輛車，因為深恐中央必不會容忍這樣的舉動。

在此後的半年間，搶劫個別單位從銀行裡提領鈔票的企圖雖然不少，但兩派都不曾冒險去搶銀行。不過，促聯和革聯都在設法用其他方法聚財，搶奪國家的財富。在一九六八年的二月談判中，各派都理直氣壯地指責對方虧欠國家好幾百萬的債，破壞財產所造成的損失還沒算在內。我們有人曾經開玩笑說：「我們到邊疆地區去做工吧，一天賺個一塊錢，成千上萬的人去幹個一年，也許就可以還債了。」

後來，事實證明這句話並非兒戲，在鎮壓的後期，中央果然把大批革命造反派分子下放到農村去勞改了。

上述這欠債的事完全是由一連串新的派系武鬥造成的，轉捩點是一九六七年八月。

伏擊

八月十七日，廈門附近一個小鎮初次發生向駐軍搶奪槍枝的事件。罪犯是革聯，他們實際上是和軍隊勾結，串演了一幕明搶暗送的活劇。

當天晚上廈門公社的最高首領徹夜開會，計劃發動一次類似的搶劫。我興奮得手腳冰涼，渾身發抖。我是多麼希望自己能有一把手槍！

八月十八日早晨，我們從廈門市科學技術發展委員會又搶來了十三支沒有彈藥的小口徑手槍和一挺機槍，還到各工廠、學校去搜查文革初期沒有繳清的武器，結果只找到了幾支步槍，舊得根本不能用了。

我們正在面對這些破槍嘆息，突然有人來找沙玉亭。十五分鐘後，他從一間秘密會議室走出來，面帶微笑地說：「現在我們有武器可搶了，還可以避免和軍隊正面衝突。」

他解釋說，根據我方派在革聯的一個間諜報告說，革聯已暫時把武器存放在郊外的一家紙廠裡，準備在第二天發下去。據說有好幾百支自動步槍。

聽說能搶到武器，我們都像著了迷似的，誰也沒問這個消息是否可靠，也不管這是不是陷阱，更沒想過我們的秘密決定會不會洩漏出去。

八月十八日午夜，我和一夥組織裡的中堅分子分乘五輛卡車開往紙廠。這次行動是由沙玉亭自己指揮，我乘第四輛車，我的男副部長在第一輛車上。

我們的卡車接近紙廠大門約三百公尺時，一陣機槍聲突然響起，剎那間，閃爍的子彈似乎朝我的眼睛直飛過來，一陣星火似地擊中了卡車。

卡車猛然停了下來，我從車後翻了下去。我看到有人要往我身上跳，趕緊滾到卡車下面，子彈掀起了身旁的泥土。我的心嚇得幾乎停住了。我用雙手擋住耳朵躺在地上，心想：「原來我是這樣死法！」

過了一會兒，我似乎覺得自己還活著，從卡車下望出去，只見子彈的紅光像一條惡魔揮舞的緞帶。附近有人在呻吟著，我還看到有人站起來想跑，跑了幾步，身體一弓就跌倒了。

我的頭腦清醒了一點，知道躲在車下相當安全。

「子彈啊子彈，請你不要找上我這個又有溫暖的家、又有可愛情人的青年啊！」

我自言自語著，只覺心頭一緊，尿了一褲子。

突然，一陣大嚷：「阿促聽著！你們全被包圍了，快點投降吧！」說完又是一陣機槍掃射，紅光織成一張密密的網，切斷了所有退路。我隨著幾個還能動彈的人，用盡全力爬向前面的一個小土坡。

經過第一輛卡車時，我看到我的男副手大腿中了彈，躺在一堆死屍裡。我想拖他跟我一起逃，他叫我趕快走，盡快搬救兵來。我迷迷糊糊地往前爬，爬過火車平交道，滾到稻田裡後，才發覺只剩下我一個人。我站起身來，沿著鐵道拚命往城市裡跑去。

回到城裡，我跌跌撞撞地來到了文化宮的廣場，看到了一幕復仇的狂劇。沙玉亭渾身是泥，站在廣場上，臉色可怕至極。他揮舞著一把槍，連連向空中亂射，嘴裡不住大叫：「去給我搶槍！去給我上前線！」

促聯的卡車全部出動，急急忙忙地往外開，車上的人連站都站不穩。車輛分頭急駛，有的到軍分區司令部，有的到砲兵營房，有的到海軍司令部，有的到軍分區衛戍司令部，全廈門市軍營的槍械都要被搶一空。

我在幾輛等待出發的卡車間跑著，拿不定主意究竟要上哪一輛。卡車閃著大燈，險些把我撞死。今天除非自己也撈到一把槍，否則我是死不瞑目的。

終於，我跳上運載作戰部人員前往八中後山的一輛車上。八中的後山是廈門最大的地下掩蔽防衛系統所在地。到了之後，我們和守軍衝突得相當厲害。他們奉中央命令不能開槍，只能憑著空拳作戰，很快地就被人多勢眾的我們打垮了。我們硬擠進去，到了地下隧道。正在看圖和收發訊號的軍官看到我們闖進辦公室，驚愕地抬起頭來。

「這裡是重要的機密地區，是對美、蔣作戰的指揮中心哪！」他們抗議。

我們嗤之以鼻：「你們這些傢伙躲在地洞裡太久了，連外面發生了什麼事情都不知道！革命造反是不管什麼機密不機密的，我們愛怎麼做就怎麼做！」

當時，我們並不知道有國民黨的地下工作人員正在利用這次抄襲從事諜報工作。後來發現有一個地下工作人員竟是促聯第九聯防團政委。他隨一輛卡車來到此地，慫恿我們衝過各個機密要室，大概趁亂拍下了不少隧道中的軍事設備的照片。後來，他被抓了。結果，中央大肆斥責促聯。我們組織的一個缺點就是不能控制所有成員的成分。

我們動手打開了幾十箱文革初期各單位上繳封存在這裡的步槍，把這些槍一手傳一手地傳到隧道外。運完了所有武器後，我們的眼睛轉到哨兵肩頭上掛著的嶄新的自動步槍。士兵們驚慌起來：「我們的武器就是眼睛，不能丟掉！你們從倉庫裡拿的已經夠多了。如果國民黨打過來，我們沒有武器怎麼辦？」

我們直截了當地頂回去：「革聯是我們的敵人，你們打台灣，我們打革聯，武器被搶了，中央還會發新的給你們，可是中央不管我們的派系戰爭。」說著衝向哨兵，用我們的黑手在他們臉上、衣服上擦一擦，然後兩個抓一個，搶到了三十多支自動步槍。

有人很好奇，想看看「軍事機密」，見到幾個封著「軍事機密」字樣的箱子，都懷疑裡面裝的是武器，不是文件。於是，我們命令軍官拿鑰匙來開，軍官不肯。我們七嘴八舌一齊說：「我們只看一看，如果沒有武器，你再鎖上就是了。」

最後，我們只好自己動手撬，撬開一看，原來不是文件，而是黃金、珠寶、皮貨和其他值錢的私人用品。我們明白這一定是廈門支持革聯的什麼駐軍高級將領怕我們有一天抄家，才把私財藏到這裡來。難怪我們抄田軍的家時，一切顯得那麼蕭條。

我們真後悔沒有帶照相機來。但在最後離開隧道時，仍然盡可能破壞了所有的珍貴物品。

這次在隧道中長達三小時的搶槍行動，我得到的戰利品是六、七支自動步槍和一些軍用餅乾。我把餅乾塞進挎包，又喝了一肚子的鮮奶。這鮮奶是隧道中官兵的特別補給品的一部分。

我背著沉重的槍枝，一步步地爬到外面，不料槍被人家一支支搶走了，最後只剩下一支。我緊緊地抱著它，用槍柄摩著臉，開心得幾乎發狂。

天色已經大亮，從第一醫院那邊傳來步槍的聲音，顯然有人在練習打靶。我跳上一輛卡車，命令司機開往第一醫院。到了醫院大廳一看，只見許多面色灰白的司機在要求醫生替他們注射葡萄糖和鎮靜劑，到處都是從我們被伏擊的地區運回來的傷者，都是第一批搶到槍後立刻趕往前線去的人。我的男副部長和這次夜行的其他人員都還沒找到。

我跑到靶場，那是第一醫院背後的一片曠地，一個我認識的老兵正在教在場的人射擊。他看到了我，就走過來教我怎麼握槍。我上了子彈，瞄準前面的電線杆和樹幹，閉上眼，射完了二十五發子彈。我興奮極了，上了一匣又一匣的子彈，不斷地射，直到手指被震得發麻。我有生以來只有在高一軍訓課時曾射過十五發子彈。

我們的一輛卡車正要開往前線搬運死傷，我趕緊跳了上去。到戰場後，發現兩邊的人都已經佔據了公路邊的沙包和附近的樓房作為陣地，比我們先到的作戰部戰士趴在沙包後面，漫無目的地射擊，子彈一打完，就把槍往後一扔，伸手接過另一把上了子彈的槍繼續打，就和泥水匠從學徒手裡接過水泥一樣地熟練利落。我手裡的步槍一下子就被人抓走了。

中午，雙方暫時停火。在我們的要求之下，我們從醫院帶來的醫生、護士舉著紅十字旗，進入了交火線之間那片約六百公尺的地帶，搶救傷亡戰士。當拖出了第十三具屍體時，革聯破壞了短暫的停火，射傷了一名醫護人員，並且宣布不准再從現場搬屍體，顯然是怕我們把屍體送到北京去告狀。事後，促聯就利用這一點宣稱自己這邊只死了十三人，事實上，革聯另外還埋了二十三具屍體。傍晚，雙方都增加了援兵，繼續火併。

我們少數幾個頭頭直到後來才知道這次遭遇伏擊的原因。當時，我們的計劃被組織中的兩個革聯奸細洩漏了，其中一人是某當權頭頭的情婦。何為明把這起案子當作內部事件處理，命令那個頭頭離開廈門市。為了要確定他一定會走，老何抓住他的姘頭，把一個手榴彈綁上她的腹部，將她炸死了，然後宣稱這是流氓幹的事。那名頭頭當然沒有上當，立刻就逃走了。

另一個奸細是促聯第五團的副團長，也逃離了廈門市。從我們自己的地下工作人員口中，我們也知道了當天向我們發射機槍的，是一隊全國聞名的民兵神槍手「前沿十姐妹」娘子軍。革聯自己人怕以後被算帳，沒有一個人敢動手放第一槍，就煽動這些娘子軍代勞，說她們可以趁此機會向她們所尊敬的軍人表示支持，拿出打國民黨的精神來打促聯。這些教育水平還不到初中程度的笨姑娘果然打個不停。

後來，革聯非但沒有表揚她們，反而想盡一切方法去排擠她們。最後有一天晚上，大約五十個只穿著短褲的公安局革聯分子衝進十姐妹民兵班的隊部，除了一個痲臉外，其餘的全被姦污了。然後，革聯發給她們十張火車票，打發她們離開廈門。

這場伏擊戰的傷亡人數很可觀。我們後來才知道這次死亡了三十六人，受傷了五十人，被俘虜的有兩百人。沙玉亭和我是少數從虎口逃生的。

事後不久，我們還在追根究柢時，聽說革聯要在伏擊的現場舉行一次展覽會，目的是告訴市民是促聯先來侵犯農村引起大禍的。

這時，每天早上，都有一小部分人可以在這條戰線上來往。這是因為革聯准許受不了封鎖的市民逃到鄉下來投靠親友，促聯也歡迎農民將菜蔬運到城裡來賣。公路只有下午和晚上才實行戒嚴。

廈門公社決定派幾個自己人去參觀展覽會，看看有沒有什麼線索可尋。這次任務的首領必須膽大心細。儘管梅梅一再勸阻我，我還是自告奮勇當上了領隊。我帶著老板和促聯的其他三名學生順利地通過了雙方的崗哨。我們穿的是普通學生制服，沒有帶武器。到達伏擊現場後，發現革聯為了要使效果逼真，甚至用硬紙板做了假人，標出促聯戰士中彈傷亡的位置。

我走到幾天前首先中埋伏的第一輛卡車前，看到車裡暗紅色的血跡時，幾乎要昏倒了。我勉強地爬上車去聽嚮導一面講解，一面用教鞭指出子彈孔。他還請我和同伴們把封鎖下的城市生活苦況說來聽聽，好讓革聯拿來當作宣傳材料。突然間，我的肩頭被人從後面一把抓住，只聽得有人說：「這不是阿促的凌部長嗎？你的大名我是久仰了。凌老兄，沒想到你會自己送上門來啦！」

我連回頭看看是誰的勇氣都沒有，也許是個加入革聯的八中學生吧。我竟完全忘了有多少人能輕易地認出我！

我們全體落網。展覽場地立刻宣布戒嚴，顯然他們疑心我們帶了大批人馬來破壞展覽，警告信號彈也射入了天空。

我被揪住頭髮拖下卡車。一個傢伙跑來一把抓住我的手指，我雖然明白他要幹什麼，但已經沒辦法阻止他。啪噠一聲，我左手的小指被捏斷了，痛得我跪了下去。這時突然發覺有人想拍攝我下跪的姿態，我連忙往前一栽。有幾個人氣憤填膺，用力踹我，抓我起來，把我的頭往車門上猛撞。

我們五個人飽受一頓拳腳，又被拖著在碎石子路上走，直到我們求饒才罷手。我最擔心眼睛受傷，在我看來，眼睛瞎了比死還要命。

不過，他們暫時要留活口。於是，把我們帶到他們的總部後，就把我們關在地窖裡，上面壓上一扇厚厚的地板門。地窖裡又髒又溼，到處都是蝙蝠，也許以前是個簡陋的防空洞。我們五個人靠在牆上喘息，動彈不得。我從來沒有為派系鬥爭而賣命的打算。最近，看到同志們的屍體，我只有輕蔑他們，不會同情他們。現在，恐怕快輪到我自己被嘲笑了吧。

不知過了多久，我聽到一陣聲音。地板門開了，藉著透進來的光，我看到戰友們疲憊而鼻青眼腫的面孔。我發覺有人走下來後，趕緊閉上眼睛。這時，我聞到一陣香氣，睜眼一看，原來是一個女人端著蠟燭，上面的門又關上了。

女人越走越近。我覺得她有點面熟，她的另一手握著槍，胳膊下夾著一包東西。她將蠟燭湊近我說：「你一定就是凌總指揮了。」

我搖搖頭。她叫出我的舊官銜。她會不會是紡織廠的女工？

她垂下握槍的手，走得更近：「記得嗎？半年前在青年文化宮？」

我這才記起她就是一月那次抄砸紅衛兵總部時，被我從老板手下救出而對我感激萬分的那個女俘虜。可是，為了免除麻煩，我仍然搖搖頭。

「用不著裝蒜了。自從那天被你們打了之後，我們就加入革聯了。現在我是頭頭，負責看守審問你們。我們已經抓住了好多你們的人，都關在這附近的十幾個地窖裡。」

我說：「打仗總有兵敗的時候——。我想，妳大概要揍我報報仇吧。」

「不錯。你們以前打過我，我恨你們！」

「打吧！我反正是死路一條了。」

她舉起了手，我閉上眼，繃緊臉上的肌肉，但願她不要用手槍柄打下來。我默默數著：「一、

二、三——。」唇上軟軟的，我驚得連忙睜開眼睛，舔舔嘴唇，餘香猶存。她竟吻了我！

我靜靜地說：「妳很漂亮！」我的心頭一亮。

「你是個好人。」她說著拿出一條手帕替我擦臉，然後又交給我一包東西：「喏，吃吧，我偷偷帶進來的。你們囚犯除了豆渣外什麼也不准吃，有些餓得要吃蝙蝠了。」

「謝謝妳。」其實，我在心底一點也不感激她，相反的，她殘酷地讓其他俘虜挨餓，使我頓萌殺機。我心中冷冷地盤算了一個念頭：搶下她的槍，要不是老板身受重傷，我還真想讓他享受享受，然後，以她作為人質，我們可以逃——。

於是我說：「我希望妳能多留一會兒。坦白告訴我，我會不會被槍斃？給我一支筆，我告訴妳什麼地方可以掘到財寶——。」

她狠狠地回敬了我一記耳光：「這就是我報的仇！」她說：「那天，我把戒指給你，你也這樣對待過我。」

說完扭頭就走。

兩天一夜後，我們突然被釋放了，由軍分區司令部的人用救護車送回城裡。如果在黑牢裡多待幾天，我們可能就會寫自白書了。現在，我們卻像英雄似地凱旋歸來。

我們被送到了後勤部三樓的醫院，這才知道我們獲釋的經過。原來，何為明因我們被抓而大發雷霆，又因知道八月十九日中了埋伏的俘虜們受到慘無人道的虐待，就抓了廈門市內革聯頭頭們的家屬，透過擴音器威脅對方，如果四十八小時內不放俘虜，就要把他們的家屬統統丟下海裡去餵魚。

這些警告由軍方轉告革聯後，革聯讓步了。

同時，梅梅和我的女副部長也拜託了革聯中的一些舊友和老同學疏通。為了報答我們的獲釋，女副部長還答應不再干擾住在廈大附近的大批革聯家屬的水電和配給品供應。

我同時也知道我的男副部長和另外六個頭頭在八月十九日中伏被俘，已經不幸身死。革聯的通告上說，他們是傷重而死。可是半年後，兩派休戰時，才知道這七個人是在我們獲釋的前兩天被革聯處決的。他們在一個無人的海濱被槍斃，屍體用草席一捲就地埋葬了。後來我們出了高薪，僱了七個工人去掘屍，等到運回來後，除了從身上所攜帶的東西來判別外，已經無從辨認誰是誰了。

何為明、盧大瑤、大塊頭、汪大銘和他的老婆都到醫院來看我。他們摸我的臉，握我的手，捧我是年輕的「鋼鐵戰士」。梅梅擠進來告訴我說，母親還不知道我受傷被俘的事，這讓我鬆了一口氣。身體一陣痙攣後，我又昏睡了過去。

醒來發覺頭枕在梅梅的大腿上，女副部長則坐在床前默默地削蘋果。羞澀之下，我想睡回枕頭上，可是梅梅又把我拉了回去。

「我要向你要求一件事。」她說：「我要請調外事部，做你的副部長，可以照顧你。」

當著女副部長的面說要頂替她，這完全不像梅梅的為人。

「這要經過組織的決定才行。」我說。我已經看到另一個少女垂下了頭。

「沒有必要經過組織，何老頭說過你可以自己決定要誰做副手，所以——」

女副部長放下蘋果和小刀，掩面而去。

我愕然地看著她跑出去，回過頭來，看到梅梅似乎很得意氣走了她。梅梅今天是怎麼回事？我光火起來。

「我很不高興妳誤會了她。她跟妳一樣盡一切力量來救我。她是以一個做姐姐的心意在幫助我。妳為什麼故意在她的面前說要調職?剛死了一個副部長,如果把妳拉進來,一腳踢開她,別人會怎麼想?請妳不要把愛情變成妒忌。我早就說過配不上妳,我不是開玩笑。」我沒敢說她這樣做辱沒了自己的人格。

梅梅撲上枕頭,哭了起來:「我只愛你一個,我有權趕走別人!」

「但這是工作!我早就把心都給了妳,妳還懷疑嗎?」

「不!不是懷疑!只是我怕可能發生的事太多了,而且夜長夢多。」

我消了氣,心疼地摟住她,千方百計地安慰她。我說,我生來命運多舛,野心又太大,希望她能諒解我,她躺在我的臂彎裡,沒有作聲。

作戰武器

革聯收到軍方供應的精良武器和充足彈藥漸漸起了效用，他們步步逼近市中心。每逢革聯發動攻勢，我們的戰士總是耗盡數千發子彈，打死幾個革聯分子，最後還是放棄據點。不久，我們開始缺乏彈藥，只得和廈門以外的其他機構用武器交換彈藥，還得不停地抄查市內軍營搶軍火。

八月下旬，革聯從軍隊裡搶到了兩門一〇五毫米的榴彈砲和四輛中型坦克車。我們在城裡還沒能弄到這種重型武器，不免緊張起來。我們曾經想到海軍砲艇上去拆下大砲來，組織中有人認為我們應該忍一忍，給中央一個好印象。拆砲的建議便以一票之差被否決了。

何為明面臨這嚴重的局面，再也不敢獨斷專橫，自作主張了。大家在一次首腦會議中一致決定，要叫重工業工廠製造土製自動步槍的零件、手榴彈彈殼和其他零件（特別是槍管），來改裝我們搶來的那批既舊且破的槍械。我們還把六輛拖拉機改裝成土製坦克車，以便因應一時之需，並且在大街上列隊而過，向市民保證我們有力量保衛他們。

製造武器現在變成了熱門活動。工人更樂得在臨時兵工廠做工，既可以領雙薪，每天還可以領到兩包飛馬牌香菸，有些人更是偷走武器和彈藥拿回家自衛。落入地痞流氓手裡的武器也不少，他們開始在夜晚到處滋事、肆虐，弄得商店在下午五點就打烊，晚上的街道更是人跡杳然。整個城市陷入了比一九六六年七月到八月間破四舊運動時更恐怖的氣氛中。

夜晚，我常常出去巡邏市區。全城似乎是個空殼子，唯一的聲音就是文化宮廣場上的擴音器發出的刺耳噪音，和一些間歇的爆炸聲。偶爾還有幾個流氓燃放像熱水瓶大小的土爆竹，把附近房屋的玻璃震得稀爛，然後他們就大聲呼嘯，揚長而去。

有一群流氓專門在傍晚時分守在後勤部大樓門口，等著偷襲下班回家的女部員，逼得我們不得不宣布下午七時起戒嚴，並派出衛戍司令部的巡邏車巡視街頭。有不少流氓被捉進去，削掉一隻耳朵，或在頭上剃出一個十字。但是，到了最後，我們也無力再理會他們了。

革聯加緊包圍後，市民更常受到槍擊甚至砲彈的威脅。十二月間，革聯向城裡射擊六十毫米的迫擊砲彈，想炸毀我們坐落在人口密集地區的總部大樓。他們沒有射中，卻炸死了好幾個市民，街上的行人也被流彈射傷，甚至射死。時常有市場上的主婦手挽著架籃走著走著，突然抱住腹部，蹲下身子，像是快分娩似的；可是過了一會兒，鮮血滴到地上來，旁觀的人才明白她是中了子彈。九月到十二月間，我參加了兩次重大的活動。一是參加製造武器。我把大批炸藥和一些在鋼鐵工廠裡鑄造的彈殼、木柄和引線帶回外事部，叫手下人有空時幫忙製造手榴彈。手榴彈並不難做，我有時還叫從外地到廈門市來的聯絡員幫忙將炸藥裝進彈殼。報酬是三分之一的成品，這種安排很令他們滿意。

在這段日子裡，我們做出了大批各式各樣的土製手榴彈，大大彌補了匱乏的彈藥，還把手榴彈分給市民，告訴他們萬一革聯來攻，大家可以從敵人路過的高樓上丟手榴彈下去炸他們。

可是，中央認為把武器分派給民眾是一項大罪，比從軍艦上搶武器還嚴重。革聯告到中央，說我們在非法製造、屯積、分發武器，「以配合國民黨反攻大陸」。九月五日，中央頒布了第一道停火和繳械的命令[1]。軍管會人員來到促聯總部，要我們立刻聽命。我們只繳還了一些又舊又破的槍，其餘的都分藏各處，準備後用。促聯和革聯雙方當然都不斷要求對方完全服從中央的命令。

一旦幹上了製造武器的危險勾當後，我們就好像歇不住手似的，每個人都變成了軍火專家，連反坦克的地雷和體積小而威力大的手榴彈都會做了。我自己就有六個這種防身用的小手榴彈，隨時帶在身邊，看得比佩在腰間的手槍還重要。後來，我的一個同學王洛仁（也是八一八戰鬥隊的一員）在試驗土製手榴彈時被炸死了。這時，我製造武器的興趣才開始銳減。廈門公社製造武器而意外身死的人共有十個之多。

在這段日子裡，我所參與的另一項重大活動，是負責安排和其他地區的組織交換武器和彈藥，並說服外地組織派救兵來廈門。

十月初，我率領一個代表團前往東山縣組織反軍派，團員多半是無知的漁民。我把好幾船的漁民——大約三百人請到廈門來，招待他們住外事部大樓的高級臥房，供應了幾天好酒好菜，還有漂亮的女服務員。舒服了幾天後，才把他們送到前線去當砲灰。這批人在文革以前就受過民兵訓練，打起仗來像生龍活虎一般，一共殺死了五十多個革聯分子。

女服務員個個受不了他們的臭氣和粗魯的舉止，跑來向我訴苦。我很生氣地斥責她們說：「我只叫妳們好好地招待人家，沒有叫妳們去賣弄風騷！不要貪圖他們的魚乾海帶而做出丟臉的事！」漁民們並沒有做出什麼過分的舉動。十月底，戰事蔓延到罐頭工廠和酒廠，這批漁民立刻被調去享受罐頭、醇酒、外加機槍的生活。

除了在九月間搞起的許多對付革聯的手段外，廈門公社還發起了一個所謂「作風的競賽」，到處蒐集革聯分子在鄉下放蕩生活的材料，特別注意革聯男女在甘蔗園裡的苟且之事。我們把這些傳說登在大字報上，題上「甘蔗園裡好種田」的標題，讓市民們看得津津有味。漸漸的，作戰部捏造出更多、更荒唐的謠言來，形容的文字也越來越大膽，甚至派出流氓假裝革聯分子，在鄉間強暴革聯女生，製造更多材料。

發起這種競賽的動機是要刺激那些做父母的。誰欺負了他們的女兒，他們自然反對誰，而且會影響左鄰右舍的人一起來行動。

在這種情況下，沙玉亭不得不收斂一點，開始說出了「等革聯被殺光，老子再吃肉不遲」之類的話。

我曾經為了後勤部二樓醫院內部的生活腐敗，和沙玉亭理論了幾次。從八月十九日以來，這個醫院就歸作戰部管轄，許多只受了些輕傷的戰士在醫院裡一賴就是兩個多月，白天睡懶覺，晚上搓

---

1 一九六七年九月五日中共發布的命令包括下列各項：（一）任何群眾組織和任何人，不管是屬於哪一派，不許以任何藉口搶奪人民解放軍的武器、彈藥、裝備、車輛、器材、物資，不許攔截火車、汽車、船舶上的武器、彈藥、裝備，不許外部人員進駐解放軍的指揮機關。（二）軍隊院校、文體單位，以及所有展開四大（大鳴、大放、大字報、大辯論）單位中，不管任何組織、任何人，更不准搶奪武器、裝備車輛、器材、物資。（三）軍隊所有機關、部隊、院校等單位，不經中央批准，絕不許將武器、彈藥、裝備、車輛、器材、物資，發給任何組織、任何人。（四）已經搶奪的人民解放軍的武器、彈藥、裝備、車輛、器材物資，應一律封存，限期歸還。此命令自公布之日起生效，今後如有違犯此命令者，皆以違犯國法論罪。當地駐軍在執行上述命令時，首先要耐心進行政治思想工作，講清道理，進行勸阻。如勸阻無效，可對空鳴槍警告，令其撤開，對勸阻和警告仍然無效時，可宣布這種搶奪行為是反革命行動，並採取措施對其少數壞頭頭和肇事兇手予以逮捕法辦。遇到這些人拒捕抵抗時，人民解放軍有權實行自衛。在海防、邊防、沿海島嶼和國防機要重地值勤的戰士，遇到有人奪槍時，有權自衛反擊。

麻將。我十分憤怒。這些傢伙還不時調戲護士，有時更強暴被罰來做粗活的女俘虜。但是沙玉亭拒絕制止這種行為，口口聲聲說態度寬大才能鼓舞士氣。

有一次，我發現某人自己射傷了小腿，卻撒謊說是被革聯奸細打傷的。我怒刮了這人幾個耳光，把他關了起來。事後，這小子向沙玉亭告狀，於是沙玉亭在一次首腦會議中說，我這樣做是故意令他難堪。爭吵間，他竟拔出了手槍。梅梅趕緊衝過來，用身體擋住我。

儘管有命令嚴禁攜帶武器進會議室，開會過程中拔手槍、扔刀子卻是司空見慣的事。直到後來，工總司屬下的手工業系統司令部的一個頭頭在會議桌上被打死後（這件事使何為明大為震怒），大家才稍稍克制了些。

從雙方開火以來，派系鬥爭中最重要的一項發展，是第三派出現了，也就是從革聯和促聯分枝出來的「逍遙派」。大批革聯和促聯的普通成員靜悄悄地退出了組織，拿起了逍遙扇，回家幫做家務事去了，有些人成天留連街頭看大字報。到了年底，我們若開一次群眾大會，想召集個萬把人都很難。到了一九六八年初，根據作戰部統計，我們這邊真正帶槍打仗的不過三百人左右，對方卻有一千人。我們的五十多個委員中，倒有二十多人不露面。各總部的工作人員越來越少，最後是整個辦公室裡空蕩蕩地沒有一個人。

我不斷地研究大家失去興趣的原因。我知道人都怕死，我自己也不例外。我不想當砲灰，總是躲在後方工作。其他原因可能是厭戰，而且大家普遍失去了熱忱。文革拖得太久了，許多一度認為這個運動又緊張又刺激的人現在都厭倦了，許多起初將各種衝突一律看成「是非之爭」的人，也被雙方的互相殘殺和露骨的謾罵震醒了。

八中卻是各校中唯一不同凡響的一校。在最初的一千三百人中，留下的還有一千人。在領導團體裡當委員的學生，個個勤守崗位，繼續苦幹，還有兩人置身前線。尤其令人感動的是女生，她們急救受傷的戰友，晚上還肯守屍、為屍體注射福馬林、當哨兵、巡邏兵、印發宣傳材料。外事部的人員多半是女生，我們的工作並沒有受到嚴重的影響。

逃兵多半是男生。廈大的男生最要不得。總括說來，他們的態度大致如下：我進學校的年數最久，父母為我投下了這麼大的資本，畢業後全家都要靠我養，憑什麼我要讓這十多年的教育白白被一粒子彈毀掉？

我曾經對我的女副部長說：「去告訴妳的同學，不要把自己的性命看得那麼重。自古以來，戰死沙場的人有多少！生死反正早就註定了。」

事實上，我卻有一套自私的計劃。萬一事態果真嚴重，我反正可以和梅梅一起逃到她的泉州老家去。九月間，她十七歲生日時，我們曾經去過那裡。

我堅持了這麼久，是因為我覺得人不能在困難時就一走了之。我受了以前看過的戰爭小說的影響，一直對那種比正義更崇高的大無畏精神有著深刻的印象。我知道日本人就是以這種犧牲個人的精神而聞名的。

不過，我自然沒有想到以死效勞。為派系鬥爭而死是毫無意義的。九月間埋葬了一些中伏的死者後，第二批烈士遺體又已經堆積起來了。這些屍體都注射了福馬林，裝在一批由外貿局搶來的外銷棺材裡，停放在廈門衛生學校，等待落土。葬禮要盛大舉行。何為明在這方面很大方，死者家屬不用出喪葬費，每一家還可以領取高達五百元的撫恤金，外加各單位送的禮物和奠儀。

他甚至還請了一個在破四舊時差點被揍死的風水先生來相墳地。風水先生看中了兩塊地，其中之一在鼓浪嶼。

十二月，在安葬戰友的那天，我不停地幫作戰部人員抬棺材，弄得渾身沾滿了濃烈的福馬林氣味。晚上回到家裡，母親一再追問這股怪味是哪裡來的，我只好照實說了。

她竟刮了我一巴掌：「耿兒，你太過分了！」我吃驚地看著她。這還是我有生以來第一次挨她打。她自己一時也呆住了，等想起了自己的舉動後，顧不得我身上的泥土和藥味，摟住我，撫摸我的臉：「如果有一天你也被打了福馬林，媽媽只好去跳海了——。」

我明白這是因為她深愛我的緣故，便默默地接受了這次的教誨。我靜靜地脫下髒衣服，掏空了口袋，把衣服捲成一團，塞到垃圾桶裡去，然後赤著雙腳，提起垃圾桶走向門口。

「耿兒，耿兒！到哪兒去。要受涼的！」

我沒有理會，開了門。外面的確很冷，風也比往日強得多。

天讎

艱苦的冬天到了。十二月初，促聯控制下的地盤縮小到廈門市區中一塊六平方公里的小地方。廈大已經被革聯奪回去了。海岸邊外事部附近的十幾棟大樓外面都圍上了沙包，到處架著槍械。這裡是我們的最後一道防線，萬一文化宮失守，我們可以退到這裡來控制輪渡。

我們的變通辦法有兩個：一是組織民眾，用石頭和手榴彈死守這幾棟大樓，同時發動突擊游擊戰，打它一兩次漂亮的勝仗。

另一個方法是先退到鼓浪嶼，再分散力量到廈門附近各縣。但我們只能走海路，所以也就是等於說，我們必須搶到船隻，把持海運。

我們舉棋不定，於是在這兩方面都做了準備。我們又怕一出廈門市，可能會兵敗如山倒，落得個片甲不留。如要像革聯那樣包圍廈門，是非得要一年時間才夠的。我卻出奇地平靜，絲毫沒有權勢如日落西山之感，也沒有隨時會吃子彈的恐懼。我叫部下不要再燒文件，連其他部門的文件檔案也一併取來保存著。我外出時，在軍用大衣裡面把一條輕機槍的子彈交叉綁在胸前，腰裡圍一條裝著步槍子彈的彈帶，一邊插著手槍。我曾在電影裡看到國民黨的軍官做這種打扮，一手扠腰，一手按著從斜掛在臀部的槍鞘裡露出的手槍柄。我覺得這副姿態很英武，自己常常摹仿。我很想站在一株高大的樹下和梅梅合拍一張相片，大英雄身旁站著一個羅裙輕展的美女。

近來，梅梅和我更是形影不離，如膠似漆。我只要一天看不見她，就會心神不定。在兩位母親的默許下，我們儼然以一對未婚夫妻的姿態出現。

她越來越逗人憐愛。看她穿上一件式樣簡單的花洋裝，我愛叫她「小孔雀」。我有時還把她比喻為我的辦公室外陽台上的那盆含苞待放的臘梅。

一天，我們和一群頭頭到鼓浪嶼去觀察廈門公社的新烈士公墓，看到一個個以石灰劃出的墓穴，我們帶著一點淒涼地開起玩笑來。

「不知道誰會先來這裡報到。」我說。

「也許是我！」

「我想我大概明天就來了。」我喜歡嚇嚇她。每次我說要死了，要離開她了，她就緊緊地按住我，掩住我的嘴。我就愛她這迷信的樣兒和對我無窮的依賴。這次，我和以前一樣拉開她的手：「有什麼不好？吃住免費，還有人來獻花。」

「不要再說了！我害怕。如果你真的來了，我要在你的棺材上撞死！」她搖撼我，幾乎哭了出來。

我知道玩笑開得太離譜了，立刻轉身對其他同伴說：「不要開擴音器放那些引人流淚的調調，墓地應該是個清靜莊嚴的地方。」

這天不祥的玩笑在我心裡翻攪了好幾天。不久以後，十二月二十日，中午突然颳起一陣猛烈的北風，把陽台上的臘梅吹翻了，花盆打破了。我是個相信預兆的人，更惴惴不安起來。

午後不久，我打電話到秘書處找梅梅，對方說她還沒有來。我開著吉普車出去找她。在離家不遠的一個街角，看到一個女孩騎著摩托車向我駛來，是梅梅，我大喜過望，在車上向她直招手。

「梅梅！停車！是我。」

她看到是我，繞了一個彎，跟了上來。

「嗨！真開心。」她說。

我看看她，她戴著頭盔，雙頰凍得通紅，看來分外嬌豔。她剛學會騎摩托車，我問她要到哪裡去。

「我剛剛跟後勤部的人一起送午飯到前線去。那邊打得好厲害！水壺給我。渴死了！」

我遞過水壺，拿掉她的頭盔，替她擦擦臉上的汗水，一面勸她：「以後不要去了，我不讓妳去，否則，我要去告訴妳媽。」

「就去這一次，他們缺人嘛！而且，我也想看看真的打仗。今後再也不敢去了，子彈亂飛，好怕人！」她把水壺還給我，為了表示決心，她把自己的手槍也給了我。這是我特別替她弄來的一把小槍。

「妳應該留著自衛。」我說。

「我又不打仗，何況有你保護我。」

我拿回手槍，怕她還不十分懂得怎麼用。然後，我把兩個小手榴彈放在她的手裡，對她說：「這一個裡面沒有炸藥，晚上萬一碰上流氓可以拔掉引火線，相信一定可以把他們嚇跑。另外這一個除非必要，否則不要用，威力雖然不大，可是煙很濃，可以當作掩護。最好是晚上不要單獨來往，如果一定要上街，也要先打電話給我。我如果太忙，也會派人來陪妳。」

梅梅順從地點點頭，說她還沒有吃午飯，而且必須趕回去看母親。她說著就要上摩托車，我阻止了她。

「開我的吉普回去，女孩子騎摩托車不像樣。」

我替她打開車門，理順她的亂髮，輕輕地吻了她。然後，她開著吉普車消失在轉彎處。

當天晚上，各部部長在作戰部開會，沙玉亭又好大喜功了。他宣布說，根據可靠消息，革聯的前線指揮部剛剛搬進郊外的一家軸承工廠，還沒來得及建立防衛。他建議率領一些有經驗的戰士穿過封鎖，突擊敵方的指揮部。

我們多數反對這個提議，因為突擊小隊回來時，還要再穿過一次封鎖線。到這時，敵方早就有了警覺。可是，姓沙的堅持我們可以沿路搶些車輛開車回來。誰也勸不動他，何為明又碰巧出城去籌劃整個組織撤出廈門的事情，我們只能夠以不支持來阻攔沙玉亭的行動。

他拍桌大罵：「你們全是些膽小鬼！我不要你們任何人幫忙！等著沿公路敲鑼打鼓歡迎我們凱旋歸來吧！」

「小心不要被他們抓去閹就好。」我頂他說。

「如果他們抓到我，放心，用不著你保我出來！我的情婦比你多！」他是在挖苦梅梅和女副部長在八月間設法把我從革聯救出來的事。

那天晚上，我在辦公室的沙發上過夜，輾轉了半天才睡著。

天還沒亮，我就被沙發邊上的電話鈴聲吵醒了。我抓起了話筒。

「這裡是作戰部，我們的突擊失敗了，需要你們來幫忙。」

「飯桶！」

「有人傷亡，聽說梅梅也加入了突擊隊當救護員。」

「什麼？」我嚇得滾下了沙發，站起身後，從櫃頂抓下一個鈴鐺，身上穿著睡衣就跑到走廊上，沒命地搖鈴。

「快！快！緊急集合！大事不好了！」我用力踢每個房間的門，一面跑一面敲牆壁。

不到幾分鐘，所有在部裡過夜的工作人員（大約十人），和七八個外地來的聯絡員都已經穿戴整齊，帶著武器，準備出發了。我覺得人手還不夠，又跑到對街的大中專總部去叫醒了更多的人。我總共抓來三十多人，分乘兩輛卡車出發。通過雙方交火線時，我命令大家把子彈上膛，架好機槍，褪下手榴彈的蓋子。革聯的隊伍可能隨時從我們左邊的山林裡冒出來。

天將破曉，我們到了廈大。我一身冷汗，前面就是敵方要塞，而我已經失去了自制，命令司機繼續前進。正在這危急關頭，從左邊山坡上衝下四、五個人來。我幾乎握不住自己的手槍，這是我生平第一次指揮作戰。

「是我們第五團的！」有人大叫，我們的卡車停住了。

他們向我們跑過來，就像投入父母的懷抱似的，一衝上來，就抱住我們泣不成聲：「完了！全完了！」

我抓住一個戰士的衣領，不停地問他：「梅梅怎麼樣了？」他指指山上仍然響著槍聲的樹林，我忘了帶望遠鏡，眼睛看不到那麼遠，真恨不得把它們挖出來。我的部下首先看到我方的人在撤退，一面往山下退，一面繼續開槍。

「看到一個人，」他們不斷向我報告：「又有一個，有人還帶了一個傷兵——那是沙玉亭——。」

我命令手下人用機槍掩護他們。這時，後勤部的卡車也陸續開到了，大家聯合起來用機槍逼退敵人。

我們迎向撤退下來的戰士。我的頭快炸了，第五團團長背著的是誰？

團長跪下身來，輕輕放下他背著的人。那是梅梅，她已經死了。

我只覺得頭上轟然一響，一陣濃烈的氣味衝上咽喉，接著，一切都化作了一團黑煙。

我醒來時，一個大夫正在替我打針。我霍地坐起來，拔掉針頭，宛如瘋子一般。「梅梅呢？我要見她！我要見她！」

這裡是衛生學校，有人過來扶我下樓到梅梅停屍的地方。這簡直是一場噩夢，我不肯相信。這時，我看到梅梅的母親揪住沙玉亭，又掐又打，一面尖叫著：「還我的女兒來！還我的女兒來！」

我撲倒在梅梅的身上。

全是我的錯！為什麼我不把她鎖起來，與這個世界隔絕？為什麼不用十床棉被把她裹起來保護她？臘梅顯示過預兆，這是命嗎？還是因為在破四舊時，我得罪了老天？天啊！你真忍心，你可以懲罰我，為什麼要懲罰我這無辜的愛人？早知如此，我一分一秒也不要離開她。為什麼要等——為什麼不完全佔有她？梅梅，妳就這樣留下我走了，帶走了妳的愛，也帶走了我愛妳的權利。

有人向我急急走來，是母親。

「媽！媽！您的兒子再也不能孝順您了！讓孩兒隨梅梅走吧！」我瘋狂地哭叫著撲向梅梅，有人拉住我。

「放我走吧！不要抓住我！你們這一群壞蛋！我要梅梅！」

身邊的人面目模糊了。我掙扎了一下，就什麼也看不見了。

再度恢復知覺時，母親坐在我的身邊。她摟著我說：「耿兒，聽媽的話。媽不要醫生替你打麻藥，你要自己冷靜下來。」

「我要出去。」

「聽媽的話，不要出去。媽給你帶了一點熱牛奶來，乖乖的，喝一點。」

「不！我要死！」我推倒母親，拉開了門。可是馬上又轉身扶她起來，然後哭著跑下樓。

她會被打福馬林！我摸索自己的槍要自殺，槍卻不見了。

我衝進梅梅躺著的房間，有人抓住我，不讓我接近正在替她注射福馬林的魔鬼。他們的手還在發抖。

她的臉變黃了。

「你們這些魔鬼！你們要用福馬林破壞她美麗的臉，我跟你們拚命！」

「小凌！小凌！冷靜下來，誰不為這件事難過？你何必傷害自己的同志呢！」

「沙玉亭呢？我要找他算帳！」

「逃走了。」

我被按著坐下來。第五團的團長輕輕地對我說話，我失神地聽著他敘述了經過：突擊隊順利地攻破了革聯指揮部，還抓到幾個革聯頭頭。可是，在回程時碰上了革聯巡邏隊，火併起來。梅梅想去救一個傷兵，被射中三槍，兩槍射中胸部，一槍打在手心。大家事後才發覺那個向她叫救命的膽小鬼根本沒有受傷，他也和沙玉亭一起逃走了。

第五團團長沉痛地說：「除了沙玉亭外，我必須為這件事負最大的責任。昨天晚上，我們兩個護理員回家去了，沙玉亭就騙梅梅說你也要參加突擊隊，結果——。我情願接受你的任何處罰、任何要求。」

「我要你們從此不再殺人。」後來，我一直奇怪自己當時怎麼會突然鎮靜地說出這樣的話。

我跟母親一同回家。我奉命暫時停職靜養，也不准替梅梅守靈，以便安靜地休息幾天。母親向廠方請了長假，以便日夜看著我、守著我。

我哭了又哭，什麼也不肯吃，弄得母親幾乎跪地求我。她自己也日漸蒼白消瘦了。

有一次，我問：「梅梅的母親怎麼樣了？」

「她現在沒事了。只有你不肯吃東西。你如果死了，我這條命也不要了。」

「不，媽，妳不能這樣。」

過了幾天，我開始喝一點清湯。如今我只是為了母親和家人而活著，但實際上和一個死去的人沒有兩樣。漸漸的，有人來看我。我不肯見任何女人，除了母親、三姐、梅梅的母親和她的妹妹。可是，她的母親和妹妹一直沒有來。

有一天，梅梅曾經想頂替的那個女副部長來看我。我讓她和我隔著窗子說話，發現她並不顯得怎麼難過，手裡還拿著一包禮物。我劈頭就說：「原來梅梅一死，妳反而開心。告訴妳，我要把妳趕出外事部！」

「我不是這個意思！」她雙手掩著臉跑走了。後來，她寄來一封信，我連看都不想看。我最恨這種女人。

我再去看梅梅時，別人更不讓我走近她。但我看到了她的臉色越發黃了。安葬的那一天，他們只准我拿起她的手，擦擦自己的眼淚，不讓我吻她的臉。我把母親三十一年前出嫁時戴的戒指給她套在手指上。

然後我默默地對她說：「快要蓋棺了。這是我最後一次看妳，當初，我們兩個人的成績超過幾百人，考進中學的時候，妳能想到會有今天嗎？妳只知道我的口才好，我也只知道妳是多才多藝，功課又好。我參加排球隊打球，妳替我加油；妳加入籃球隊，我做妳的教練。文革開始後的八月，我發覺妳這麼漂亮，開始追求妳，一直怕別人把妳搶走。在去北京的路上，我們的愛開始滋長。我十七歲生日那天，我們才互相表示了愛意。除了我以外，別的男人妳都認為是流氓；除了妳以外，別的女人我也都認為是禍水。我克制誘惑，沒有完全佔有妳，卻萬萬沒有想到會有今天這樣的結果。現在，妳床前的燈要熄滅了——。」

他們把我帶到鼓浪嶼的墓地。昏昏的天空下，不見太陽，世界只有黑白兩色，唯有棺材像火焰一般紅——也許它就是因為這樣才不能與人世相容吧。

我記起了我倆在幾天前站在這裡時梅梅說的話：「如果你真的來了，我要撞——。」

我突然用力掙脫了眾人的手，滾了下去，連爬帶跑地衝向墓穴。我快要碰到棺材時，一條繩索——也就是捆在棺材上的那條——勒住了我的脖子，把我拉了回來。掘墳工人的動作比我快。

我暈了過去。

「你瘋啦！」何為明俯身看我：「難道你不知道梅梅的母親已經發了瘋，你的母親也快為你急瘋了？你還要毀了多少人？」

「什麼？梅梅的母親——。」

老何說溜了嘴，只好據實告訴我。幾天前，梅梅的母親哀傷過度，發了瘋。我的母親說她沒事完全是在安慰我。

葬禮後不久，我的母親也住進醫院。她為了我累倒了。我這才吃了一驚，發現自己是多麼不孝，急忙在病床前求她寬恕。她的體力恢復後，每天都陪我到梅梅墳前，靜靜地陪我坐到天黑。天涼時，她替我披上衣服。她還時常祈禱，叫我也和她一同祈禱。

「上帝聽厭了。」我憤憤地說。

在我的同事們的勸告下，母親同意讓我離開廈門市一陣。我的堂哥聽說梅梅去世後，趕回廈門市來。他說可以安排我住在福州市他的嫂嫂家，請母親一切放心。母親則拜託他、搥胸和其他老朋友悉心照顧我。我們先經海路到了漳州，然後轉搭火車去福州市。

出發的前幾天，陰雨連綿。我到梅梅的墳前告別，在那兒我栽了兩棵柏樹，然後挖起一撮溼土放在挎包裡，離開了墓地，在泥潭中跋涉回家。

上船前，二哥緊緊握住我的手：「耿弟，打起精神。你是個不平凡的人，如果自殺或自暴自棄毀掉生命，就永遠不能成為偉人了。」

我點點頭，抱起來送行的梅梅的小妹，替她擦乾眼淚，對她說：「今後，妳的媽媽就全靠妳了。她病得並不太重，可是妳不能在她的面前哭。告訴媽媽，我和梅梅一起走了，我們很快活。」

就這樣，抱著一年前她送我的照相簿，我靜靜地離開了廈門市。

時間是一九六八年一月。

二—二談判

「你怎麼不早一點到福州來？也許梅梅的死就是對你固執的處罰。」這是阿豬來接我們時說的話。

「也許。」我沒精打采地回答。

阿豬是個不懂得愛情的蠢人。誰也不會愛上像她這樣的肥豬。她對於梅梅的死的唯一反應，是怪我們男生照顧不周。但舊戰友接二連三的死訊降低了她的熱忱，這倒也是很明顯的。在這方面，她和組織中的每個人都一樣——一年前的衝動和進取心已經消失殆盡了。

我並沒有遵照母親的意思住在堂哥的嫂嫂家，仍然住在八—二九總部裡。大樓上的旗幟為梅梅的殉職降了半旗，大家依舊不斷地談到她。「那個漂亮的小姑娘死了。」他們說。

在總部二樓的烈士室裡，梅梅的一張放大了的遺像掛在李憶霞遺像的旁邊。另外還有三位著名的八—二九女烈士遺像。她們跟一部名片的五個女主角一樣，被稱為「五朵金花」。她們的相片被掛在最醒目的地方。大廳中，還有一百多名全省各地八—二九各部烈士的遺像，他們都是八月武鬥開始以後殉職的。八月二日那天被手槍打死的革聯首領的相片也在這裡，在福州是不分什麼革聯或促聯的，大家只知道八—二九四面楚歌，應該聯合起來抵抗革造會。

在我離開的這半年裡，八—二九總部沒有什麼大的變化，除了在華僑大廈中的總部以外，其他的大據點一個也沒有了。

福州已經進入了武器現代化的階段。自從華僑大廈變成了八——二九的大本營後，不斷受到革造會狙擊手的包圍，變成了他們練靶子的好對象。

擠在華僑大廈中的，是由全省各八——二九單位調來的兩千多個戰士。大樓的底層用來儲藏武器、彈藥、食物、飲水、兩架印刷機和一部為了應急而備的柴油發電機；屯積的食物則大半是由軍區司令部供應的。

大樓裡的女生習慣了不絕於耳的槍聲，個個都很大膽。八樓播音室裡的播音員洗好了頭後，還會到天台上去晾頭髮，不怕飛掠過頭頂的子彈。一天晚上，幾個女生開玩笑地從沙包後面跑出來，結果有一人中了彈。

有時，看到自己屋裡的牆上或天花板上又多了一個彈孔，心想：只要自己靠近窗口站上一把椅子，馬上就可以變成另一個八——二九英雄，只不知會排在第幾位。

我已經失去了用身體抵擋子彈的勇氣和意志，二哥的話也時常縈繞在我的耳畔。

大樓裡似乎自成一個天地。樓裡的人在窗外自動步槍清脆的伴奏下跳舞、打乒乓或玩撲克牌。大家都習慣了白天睡覺、夜晚射擊的生活。雙方的人都喜歡在黑暗的掩護下作戰。一到早上，槍火減少時，有幾個人必須跑到外面去，接收由軍區司令部和士兵們護送的商人運來的米、蔬菜、牛奶和其他補給品。有時，附近的革造會槍手顯然看不慣軍區司令部對八——二九連續而公開的補給，還會射死幾個士兵。

革造會不能夜以繼日地嚴密監視八——二九，卻有幾個歹徒總是留在附近。他們並不是為了領賞而當上狙擊手，只是純粹為了好玩而放它幾槍。他們一手提槍，一手拿著酒或吃的東西，不斷地在大樓附近徘徊不去，找機會開槍。我可以用望遠鏡很清楚地追蹤他們的行動。有一次，我正在看著，突然不知不覺地大嚷起來：「為什麼不積積陰德？用一顆子彈換人家一條生命並不光榮——對不對，梅梅？說呀——。」我屏氣凝神地等著她回答，好久才醒覺她再也不會回答了。住在這樣堅固的大樓裡，又有充足的軍火和設備，大家都很有安全感。革造會就算是有新式武器，也不能造成另一個七—二一事件。他們雖然有噴火器，但因為距離太遠而無用武之地，因為大樓周圍有三百公尺左右的開闊地。軍區司令部嚴格看管著部隊裡的大砲和坦克，而且，必要的話，軍隊已經有權開槍自衛，革造會最最重型的武器也只是機槍而已。

革造會和廈門的促聯一樣苦於缺乏彈藥，因為他們浪費了千萬發的子彈在大樓牆壁上。我們在大樓正面懸掛一幅毛澤東的巨像，三四天後，他的嘴巴附近被打了一百多個彈孔，八—二九立刻向中央告發革造會「侮辱偉大的領袖達到了空前的程度」。

守衛八—二九大樓的人也不吝於消耗彈藥。大家裝模作樣地保衛陣地，趴在窗口的沙包後面漫無目的地亂扣扳機。這種亂發子彈的作風被稱為是「美國大兵打仗」（我們還從電影裡知道美國兵全是些膽小鬼）。

我是很難得放一槍的。我現在只是個七〇八室裡的白癡，成天胡思亂想，只有在萬不得已的情況下，在許多雙眼睛都瞪著我看時，才扣幾下扳機，然後就假裝頭昏，退了下去。

我違背母親的意思到總部來，是希望從戰友們的身上得到一點溫暖。可是，我從前在同事們的圈子裡覺得十分快樂，現在卻逐漸地疏遠大家。同事們見我整天垂頭喪氣，也乾脆撇下我不管了。

我的屋裡很冷，又不夠舒服。於是，我常常到閱覽室去，那裡有個火爐，我總是豎起衣領，坐在火爐邊的長沙發上回憶往事。戰事爆發以來，誰都對看書或看報失去了興趣。但閱覽室是個取暖和休息的好地方，我是第一個長客，第二個也許就是我們學校工作隊裡的老頭子丘貉了。

過去的一年多來，丘貉一直以投機分子的姿態到處混日子。一九六七年初，他從北京回來以後，衡量了新的局勢，以他曾經對八—二九有功的理由，撈到了一個八—二九機關幹部司令部的小頭目的位子。武鬥開始後，他比誰都起勁。他老愛說：「我是拿二十年前打國民黨的精神來打革造會的。」

他當上了機槍手，唯一的目的是幫八—二九打敗革造會，好在省內抓權來穩固自己的地位，否則活著也沒啥意思。他只要有總部供給他大量的高級香菸，可以吞雲吐霧，調劑調劑劈啪亂響的機槍也就心滿意足了。

晚上，打了幾千發子彈後，他常披著外套走進閱覽室來，就著火爐燃上一根香菸，然後轉身跟我打個招呼。有時，他會跑來搖撼我的肩膀，嚷道：「天亮了！你這冬眠的蟲！」然後緊挨著我坐下來。他外套的臭氣總是逼得我直往邊上挪。他一點也沒有變，只是頭髮長了些，外套髒了些，充血的眼裡閃爍著一股殺氣。他坐在那兒吞雲吐霧，我則半閉著眼，心中暗罵他是個劊子手。有一次，他好像看穿了我的心思說：「今天我又拆散了幾對像你跟你的愛人一樣的小鴛鴦，留下一個，把另外那個送到陰間去了。這就是向八—二九表示效忠的方法！」說完呵呵大笑。

有時，我會恨得用口袋裡的手槍來對著他。只是，我往日的火爆脾氣已經發作不起來了。

在一月的防衛戰期間，八—二九總部採取了一個新政策。它反映在一句新口號裡：「看窗外的世界，不屈不撓，爭取最後的勝利！」「窗外」是暗指最近中央迫使各省敵對派講和的事，解決的方法是號召各派代表以及軍方和舊機關幹部代表實行所謂的「三結合」，在省內建立一個叫作革命委員會的臨時政權。

「下一個就是福建了！下一個就是福建了！」總部裡的人滿懷希望地說著。大家都認為有軍區司令部做後台，八—二九在談判桌上一定不會失敗。同時，八—二九的頭頭們每天開會，商討如何提高我們在談判期間的效率。

一月間，中央果然把注意力轉向解決福建省的派系鬥爭了。奉派來負責這個工作的，是原籍福建的中央文革領導小組組長陳伯達。

陳伯達首先把兩派一齊痛罵一頓，命令福州軍區司令部收回所有武器。八—二九和革造會雙方雖然採取同樣的政策，將武器化整為零，「分藏到戶」，或「繳舊不繳新」，「繳長（不易收藏的）不繳短」，但只有革造會受到了軍方嚴密的搜查，我們八—二九卻可以「自動封存」自己的武器，甚至在一個秘密山洞裡也藏了一部分軍械，而且軍隊告訴我們，在緊急情況卜可以再取出來用。

一部分革造會會員不肯繳還武器，與前來搜查的軍隊發生了衝突，雙方各有數人死亡。不過，中央已經命令軍方要徹底搜查，而且如有必要，可用武力鎮壓反抗。於是，軍區司令部調動了更多的部隊開到了革造會總部，在大門口架起了機槍和小砲。雖有幾個癡漢誓死不放下武器，革造會最終還是投降了。

收回武器的工作迅速完成了，至少表面上是如此。兩派的負責人都向軍區司令部做了類似的保證：「如果能在我的總部搜到武器，砍我的腦袋！」其實，他們的嘴裡這樣說著，衣袋裡就藏著手槍。

軍方向中央報告任務完成後，中央立刻命令主要敵對派和軍方都派代表到北京去談判。廈門公社認為梅梅死後，我一定更恨革聯，會全心全意地替組織說話。所以，促聯的首席代表何為明極力向他的老同學八—二九首席代表唐雲禮推薦派我同行。阿豬更是比誰都熱心，忙著向其他委員為我拉贊成票，把我的演講技巧和搞外事關係的手腕大吹大捧了一番。

在我們出發的前一天，韓先楚司令員請我們到他家晚餐。那天沒有外客，賓主之間十分融洽。韓氏夫婦對我們招待備至，大家圍著大圓桌而坐，桌上有個大火鍋。

坐下動箸後不久，韓先楚提到梅梅去世的事。坐在我身邊的韓太太也嘆息不已，直說頭一眼看到梅梅就喜歡，還想收她做乾女兒。

「叫你們不要打，你們不聽。如果不打仗，就不會有這種悲劇。過去，和成千上萬的國民黨打仗，我一點也不難過。現在，八—二九戰士就是死一個，我也傷心。」韓先楚邊吃邊談，大家坐著靜靜地聽，巴結地叫他講些過去的作戰經驗。

他興致勃勃地說起在韓戰期間當志願軍副總司令的往事，說他如何在冰天雪地裡打美國鬼子。在座的人都裝出一副被他的豐功偉績完全吸引住的神情。我看著他們的嘴臉，覺得噁心極了，只得垂下頭，幾乎想連眼睛也閉上。

這時，韓先楚又說，他在朝鮮時，手下有個女衛生員，長得極像梅梅，也是年紀輕輕的，聲音特別甜。

「這姑娘跟梅梅有什麼相干？」韓太太打斷他說。

一片沉默。然後，韓先楚想轉變話題鼓勵我：「好好幹，將來參軍一定前途無量。」

「不，我不合格。我是近視眼。」

「那沒有關係。等你從北京回來後就來找我，我保證你當軍官，按你的興趣派個差事給你——。對了，那個女衛生員啊，她在戰地碰到個軍官，也是個能說會道的。他們結了婚，過得很快活。我是他們的證婚人，所以才記得這麼清楚。」我正要問他們現在住在哪裡，韓太太又夾了肉放在我的飯碗裡，分散了我的注意力。我一直忙著謝謝他們的殷勤招待。

「多吃點——就把這當作年夜飯吧。你們大概趕不回家過年了。不過，別難過，你們都是年輕一代最優秀的分子。」說完了，韓太太仔細地打量我，然後叫我理個髮，可以顯得精神些。我們坐一輛中型吉普回到了住處。我靜靜地坐著，別人則七嘴八舌，興高采烈地又說又笑，巴望著有一天韓先楚能當上省革命委員會的主席，我們也許都能當個委員。阿豬的嗓門最大。

「小淩，你呢？做個什麼官——生產？外事？」

「我什麼也不想做。」一頓飯就能對他們產生這樣大的作用，真是令我想不通。我已經把自己看成了局外人。

「小淩，你這種行為是不對的。振作一下，要上北京去了。」

「是啊！」我收收腰帶，挺直了背。我要振作起來，老這樣下去，最後會變成什麼呢？

第二天早上，我理了髮，換上一套乾淨的制服，發了一封電報給家裡，告訴他們說我又要上北京看二姐去了。

同志們到火車站含淚為我們送行。大家都明白我們談判的結果會影響組織裡所有的人。「絕不要妥協！」大夥兒一再地囑咐我們。

何為明和其他廈門代表直到最後一刻才趕到火車站來。他們所乘的火車在經過廈門郊區時，受到了革聯分子的騷擾，還得靠軍隊把滋事分子趕走才通得過。大家同乘一班火車赴北京，兩派人分坐兩節車廂，互不來往：革聯與革造會的代表同坐一節車廂，促聯和八—二九坐另一節。

到了上海後，也分開在兩家旅館過夜。上海市雖是偌大的一個城市，我們似乎仍然是到處狹路相逢。有一次，雙方在外灘的一家咖啡館碰到了。我們把咖啡喝完就先去付了錢，把他們的也付了，然後走了出來。他們發現後，追了出來，把鈔票裹住石子，向我們丟過來，嘴裡嚷著：「誰要你們的臭錢！」我們則將一把硬幣丟過去，叫道：「因為你們這批窮光蛋在甘蔗田裡混了個冬天！哪！這些錢給你們的小雜種！」

這把錢被扔來扔去，乞丐和小孩子擠過來搶。最後，警察跑過來喝道：「這是人民的錢！扔錢是反動行為！」

我們到了華北後，看到許多其他敵對派的代表，他們竟在一起有說有笑的，好像幾天以前彼此並沒有放過一槍似的。說到派性，我們南方人似乎總是高人一等。

到了北京，中央文革領導團接待站招待我們住在人民解放軍後勤學校裡。一年多以前，我就在這裡參加了毛澤東思想學習班。最令我們難以忍受的是，規定每一派的兩名代表要和敵對派的兩名代表同住一室。

一連好幾天，中央對我們不聞不問，既不接見，談判的事也一字不提，反而叫我們參加毛澤東思想學習班，先洗淨戰爭的思想，抖落身上所沾的戰場塵埃。過去一年間，我們並沒有從毛澤東身上學到什麼，倒是從自己的經驗學到不少，我們做了頭頭後才發現，人的地位越高，越不重視毛澤東。拿我來說，我就認為他的水平沒有我的高。

討論課進行得相當激烈，各派都用毛澤東的話來彼此謾罵。幸虧我們中間有張又寬又大的桌子，使我們的拳頭碰不上對方的鼻尖。有一次，幾個人跳上了雪白的桌布，打翻了茶杯和菸灰缸，拔出了小刀，拉下了皮帶，要一見高下。今天茶杯打破了，明天燈泡不見了。廁所的牆壁幾乎天天要重刷，上面被我們塗滿了髒話和裸體像。「你們不過是一群流氓，行為舉動根本不像是革命造反派的頭頭！」服務員經常大聲埋怨。

真正的戰場是在我們的住處。我們那一間有四個人——革聯兩個、促聯兩個，而且，革聯那兩人中有一個是我的同班同學，也是死對頭。我們在學校裡都是頂尖兒的學生，兩個人都驕傲得過了分，還暗中鉤心鬥角。我們在班上各有各的黨羽，文革以後，兩人更成了死敵。

我用一根鋼絲和一條床單做成一個帘子，隔在房間中央，看起來像是準備為死人開弔的地方。革聯派的室友也掛起一條床單，然後大家坐著等到半夜，待服務員入睡後，悄悄地調換房間，同派的人終於又睡在一室了。結果是大家都疲憊不堪，服務員更倒楣，監視我們按規定同居一室，這是他們的責任。中央曾經告訴他們：若能減少派系鬥爭就是他們的大功勞。

服務員發現了真相，卸下帘子後，我的老對頭用粉筆在房間裡每件東西上頭都畫上一道線，分成兩半，連衣櫃裡、窗台上、水汀爐上都畫到了。我發現只有一樣東西沒有畫線——那面鏡子。於是，我立刻在鏡子的中央畫了一道線。

一天下午，我剛踏進房間，他就大叫：「為什麼把頭伸到我這邊鏡子來？」我們兩人吵開了，很快吸引了許多人聚在門口。

其實，我並不生氣，反而覺得這件事真是無聊可笑。可是，最近我覺得自己就是愛惹事生非，失去了往日的自制力。我的行為舉止像個小丑，而且常罵髒話。一個服務員跑過來問是怎麼回事，我竟做出了只有在觀眾面前才會做的事——抓起一把椅子，把鏡子砸個粉碎。每個人都愣住了，服務員深深地嘆了口氣說：「你們這些人吃了什麼迷魂藥，為什麼彼此恨得這麼深？女同志們早就在合用一個粉盒了，誰想得到男人會比女人心眼更壞？」

鏡子事件透過電報傳到了家鄉，同志們認為這是證明我們反對革聯的立場「堅定」，可是，在專門向中央打小報告的人看來，這又是將來算我的帳時，必須記上的另一個小項目。別的代表夢想在將來的革命委員會裡謀到一官半職，都在盡力讓服務員留下好印象。我無意間聽到一個服務員這樣說：「只有那個高個兒不知分寸，他可有得瞧嘍！」但我的心裡一點也不難過，我對革命委員會沒興趣。我來這兒只是要替同志們說話。

不惹麻煩的時候，我總喜歡跟何為明在寒風中散步，尤其在傍晚時分。我們談組織，最後總是談到私人的事。他坦白對我說，很希望在三結合革命委員會裡謀個職位，因為這就等於說他在大學畢業後，可以做比較好的工作。他的抱負是做機關幹部。他說，他明白目前在廈門市抓權是沒有用的。

老何問我有什麼計劃？我說了實話：從前我希望進入清華大學，梅梅進北京醫學院，現在一切都化為灰燼了。不久以前，我和母親悶在家裡時，曾經翻看自己的俄文書，發現所學的幾乎已經忘光了。想到過去一年來的生活，我茫然不知它的意義到底為何。我是若有所得，也若有所失。

二姐在我們共處的這段日子裡，不斷地鼓勵我，說我還年輕，前途遠大，應該進入科學界。她認為我必須早日培養對某一行的興趣。

學習了幾天後，總理周恩來、江青、外交部長陳毅和公安部長謝富治等人到後勤學院來看我們（除了我們外，還有其他七八省敵對派的代表也住在後勤學院）。在食堂中，大家一同進餐。他們進來以前，我們全體站成六排，後排的站在椅子上，準備一起攝影留念。最前面的一排座位是留給來訪的領袖。他們一進來，大家就爭先恐後地伸出手來和他們握手，後排的人幾乎倒下來，壓垮我們在前面的人。這要是拍下照片來，倒是一幅上乘妙作。

周恩來立刻表示，他來訪的目的只是看看我們到北京後是否一切都滿意。至於我們間的派系鬥爭，他不願過問。在所有的首長當中，我最欣賞周恩來，他似乎是個能幹而不虛張門面的人。據說，他的確十分認真工作，因為沒有小孩，他把整個生命獻給了國家大事。

吃完飯後，他在食堂一角的水龍頭下洗淨自己的碗筷。這副碗筷事後當然是陳列出來了，表示周總理的樸素生活作風。

我最不喜歡江青，她只會說：「人人應該聽從毛主席的話，不要再打了！」她以一種近乎要哭的聲音一再重複這兩句話，顯得很容易衝動，一說話就好像喘不過氣來。

外交部長陳毅的態度最隨和，胃口也實在大，不斷往嘴裡塞菜，弄得兩頰圓鼓鼓，一面嚼一面點頭，開不得口。我們和他聊天，好像彼此地位平等。革造會的外事部頭頭開玩笑地對他說：「你負責全國的外事，我負責革造會的外事，我們是同行嘛。唯一的不同是你專跟洋人打交道，比我容易多了。」陳毅答道：「哦，不不，不能這麼說。跟洋人打交道得保護國家的利益。你工作的時候，用不著那麼多的手腕，到底大家都是中國人，只是一時意見不合而已。」

謝富治則是個圓胖而俗不可耐的傢伙，臉長得像隻豬。大家都知道他是個出名的劊子手。

隨著我們「互相幫助，溝通思想」的頭幾天和中央首長來訪後，解決福建問題的工作才正式展開。我們每天開會談判，並與高級官員會商。在談判桌上，兩邊除了互相揭發反毛、反黨事蹟外，一事無成。二月二日那天，福建省的命運終於決定了。早上十點，福建各派代表來到北京人民大會堂的西廳等候陳伯達等人接見。

據說陳某很關心家鄉福建的情形，對福建倒也忠心耿耿。我們甚至聽到閒話，說他對於福建大權落入外省人韓先楚之手，覺得非常不痛快。他一進來就開口斥責我們。這時，我們中央領袖已經見多了，大家都不理他，繼續自顧自地吵架，直到他用力拍了幾次桌子，我們才靜下來。但即使在這時，仍然有人雙手扠腰，鄙夷地看著他。陪他一起進來的福州軍區司令部人員和其他幾個人顯得又氣又急，一時沒了主意。在他們看來，陳伯達大概是昂藏七尺，高不可攀。

聽眾中有一兩個人顯然很不識相，仍然在告敵方的狀，企圖引起陳伯達的注意。他不耐煩地揮揮手：「大家都住嘴！我已經聽夠了！你們兩派都有錯，福建人民變成了你們的犧牲品。你們還敢自命為毛主席的忠實衛士嗎？」

他接著把每個紅衛兵頭頭罵遍。我很奇怪這樣一個高級人物竟會用這樣粗俗的字眼，還夾雜很多土話。聽眾中開始有人交頭接耳，罵他是「老蕃薯」、「鄉巴佬」、「老頑固」。

何為明首當其衝，挨了陳伯達的罵。陳伯達用手指戳到他的鼻尖說：「何為明，台灣支持你，你應該立刻辭職，回家種蕃薯去！」然後又轉向何為明身旁的汪大銘：「你們兩個一搭一唱，都是壞分子！」

不在場的人聽說這兩句話，都以為何、汪二人大禍臨頭了。其實，陳伯達只不過是開了一連串不負責的謾罵的第一砲。他連續罵了一個小時，除了停下幾次叫大家安靜一點外，一刻也沒有停嘴過。

十一點罵完了之後，他立刻叫我們在他帶來的和約上簽字，並直截了當地說：「不必再談了，凡是同意中央決定的都來簽名！」

他的手下人立刻將「福建省各派停戰協議書」攤在桌上。陳說還有約會，便一走了之了。誰敢不簽？尤其是公安部就在附近。

福州軍方代表首先在協議書上簽名。輪到我們時，軍方代表、陳伯達的副官、後勤學院的服務員統統圍過來，緊緊地盯住我們。我拿起毛筆寫下名字，看到一個服務員盯住文件上的名字不放，我用毛筆點上他的鼻尖問：「你是不是也想簽？」這是我最後一次的報復，後來就再也沒有機會了。說什麼聯合領導？說什麼在革命委員會謀個職位，爭取代表權？這一切都化為烏有了。我們面對的冷酷現實是：中央的命令要徹底執行——所有的武器必須立刻繳還，所有的工事都要拆除，俘虜要釋放，所有的罪犯要嚴格處罰，壞分子要揪出來，我們必須從各大機關撤出，放棄在各校各廠抓到的權，學生不得繼續下廠，也不得攻擊軍隊或以任何名義搶武器。條款共有十一項，每一項都以「無條件」三個字開頭。總而言之，這張協議就是要我們停止一切活動、解散組織和結束所有的名堂。

全體代表一同走出了人民大會堂，情緒相當激動。有人直截了當大罵「他媽的」，有人則憂憂戚戚地唱起《梁山伯與祝英台》的插曲。革造會的首號頭頭雙手插在衣袋中，好像不勝其寒，語意深長但卻認命似地說：「除了毛澤東，又有誰能當皇帝？」

我們打電報給家鄉的同志時真是萬念俱灰。當晚，大家在收拾行李時，聽說如果願意的話，在離北京前可以分開睡覺。這時，大家都是時運不濟、滿腹委屈的人，誰又顧得上憎恨別人呢？如今大家已經無官一身輕，代表也當不成了，這點事又算得了什麼？反正一切都已經過去了，於是大家不計前嫌，在離北京前的幾天裡同進同坐，到處遊逛，一起上館子，彼此提醒「往事休提」。

何為明似乎有老大徒傷悲之感。一天，我們同在北海公園的白塔上，他向我吐露說，過去沒有撈它幾個錢，現在真有點後悔。

我們聊了一陣，然後默默地從塔頂往下看。我的心底不住地發冷，過去的一年夢魘似地逝去了。我的心裡頓時充滿了回家的欲望。

另一個世界

火車轆轆南行，沿途的大地逐漸復甦了，農夫和水牛都在忙著春耕，見到火車隆隆而過，農夫向我們招手。孩子們仰頭看著，露出掩不住的神往，小帽上的耳蓋隨風飛舞著。

我舒舒服服地裹在大衣裡，懶洋洋地任由玻璃窗透過來的陽光曬著。一年多前推動我參加串連的那股熱烈衝勁已經不知去向，我對窗外揮手的人也已無動於衷。轉過頭來，看見同伴們多在閉目養神。大家都曾是不可一世的人物，現在一個個都失意了。

何為明果真要回家鄉種蕃薯去。他開玩笑地說，他要種出一斤重的蕃薯來和陳伯達比個高下。

阿豬說她要當泥水匠。她的父親反正對她沒有抱太大的希望，只求她能中學畢業接下他的水泥板就行了。抵達上海以前，她甚至有意買一套泥水匠的工具，然後買張票直接回廈門。我問她怎麼不回福州去見韓先楚？她出乎意料地說韓先楚很可能不理睬她。

「可是，妳總是他的乾女兒呀。」

「但我沒有梅梅漂亮。再說，現在我對他也沒什麼用了。」

然而，阿豬還是回到了福州。她的成分好，總還混得過去。

汪大銘一直很後悔脫離軍職加入了廈門市委會。他說，想當年他玩女人，軍方一定為他掩飾，但他總覺得住不慣軍營，而且穿軍服行動不便，才退了下來，現在沒有了制服，他又覺得自己像是脫了鱗的魚。

促聯的二號頭子盧大瑤要回福州結婚。他拿出女朋友的相片給我們看：「她參加過革造會。不過，那是過去的事了。」看他悠然自得的樣子，我猜他過去兩年來一定刮飽了私囊。

頭頭中，大多數都說要隱居到閩西山區去，和紅塵俗世斷絕來往。當然，這都是說說而已，大家的心裡都明白，在現有的統治下，誰也別想長久閒雲野鶴，高臥西山。

列車終於駛進了廈門車站。我的堂哥和挹胸等人來接我們，顯然是想在任務失敗後替我們打打氣。

從車站回家的路上，我們看到了「砲轟陳伯達！」的標語。有些朋友說這是廈門的民情，市民反對陳伯達處理福建問題的做法。

「沒有用了，」我說：「這是幼稚的舉動，問題不在陳伯達自己的看法，是中央決定這樣做的。」我覺得自己對一切已經不存幻念，才會對世事看得這樣清楚。分手前，我請堂哥和其他的人約八一八戰鬥隊的全體隊員在晚上到我家來開會。

回家後不到一小時，我就和母親一同到精神病院去看梅梅的母親。為了不刺激她，我們只從她的病房窗口看看她。她睡著了。在我看來，她好像瘦了許多。梅梅的小妹坐在床邊看書，她抬起頭來看到了我，立刻跑到我們的身邊哭了起來。自從梅梅的母親精神失常後，她的父親也變了，經常不按時到醫院工作，好像多半把時間都消磨在茶樓棋社裡，跟人家下棋。

母親和我陪梅梅的小妹回她家，宅子已經零亂荒蕪。進了屋裡，梅梅常常坐的長沙發上胡亂地堆著幾個枕頭，鋼琴蓋上了。廚房櫃子裡塞著一些罐頭，有些是母親送的，有些是梅梅的哥哥從青島帶回來的。

梅梅的小妹現在只靠吃罐頭過日子，因為她不會做飯，但她仍然不肯跟哥哥回青島。

「小妹妹，妳聽我的話，好不好？」母親說：「到我們家來住，等妳的媽媽好了再回來。」

小女孩搖搖頭，「我不能丟下媽媽。」她答道。

母親說，她每星期都來這裡，想要接小妹妹回去住，每次都得到同樣的答覆。然後，她含著淚，默默地動手整理各個房間。

黃昏時候，我到了鼓浪嶼，帶著鮮花來到梅梅的墳前，坐在祭台上哭。除了哭，我還能做什麼呢？

當晚，八一八戰鬥隊的全體隊員在我家聚首。母親看到有這麼多老朋友來看我，很是高興，拿出大橘子和糖果分給大家。我們圍桌而坐。堂哥把去年試製手榴彈喪生的王洛仁的遺像也帶來放在桌上，空出一張椅子給他，使他能和七位活著的戰友同在。

我先宣布解散八一八戰鬥隊。我們不再是戰友，但永遠都是好朋友。然後，大家隨便聊聊朋友間的知心話，談談將來的抱負。

挹胸決心繼續作戰，說想抓到廈八中八一二九公社的控制權，掀起一個反陳伯達的高潮。我想勸他放棄這個念頭，向他解釋廈八中絕非陳伯達的對手，挹胸的成分又不好，我很替他擔心。其他人都想自由自在，從此不再牽涉到派系鬥爭。堂哥愛上了詩和畫，時常作詩和韻，畫山水寫竹林消磨時光。

據我所知，老板已經搭上了地痞流氓，開始穿著拖鞋到處遊蕩，遇到女人就吹口哨，打架鬥毆他都有份。

八一八戰鬥隊裡唯一的一個音樂家帶來了他的小提琴。他說過去兩年來，他最大的收穫是上過台，得到了臨場經驗。他從紅衛兵的舞台上看到了一心嚮往的「世界大舞台」。

「可是你只會拉小提琴。」有人說。

「等著瞧吧。總有一天，我會從國外回來，成為著名的音樂家。那時不要見了我不好意思啊！」

王洛仁則已長眠地下。

我呢？我不斷地開玩笑，搖頭否認有什麼計劃。不過，事實上並不完全這樣，也許我已經有了計劃，只是我還沒準備好罷了。

七個月以前，正值七月的某天，我剛從福州的流血事件回來，被母親軟禁在家，二哥提議帶我到鼓浪嶼去走走。他說海水對治療我的皮肉傷有幫助，還向母親保證很快就帶我回來，結果母親和三姐也要去，於是就變成了一次郊遊。鄰居看到我們帶著陽傘和綠色的旅行包去郊遊，覺得很驚奇，以為是什麼喜慶的日子。

到了鼓浪嶼，母親感懷往事，不勝唏噓。我們去看了父母親曾經住過的房子。現在，裡面住了好幾家人，糟蹋得面目全非。淺紅色的牆壁發黑了，小孩子在樓上房裡哭叫，花園變成了小小的農場。我們還去龍頭街看一家老牌糕餅店，這家店以賣馬蹄酥出名，聽說大哥幾乎是靠吃這種糕長大的。

我覺得那一天二哥的形跡很反常，不僅神情緊張，說起話來也語焉不詳。他打開照相機換膠卷時，我發現他的雙手在發抖。

我們一同爬上石階，來到日光岩的頂端，遠方的金門島隱約可見，但很快又消失在薄靄中。突然，二哥指著那座島嶼說：「那邊是另一個世界。」

我趕快打量四周，幸好附近沒有人。母親和三姐在另一端瞭望風景，二哥沒有再說什麼。我們下了石階，走上海灘。

我知道二哥已經計劃要逃亡，而且考慮了好一段日子。他曾說全國到處是一片混亂，廈門正在走向滅亡。我曾告訴他，不管怎麼樣，我都要在這片混亂中成就一些大業。

「我並不認為你們的派系造反鬥爭能解決問題。」他曾說。

對二哥而言，這一片混亂粉碎了他的一切希望，也帶給他一個機會。郊遊後第二天的傍晚，二哥又堅持要帶我去游泳。這一次，只有我們兩人，他顯得鎮靜多了。我們靜靜地向外游入寬廣的海洋，和往常一樣，他在前面帶路。天色已黑，又下著雨，我想回去。

「再游一會兒。」二哥說。

我有點不耐煩了，天太黑，雨水會把我們留在沙灘上的衣服打溼。我又叫他。「耿弟，」他說：「我不回去了。」

我吃了一驚，立刻緊張起來，幾乎沉下去。勉強浮上來後，我大叫：「不行，現在不行！現在不行！時候還沒有到！太突然了！」

「別這麼大聲！克制一下。今晚天黑得正好，我該走了。」

我緊緊地抓住二哥，差一點兩人一起沉下去。我苦苦哀求他，說風太大，水太冷。他看著我，也許明白這突來的離別對我打擊太大。然後，我又說：「我要跟你去，可是今天我辦不到，我毫無準備。」

「我不知道你沒有準備。」他說，不過聲音已經有點猶疑不決。我們一面爭執著，一面已經開始向廈門海岸飄回去。

「算了，」他最後說：「今晚我走不成了，多可惜！」

上了沙灘，我已是滿眶淚水。

「是我拖住了你。」我說，我看得出他有多麼沮喪。

「不要緊，不要難過，以後還有機會。」他回答。

但是，八月我返回促聯後，二哥似乎與我疏遠了。

第二次從北京回來後，我把大部分的時間都花在考慮如何一步一步結束自己的工作。現在的外事部已經是前所未有的冷落而荒涼，只有我的新的男副部長留了下來。他和搥胸一樣，決心要繼續和陳伯達周旋到底。他是個得力助手，從前是廈門紡織廠的工人。我曾警告他，軍區司令部正在密切注意反陳分子。

「我是在困苦中長大的，」他說：「帶大我的，不是母親，是鞭子。所以，放在監牢裡大概也過得慣。」

我說我已經準備盡早辭職，希望他能接下我的位子。他回答說，陸官對他並沒有什麼好處。他的消沉並不完全因為政治局勢不好，他在情場上也失了意。他曾經追求我的女副部長，對她很崇拜。她是個大學生，而他只是個普普通通的工人，因此自覺配不上她。我回來後不久，她就離開了外事部。她的父親堅持要她嫁個有錢的「穿拖板的」——一個華僑，澆了她一杓冷水，叫她「覺悟」。她曾寫信告訴我這件事，我很同情她。

現在，外事部的主要工作是銷毀各式文件。後勤部為了安全起見，把所有檔案和成千的促聯成員名冊搬到我們的大樓裡來。這是軍方和革聯最感興趣的東西。

不過，數以百計的促聯分子這時已經相繼退出了組織，組織部長自己處理「退出聲明」，還分門別類地歸檔，就像整理圖書館卡片一般，把理由相同的人歸入一類，顯然並不為退出的人太多而不安。我也幫著他整理由廈大學生繳進來的部分。

二月到四月之間，我的正式工作是協助戰史編輯委員會的編輯合編《八一二九廈門公社戰史》。因為經費不足，原來準備配用照片的計劃只好作罷，全書的厚度也由三百多頁縮減為一百四十頁，出版日期則是一延再延。四月初，戰史編篡完畢，我也辭了職。我覺得好像是謹慎小心地在把每一件事都交代清楚似的。

同時，在四月，梅梅的母親已經復元了很多，可以離開療養院了，她出院的那天，我送她回家。一路上我們沒有談些什麼，她只是輕輕地重複著：「她走了，她走了，不要再提她。」

組織是每下愈況，我們家卻是生氣蓬勃。看到家庭生活恢復正常，母親很是快慰。她每次從市場回來，懷裡總是塞滿了大包小包，我則假裝對她買回來的好東西都十分嘴饞。我替她拿拖鞋，告訴她我做好了哪些家事。晚飯桌上的談話也充滿了愉快的氣氛，二哥會留下來和貓兒玩一會，三姐負責洗碗筷。

夜闌人靜時，二哥則會對我吐露他心底的失望，「又是一年！」他常恨恨地說。他追求自由的欲望越來越強烈。我們每次談話，他都提醒我要為前途著想。現在，我最想的是回校求學。有時在夜裡，我真的回到了高一五班的教室，坐在第三行第七個自己的老位子上埋頭而想。我，一個這麼不可一世的紅衛兵，真能再回到教室裡遵守校規嗎？對那些在鬥爭期間被我們百般羞辱的老師，我還能像以前一樣地尊敬嗎？我記得曾聽人家說過，有許多老師在被鬥以後決定辭職不幹了。

然後，我會轉到高一六班梅梅的位子上，舔舔她那積著灰塵的桌面；想到以後開了學，教室裡這個位子會空著，我幾乎跳窗自殺。

許多同事說要逃到香港去。他們說：「只要有路通到香港，爬也要爬去。」我把這話告訴二哥時，他表示這些人只是空口說白話，缺乏行動的勇氣，他很瞧不起他們。

「如果你叫他們今晚就收拾個破包袱上路，」他說：「他們百分之九十的人不會挪一步。」

他補充說：今天大多數的中國人實在缺乏行動勇氣。

在我看來，我在香港絕對找不到和我現在的學校一樣好的地方求學。我有幾個小學同學到了香港後，會寄相片回來，看到他們油光光的頭髮、尖尖的皮鞋和緊腿褲，我就噁心。我從來沒有真正喜歡過僑生。如果我到香港去，很可能也變成一個人人瞧不起的流氓。但是二哥認為我傻氣，他認為在自由世界裡，人的本質和自律才是決定為人的因素。

四月中的一天，當我這個沒有職責的頭頭和沒書可讀的學生對二哥說準備和他一起逃亡時，他的心裡想的並不是香港。

他仔細地查看地圖和日曆，研究月光和潮水，謹慎地做了決定。我們計劃游泳到金門附近的大膽島，這是一條比較長，但比較安全的路線，全程共有一萬兩千五百公尺（八英哩）。我們要在一個夏日的傍晚七點到八點之間，趁著低潮混入海濱戲水的人群中，隨著傍晚時分散步的人踱到輪渡碼頭，在碼頭附近溜進水裡。然後在暮色的掩護下，游到海峽中央，浮水半小時，等候退潮。然後，隨著每秒零點四公尺的潮流，我們應該可用每秒零點八公尺的速度前進。如果一切平安，我們在四小時內就可以到達彼岸。

有一陣子，我老想是否有別的方法？因為晚上就是站在岸上看看黑濛濛的大海都會令我不寒而慄，實在太危險了。

「萬一碰到巡邏艇呢？」我有一次問二哥。

「世界上沒有十全十美的事。萬一碰到巡邏艇，我會盡力吸引他們的注意，你就一定要盡力一個人逃。」

「不，要死一起死！」我好像已經看到了一切的恐怖：「我們帶把槍吧，我不要死在他們手裡。」

「不行，太重了，不可能。」

「那，安眠藥呢？」

「你這呆瓜，還這麼年輕就有滿腦子的怪主意。」二哥說：「你難道不曉得安眠藥沒這麼快發作嗎？而且，他們總有辦法把你救醒過來。別擔心，我會盡力弄你過去。我比你大，活夠了，為你死，我不在乎。」

他抬起我的頭，仔細地端詳我，我們都很感動，我覺得兩人合而為一了。二哥知道我游泳的耐力不行。他的泳術高強，游得又遠又穩。所以，在溫暖的四月天，促聯準備冉度搶武器的當兒，我曾每天到海濱去，在二哥的指導下練習游泳。趁著他們抄搶海軍基地之便，我還曾經常出沒各個碼頭，觀察船隻和附近的情勢。

每天一大清早，我們兩個人就在公園裡練跑步，連跑好幾圈來增強體力。晚上則在家裡用水泥製成的啞鈴練舉重，增加肺活量。

七月，各處的工人宣傳隊開入各個學校，終止了一切學生活動。學生領袖被抓、被公開鬥爭的報導如雪片般飛來。中央並公開表示要送成千上萬的學生「上山下鄉」，去和鐵鍬鋤頭過一輩子。這時，二哥和我已經準備就緒，可以衝向自由了。

一九六八年七月十九日，我在清晨五點醒來。天上浮著小朵的白雲，雲中透出了旭日的光芒。這會是個平靜而燠熱的大晴天——好兆頭！

我盡力想冷靜下來，偏偏無法控制自己。我不但在幫母親做早飯時燒焦了一半的食物，後來去洗碗時又把一個湯匙掉到了井裡。「你這孩子是怎麼回事？」媽媽有點不放心地問：「最近老是心不在焉的——。他們又要搶武器了，是不是？他們難道忘記了三月黑風？你可不許再參加了，讓媽安安心心吧！」

我心裡想，如果她知道了真相，還會讓我冒著生命的危險去追尋另一個世界嗎？二哥從他的房裡出來，把我拉進去說：「你怎麼這樣不鎮定？」說完又如往常一樣上工去了。

這天正好是母親休假，三姐也留在家裡看書。趁著母親出去辦事的當兒，我趕著燒毀我個人的東西，撕毀了無數的紙張，又堆起八年來的每一本日記引火燒掉。在劃火柴以前，我翻開第一本的第一頁，看看自己四年級時寫的：「將來我要做一個科學家，我要探測地球，為人類謀福利。」

午飯後，我躺在床上聽母親在客廳中踩縫衣機的聲音。終於，我走出去，坐在母親的身邊，看著車針迅速地跳動著。

「耿，早上你是不是在燒什麼東西？怎麼不告訴媽媽？」三姐突然問。

「哦？真的？」母親緊緊地盯著我：「你的臉色蒼白，要保重一點。」她似乎害怕著什麼。

只剩下幾個小時，我反而不知道該對她們說什麼才好。

鐘敲了兩下，我再也不能保持緘默了。我說：「媽，文革快結束了，最近軍隊又在抓人，我也許又要離開廈門到別的地方去避一避。」

「又要出去流浪了？為什麼不去跟你的姐姐們住一住？她們都寫信來要你去玩。」

母親的建議使我有機會說出幾句離家前想說的話。我懇切要求三姐好好照顧母親，又要求母親不要再工作了，兒女賺的錢夠她用度，她應該享享福了。整個下午，我都和母親、三姐坐在一起。

可是，隨著時間的消逝，我漸漸覺得呼吸困難，雙手發抖。

稍後，我喝了一點母親煮的綠豆湯，又好喝，又不膩，是游泳前最好的點心。母親彷彿有先見之明而特意為我準備似的。

最後，我不得不再撒個謊。我對母親說，晚上要去吃我以前的俄文老師的喜酒，因為街上黑暗處常有狙擊手出沒，所以晚上就在舊總部過夜。

「不要擔心，媽。我走了，妳早點睡覺，不要等我。」

真不知道這幾句話怎麼會說得這麼平靜。

我又回到房裡，可是，一瞬間天旋地轉，我扶住門框喘不過氣來。然後，我離開臥室，走出家門。

傍晚的海灘上人很多，可是我很快就找到了比我先找藉口離開家的二哥。一切都準備好了，他叫我嚼下兩片高麗參，然後，我們徘徊到天黑，在有好幾個小孩戲耍的地方涉入了海水。

開始時很順利，使我們增加了勇氣。我們低著頭，小心翼翼地游著，免得濺出水花來。我一直跟在二哥後面五公尺左右。兩人平安無事地溜過了鼓浪嶼的哨站。這裡離梅梅的墓是那麼近，棄她而去的哀愁使我一時忘記了恐懼。水流迅速地帶著我離開了她。

我們經過了鼓浪嶼和廈門大學，回頭一望，只見廈門島的半邊天天色通紅，像是燃燒著烈火，左邊的山巒如巨蟒似地蜿蜒著。

然後，恐懼又湧上了心頭，我發覺我們是茫茫大海中的兩粒小粟。

LOCUS

LOCUS